KB263058

신약 안에 최초의 복음서

저자 **김기천** 목사

도서출판 **세우심**

큐복음(하)
신약 안에 최초의 복음서

발 행 일　2010년 9월 3일 (초판 1쇄)
저　　자　김기천 목사
펴 낸 곳　도서출판 세우심
등　　록　제 2010-000004
주　　소　인천시 연수구 연수동 593-8 메카리움빌딩 302호
전　　화　032. 815. 1868
팩　　스　032. 815. 1867
홈페이지　www.seusim.com

기획편집　샘아트앤드자인 (Tel 031. 705. 2550)
인　　쇄　서경문화사
공 급 처　미스바출판유통 (Tel 031. 955. 4433, Fax 031. 955. 4432)

I S B N　978-89-964333-1-304230
　　　　　　978-89-964333-1-904230 (전2권)

오늘도 신학 안에서 방황하는 이들을 위하여 이 책을 바친다.

감사의 말

하나님께 감사드린다.

본래 한권으로 썼던 것이
분량이 많아짐으로
두 권으로 나누어지는 과정을 겪게 되었다.

이런 과정에서 교정 편집에 수고해주신
이시용 박사, 계인 목사, 윤지숙 간사,
샘아트 식구들께 감사드린다.

Contents

머리글

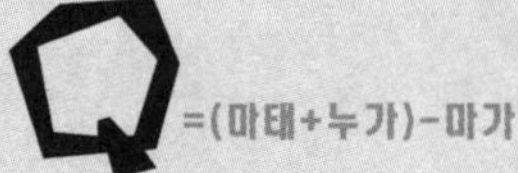
Q =(마태+누가)-마가

머리글

(마태복음+누가복음)-마가복음=큐복음. 마태복음+누가복음=마가복음+큐복음. 이 공식을 보면 큐복음은 새로운 것이 아니라 신약성서 안에 그것도 공관복음 안에 들어 있는 하나의 복음서임을 알 수 있다. 마태나 누가가 복음서를 기록할 때, 마가복음과 큐복음을 자료로 삼았다. 큐복음은 신약성서 안에 들어 있는 가장 오래된 복음서이며 내용적으로 볼 때는 분량이 가장 적은 복음서이다. 가장 오래된 복음서이기 때문에 큐복음서 안에는 가장 오래된 기독교 공동체의 신앙체계가 들어 있다.

문제는 큐복음이 역사적 예수 즉 인간 예수를 논하는 사람들의 전유물처럼 되어버렸다. 가장 오래된 복음서이기 때문에 큐복음이 예수에 관한 실제 역사적 자료를 보유하고 있다고 생각한 것이다. 그래서 성서학자들은 큐복음을 가지고 나름대로 다양한 모습의 인간 예수를 제시한다. 2008년 출간한 도올 김용옥의 『큐복음서』 역시 위와 같은 성향을 벗어나지 못한다. 다른 말로 하면 도올의 『큐복음서』 주 내용은 성서신학에서 가르치고 있는 내용을 반복한 것이고 본인의 철학적 견해를 부가시킨 것이다. 이미 신학을 접해본 사람이라면 큐복음을 통해서 논의되는 역사적 예수는 전혀 새로운 것이 아님을 알고 있다.

본 책『큐복음서』는 기존 성서학자들과는 다르게 큐복음을 접근한다. 큐복음을 통해서 역사적 예수를 찾으려는 것이 아니다. 큐복음을 사용했던 큐 공동체의 참신앙을 찾으려 한다. 큐 공동체가 믿었던 신앙의 대상으로서의 예수와 예수를 중심으로 했던 그들의 신앙 세계를 밝히는 것이 궁극적인 목적이다.

신학을 공부한 적이 없는 사람이면 도올의『큐복음서』나『도마복음』또는 SBS에서 방영된「신의 길 인간의 길」을 보고 황당해 한다. 교회에서 들어보지도 못한 말들을 쏟아내고 있기 때문이다. 사실은 교회에서 들을 수 없는 이론들을 신학교에서 가르치고 있다. 그래서 목사가 되기 위해서 신학교에 들어가 공부하는 학생들은 너나 할 것 없이 현대 신학에서 제시하는 주장들을 접하면서 당황하게 된다. 신학교 들어갈 때는 종교적인 사람이 졸업할 때가 되면 학문적인 사람으로 변한다. 동시에 신앙적인 방황을 하게 되어 중도에 신학교를 뛰쳐나가 심지어는 기독교 신앙을 포기하는 일들이 일어난다. 무엇이 문제인지도 모르고 방황을 한다. 자신도 왜 방황하는지 모르면서 남의 방황을 조장하기도 한다. 이런 신학적 사조에 영향을 받은 현대 기독교는 이유도 모르고 무너지고 있다. 본 책은 이런 기독교의 본질적인 문제를 파헤치고 방황의 끝을 찾아보려는 하나의 시도이다.

도올은 자신의 책『큐복음서』60 쪽에서 다음과 같은『도마복음』의 구절을 독자들에게 소개한다.

"방황하는 자가 되라" 『도마복음』 42장

본인은 독자들에게 다음과 같은 구절을 소개한다.

"어떤 사람에게 양 일백 마리가 있는데 그들 중에 하나가 방황하면 그 산들 위에 아흔 아홉을 남겨두고 가서 방황하는 것을 찾지 않겠느냐" 『큐복음서』 55장

I. 시작하는 글

Q =(마태+누가)-마가

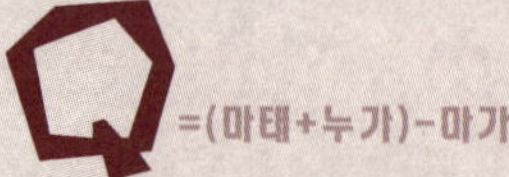

I. 시작하는 글

『하버드에서 찾는 하나님』[1]이란 책을 보면 목차 다음에 다음과 같은 엘리엇(T. S. Eliot)[2]의 시가 소개된다. "이 사랑에 이끌려서, 이 부르심의 음성을 따라서, 우리는 탐구하는 일을 멈추지 말아야한다. 그러면 우리의 모든 탐구의 마지막은 우리가 출발했던 곳에 도착하게 되어 처음 그 장소임을 깨닫는 것이 될 것이다." 1979년도에 시작된 나의 신학적 탐구는 거의 30년이 지난 지금도 여전히 계속되고 있다. 그런데 지금 달라진 것이 있다면 내가 신학을 시작하기 전의 모습으로 다시 돌아가고 있다는 점이다.

1. 신화 회복을 위한 시도

계몽주의와 더불어 자연이성에 근거한 합리적 사고가 중세 교회의 억압에서 해방되고, 또한 코페르니쿠스 이후 과학 혁명이 일어나면서 그동안 인간의 자율이성과 과학을 옭아매고 있었던 기독교는 역공격을 받기 시작했다. 성서의 권위가 무너지고 기독교의 세계관이 증발되는 당시 상황에 칸트나 헤겔은 나름대로 도덕적인 면이나 인류 정신 역사의 발달 면에서 기독교를 변증하려 했지만 역부족이었다.

계몽주의 이후 지금까지 이성과 계시가 충돌하며 과학과 성서가 충돌하는 상황에서 기독교는 나름대로의 대응을 보여 왔다. 특히 기독교 신학의 주류는 합리적인 사고와 과학적인 사고를 접목시켜서 자연 역사나 종교 역사 발달에 근거한 합리적 성서이해를 제시해 왔다. 이로 인해 초월적인 예수의 모습은 점차 증발되어 버렸고, 유대 묵시사상에 열광하다가 십자가 위에서 처절하게 실패를 시인하며 죽어간 한 미친 인간, 소위 "역사적 예수"(historical Jesus)만 논하는 세상이 되어버렸다. 이런 현실 속에서 기독교는 스스로 살아 남아보려고 안간힘을 써왔지만 350여년이 지난 지금 기독교는 오리무중이다. 무엇을 잃어버렸는지 어쩌다 여기에 와 있는지 그리고 지금 어디를 향하고 있는지 자기 정체성을 잃어버리고 방황하고 있다.

모든 종교는 "초월적인 신과 연관된 이야기" 즉 "신화"(神話)가 있다. 그 신화는 종교에 있어서 생명과 같은 기반이다. 신화 안에 있는 실체를 잃어버리면 어느 종교든지 그 신화는 근거가 없는 거짓 이야기 즉 허구가 되어버린다. 신화 세계에 있는 시간과 공간은, 과학의 세계와 같은 용어를 사용하지만, 전혀 다른 종교적 개념이다. 과학적 세계관을 가진 사람들에게 종교 신화는 거짓 이야기로 보일 수 있지만, 신앙을 가진 종교인들에게는 그것은 역사의 실체이며 삶의 기반이다. 그래서 종교의 신화를 믿는 사람들은 지금도 그 신화의 실체를 경험하며, 어떤 이들은 그 신화에 목숨 걸고 깊은 산속에 들어가서 평생을 바쳐 수도를 한다. 이렇게 신화 속에서 실체를 경험하는 사람들이 살아 있는 한 그 신화에 기초한 종교는 생명을 유지한다. 한 종교의 신화를 믿고 경험하는 사람들이 사라지면 자연히 그 종교는 사라지게 되고 신화는 허탄한 이야기로 남는다.

성서에 기록된 초대 기독교는 예수가 하나님의 아들 즉 그리스도이심을 믿는 종교였다. 그런데 기독교의 기초가 되는 이런 예수의 초월성은 과학적 역사비평 이론과 타협하면서 해체되고 증발되어 왔다. 중세기까지만 해도 성서 속에 하늘에 대한 표현을 이해하는 데에 별다른 어려움이 없었다. 당시 사람들에게는 해가 떠오르고 구름이 떠다니는 물리적인 하늘조차 인간이 범접할 수 없는 장소였다. 그래서 그 물리적인 하늘을 성서의 초월적인 하늘과 동일시해도 별 문제가 없었다. 그러나 우주과학의 발달과 더불어 물리적인 하늘의 실체가 드러나기 시작하면서 그동안 동일시 해왔던 초월적인 하늘은 증발되고 있다.

중세기만 해도 성서 속에 지옥을 이해하는 데에 별 어려움이 없었다. 죄 지은 사람이 죽으면 땅속 깊은 곳으로 떨어진다고 믿었다. 당시 사람들은 땅속에서 화산 불이 솟아오르는 것을 지켜보면서 땅 밑에는 지옥불이 있었다고 생각했다. 그런데 지질학을 통하여 지구 내부에 광물질들이 방사능 작용을 통해서 엄청난 열을 발산한다는 사실이 발견되면서 성서 속의 지옥도 증발하고 있다. 또한 종교개혁 당시만 해도 성서 속의 인간은 하나님이 흙으로 빚어서 창조한 피조물이었다. 그런데 다윈의 진화론이 발표되면서 인간의 기원에 대한 과학적인 이론이 세워지기 시작했다. 이로 인해 하나님의 따듯한 손길을 경험할 수 있는 신화 속의 인간은 사라져 버리고 무생물의 자연 발생적인 기원을 통해 설명되는 인간만이 덩그러니 남게 되었다. 더불어서 신의 창조로 시작해서 최후의 심판이라는, 성서 안에 있는 구원의 역사관 또한 45억년 지구 역사를 논하는 자연 역사관의 등장과 더불어 충돌을 빚게 되고 결국에는 사라져 버리고 있다.

신의 관한 이야기 즉 신화(神話) 안에 있는 거의 모든 요소들이 해체되고 증발되는 시대가 되었다. 이렇게 성서의 내용을 증발시키는 시대정신(Zeitgeist)[3]에 부응해서 신학교를 다니다가 중간에 뛰쳐나온 포이엘바하(Feuerbach)는 신을 논하는 신학을 인간 심리를 다루는 인간학으로 끌어내렸다. 본래 유태인이지만 아버지로터 개신교 신앙을 받아들여 세례까지 받았던 칼 마르크스(Karl Marx)는 이런 시대정신에 영향을 받아 "종교는 아편"이란 주장을 하며 공산주의 이론을 세워나갔다. 또한 루터교 목사의 아들로 어릴 때는 "소년 목사"라는 별명을 들을 정도로 경건했던 니체(Nietzsche) 또한 시대정신에 영향을 받아 신의 죽음을 선언했다. 그리고 나중에는 정신병자로 인생을 끝냈다.

신화를 잃어버린 기독교는 개인의 도덕성이나 사회 윤리만을 가르치는 종교로 전락되었다. 지금도 많은 사람들이 기독교를 떠나 그나마 동양에 남아 있는 다른 신화들을 찾아 방황하고 있다. 유럽의 교회는 교인 없는 박물관이 되어버리고 미국의 어떤 교회는 팔려 술집으로 변한 곳도 있다. 기독교의 종말이 다가왔다. 본 책은 이런 기독교의 종말 때에 잃어버린 기독교의 신화를 회복하려는 하나의 시도이다.

2. 방황하는 자를 위한 책 『큐복음서』

본 『큐복음서』 Q/마 18:10-14절을 보면 "어떤 사람에게 양 일백 마리가 있는데 그들 중에 하나가 방황하면 그 산들 위에 아흔 아홉을 남겨두고 가서 방황하는 것을 찾지 않겠느냐 그리고 만일 그것을 찾게 되면 진실로 너희에게 이르노니 그는 그것으로 인하여 방황하지 아니한 아흔 아홉을 인한 것보다 더 기뻐하리라"고 기록되어 있다. 계몽주의(1620-1781) 이후 지금까지 지난 350년 동안 수많은 사람들이 신학을 공부하다가 방황하게 되어 신학교를 뛰쳐나간 일들이 벌어졌다. 그러나 그 누구도 무엇이 원인인지를 명쾌하게 대답해 주는 이들이 없었다. 이 책은 그 대답을 위한 시도이다. 본『큐복음서』는 오늘도 신학 안에서 방황하는 이들을 위한 책이다.

3. 큐(Q)와의 만남

하버드 대학 신학부의 학생으로 있었을 때의 일이다. 1996년 1월 31일은 "신약 고급 세미나"(Seminar for Advanced New Testament Students)가 있는 날이었다. 이 세미나는 두 주일에 한 번씩 있는 것으로 두 학기동안 계속되었다. 세미나 때가 되면 하버드에 신약에 연관된 교수들[4]과 신약 전공 학생들이 모두 참석해서 정해진 논제를 가지고 토론을 했다. 모두 모였다 해도 기껏 스무 명 남짓 되는 적은 수의 모임이었다. 모일 때마다 교수나 학생 중에서 한 명이 논문을 발표하고 다른 한 명이 논문에 대하여 비평하는 방식으로 진행되었다. 그런데 이 날은 내가 쾨스터(Helmut Koester) 교수의 논문을 비평을 해야 하는 날이었다. 보통은 아무리 늦어도 두 주일 전에는 논문을 주는 것이 원칙이었다. 그런데 두 주일도 안 남았는데도 아무 소식이 없었던 것이었다.

그러던 어느 날 보스턴의 겨울바람이 제법 부는 저녁이었다. 전화가 걸려왔다. 쾨스터 교수였다. 우리 집 주소를 물었다. 이유는 자기가 논문을 이제 마쳤기 때문에 우리 집에 갖다 주겠다는 것이었다. 학생인 나로서는 당혹스러웠다. 은퇴가 가까운 나이든 교수가 젊은 자기 학생 집을 찾아와서 자신의 논문을 전해준다는 것이 동양인인 나로서는 잘 이해가 되지 않았다. 당시 쾨스터 교수는 성서신학계에 널리 알려진 불투만(Rudolf Bultmann)의 수제자로서, 하버드 대학 신학부에서 신약과 구약을 포함한 성서학과 과장을 역임하고 있었다. 이미 한국에서 신학을 시작하면서 교수가 하는 말을 성서에 기록된 말보다 더 권위 있게 여겨왔던 나로서는 현 상황이 좀처럼 납득이 가지 않았다. 그래서 나는 "바람도 불고 어두우니 교수님이 우리 집에 찾아오는 것보다 제가 교수님 집으로 가는 것이 훨씬 좋겠다"고 하면서 "주소를 알려 달라"고 했다. 주소를 들어보니 교수들이 많이 모여살고 있다는 렉싱톤(Lexington)이었다. 쾨스터 교수 집을 찾아가서 받아든 원고가 「종말론, 큐 어록 그리고 거기에 나타난 예수의 모습」(Eschatology, the Sayings of Q and Their Image of Jesus)이었다. 이 원고 서두에서 쾨스터 교수는 기념 논문집에 발표할 논문 초안이라고 명시하고 있다. 아마도 그의 스승인 불투만의 기념 논문집(Bultmann Festschrift)에 제출하려고 했던 것 같다. 나는 이 원고를 받아들고 비평하기 위해서 관련된 자료들을 연구하기 시작했다. 이것이 내가 큐(Q) 본문을 다루기 시작한 계기가 되었다.

4. "신화" 의 정의

책을 시작하기 전에 오해를 피하기 위해서 다시 강조하고 싶은 것이 "신화"(神話, μῦθος)에 대한 정의이다. 말 그대로 '신에 관련된 이야기'라고 이해하면 문제가 없다. 특히 성서 안에서 하나님에 대한 묘사나 하나님의 활동에 대한 이야기 등을 가리키는 말이다. 예를 들면 기적, 예언, 계시, 섭리 등과 같이 과학적인 이해를 초월한 초자연적인 사건들을 말한다. 본 책에서 "잃어버린 신화"란 바로 이런 것들을 가리키는 말이다.

문제는 "신화"(μῦθος)에 대한 이해가 그렇게 단순하지만은 않다는 데에 있다. 구약에서는 "신화"란 용어나 그 파생어들이 거의 전무하다. 외경

시락서 20:19절에 단 한번 언급될 뿐이다. 신약에서는 "신화"를 부정적인 의미로 이해해서 완전히 거부한다(딤전 1:4, 4:7, 딛 1:14, 벧후 1:16, 딤후 4:4). "신화"를 '허탄한 이야기, 그럴듯하게 지어낸 이야기'로 이해한 것이다. 마찬가지로 오늘날 일반인들조차 "신화"란 용어를 쓰면 당연히 '거짓말, 꾸며낸 말'이란 선입견을 가지고 대하게 된다.

신약 성서연구에서 "신화"란 말을 적극적으로 도입한 것은 슈트라우스(David Friedrich Strauss, 1808-1874)이다. 이후 양식비평의 아버지라고 불리는 궁켈(Hermann Gunkel, 1862-1932)은 창세기 1-11장과 예언서에 들어 있는 구절들에 "신화"란 용어를 적용하였다. 양식비평학자들은 성서 안에 초월적, 신비적, 계시적 이야기들을 고대 근동에 있었던 유사한 자료들과 비교하면서 "신화"라는 하나의 문학적 유형으로 규정했다. 하나의 문학 양식으로 "신화"라고 부르는 것이기 때문에 "신화"를 '거짓말, 꾸며낸 이야기'란 선입견을 가지고 대하면 혼란이 생긴다.

종교 역사가들이나 문화 인류 역사가들 또한 여러 종교들이 가지고 있는 고유의 신화들을 연구하면서 "신화"란 '고대인들이 가지고 있었던 하나의 사유방식'으로 이해한다. 신화는 이미 학술적으로 정착된 용어이다. 사실 요즘 신학교에서 자주 듣게 되는 용어 중에 하나가 "신화"이다.

이런 설명에도 불구하고 본 책에 언급한 "신화" 또는 "신화적"이란 표현이 여전히 거북하거나 도저히 받아들일 수 없다면 이 표현 대신에 '초자연, 예언, 계시, 신비, 기적' 또는 '초월적, 영적, 신앙적, 종교적' 중에서 독자에게 익숙한 용어로 바꾸어 이해하면 된다. 왜냐하면 여기서 말하는 신화는 이런 것들을 모두 포함하는 포괄적인 용어이기 때문이다.

II. 큐복음 서론

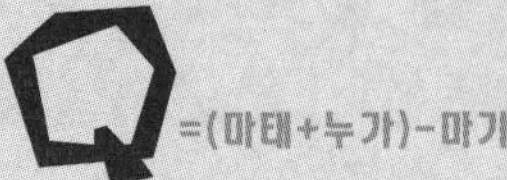
Q =(마태+누가)-마가

II. 큐복음 서론

1. '큐복음' 이란 무엇인가?

마태, 마가, 누가 본문을 한 눈에 볼 수 있는 『공관복음 대조표』를 펼쳐 놓고 보면 어떤 평행구절은 마태, 마가, 누가, 세 복음서 전부에서 찾아볼 수 있다. 한 예를 들면 세례요한을 소개하는 평행구절은 마 3:1-6절, 막 1:2-6 절, 눅 3:1-6절 등에 동시에 나온다. 이렇게 한 이야기를 세 복음서 기자(記者)가 '공동으로 보고' 기록했다는 의미로 마태복음, 마가복음, 누가복음을 '공관(共觀) 복음'이라고 한다. 같은 이야기가 세 복음서 안에 모두 나오는 경우를 '삼중전승'(Triple tradition)이라고 한다. 삼중전승 본문들은 대개 ' 세례요한에 관한 설명, 예수의 갈릴리지방 사역, 예수의 유대지방 사역, 예루살렘을 중심으로 한 예수의 마지막 사역, 십자가 처형과 부활 보도' 등 같이 주로 예수의 행적이나 사건을 설명하는 기록들이며 예수의 말씀들도 몇 개 포함되어 있다.

그런가 하면 어떤 평행구절은 마태와 마가에만 기록된 경우도 있다. 예를 들면 예수께서 물 위로 걸으신 기적은 마 14:22-33절과 막 6:45-52절에만 나오고 누가복음에는 전혀 언급이 없다. 평행구절이 마가와 누가에만 기록된 경우도 있다. 과부의 헌금에 관한 이야기는 막 12:41-44절과 눅 21:1-4절에만 나온다. 평행구절이 마태와 누가에만 있는 경우는 나사렛지방에서 예수의 어린 시절을 언급한 마 2:22-23절과 눅 2:39-40절 등이다. 마태와 마가, 마태와 누가, 마가와 누가 등 두 복음서 안에만 기록된 평행구절들을 '이중전승'(Double tradition)이라고 한다.

위와 같은 평행구절들을 통계적으로 설명하면 삼중전승의 경우, 마태는 마태복음 전체의 45퍼센트, 마가는 마가복음 전체의 76퍼센트, 누가는 누가복음 전체의 41퍼센트를 차지한다. 마태와 누가의 이중전승은 마태복음 전체의 25퍼센트, 누가복음 전체의 23퍼센트가 된다. 마태와 마가의 이중전승은 마태복음 전체의 10퍼센트 마가복음 전체의 16퍼센트가 된다. 마가와 누가의 이중전승은 마가복음 전체의 3퍼센트 누가복음 전체의 1퍼센트가 된다. 오직 한 복음서 안에만 기록된 경우는 마태복음의 경우는 전체에서 20퍼센트, 마가복음 경우는 전체에서 3퍼센트, 누가복음 경우는 전체에서 35퍼센트에 해당한다. 공관복음을 연구하는 성서신학에서 독일어로 된 '존더굿'(Sondergut)이란 용어를 사용한다. 공관복음서들 가운데 마태복음에만 기록된 본문은 '마태 존더굿'(Matthean Sondergut)이고, 누가복음에만 기록되어 있는 본문은 '누가 존더굿'(Lukan Sondergut)이다. '마태 특수자료'란 마태가 마태복음을 기록할 때 원문으로 사용했던 자료로서 다른 공관복음서 기자들에게는 없었고 마태만 가지고 있었던 전승 자료를 말한다. '누가 특수자료'란 누가가 누가복음을 기록할 때 원문으로 사용했던 자료로 다른 공관복음서 기자들에게는 없었고 누가만 가지고 있었던 전승 자료를 말한다. 사실 '누가 존더굿'이나 '누가 특수자료'는 누가에만 있는 본문을 다른 각도에서 가리키는 말이다.

잠깐 생각해보자. 만일 두 신문사에서 같은 사건에 대해서 기사를 썼는데 두 신문에 난 기사가 토씨 하나 안 틀리고 똑같이 기록되어 있다면 독자는 다음과 같이 추측할 것이다. 한 신문사가 다른 신문사 기사를 보고 그대로 베꼈거나 아니면 두 신문사가 어떤 동일한 자료를 보고 베꼈을 것이라고. 그렇다면 공관복음 안에 마 3:7-10절과 눅 3:7-9절이 희랍어 원문으로 거의 똑같이 기록되어 있다면 독자는 어떻게 생각할 것인가. 단순히 영감으로 그런 기적이 일어났다고 말하면 더 큰 문제가 생긴다. 왜냐하면 다른 평행구절들은 내용은 비슷하지만 서로 많은 차이를 보여주기 때문이다. 만일 기적이 아니라면 앞에 신문 기사 경우처럼 두 가지 면에서 추측하게 된다. 마태복음이나 누가복음 중에 한 복음서 기자가 다른 복음서를 보고 베꼈거나 아니면 마태나 누가가 어떤 동일한 자료를 보고 베꼈을 것이라고.

공관복음 평행구절들을 더욱 자세히 비교해보면 본문 배열에 있어 다음과 같은 특징들을 발견할 수 있다. 공관복음에 기록된 예수의 행적들에 관한 평행구절들을 보면 마태복음이나 누가복음이 마가복음의 순서를 따르고 있다는 것을 알 수 있다. 반면에, 예수의 말씀에 관한 평행구절들을 보면 대부분 마가복음에는 없고 마태복음과 누가복음에만 언급되고 있는 것을 알 수 있다. 이런 특징들을 근거로 현대 성서신학의 근간이 되는 두 자료설이 만들어진다. 즉 마태와 누가는 복음서를 기록하기 위해서 적어도 두 개의 원본 자료를 사용했다고 추정한 것이다. 이 두 자료란 '마가복음'과 '예수의 말씀 기록'이다. 여기서 '예수의 말씀 기록'을 '로기온'(λόγιον, λόγια) 또는 '원자료'라고 부르며, '원자료'에 해당하는 독일어 'Quelle'를 사용해서 '큐 자료' 또는 '큐복음'이라고 부른다. 결국 '큐복음'이란 주로 마태복음과 누가복음의 평행구절에서 나타나는 '예수의 말씀들'을 가리키는 말이다. 마가복음은 엄연히 기록물로 우리 손안에 들어 있지만 예수의 말씀만 모아 놓았다는 큐복음은 단독 기록물로 현존하는 것이 없다. 큐복음은 가설로서 현재 신약 공관복음 안에 흩어져서 존재할 뿐이다.

위와 같은 문헌비평 방법에 의해서 큐복음이 존재했었다는 가설이 있다가 후에 『도마복음』이 발견되면서 큐복음의 존재 가능성이 더 높아졌다. 문학 장르란 면에서 『도마복음』이나 큐복음이 유사하다는 것이지 실제로 본문 내용이 서로 연관이 있었다고 보는 것은 거의 불가능하다. 만일 큐복음이 실제로 『도마복음』처럼 단독 기록물로 존재했었다면 큐복음은 기독교 형성 역사에서 매우 중대한 위치를 차지하게 된다. 비록 분량은 적지만 시기적으로 보면 신약 안에서 가장 오래된 복음서이기 때문이다. 신약 안에 현존하는 최소(最小) 최고(最古)의 복음서가 『큐복음서』인 셈이다.

2. 큐복음에 관한 기존 학설

현대 성서신학의 비평방법은 문헌비평에서 시작한다. 큐복음에 대한 학설들 역시 문헌비평에 근거하고 있다. 먼저 마태, 마가, 누가, 세 복음서 본문들을 비교하면서 큐 본문을 재구성한다. 마가의 본문과는 연관성이 없는, 마태와 누가의 평행구절들을 추려서 큐 본문을 재구성하는 일이다. 본 책에서는 큐 본문을 재구성하는 것에만 관심을 둔다. 그러나 학자들은 재구성된 본문을 다시 해체하는 작업으로 더 깊이 들어간다. 재구성된 큐 본문을 읽으면서 문맥상 연결이 안 되는 것들을 구별해낸다. 특히 신학적으로 서로 어긋나는 것들을 찾아낸다. 이런 방법으로 찾아낸 것들 가운데 서로 연관이 있는 것들은 묶어서 하나의 자료라고 추정한다. 그리고 상반된 것들은 따로 묶어서 다른 자료라고 추정한다.

이렇게 구분해낸 자료들은 본문 안에 시대 정황을 반영한 구절들에 의해서 각 시대로 배치된다. 각 자료들이 서로 다른 시대에 기록되었다고 결정되면 다음 작업으로 편집사 비평이 적용된다. 큐 본문으로 완성되기 전에 편집되는 과정이 있었다고 보기 때문이다. 여기서 결정적인 전제는 최초로 편집된 것이 가장 가치 있는 역사 자료가 되고 이차, 삼차 단계에 편집된 것들은 편집자가 신학화시킨 것으로 취급된다. "신학화시켰다"는 것은 편집하는 사람이 의도적으로 내용을 만들어 냈다는 말이다. 결과적으로 신학화된 자료들은 역사적인 가치가 떨어진다.

위와 같은 장황한 설명을 먼저 이해해야 큐복음 기존학설들을 쉽게 이해할 수 있다. 문헌비평을 통해서 제일 먼저 알 수 있는 것은 큐복음이 희랍어로 기록되어 있었다는 사실이다. 희랍어로 된 큐복음을 원본으로 사용했기 때문에 마태복음이나 누가복음에 있는 평행구절 희랍어 본문이 어떤 경우에는 글자 하나 안 틀리고 서로 일치하는 것을 보여준다. 물론 많은 예수의 말씀들은 본래 예수가 사용했던 아람어로 전승되었다. 그러나 큐복음 편집자는 큐복음을 편집할 때 아람어로 된 전승 자료들을 희랍어로 번역해서 기록했다.

문헌비평의 또 다른 중요한 관심은 큐복음의 문학적 장르에 있다. 큐복음은 주로 예수의 가르침으로만 구성된 특성을 갖고 있다. 학자들은 큐복음에 기록된 예수의 가르침을 유대교의 지혜문학에 연결시켜보기도 하고, 덕을 추구하면서 모든 관습적인 것들을 거부했던 당시 희랍의 견유학파(Cynicism)[1]와 비교해보기도 한다. 이런 선입견을 가지고 큐 본문을 해체

한다. 예수 당시 현자(賢者) 또는 견유학자(a Cynic)의 가르침처럼 순수하게 실천 윤리나 도덕을 가르치는 말씀들만 본문에서 구분한다. 이렇게 구별해낸 본문은 큐 본문을 기록할 때 사용되었던 최초의 자료라고 주장하게 된다. 더불어서 이 자료에 묘사된 예수를 가지고 진짜 역사적 예수의 모습은 당시 현자나 견유학자였다고 주장한다.

문제는 큐 본문 안에는 이들이 최초의 자료라고 주장하는, 실천 윤리나 도덕을 가르치는 자료만 있는 것이 아니다. 분량으로 따지면 그런 자료는 적고 오히려 예수가 하나님의 아들 또는 종말론적 예언자의 모습으로 묘사된 자료들이 대부분이다. 이런 두 번째 자료에는 앞에 자료에는 없는 다양한 내용들이 들어 있다. 세례요한이 소개되기도 한다. 환상이나 묵시를 언급하기도 한다. 예수와 제자들이 유대인들이나 율법사들로부터 핍박받는 내용도 있다. 임박한 심판에 대한 선포도 있다. 이것은 첫 번째 자료와는 다른 또 하나의 자료가 된다. 이렇게 해서 큐복음 안에 두 개의 자료가 있었다는 가설이 만들어진다.

학자들은 이렇게 만들어진 두 개의 자료들을 당시 정황에 맞추어서 시대별로 구분한다. 먼저 기록 장소를 본문에 의해서 규정한다. Q 10:13-15절에서 언급한 고라신, 벳새다, 가버나움 등 갈릴리의 도시 이름에 근거해서 갈릴리에서 큐 본문이 기록되었다고 본다. 이 외에도 큐 본문이 전체적으로 반영하고 있는 사회, 정치, 경제적인 상황을 고려하면서 큐복음은 갈릴리 작은 마을을 배경으로 하고 있다고 한다. 여기서 해결해야 할 문제가 생긴다. 앞에서 언급한 것처럼 큐복음은 본래 희랍어로 기록되었다. 그런데 이 당시 갈릴리 시골 지역 사람들은 예수가 사용했던 아람어를 쓰는 사람들이었다. 그런데 "어떻게 이런 지역에서 희랍어로 된 큐 본문이 만들어질 수 있는가?"란 의문이 제기 된다. 그래서 학자들은 비록 시골 촌구석이지만 그래도 그들 중에는 희랍어를 쓸 줄 아는 서기관 계층에 속한 사람들이 있었을 것이라고 추정한다.

장소가 결정되었으니 이제는 큐복음의 시기를 정하는 문제로 다시 돌아가자. 큐복음이 기록되었던 갈릴리는 이스라엘에 속했던 한 지방이었다. 당시 이스라엘 안에는 로마 정부에 대한 유대인들의 반감이 확대되면서 반란이 일어나기 시작했고 주후 70년경 로마 장군 디도(Titus Flavius Vespasianus)가 예루살렘을 멸망시킬 때까지 상황은 점점 격화되었다. 이런 정치적인 상황을 근거로 위에 분류한 두 자료의 시기가 결정된다. 정치적인 긴장감이 없는 첫 번째 자료가 먼저 기록된 것이고 격한 분위기를 내포하고 있는 두 번째 자료는 이후에 기록된 것이 된다. 이런 논리에 의해서 첫 번 자료는 주후 50년 중반으로 보고 두 번째 자료는 주후 60년대 말이나 70년 초에 기록된 것으로 추정한다. 학자들은 큐 본문이 형성되기까지 두 번의 편집 과정이 있었다고 한다. 물론 두 번째 자료를 다시 나누어서 세 번의 편집 과정도 있었다고 주장하는 학자들도 있다.

두 자료의 편집 시기가 확정되었다는 것은 자료의 역사성을 결정하는 주요 요인이 된다. 첫 자료는 역사적인 진정성이 큰 것으로, 둘째 자료는 큐 편집자가 만들어낸 소위 '신학화'한 자료로 취급된다. 다른 말로 첫 자료에 표현된 예수의 모습이 실제 역사 속에 살았던 참 예수의 모습이고 둘째 자료에 묘사된 예수는 만들어낸 예수란 말이다. 그래서 본래 역사적 예수의 모습은 지혜교사, 현자, 견유학자였다고 한다. 이런 편집 과정 논리에 의해서 다양한 신학적 해석이 따라붙는다. 본래 예수의 모습은 '지혜교사'였는데 두 번째 편집 과정에서 '하나님의 아들'로 변신했다고 주장한다. 편집의

세 번째 단계까지 주장하는 학자는 두 번째 단계에서 '지혜의 아들'로 진화
되다가 세 번째 단계에 이르러서는 '하나님의 아들'로 바꾸어졌다고 한다.
결국 세 번째 편집 단계에 들어서면서 '역사적 예수'(historical Jesus)의 모
습은 거의 자취를 감추고 신학적으로 재해석된 '선포된 예수'(kerygmatic
Jesus)가 나타났다고 주장한다.

예수의 가르침 역시 변천되었다고 한다. 역사적 예수가 가르쳤던 선포
의 핵심은 본래 하나님의 뜻이 이 땅위에서 실현된 하나님 나라였다. 예수
는 일상생활을 하나님의 통치와 연관시킨 복음을 선포하였다. 일상생활에
서 원수도 사랑해야 된다는 '사랑의 윤리'를 선포하였다. 당시 사람들에게
현실 속에서 지켜야 할 실천 윤리를 강조했다. 이와 같은 생활의 지혜를 가
르치는 '현자' 즉 '지혜교사'로서의 모습이 본래 예수의 모습이었다고 한다.
그러다가 편집 두 번째 단계에 접어들면서 상황이 바뀐다. 예수의 제자들
이 유대인들이나 율법사들로부터 박해를 받는다. 그러면서 이전 단계에 없
었던 묵시, 환상들이 큐복음 안에 들어오고 임박한 심판 날이 언급된다.
이런 묵시적 자료들이 보충되면서 전단계의 '사랑의 윤리'가 임박한 진노를
선포하는 '복수의 윤리'로 대체된다. 하나님은 더 이상 악인에게도 해와 비
를 내리는 분이 아니고 오히려 그들을 영원히 꺼지지 않는 불에 던져버리
는 분으로 바뀐다.[2]

3. 방황하는 큐복음 학설

앞에서 큐복음에 관한 다양한 학설들을 묶어서 독자가 이해하기 좋게
제시했다. 사실 근본적인 문제는 아직도 해결되지 않은 채 학자들마다 다
양한 주장들을 하고 있는 현실이다. 해결되지 않은 근본적인 문제란 큐복

음의 존재여부, 편집 역사 문제, 큐 본문의 범위 등이다. 이론들은 많지만 확실한 것은 없다.

편집사 문제만 살펴보자. 앞에서 설명한대로 큐 본문이 완성되기까지 최소한 두 단계의 편집 과정을 거쳤다고 한다. 초기 자료는 지혜자료, 후기 자료는 묵시자료라고 한다. 일반적으로 학자들은 초기자료가 역사적인 자료이고 후기 자료는 편집 기자가 만들어낸 비역사적인 것으로 취급한다. 그러나 예수에 관한 전승이 반드시 초기 자료에만 포함되었다고 주장할 수 없다. 예수는 33년 생애를 살았고 그중에 3년을 갈릴리 지방 중심으로 공생애를 살았다. 그런데 예수의 관한 말씀, 행적 등에 관한 전승들이 몇 장도 안되는 큐복음 초기 자료 뿐이라면 어불성설이다. 큐복음이 먼 다른 나라에서 기록되었다면 모르지만 예수가 33년을 살았던 땅 갈릴리 지역에서 기록되었다고 한다. 그렇다면 큐복음이 기록되던 당시 그 지역에는 예수에 관한 수도 없는 전승 자료들이 있었을 것이다.

큐복음은 예수가 죽은 지 약 20년 후에 기록되었다고 한다. 2008년 여름 한국을 방문했을 때에 인천에 있는 옛 제자 둘을 만난 적이 있었다. 25년이란 세월이 흘렀지만 우리는 서로 25년 전의 일을 거의 정확하게 기억하고 있었다. 예수가 죽은 지 20년이 흐른 뒤, 예수가 살던 갈릴리 땅에서 큐복음이 기록되었다면 그곳에는 예수에 관한 무수한 자료들이 전승되고 있었을 것이다. 그래서 큐복음이 두 번 또는 세 번의 편집 과정을 거쳤다고 할지라도 첫 번째 편집과정에서 사용된 자료만 역사 자료고 나중에 사용된 자료는 가짜 자료라고 단정할 수 없다. 그런데 대부분의 학자들은 이구동성으로 첫 번째 자료에 나타난 예수 모습이 진짜 예수의 모습이라고 주장하고 있다. 그러면서 로빈슨 같은 학자는 첫 번째 자료에 나타난 예수의 가르침이 기독교의 진수라며 설교한다.[3] 물론 한편의 설교는 될 수 있지만 절대불변의 학설이라고 볼 수는 없다.

현대 성서신학이 그러하듯이 큐복음 연구 역시 가설들 위에 세워가는 학설이기 때문에 어느 것 하나 완전한 것은 없다. 오늘날 성서신학자가 되려면 성서신학에서 역사비평이 시작된 이후 모세혈관처럼 갈라져 나온 수많은 가설 중에 하나 또는 몇 개를 붙잡아야 한다. 그리고 붙잡은 가설 위에 또 다른 가설을 자신의 학설로 세워나가야 한다. 일반 자연과학이라면 실험해서 입증해볼 수나 있겠지만 성서신학은 그렇지 못하다. 성서신학의 각 학설들은 단순히 사람의 합리적인 이해에 호소할 뿐이다.

예를 들어보자. 일반적으로 산상수훈에서 '팔복'으로 알려진 Q 6:20b-23절을 어떤 학자들은 '지혜의 책'인 큐복음서의 도입 단락으로 적절하다고 주장한다. 즉 구약 잠언의 경우처럼 주를 경외하고, 지혜의 명령을 순종하는 자들을 위한 축복의 말씀으로 본다. 이런 가설을 붙잡는 학자들은 구약 잠언에서 축복과 저주가 짝으로 나오는 것을 염두에 두면서 큐복음서를 기록한 기자가 본래 축복문(눅 6:20b-23)만 아니라 저주문(눅 6:24-26)도 기록했었는데 마태가 삭제시켰다는 가설을 주장한다. 결국 공관복음서에서 오직 누가복음에만 나오는 눅 6:24-26절을 큐 본문이라고 주장한다. 그 근거는 큐복음서가 '지혜의 책'이라는 전제 때문이다. 그러면서 클로펜보르그(Kloppenborg)는 잠언 3:33절을 그 증거로 제시한다.[4]

쾨스터는 클로펜보르그의 이런 입장은 문학 장르 유형에 따라 이해하기 좋으라고 쉽게 짜 맞춘 것이지 큐복음서 편집사 과정에 있었던 실제적인 자료라고 보지 않는다. 극단적으로 이런 입장은 '속임수'라고까지 한다.[5] 그 근거로 쾨스터는 큐 본문 형성과정의 초기 단계에 속한 것으로, 다른 학자들이 '지혜의 말씀들'로 규정했던 자료들 가운데 몇 개를 삶의 자리(Sitz im Leben)에 근거해서 '종말론적인 것들'이라고 규정한다. 위에서 클로펜보르그가 다룬 Q 6:20b-23절의 경우에도 가장 가까운 평행구절은 구약의 지혜 문학에는 없고 오히려 종말론적 찬양(Magnificat)인 눅 1:52-53절에 있다고 한다. 그러면서 큐의 축복문은 종말론적인 결단의 때를 선포하는 예언자적 말씀이라고 규정한 불투만의 입장을 지지한다. 학자들마다 자기 논리에 입각해서 큐복음에 관한 다양한 학설을 주장한다. 이런 다양한 주장들은 본 책 각주에 설명해 놓았다.

큐복음에 예수의 수난이야기나 부활이야기가 없다는 특징도 여러 가지로 해석할 수 있다. 시기에 따라서 본다면 큐복음이 예수의 죽음 이전에 만들어졌던 것이라면 모를 수도 있다. 반면에, 예수의 죽음 이후 약 20년쯤 지나서 만들어졌다면 이 당시는 사도 바울의 사역에서 볼 수 있는 것처럼 이미 예수의 수난과 부활 이야기가 보편화되었던 시기였다. 이렇게 널리 알려진 예수의 수난과 부활 이야기를 큐 기자가 일부러 큐 본문에 첨가시킬 필요를 느끼지 못했다고 볼 수도 있다. 기록 시기와 관계없이 문학 장르에 의해서 본다면 또 달라진다. 큐복음을 구약 잠언처럼 지혜의 책으로 편집할 의도가 있었다면 큐복음 기자는 그때까지 전승되어 내려왔던 예수의 말씀들만을 편집했을 것이다. 즉 책의 특성상 수난과 부활 전승들이 있었을지라도 일부러 큐복음 본문에 넣지 않았을 것이다. 숱한 추측들이 가설로 제시될 수 있다.

누구의 학설을 받아들이느냐에 따라서 예수의 모습, 예수의 가르침이 달라진다. 학자들은 예수를 지혜교사, 견유학자, 예언자, 종말론자, 예언자, 환상가, 구속자, 또는 『도마복음』에서 묘사하고 있는 영지적 구세주 등으로 묘사한다. 이런 다양한 학설들을 이해를 돕기 위한 하나의 의견으로 받아들이면 괜찮은 데 문제는 겁도 없이 절대불변의 진리로 착각하는 무식한 사람들이 있다. 이런 사람은 자신의 신앙의 집을 스스로 부수어버린다. 그 결과로 자신의 신앙의 정체성을 잃어버리고 방황하게 된다.

4.『큐복음서』의 가치

본『큐복음서』는 어떤 학설을 지지하기 위해서 쓴 책이 아니다. 무엇이든지 진실을 알려면 기본부터 시작해야 한다. 큐복음에 관한 수많은 학설들이 있지만 그런 것들을 수용하기 전에 먼저 본문을 정확하게 이해해야 한다. 이런 이해를 위해 본『큐복음서』는 독자들에게 정확한 큐 본문을 제시한다. 현존하지 않는 큐복음서 본문을 재구성하기 위해서는 공관복음 평행구절들을 비교해서 결정해야 한다. 본 책 각주를 보면 재구성된 큐 본문 하나에도 학자들 간에 얼마나 많은 찬반이 있는지 알 수 있다.

학자들이 제시한 큐 본문 역시 가정이기 때문에 독자들의 동의를 얻어야 한다. 만일 학문을 하는 사람이라면 아무리 유명한 학자의 이론이라 할지라도 절대로 이름만 듣고 무조건 받아들이면 안 된다. 물론 유명한 학자라면 그만큼의 신뢰를 쌓은 사람이라는 것을 인정 안하는 것은 아니지만 말이다. 내가 신학교 시절 실수한 것이 교수가 하는 말들을 여과 없이 무조건 받아들였다는 점이다. 그러한 무지한 행동이 방황의 덫에 빠지게 만들었다. 본『큐복음서』에 제시된 본문은 어떤 학자의 주장을 무조건 받아들인 것이 아니다. 나 스스로 학문적 입장을 가지고 일일이 관찰, 분석, 평가를 해서 본문으로 결정했다. 그래서 본문을 어떻게 결정하게 되었는지 그 근거를 본 책에 수록해 놓았다.

어떤 책이라도 계속되는 편집과정을 거쳤다면 처음에 만들어진 책에는 부족한 부분들이 있다. 여러 과정을 거치면서 그 책은 점점 완전한 모습을 갖추게 된다. 큐복음은 후대에 만들어진 다른 복음서들에 비해서 부족한 부분이 있을지라도 가장 오래된 복음서라는 점에서 중요한 가치를 지닌다. 큐 본문은 어느 한 개인의 책이 아니라 신앙 공동체인 큐 공동체의 책이다. 그래서 큐 본문을 이해하면 큐 본문을 사용했던 초대 기독교인들의 신앙체계를 이해할 수 있다. 물론 큐 공동체가 알고 믿고 있었던 예수의 모습을 발견할 수도 있다.

어느 종교나 역사에 따라서 다양한 모습으로 변한다. 특히 경전을 가지고 있는 종교는 그런 변천 과정에서도 기록되어 있는 경전을 신앙의 표준으로 삼는다. 기독교 역시 기록된 경전인 성서가 신앙의 표준이다. 특히 기독교는 성서 안에 기록된 초대 공동체의 신앙체계를 기준으로 삼는다. 이들의 신앙체계를 이해하고 받아들이는 것이 기독교 본래의 모습을 되찾는 길이다. 큐복음은 또 다른 새로운 성서가 아니다. 이미 마태복음과 누가복음 안에 들어 있는 복음서이다. 만일 역사적 예수를 말하는 학자들처럼 본문을 해체시켜서 큐복음의 일부분만을 강조하는 오류를 범하지만 않는다면 큐복음에 나타난 신앙체계는 오늘날 우리에게 초대 기독교인들의 참 신앙을 제시해주는 교과서가 될 것이다.

학술 이론과 신앙체계는 분명히 다르다. 현대 신학자들은 신약에 바울이 썼다는 서신들을 문체와 특징들에 의해 진짜와 가짜로 구별시켰다. 신약 본문에는 바울이 쓴 서신이라고 기록되었을지라도, 그들 중에는 사실 바울이 쓴 것이 아니라 바울의 제자들이나 후대에 어떤 사람이 바울의 이름을 빌려서 쓴 서신들이 있다고 한다. 이론이야 어떠하든 성서학자가 가짜 바울서신이라고 규정하는 그 서신들조차도 초대 기독교 공동체들은 하나님의 사람 바울이 쓴 말씀으로 믿고 그것에 기초하여 자신들의 신앙을 세워가고 다듬어 갔다. 학문을 하는 사람들 앞에서는 '바울서신[6], 제 2 바울서신[7], 거짓바울서신[8]' 등을 말할 수 있다. 그러나 성서를 경전으로 받아들이는 신앙인들 앞에서는 성서 안에 바울이 썼다고 하면 바울이 썼다고 선포해야 한다. 초대교회 이후 천년이 넘도록 기독교인들은 성서 본문에 기록된 그대로 믿는 신앙 전통을 지켜왔기 때문이다. 현대 성서신학은 여러 학설들을 주장할 수 있다. 그러나 그것은 하나의 학설일 뿐이지 목숨을 걸 만한 절대 진리가 될 수는 없다. 그래서 학자의 눈과 신앙인의 눈은 분명히 구별되어야 한다.

이미 많은 학자들이 큐복음을 주로 편집층 구성에 근거해서 학설을 주장해왔다. 그런데 편집층이라는 것 자체가 학자의 주관적 관점에 따라 만들어진 것이기 때문에 본인은 그다지 신뢰할 만한 가치가 없다고 본다. 차라리 현재 있는 본문 그 자체만 가지고 논하는 것이 우선되어야 하며 또한 그것이 더 객관적이라고 할 수 있다. 그래서 본인은 큐 본문을 재구성한 후에 귀납적 방법에 의해 큐 본문의 특성을 찾아내고 또한 큐 공동체의 신앙체계를 밝혀내고자 한다. 기존 큐 학자들에 의해 가려졌던 큐복음에 나타난 큐 공동체의 신앙체계를 찾는 것이 궁극적인 목적이다.

5. 큐복음서 본문과 주석을 위한 도움말

본 큐복음서의 장절표시는 SBL(Society of Biblical Literature)의 큐 세미나 협정을 따랐다. 예를 들면 Q 6:41-42절은 눅 6:41-42절을 가리킨다. 그렇다고 누가 본문을 그대로 옮겨놓은 것은 아니다. 큐 본문 재구성시 마태 본문을 50%이상 사용했을 경우에는 'Q/마'로 표시한다. Q/마 11:16-19절이 그런 경우이다. 단락을 표기할 때 예를 들면 제 3 장의 경우에 본문 안에는 '3장'으로 썼고 참고를 위해 표기할 경우에는 '(Q3장)'으로 썼다.

여기서 논의되는 모든 본문은 희랍어 원문을 기초로 했다. 그러나 독자들을 위해서 가능하면 희랍어 언급을 피했다. 할 수 있으면 원어 본문을 비교해보기를 권한다. 문장을 설명하면서 필요한 경우에만 원어를 사용했다.

여기서 '큐 공동체'란 큐복음서를 사용한 교회를 말한다. '교회'란 용어 대신에 '공동체'란 말을 쓰는 것은 초대교회의 성장 단계를 반영했기 때문이다. 초대교회 후기에는 기독교인들의 모임이 제도화되면서 교회의 모습을 어느 정도 갖추었기 때문에 '교회'라고 부를 수 있다. 그러나 초기에는 그렇지 못하기 때문에 '공동체'란 표현이 적절하다 여겨 그렇게 구분한 것뿐이다.

큐 공동체의 경전인 큐복음을 이해하기위해서 몇 가지 기본적인 사항을 언급한다. 우선 큐복음을 기록한 사람으로 여기서는 '기자'(記者)라고 부른다. 큐복음을 최초로 사용했던 사람들은 '큐 공동체'라고 부른다. 신약의 복음서들과 마찬가지로 큐복음서 기자는 과거의 역사적 사건을 기자의 관점으로 알려주는 역사의 증인이다. 이 역사의 증인으로서 큐복음서 기자는 예수의 말씀과 행적을 직접 현장에서 목격했던지 아니면 전승되어온 자료들에 의해 예수에 관련된 정보들을 알고 있었을 것이다. 자신이 갖고 있는 예수에 관한 말씀, 행적, 생애 등에 관한 역사 정보들을 근거로 큐복음서를 기록해서 자신이 속해있는 공동체에게 소개한 것이다.

중요한 것은 복음서가 개인의 책이 아니라 공동체를 위한 책이기 때문에 기자 마음대로 내용을 조작할 수가 없다. 왜냐하면 복음서 공동체들은 복음서가 기록되기 전부터 생겨난 조직이기 때문이다. 초기 큐 공동체는 예수나 제자들의 직접적인 가르침을 따르던 사람들이 모여 형성된 신앙공동체였다. 큐복음서로 인해 만들어진 공동체가 아니란 말이다. 큐복음서 기자는 큐 공동체가 전부터 알고 있었던 예수에 관한 전승 자료들을 근거로 큐복음서를 기록했다. 다시 말하면 큐 공동체에 의해서 큐복음서가 형성되었다고 볼 수 있다. 그래서 큐복음서에는 큐 공동체의 신앙체계가 들어 있다.

기독교에서 '경전'은 곧 하나님의 말씀이다. 공동체가 큐복음서를 경전으로 받아들였다면 복음서를 기록한 기자와 공동체가 구분된다. 기자는 경전을 통해 과거 역사를 증언하는 사람이 된다. 큐 공동체는 경전에 기록된 역사를 자신들을 위한 하나님의 말씀으로 받아들인다. 만일 현대인이 큐복음서를 경전으로 받아들이면 그것은 또한 현대인을 위한 하나님의 말씀이 된다. 이것이 시간과 공간을 넘나드는 경전의 초월성이다.

여기 제시한 학자들의 주장들은 클로펜보르그의 책『큐 평행본문』[9]을 참조했다. 본문 재구성에 관한 학자들의 다양한 주장이 들어있는 책들과 연관된 페이지를 찾으려면 이 책을 구입할 것을 권한다.

재구성된 본문을 제시할 때, 마태복음의 희랍어 원문과 누가복음의 희랍어 원문을 비교하면서, 같은 어원을 가진 단어로 변화형만 다르게 나타나는 것은 밑줄로 표시했고 전혀 다른 단어로 기록된 부분은 괄호로 묶었다. 아무런 표시가 없는 부분은 마태와 누가가 정확하게 일치하고 있다는 말이다. 이런 원칙을 준수하기 위해서 가능한대로 원문을 직역해 놓았다. 큐 본문을 주해한 다음에는 본문을 어떻게 재구성했는지 설명해 놓았다. 이 재구성 해설은 성서신학에 관심이 있는 독자를 위한 부분이다.

III. 큐복음 주해

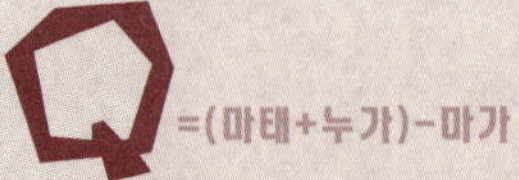
=(마태+누가)-마가

III. 큐복음 주해

제 2 장 세례 요한의 출현

Q 3:2-4 (마 3:1-6//눅 3:1-4)

(그 때)에 (하나님의 말씀이) 광야에 요한에게 (임하였다) <u>요한이 요단 강</u> <u>부근 각처로</u> (와서) (죄들의 용서를 위한 회개의 세례를) 전파하니라 선지자 이사야로 (말씀하신 바) 광야에 외치는 자의 소리가 있어 가로되 너희는 주의 길을 예비하라 그의 첩경을 평탄케하라 하였느니라

본 큐복음 2장을 보면 큐복음을 기록한 사람에 대한 언급이 없다. 본래 큐 본문에 있었는데 마태나 누가가 의도적으로 빼버렸다고 주장할 수도 있다. 그러나 현재 신약 안에 있는 마태복음, 마가복음, 누가복음, 요한복음을 보면 기록한 사람에 대한 언급이 전혀 없다. 이런 특징은 복음서의 중심이 기자(記者)에게 있는 것이 아니라 복음인 그리스도 예수에게 있기 때문이다. 큐복음 역시 이런 특징에서 벗어나지 않는다. 오히려 복음서들 가운데 가장 먼저 기록된 큐복음이 예수에게만 중심을 두는 이런 복음서 전통

을 만들었다고 볼 수 있다.

본 2장을 필두로 큐 기자는 구원의 역사를 증언한다. 이 역사의 증언은 광야에 있는 세례 요한으로부터 시작된다. 요한은 광야에 있었다고 한다. 본래 광야는 사람이 살지 않는 거친 땅이다. 사람이 없는 그런 땅에 요한이 간 것은 필시 신앙적인 목적 때문일 것이다. 마치 초기 기독교 수도사들이 광야에 가서 수도하듯이 말이다. 그런 신앙적인 목적을 가진 광야의 요한에게 하나님은 말씀을 내려주셨다. 본문에서 하나님의 말씀이 요한에게 임했다는 증언과 구약 선지자 이사야를 언급한 것은 특별한 의미가 있다. 구약 시대에 하나님이 어떤 사람을 선택해서 말씀을 주면 그 사람은 하나님의 선지자가 된다. 그리고 그가 선포하는 말은 하나님의 말씀이 되고 때로는 그의 생활 자체가 하나님의 섭리와 깊은 관련을 맺는다. 이런 구약 전통에 입각해서 큐 기자는 세례 요한을 구약 선지자들과 같은 반열에 올려놓는다. 기자는 요한은 하나님이 보낸 선지자 곧 예언자였다고 증언한다.

요한은 말씀을 받은 직후 광야 근처에 있는 요단강으로 갔다. 그리고 강가에서 사람들에게 세례를 베풀었다. 요한이 베푸는 세례는 전통적으로 행해왔던 기존 세례와 다르다. 전통적으로 '세례'란 이방인들에게는 유대교에 입교하는 예식이었으며 유대인들에게는 정결 예식이었다. 그러나 요한이 베푼 세례는 이런 세례와는 다른 죄를 용서받기 위한 '회개의 세례'라고 증언한다. '세례'라는 전통 예식을 사용하지만 목적은 회개에 있다는 것이다. 세례는 형식이고 회개가 알맹이란 말이다. 이것은 이 후에 증언될 예수의 회개 사역과 맥을 같이 한다(Q23,31,59장).

본문은 세례를 통한 이런 회개의 사역을 하는 요한이 누구인지 구약 이사야 40:3절에 근거해서 그 정체를 밝힌다. 하나님은 오래전에 이사야를 통해서 그리스도의 도래를 준비할 사람이 나타날 것을 예언하셨다. 이 예언된 사람이 다름 아닌 '세례 요한'이었다. 본문에 의하면 세례 요한은 그리스도가 곧 도래할 것을 알고 있었고, 당시 사람들이 그리스도를 맞이하도록 준비시키는 역할을 한 사람이었다.

본문은 단순히 과거 요한에 관한 정보만 전달하는 기능을 하지 않는다. 이 본문을 하나님의 말씀으로 받아들인 큐 공동체와 같은 신앙공동체에게 본문 안에 내재되어 있는 신앙적인 요소들을 현실에 적용하도록 유도한다. 광야에 있는 요한에게만 하나님의 말씀이 임하는 것이 아니라 광야와 같은 고난 속에 신앙생활을 하고 있는 공동체에게도 하나님 말씀이 임할 수 있다는 기대를 부여한다. 구약 이사야의 예언이 세례요한을 통해서 성취되었다는 본문은 이후 신앙 공동체들에게 하나님의 약속, 예언은 반드시 이루어진다는 확신을 갖게 했다. 이런 예언과 성취 구조에 의해서 본문에서 요한이 예고한 '주' 곧 '그리스도'의 초림(初臨) 역시 그대로 실현되었다.

큐 공동체가 본문을 읽을 때는 이미 초림한 예수는 세상에 없는 상태이다. 그래서 큐 본문에는 앞으로 일어날 예수의 재림(再臨)에 대한 가르침이 자주 나온다(Q41,42,61,62장). "주의 길을 예비하라 그의 첩경을 평탄케하라"는 말씀대로 초림할 그리스도의 앞길을 준비했던 요한처럼 큐 공동체는 큐 본문을 읽으면서 재림할 예수를 대망하며 준비했다. 요한이 회개의 세례를 선포하면서 그리스도의 앞길을 준비했던 것처럼 큐 공동체는 하나님 나라를 선포하면서 예수의 재림을 준비했을 것이다.

본 단락은 큐 공동체를 위한 것만이 아니라 현대 독자들을 위한 하나님의 말씀이기도 하다. 이 시대에도 세례 요한과 같이 하나님의 말씀에 의해 삶의 의미와 목적을 갖춘 사람들이 필요하다. 하나님을 잃어버린 광야와 같은 시대 한 복판에서 하나님께 돌아오라고 목청껏 외칠 수 있는 용기 있는 사람이 필요하다. 하나님이 약속하신 말씀은 반드시 성취된다는 확신을 가지고 재림할 예수를 준비하고 기다리라고 외치는 그런 사람 말이다.

제 3 장 세례 요한의 경고

Q 3:7-9 (마 3:7-10//눅 3:7-14)

(그에게 세례받으러 오는 무리들에게 말하기를) 독사의 자식들아 누가 너희에게 다가오는 진노를 피하라고 경고 하더냐 그러므로 회개에 <u>합당한 열매들을</u> 맺어라 그리고 아브라함을 우리 조상으로 가지고 있다고 너희 자신들에게 말하려고 (시작하지) 말라 하나님은 이 돌들로부터 아브라함의 자녀들을 일으키실 수 있다는 것을 너희에게 말한다 이미 도끼가 나무들의 뿌리에 놓여있다 그러므로 좋은 열매를 맺지 아니하는 모든 나무들은 쩍혀 불에 던지우리라

큐복음은 전승 자료들을 무작위로 수집해 놓은 경전이 아니다. 큐 기자가 자료들을 문학적인 틀에 맞추어서 세심하게 편집한 복음서이다. 앞에 2장에서 기자는 간략하게 요한의 활동은 세례를 통한 회개의 사역이었고 요한의 정체는 광야에서 그리스도의 길을 예비하는 자라고 밝혔다. 본 3장에서 기자는 요한의 활동에 대한 구체적인 예를 제시한다. 그리고 다음 4장에서는 요한의 정체성을 구체적으로 밝힌다. 우리는 시작부분에서 큐복음이 상당히 치밀하게 구성되어 있음을 알 수 있다.

요한이 요단 강가에서 세례를 베풀고 있을 때 사람들이 몰려온다. 기자는 이 사람들을 '무리'라고 규정한다. 이 무리들은 요한에게 세례를 받기

위해서 온 사람들이다. 이 무리들은 하나님의 진노의 심판이 곧 임할 것이란 위기감을 느꼈다. 이들은 요한에게 세례만 받으면 하나님의 진노를 면할 수 있다고 생각했다. 그런데 요한은 이 무리들을 향하여 "독사의 자식들아!"라고 꾸짖는다. 이유는 이 무리들이 잘못된 신앙 의식을 가지고 있었기 때문이다.

요한이 지적하는 이들의 문제는 무엇보다도 '회개의 합당한 열매가 없다'는 점이다. 이 표현은 앞 단락의 '죄들의 용서를 위한 회개의 세례'와 맥을 같이 한다. 이 무리들은 '회개'란 그저 마음이 바뀌는 것 정도로 생각하던 사람들이다. 그것이 아니다. 마음이 바뀌어졌다면 행동이 달라지고 생활이 달라져야 한다. 회개를 내적인 변화로만 생각하는 사람들을 위해서 본 단락은 '회개의 열매'라는 비유적 표현으로 분명하게 기록하고 있다. 여기서 '열매'로 비유한 것은 누구나 볼 수 있는 것이며 또한 유익한 것이기 때문이다. 참으로 회개한 사람이라면 누구나 인정할 만한 변화된 행실이 있어야 하고 또한 하나님과 사람들에게 유익한 생활을 해야 한다. 그런데 요한에게 세례받으러 온 무리들에게는 흠모할만한 아름다운 삶의 열매가 없었다. 열매는 없으면서 요한의 세례만 받으면 다가올 진노를 피할 수 있다고 착각했던 사람들이었다. 요한의 사역의 중심은 세례 형식에 있었던 것이 아니다. 회개에 합당한 열매를 맺게 함에 있었다.

이 무리들의 다른 문제는 회개의 열매는 없으면서 '선택받은 백성'이란 민족적 자부심이었다. 이 무리들은 스스로 '아브라함의 자손'이란 자부심을 가진 유대인들이었다. 아브라함의 후손들인 자기 민족을 하나님이 특별히 선택했다는 선민사상에 사로잡힌 사람들이었다. 요한은 이런 유대인들을 향해 "하나님은 돌들로도 아브라함의 자녀들을 만들 수 있다"고 외친다. 선민의식에 빠져있는 유대인들의 자존심을 길가에 굴러다니는 보잘 것 없는 돌에 비교하면서 바닥까지 끌어내린다. 아무리 선택받은 민족이라 할지라도 좋은 열매가 없다면 하나님의 진노를 피할 수 없다는 것이 요한의 외침이다.

이어서 요한은 무리들을 이해시키기 위해 과수원 나무에 대한 비유를 언급한다. 이 비유에서 과수원 나무들은 유대인들이고 과수원 주인은 하나님이시다. 나무들은 과수원 안에 있음과 과수원 주인의 돌봄 아래 있다는 것에만 안주하고 있다. 과수원 주인이 열매를 기다리고 있다는 사실은 망각하고 있다. 이런 본질을 망각한 나무들을 향하여 요한을 심판의 메시지를 선포한다. 열매 맺지 못하는 나무들의 뿌리에 도끼가 이미 놓여 있다고 한다. 이 나무들은 곧 찍혀 불속에 던져질 것이다. 이와 같이 요한은 당시 유대인들에게 깊이 뿌리박혀 있던 열매 없는 선민사상을 과격하게 공격하였다. 여기서 간과하지 말아야 할 사실이 있다. 세례 요한은 유대인이었다. 요한의 선포를 들었던 청중 역시 유대인들이었다. '독사의 자식들'이라는 욕설을 들은 '무리들' 역시 유대인들이었다. 요한이 선포한 하나님의 심판은 바깥 이방인들을 향한 심판이 아니라 유대인들을 향한 내부 심판이었다. 결과적으로 요한의 회개의 선포는 유대인 내부의 개혁을 위한 하나님의 말씀이었다.

본문에 기록된 세례 요한의 심판의 메시지는 큐 공동체 내에서 끊임없는 자기 성찰과 변화를 촉구했을 것이다. 이것이 초대교회를 지속케 하는 원동력이었다. 하나님은 "당신이 어떤 교단에 속했는가?"를 보시는 것이 아니다. "어떤 종교 예식을 지키고 있는가?"를 보시는 것도 아니다. 그런 것은 껍데기일 뿐이다. 알맹이는 주변에 있는 사람들이 존경할 만한 아름다운 기독교인으로서의 생활이다. 껍데기는 알맹이를 보호하기 위해서 존재한다. 알맹이 없는 껍데기는 아무런 가치가 없어서 세례 요한의 표현대로 심판의 불에 던지게 된다. 현대 기독교도 세례 요한과 같은 하나님의 사람을 필요로 한다. 회개의 합당한 열매를 맺지 못하는 기독교인들을 향하여 "이 독사의 자식들아!"라고 외치며 하나님의 심판을 선언할 수 있는 용기 있는 이 시대의 세례 요한 말이다.

제 4 장 세례 요한과 그리스도

Q 3:15-17 (마 3:11-12//눅 3:15-17)

(백성들이 요한에 관하여 혹시 그가 그리스도인가 하고 그들의 마음속으로 기대하며 궁금해 하고 하고 있을 때에) (요한이 모든 사람들에게 대답하여 가로되) 나는 너희를 물로 세례를 주노라 그러나 나보다 능력이 많으신 이가 오시나니 나는 그의 신발들을 들기도 감당치 못하겠노라 그는 너희에게 성령과 불로 세례를 주실 것이요 그의 키를 그의 손 안에 들고 그의 타작마당을 (정하게 하사) (그의) 알곡을 (그의) 곡간에 모아들이지만 그러나 껍질은 꺼지지 않는 불에 태우시리라

아마도 요한에게 세례를 받으려고 몰려들었던 무리들은 "독사의 자식들아!"라는 요한의 호령에 놀라 쫓겨난 듯하다. 무리들이 물러가고 남은 사람들을 큐 기자는 '백성들'이라고 한다. 요한은 이 백성들에게 물로 세례를 베푼다. 무리들을 향하여 과격한 용어로 하나님의 뜻을 선포하는 요한을 보고 남아 있던 백성들은 요한을 다시 보게 되었다. 혹시 "요한이 그리스도가 아닌가?"라는 생각을 하게 되었다. 사실 백성들은 구약 이사야에서 예언된

그리스도가 오시길 고대하고 있었다.

이런 백성들의 마음을 알아차린 요한은 자신의 정체를 밝힌다. 먼저 요한의 주요 사역인 세례를 비교한다. 자신이 베푸는 세례는 물로 주는 것이지만 앞으로 오실 그리스도는 성령과 불로 주실 것이라고 한다. 오실 그리스도에게 요한 자신의 위치는 너무도 보잘 것 없다고 한다. 그리스도의 신발을 드는 것조차도 감당할 수 없을 정도로 요한 자신은 그리스도에 비해 아주 낮은 사람이라고 고백한다. 한마디로 요한 자신은 그리스도가 아니라는 말이다.

이어 모인 백성들을 향해 요한은 그리스도를 통해서 이루어질 심판을 설명한다. 앞 장에서는 열매 맺지 못하는 나무들을 도끼로 찍어 불에 던지는 심판만을 선포했다. 즉 좋은 열매 맺는 나무들에 대한 처리법을 언급하지 않았다. 그 이유는 앞 장의 청중들은 위선적인 신앙인들 즉 '무리'를 향한 선포였기 때문이다. 그러나 본 단락의 청중들은 더 이상 '무리'가 아니고 요한의 세례를 받을 자격이 있는 '백성들'이다. 이들은 그리스도의 곡간에 들어갈 '알곡들'이다. 그래서 본 단락에서는 이들 '알곡'에 대한 처리법을 언급했다.

요한이 설명하고 있는 심판은 그리스도의 심판이다. 여기서 심판 상황은 추수하는 장면으로 설명된다. 추수한 곡식을 타작마당에 널려 놓는다. 그리스도는 손에 키를 들고 널려있는 곡식들을 향해 내리친다. 키에 얻어맞은 곡식들은 알맹이와 껍질들로 분리된다. 모든 곡식들을 남김없이 키로 내리쳐서 분리시킨 후에 그리스도는 알곡과 껍질을 따로 모은다. 그리고 알곡은 곡간 즉 창고에 모아들인다. 여기서 알곡이 들어갈 창고는 하나님 나라를 가리킨다. 그리고 따로 모아둔 껍질들은 꺼지지 않는 불에 태운다. 여기서 꺼지지 않는 불이란 지옥의 불을 가리킨다. 요한이 설명한 오실 그리스도의 모습은 곧 심판자의 모습이다.

큐 공동체는 본 단락을 읽으면서 요한 주변에 있었던 '무리'와 '백성'의 차이를 깨달았을 것이다. 또한 '알곡'과 '껍질'을 구분하는 그리스도의 심판을 알았을 것이다. 열매 없이 형식을 통한 구원만을 기대했던 무리들은 요한에게 책망만 받는 것이 아니라 그리스도의 심판 때에는 껍질로 분리되어 불에 던지게 된다. 대조적으로 백성들은 하나님의 아들 그리스도를 대망했다. 요한은 이들에게 물로 세례를 베풀었다. 그리고 그리스도께서 곧 오실 것이라고 일러주었다. 본문에 '무리'를 전통적인 유대교 형식이나 예식 중심의 공동체라고 하면 '백성'은 그리스도 중심의 공동체라고 볼 수 있다. 큐 공동체도 마찬가지로 그리스도 중심의 공동체였다. 큐복음은 오늘날 기독교가 그리스도 중심의 공동체가 되어야 한다고 가르친다.

또한 '무리'와 '백성' 모두 같은 유대인들인 것처럼 알곡과 껍질 모두 한 밭에서 자라난 것들이다. 같은 민족 같은 공동체 안에서도 알곡과 껍질이 공존하고 있다. 오늘날도 같은 기독교 안에서도, 같은 교회 안에서도 형식만 추구하는 무리들과 그리스도 신앙을 추구하는 백성들이 공존하고 있다. 열매는 없이 예식에만 치우친 껍질 크리스천과 그리스도의 재림을 대망하며 그의 가르침을 따라 열매 맺는 생활을 하는 알곡 크리스천이 한 공동체 안에 공존하고 있다. 껍질 크리스천들은 그리스도의 재림도 믿지 않고 더불어 있을 최후의 심판을 무시하지만 알곡 크리스천들은 재림을 대망하며 하늘의 상급을 소망하고 주어진 환경에서 하나님 기뻐하시는 열매를 맺는다. 어느 교단, 어느 교회, 어느 단체에 속했느냐가 중요한 것이 아니다. 정작 중요한 것은 그 안에서 그리스도가 원하시는 알곡으로 살고 있는가이다.

큐복음에 의하면 요한은 당시 많은 유대인들에게 커다란 영향력을 발휘했었다. 본문에 의하면 주위 사람들이 요한을 그리스도라고 오해할 정도였다. 그러한 대중적 인기에도 불구하고 요한은 자신의 위치를 망각하지 않았다. 자신은 그리스도의 신발을 드는 것조차 감당할 수 없을 정도로 보잘 것 없는 사람이라고 고백한다. 자신은 그저 오실 그리스도의 길을 준비하는 사람에 불과할 뿐이다. 구원 역사의 주인공은 자신이 아니라 오실 그리스도이시다. 그리스도만이 역사의 주인공이며 요한의 삶의 주인일 뿐이다. 현대 기독교의 문제는 자본주의 기준에 의해 성공한 교회, 목회자들이 그리스도의 이름을 빙자하여 사람들에게 인기를 끌며 자신의 영욕을 채우는 데에 있다. 인적이 드문 광야 한 복판에서도 흔들리지 않고 재림하실 그리스도의 앞길을 준비하는 세례 요한과 같은 겸허한 예언자가 절실한 시대이다.

제 5 장 하나님의 아들 예수

Q 3:21-22 (마 3:13-17//눅 3:21-22)

예수께서 세례를 받으셨을 때에 하늘이 열리고 그리고 (거룩한) 영이 그 위에 비둘기 같이 내려오더니 하늘로부터 소리가 (나서) (너는) 내 사랑하는 아들이요 (너) 안에서 내가 기뻐하노라

큐 기자의 증언에 의하면 요한 다음에 하나님이 그리스도를 보내기로 되어있다. 그리스도의 출현은 유대인들이 오랫동안 기다려 왔던 그리스도 즉 메시아에 대한 예언의 성취이다. 본 단락은 그 예언이 성취되었음을 밝히는 부분이다. 그리스도이신 예수께서 현현하셨다. 큐복음에서 예수의 등장은 세례를 받는 장면으로부터 시작된다. 장소는 아마 2장에서 언급한 요단강으로 추정된다. 기자는 누가 예수에게 세례를 베풀었는지 언급하지 않는다. 주변에 사람들이 있었는지도 모를 일이다. 큐 기자의 관심은 그런 것들에 있지 않다. 분명한 것은 예수는 누군가에게 세례를 받았다는 점이다. 복음서들 가운데 마2:13절과 막 1:9절은 예수가 요한에게 세례를 받았다고 분명하게 기록하고 있다. 큐 본문을 보유하고 있는 누가복음만 예수가 누구에게 세례를 받았는지 언급하지 않는다. 어떤 학자들은 예수가 요한에게 세례를 받았다는 마태복음이나 마가복음 전승에 근거해서 예수는 요한을 따라다녔던 제자였다고 주장한다. 상상도 자유인 것처럼 학문도 자유다. 그러나 큐복음서 기자는 요한과 예수의 관계를 확실하게 증언한다. 세례요한은 그리스도이신 예수를 등장시키기 위한 준비위원에 불과할 뿐이다. 큐복음은 이미 앞 단락에서 이 사실을 분명히 했다.

만일 예수가 요한에게 세례를 받았다면 요한이 예수를 알아볼 수 있었을 것이다. 그런데 큐 본문을 보면 옥에 갇힌 요한은 제자들을 보내어 예수가 오신다던 그리스도인지 확인하는 내용이 있다(Q16장). 그동안 예수의 정체를 몰랐었다는 말이다. 이런 맥락에서 보면 예수가 요한에게 세례를 받지 않았을 가능성도 있다. 당시 세례는 유대인들에게 일상적인 하나의 정결예식이었기 때문이다.

이전에 요한이 세례를 베풀던 때와는 달리 예수가 세례를 받을 때는 특별한 현상들이 나타난다. 하늘이 열린다. 성령이 비둘기 같이 내려온다. 하늘에서 음성이 들려온다. 하늘이 열린다는 것은 계 4:1절이나 겔 1:1절처럼 계시적 사건이다. 하늘이 열림으로 하늘과 땅 사이에 연결하는 새로운 통로가 이루어진다. 이 통로를 통하여 하늘에서 성령이 지상에 내려와 거한다. 비둘기같이 성령이 내려오는 것은 메시야의 기름부음과 관계가 있다. 본래 '그리스도' 또는 '메시아' 모두 '기름부음 받은 자'란 의미가 있다. 본 구절에 성령이 예수 위에 비둘기처럼 부드럽게 내려오는 것은 구약에서 머리 위에 부은 기름이 흘러내리는 것에 비유할 수 있다. 즉 성령의 기름부음 받는 그리스도의 모습이다. 사실 사도행전 10:38절을 보면 예수는 성령에 의해 기름부음 받았다고 한다.

구약에 보면 왕이 등극할 때에 기름부음을 받았다(삼상 10:1, 16:13). 본문에서 세례 받을 때에 예수의 머리 위로 내려왔던 성령은 새 시대의 왕으로 임명받는 기름부음이다. 이미 구약의 이사야는 메시아에게 하나님의 신 즉 성령이 강림할 것임을 예언하였다(사 11:2, 42:1). 결국 세례 때에 임한 성령 사건은 예수의 생애에 중요한 전환점이며 동시에 하나님의 나라가 시작되는 구원 역사의 전환점이 된다. 예수는 세례를 받은 후부터 공식적으로 세상을 구원하기 위한 사역을 시작한다. 세례를 통하여 성령의 기름부음을 받고 새로 열린 하나님 나라의 왕으로 등극한다.

성령 강림 후 열린 하늘에서 예수에게 소리가 들려왔다. "너는 내 사랑하는 아들이다"라는 음성이었다. 이것은 곧 "예수는 그리스도시다"란 선포이다. 큐복음의 핵심이다. 이로써 큐복음은 2장에서 언급한 '주' 3장에서 암시한 '도끼를 든 포도원 주인' 4장에서 언급한 '그리스도, 요한보다 능력이 많으신 이, 성령과 불로 세례를 주실 분, 알곡과 껍질을 구별하실 키를 든 농부'의 정체를 본 장에서 분명하게 밝힌다. 그분이 바로 '예수'이시다. 이후로 큐복음의 예수는 그리스도로서 활동하고 가르친다. 하늘의 음성을 통하여 예수는 공식적으로 하나님의 아들임이 밝혀진다. 이 음성을 통하여 하나님의 아들 예수에 의한 구원의 새로운 시대가 시작되었다.

성령이 강림하고 하나님의 아들임을 인준 받은 예수는 세례요한과는 다른 방법으로 새로운 시대를 연다. 요한의 세례는 물로 주는 세례지만 예수는 성령과 불로 세례를 준다고 한다. 새로 도래한 하나님 나라에서는 성령과 불로 세례를 받는 사건이 일어난다. 예수가 세례를 받을 때에 일어났던 것처럼 하늘이 열리고 성령이 강림하는 일들이 일어나기 시작한다. 성령이 사람에게 임하면 귀신들이 쫓겨나고 그 사람에게 하나님 나라가 실현된다(Q29장). 강림한 성령은 그 사람 속에 거주하면서 밝은 빛을 발한다(Q32장). 이렇게 성령 받은 사람들이 점점 많아지는 것을 큐복음에서는 겨자씨와 누룩에 비유했다(Q46장).

큐복음에 의하면 그리스도 이후 현시대는 성령의 시대이다. 성령 강림을 체험하고 하나님이 내주하는 사람은 하나님 나라에서 사는 사람이다. 속에 귀신들과 같은 어둠의 영들이 물러가고 성령의 밝은 빛이 머무는 사람이다. 현재의 삶 속에서 하나님의 통치를 받으며 하나님 나라에서 사는 사람이다. 이런 사람을 향하여 하늘에서 다음과 같은 소리가 들려온다. "네 안에서 내가 기뻐한다."

제 6 장 예수의 시험

Q/마 4:1-11 (마 4:1-11//눅 4:1-13)

예수께서 마귀에게 **시험받기 위해** 성령(에 의해) **광야로** 이끌리사 사십일 동안 주리신지라 (시험하는) 자가 그에게 가로되 네가 만일 하나님의 아들이어든 이 돌들이 떡덩이가 되도록 **명하라** 그가 대답하여 (이르기를) 사람이 떡으로만 살 것이 아니라고 기록되었느니라 (마귀가) 그를 (거룩한 도시)로 (데리고 가서) 그리고 (그를) 성전 꼭대기에 세웠다 그리고 그에게 (말하기를) 만일 네가 하나님의 아들이라면 너 자신을 아래로 던져라 왜냐하면 저가 그의 천사들에게 너를 위하여 명하실 것이며 그들이 손들로 너를 받들어 너의 발이 돌에 부딪히지 않게 하시리라고 기록되었느니라 예수께서 그에게 (말씀하시되) 주 너의 하나님을 시험하지 말라고 (기록되었느니라) (마귀가) 그를 (매우 높은 산으로 데리고 가서) (세상의) 모든 왕국들과 (그들의 영광을) <u>보이며</u> 그에게 말했다 만일 네가 (나에게) 경배하면 너에게 (이 모든 것을) 주리라 예수께서 (그에게 말씀하시기를) 주 너의 하나님께 경배하고 다만 그를 섬기라고 기록되었느니라 (이때) 마귀가 (그를 떠나니라)

예수의 시험을 보면 유형론적으로 구약 출애굽과 비슷한 점을 발견할 수 있다. 출애굽한 이스라엘 백성은 곧장 약속의 땅 가나안으로 가지 않고 광야로 갔다. 물론 하나님이 그 길로 인도하신다. 광야에서 이스라엘은 40년을 있었다. 세례 받으면서 하나님의 아들로 선포된 예수도 곧장 하나님 나라 사역에 들어간 것이 아니라 40일 동안 광야로 나간다. 물론 성령이 예수를 인도한다. 40년 광야에 있던 이스라엘은 하나님을 시험했다. 광야로 들어서자 이스라엘 백성들은 먹고 마시는 문제에 부딪혔다. 굶주린 백성들은 불평하며 하나님을 믿지 못하고 시험하였다(출 17:2,7) 이런 이스라엘 백성들에게 하나님은 일용할 양식으로 만나와 메추라기를 주어 먹이셨다(출애굽기 16장). 마귀가 굶주린 예수에게 다가와서 먹는 문제로 시험했다. 그러나 예수는 하나님을 의심치 않고 주린 배를 채우는 음식보다 하나님의 말씀을 택했다.

앞 단락을 보면 예수가 세례를 받을 때에 성령이 하늘에서 내려왔다. 성령을 시각적으로 부각시키기 위해서 '비둘기 같이'란 구절을 썼다. 마치 하나의 환상이라고 할 수도 있다. 그러나 본 단락을 보면 성령이 예수를 광야로 끌고 간다. 성령은 환상과 같이 보이기만 하는 것이 아니라 실제로 활동을 하는 존재로 묘사되어 있다. 예수가 광야로 간 것은 스스로 도 닦으러 간 것이 아니다. 성령이 마치 인도자처럼 예수를 광야로 데리고 갔다. 분명 이 구조에서 보면 성령과 예수는 서로 다른 개별적인 존재로 표현되었다. 예수는 성령이 비록 시험이 있는 광야로 인도할 지라도 성령의 인도하심에 순응하는 모습을 보인다. 이런 모습은 후에 제자들이나 큐 공동체에게 신앙적 모델이 된다. 비록 이들이 하나님 나라를 선포하다가 붙잡혀 통치자들이나 권세자들 앞에 끌려가게 될 지라도 예수처럼 성령에게 순응해야 한다(Q38장).

성령에 의해 광야로 인도받은 예수는 거기서 사십일 동안 주리셨다. 큐복음에서 '주리셨다'(ἐπείνασεν)는 말은 단순한 생리현상이 아니다. 큐 공동체 신앙세계 안에서 굶주림은 하나의 축복의 조건이다. 예수는 산으로 올라가서 제자들을 앉혀놓고 축복에 관한 설교를 한다(Q7장). 그리고 '주린'(πεινῶντες) 제자들을 향하여 배부르게 되는 복을 받게 될 것이라고 말한다(Q8장). 예수는 이 제자들을 파송할 때 돈지갑이나 양식 넣는 자루 등을 가지고 가지 말라고 한다. 제자들이 선포하는 하나님 나라를 사람들이 받아들이지 않으면 굶을 수도 있다. 이런 상황이 되면 발에 묻은 먼지까지 털어버리며 사람들에게 심판을 선포하라고 가르친다(Q22장). 제자들이 굶주리게 되는 이유는 무슨 사회적 정치적 경제적 요인 때문이 아니다. 순전히 하나님의 뜻을 이루려는 신앙적인 이유 때문이다. 같은 맥락에서 보면 시험받는 본 단락에서 예수가 주린 이유도 분명하다. 하늘 아버지의 뜻 때문이다.

사십일을 주린 후에 마귀가 등장한다. 본 구조에서는 악한 영인 마귀도 거룩한 영인 성령처럼 활동하는 존재로 묘사되어 있다. 예수에게 말을 걸기도하고 예수를 데리고 성전 꼭대기에 세우기도 하고 높은 산으로 데리고 가서 세상의 모든 왕국과 영광을 보여주기도 한다. 분명한 것은 큐복음에서 예수를 시험한 마귀(διάβολος)는 뒤에 나오는 귀신(δαιμόνιον)과는 또 다른 영적 존재이다. 큐복음의 신앙세계 안에서 마귀, 귀신, 성령, 천사 등과 같은 영적 존재들은 어떤 추상적인 개념이 아니라 인간의 생활 속에서 실제로 행동하는 실체들이다.

큐복음의 구조를 보면 예수는 공생애 사역을 시작하기도 전에 광야 시험을 받는다. 마치 사역 이전에 거쳐야 하는 통과의례와 같은 인상을 준다. 나타난 마귀를 쫓아내기는커녕 예수는 마귀가 시험하는 하나하나를 그대로 받는다. '신앙'이란 시간과 공간을 초월하는 특징을 가지고 있다. 본 단락을 읽는 큐 공동체는 예수를 시험한 마귀가 자신들도 시험할 수 있다고 여겼을 것이다. 또한 하나님의 일을 시작하려면 예수가 시험을 통과한 것처럼 자신들도 통과해야 된다고 믿었을 것이다. 본문에 의하면 시험이란 것이 우발적으로 발생하는 것이 아니다. 반드시 원인이 있다. 마귀가 시험의 원인이다. 본문은 예수처럼 하나님을 절대적으로 신뢰하면 마귀의 시험을 이길 수 있다고 가르친다.

본 단락에서 거듭 반복되는 문장은 "만일 네가 하나님의 아들이어든"이란 마귀의 말이다. 사실 앞 단락에서 예수는 세례를 받을 때에 "너는 내 사랑하는 아들이다"라는 하나님의 음성을 들었다. 이 하나님의 음성은 예수를 많은 사람들 가운데 세워놓고 마치 대중들에게 소개하듯이 "이 사람은 내 아들이다"고 하지 않았다. 물론 세례를 베푸는 요한에게 하나님이 소개하듯이 "이 사람은 내 아들이라"라고 하지도 않았다. 하나님이 예수에게 직접 "너는 내 아들이다"라고 하신다. 예수 혼자서 이 음성을 들었다는 말이 된다. 큐복음에 의하면 예수가 하나님의 아들 즉 그리스도가 된 것은 전적으로 이 하나님의 음성에 근거한다. 마귀 시험의 핵심은 하나님의 아들인 예수의 정체성을 무너뜨리는 것이었다. 그래서 마귀는 첫 번째 시험과 두 번째 시험에서 "만일 네가 하나님의 아들이라면"이란 조건 문구를 덧붙였다.

첫 시험은 하나님의 아들이라면 돌로 떡을 만들어보라는 제안이었다. 둘째 시험은 하나님의 아들이라면 성전 꼭대기에서 뛰어내리라는 것이다. 하나님의 아들임을 증명해보라고 한다. 그런데 예수는 그 어느 것 하나도 마귀의 뜻대로 시행하지 않았다. 오히려 예수의 반응은 하나님에 대한 흔들리지 않는 신뢰 즉 믿음이었다. 첫 시험에서 예수는 신 8:3b(LXX)절을 인용하여 사람이 떡으로만 사는 것이 아니라며 마귀의 제안을 거절했다. 둘째 시험에서는 신 6:16(LXX)절을 인용하여 하나님을 시험하지 말라고 마귀에게 응답했다. 이 두 시험을 통해서 강조하는 것은 하나님을 향한 절대적 믿음이다. 예수가 하나님의 아들이란 증명은 기적 행함에 있지 않고 하나님을 향한 절대 신앙에 있다. 그래서 큐복음은 마가복음과 달리 예수의 기적행하는 기사들을 거의 기록하고 있지 않다. 15장에서 예수가 백부장의 종을 고치는 기적을 행했다고는 하지만 그 단락의 핵심은 기적에 있지 않고 백부장의 믿음에 있다.

예수가 마귀에게 기적을 보여주어서 마귀로부터 하나님의 아들로 인정받는 것은 본 단락에 의하면 예수에게 아무런 의미가 없다. 앞 단락처럼 하늘에 하나님만 인정하시면 된다. 귀신이 쫓겨나고 성령이 안에 거주하는 사람에게는 이미 하나님의 나라가 임한 것이다(Q29장). 큐 공동체는 하나님의 나라가 임한 백성들의 모임이다. 다른 사람들이 무어라하든지 가장 중요한 것은 하나님이 큐 공동체를 하늘 백성으로 인정하는 것이다. 자신이 하나님의 아들이라는 것에 조금도 흔들림이 없었던 예수처럼 큐 공동체 역시 자신들이 하나님 나라 백성들이라는 것에 조금도 흔들림이 없어야 한다. 본문은 이것을 큐 본문 독자들에게 간접적으로 가르치고 있다.

마귀가 제시한 시험 내용 역시 깊은 가르침이 있다. 40일을 굶주린 사람에게 가장 기본적인 욕구인 식욕을 시험했다. 큐복음이 암시하고 있는 것은 예수는 충분히 돌을 떡으로 만들 수 있는 능력이 있다는 점이다. 예수는 가장 기본적인 욕구를 채울 능력이 있음에도 불구하고 그것이 하나님을 시험하는 것이라면 과감하게 포기하는 모습을 보여준다. 이어 마귀는 시 90:11-12(LXX)절을 인용하여 성전 꼭대기에서 뛰어내리면 천사가 받들어 다치지 않게 한다는 시험을 했다. 예루살렘 성전 꼭대기라는 장소 설정은 매우 특이하다. 왜냐하면 예루살렘은 당시 유대인들의 중심 도시이며 더욱이 성전은 여전히 많은 사람들이 북적대는 가장 복잡한 장소이다. 만일 거기서 예수가 뛰어내리고 천사들이 받아주는 사건이 일어났다면 오늘날로 말하면 톱기사감이다. 예수가 하나님의 아들이라는 증명이 쉽게 된다. 그러나 예수는 기적을 행하는 것으로 하나님의 아들을 증명하는 방법을 거절한다. 큐복음은 비록 예수께서 뛰어내릴지라도 다치지 않을 것이란 내용을 암시하고 있다. 그러나 그것이 하나님을 시험하려는 것이기에 예수는 단호히 거절한다. 하나님은 예수에게 분명히 너는 나의 사랑하는 아들이라고 했다. 그러나 마귀는 계속해서 "만일 네가 하나님의 아들이라면"이란 말로 불신을 조장한다.

세 번째 시험은 마귀를 경배하면 세상의 모든 왕국과 영광을 주겠다는 것이다. 그러나 예수는 그 모든 것들을 거절하면서 오직 하나님만을 경배하고 섬겨야 한다는 말씀으로 마귀의 시험을 물리친다. 예수는 굶주린 인간의 기본적인 욕구충족보다도, 높은 곳에서 뛰어내리는 기적 행함으로 하나님의 아들로 인정받는 것보다도, 많은 사람이 쫓아가고 있는 세상의 부귀영화보다도 하나님을 신뢰하고 경배하는 것을 가장 중요하게 여긴다.

본 단락은 단순하게 시험을 이긴 예수에 관한 정보를 전달하는 기능만 있는 것이 아니다. 하나님 나라 사역을 하는 제자들, 큐복음을 읽는 큐 공동체와 모든 독자들에게 예수와 같은 삶을 살라는 가르침을 주기 위해서 기록되었다.

제 7 장 예수의 첫 설교 서문

Q/마 5:1-2 (마 5:1-2//눅 6:12,17,20a)

(그가) 무리들을 (보신 후) 산으로 (올라가 앉으시니) 그의 제자들이 (그에게로 나아온지라) 말씀하시되

큐복음에서 세례요한은 그리스도의 출현을 준비하기 위한 인물로 역할을 하다가 예수의 등장과 함께 사라진다. 예수는 세례를 받으면서 하나님의 아들임이 밝혀졌다. 큐복음의 구성에 의하면 요한에 의해 선포된 오실 그리스도는 다름이 아닌 하나님의 아들 예수이다. 예수의 그리스도 됨은 세례 때에 하나님이 확인시켜주었고 또한 마귀의 시험 때에 예수 자신의 확고한 믿음을 통해 드러났다. 이것으로 큐복음은 예수가 그리스도임을 단정해버린다. 본 단락 이전까지는 위와 같이 예수의 정체성을 밝히는 구조로 되어 있었다. 본 단락 이후부터는 그리스도로서 예수의 사역이 시작된다. 그래서 본 단락은 예수의 정체성에서 예수의 사역으로 넘어가기 위한 도입구절이다.

예수께서 무리를 보신 후에 산으로 올라가셨다. 무리가 따라 올라갔는지 아니면 산 밑에 남아 있는지 본 구절로는 분명치 않다. 예수께서 산 위에 올라간 후에 적당한 자리를 찾아서 앉았다. 이때 제자들이 다가와 예수 주위에 앉는다. 예수의 말씀을 듣기 위함이었다. 이어 예수는 제자들에게 말씀을 시작한다. 본 단락의 문장 표현을 보면 예수의 행동을 '보는 것'과 '말씀하는 것' 둘로 나눈다. 보는 대상은 '무리들'이고 말씀하는 대상은 '제자들'로 분명하게 구분되어 있다. 이것은 다음 단락의 청중을 규정하는 중요한 구절이 된다. 예수는 무리들을 향하여 말씀하는 것이 아니고 제자들을 향하여 말씀하기를 시작했다. 우리는 앞에 세례 요한의 사역을 관찰하면서 '요한이 '무리들'을 책망하고 '백성들'에게는 세례를 베푼 것을 이미 살펴보았다. 이와 같은 사실은 큐복음이 무리, 백성, 제자 등과 같이 청중들을 분명하게 구분해서 사용하고 있다는 것을 보여준다.

갑자기 '제자들'이 언급되었다. 예수께서 제자들을 어떻게 모았고 제자들의 이름은 어떻게 되는지 설명이 없다. 이것은 큐복음서 기자에게 제자들에 관한 정보가 없었기 때문이라고 보기 어렵다. 일반적으로 큐복음은 예수의 십자가 사건이 생긴 후 20여년 지난 후에 기록되었으며 그것도 예수가 자라나고 집중적으로 사역했던 갈릴리 지방에서 기록되었다고 한다. 그렇다면 큐 공동체 내에 예수에 관한 많은 자료들이 있었을 것이다. 이미 큐 공동체 내에 예수의 제자들에 관한 정보들은 널리 알려져 있었다. 그래서 큐복음서 기자가 제자들에 관한 설명을 생략했다.

바로 앞 장에서 예수는 마귀에게 끌려 산으로 올라갔다. 그리고는 마귀를 경배하면 세상의 부귀영화를 주겠다는 마귀의 제안을 들었을 때 하나님만을 경배하고 섬겨야 된다고 말씀하셨다. 본 단락에서도 예수는 산으로 올라간다. 마귀와 함께 가는 것이 아니라 제자들과 함께 간다. 세상의 부귀영화를 보기 위해서 올라가는 것이 아니라 하나님의 말씀을 선포하기 위해서 올라간다. 본 단락의 순서를 자세히 살펴보면 흥미로운 점이 발견된다. 먼저 예수께서 산에 올라오신 후에 먼저 자리를 잡고 앉으신다. 다음엔 그의 제자들이 그의 말씀을 듣기 위해서 앞으로 나아온다. 제자들의 준비가 끝나면 드디어 예수께서 말씀을 선포하신다. 하나의 예식 절차를 보는 것과 같다. 이런 광경은 마귀와 산 위에 있을 때 예수께서 하신 말씀 속에서 풀어볼 수 있다. 산 위에서 예수는 마귀에게 하나님을 경배하고 섬겨야 한다고 말했다. 이제 예수는 제자들과 함께 산 위에 올라 왔다. 말씀을 선포할 설교자가 먼저 자리에 앉고 이어 말씀을 들을 제자들이 설교자 앞으로 다가온다. 그러고 나서 설교자가 말씀을 선포하는 광경은 하나님을 예배하는 광경이다. 큐 공동체는 이 말씀을 읽으면서 분명 하나님께 드리는 경건한 예배의 한 장면을 연상했을 것이다.

제 8 장 복을 받을 제자

Q 6:20b-23 (마 5:3-12//눅 6:20b-26)

가난한 자들은 복이 있나니 (하나님의) 나라가 (너희 것)임이요 주린 자들은 복이 있나니 너희가 배부를 것임이요 (우는) 자들은 복이 있나니 (너희가 웃을 것임)이요 (사람들이) (인자를) 인하여 너희를 욕하고 (모든) 악한 것을 (행할) 때에는 너희에게 복이 있나니 기뻐하라 그리고 (즐거워하라) (하늘에)

너희의 상이 큼이라 왜냐하면 (그들이) <u>선지자들에게</u> (이같이) 하였느니라

본 단락을 이해하기 위한 전제가 앞 단락이다. 앞 단락에 의하면 산 위에 앉은 예수 앞에 제자들이 말씀을 듣기 위해서 다가섰다. 곧 이어 본문의 말씀이 제자들에게 주어졌다. 그래서 본 단락에서 '너희'라고 지칭하는 것은 곧 제자들을 가리킨다.

큐복음의 구성을 보면 예수께서 시험을 받으시자마자 제자들을 산 위로 데리고 올라가서 그들을 향한 축복의 말씀을 선포하신다. 아마도 예수의 시험과 제자들의 축복이 내적으로 연관이 있기 때문에 그렇게 배열한 것이라고 볼 수 있다. 예수께 제시한 마귀의 마지막 시험은 세상의 왕국과 영광을 주겠다는 것이었다. 그러나 예수는 그 모든 것을 하나님만을 경배하기 위해서 거절하였다. 큐 본문은 예수의 제자들 역시 하나님의 뜻을 따르기 위해서 세상에 속한 것들을 포기한 사람들이란 것을 암시한다. 가진 것 없이 예수처럼 이곳저곳을 떠돌며 하나님 나라를 전파하던 사람들이었다. 본래 가난했던 사람들도 있었을 터이고 예수를 따르기 위해서 모든 것을 포기했기 때문에 가난하게 된 사람들도 있었을 것이다. 예수는 이 가난한 제자들을 향해 축복을 선포한다. 예수가 제안한 축복은 마귀가 제안한 세상의 왕국과 영광이 아니다. 하나님 나라이다.

하나님 나라를 문자 그대로 해석하면 하나님이 다스리는 나라 또는 하나님이 계신 나라이다. 그런데 본문을 보면 하나님이 계신 나라는 초월적인 장소인 '하늘'이란 용어를 사용하고 있다. 하나님 나라는 하나님이 왕으로서 통치하는 영역을 가리킨다. 하나님이 하늘에 계시면 그곳이 하나님 나라이고 그 하나님이 내 안에서 나를 통치하시면 나에게 하나님 나라가 임한

것이 된다. 예수는 이 하나님의 나라가 제자들의 것이라고 축복한다. 본문은 제자들에게 하나님의 나라가 장차 너희 것이 될 것이라는 미래적 의미로 기록하지 않았다. 하나님의 나라가 지금 너희 것이라는 현재 문장으로 되어 있다. 제자들에게 주어진 축복은 죽어서 가는 초월적인 장소 천국이 아니라 지금 여기서도 누릴 수 있는 현실적인 하나님 나라이다.

마귀가 세 번째 시험에서 언급한 세상의 모든 왕국들과 영광들을 포기한 제자들, 그래서 가난하게 된 이들에게 예수는 다른 왕국 즉 하나님의 나라를 소유한 사람들이라고 축복한다. 예수와 마찬가지로 제자들은 하나님의 뜻을 따르기 위해서 세상의 소유를 포기하고 가난한 사람들이 되었다. 세상의 영광과 풍요 대신에 아들 그리스도를 보내신 하나님을 받아들였다. 그들 안에는 경배의 대상 하나님이 계시고 그들은 하나님의 통치하심이 받는다. 그래서 겉으로는 가난해보이지만 속으로는 하나님의 나라가 있기 때문에 복이 있는 자들이다.

마귀의 첫 번 시험은 돌을 떡으로 만들어 먹으라는 것이었다. 예수는 이미 40일을 굶은 상태였다. 아마도 예수의 일생 가운데 가장 굶주렸을 때였을 것이다. 큐복음은 예수가 충분히 돌을 떡으로 만들어 먹을 수 있는 능력이 있음을 암시하고 있다. 그럼에도 불구하고 예수는 극도로 주린 상황에서도 먹는 것을 택하지 않았다. 마귀의 첫 번 시험에 대한 예수의 대답이 신명기 8:3절을 인용한 것이라면 예수는 몸을 위한 양식도 중요하지만 하나님의 말씀이 더 중요하다는 것을 제시하고 있다. 본 단락에 적용하면 양식을 통해서도 배부를 수 있지만 말씀을 통해서도 배부를 수 있다. 본 단락에서 예수는 주린 자들이 복을 받게 될 것이라고 한다. 예수처럼 하나님의 말씀을 위해서 현재 먹을 것을 포기한 사람들에게 복이 있다는 말씀이다. 이들은 미래에 배부름을 경험하게 될 것을 약속한다. 요한복음 4장을 보면 제자들이 예수에게 동네에서 사온 음식을 드시라고 건넨다. 이 때 예수는 이미 양식을 먹었다고 한다. 제자들은 그 사이 누가 예수께 음식을 갖다 드렸는가하고 궁금해 한다. 이때 예수는 하나님의 뜻을 행하며 그 뜻을 이루는 것이 예수를 배부르게 한 양식이라고 설명한다. 큐 본문에 배부름 역시 단순한 생리적인 의미보다는 요한복음과 같은 신앙적인 의미를 가지고 있다. 생리적인 배부름이 제자들의 목적이 아니라 하나님의 나라가 땅 위에 가득 채워지는 신앙적 배부름이 목적이기 때문이다.

세 번째 복 받을 자들은 우는 자들이다. 이들에게는 앞으로 웃게 될 것이란 축복을 하였다. 제자들의 현실은 울 수밖에 없는 상황이다. 그러나 앞으로는 웃게 될 날이 올 것이라고 한다. 제자들이 우는 이유는 순전히 신앙적인 문제이다. 이들은 이미 하나님 나라를 위해 모든 것들을 포기한 과격한 사람들이다. 세상 문제들을 가지고 울 사람들이 아니다. 하나님 나라를 전파하면서 겪는 반대, 증오, 핍박, 위협 때문에 운다. 그러나 그런 희생의 대가로 세상에 하나님의 나라가 임하는 것을 보게 될 때는 얼굴에 웃음이 가득 차게 될 것이다.

네 번째 축복 받을 자들은 예수 때문에 욕을 먹고 나쁜 일들을 당하게 되는 사람들이다. 왜 예수 때문에 제자들이 욕을 먹고 고난을 당하는가? 누가 예수의 제자들을 핍박하는가? 이 문제가 명확하게 밝혀져야 큐복음의 본질을 잡을 수 있다. 먼저 예수의 제자들이나 초대 기독교인들을 핍박하는 사람들은 다름이 아니라 유대인들이다. 이런 사실은 신약 성서 전반에 드러나 있다. 유대인들이 핍박하는 이유는 예수가 그리스도라고 믿는 신앙 때문이었다. 제자들이 고난당하는 이유는 사회적, 정치적, 경제적 이유가 아니다. 순전히 종교적인 이유 때문이다. 제자들은 예수가 하나님의 아들 그리스도라고 믿었고 그의 말씀을 하나님 말씀으로 선포하고 다닌다. 이와는 다른 신앙 체계를 가진 유대인들은 제자들 뿐 아니라 모든 크리스천들을 박해하기 시작했다. 본문은 큐 공동체도 예외가 아님을 암시하고 있다. 큐 본문에 기록되어 있기 때문이다. 예수는 이런 외부적인 박해받는 제자들에게 축복을 선포한다.

유대인들이 제자들에게 욕을 하고 나쁜 짓들을 일삼는 상황에서 아마도 제자들은 하늘에서 유황불이 내리는 기적이라도 기대했을지 모른다. 그런 기적이 일어나면 유대인들도 제자들을 하나님의 사람으로 쉽게 인정했을 것이다. 그러나 앞 단락에서 예수는 두 번째 시험에서 그런 기적 사건을 바라보기 보다는 하나님의 신실함에 대한 절대적인 믿음을 보여주었다. 제자들이 하나님의 사람이라는 정체성은 어떤 기적이나 논리적인 증명을 통해 얻어지는 것이 아니다. 하나님에 대한 무조건적 신뢰와 예수에 대한 절대적인 믿음을 통해서 얻어진다. 본 단락에서 예수는 구약의 예언자들 경우를 예로 들어 설명한다. 하나님이 보낸 예언자들도 같은 민족에게 욕을 먹기도 하고 죽임을 당하기도 했다. 하나님이 보냈다는 예수 또한 고난을 당한다. 그러니 예수를 따르는 제자들이 핍박을 받는 것은 당연한 이치이다. 예수는 이런 핍박받는 제자들을 향해 하늘에 큰 상이 주어진다고 선포한다.

앞에서 설명한 것처럼 본문에서 '하늘'과 '하나님 나라'는 구별해서 사용되었다. '하나님 나라'는 하나님의 통치에 중심을 둔 용어라고 하면 '하늘'은 하나님이 계신 장소에 중심을 둔 용어이다. 하나님이 계신 곳이 하늘이다. 이곳에는 이미 세상을 떠난 아브라함, 이삭, 야곱 같은 사람들이 살고 있다. 또한 핍박받고 죽은 선지자들도 살고 있다(Q48장). 시간과 공간을 초월한 세계가 '하늘'이다. 그래서 본 단락에서 '하늘'은 이 땅에 이루어지는 '하나님 나라'와는 분명 다르다. 죽어서 가는 천상의 세계를 가리킨다. 이런 초월적인 세계에 들어가면 예수 때문에 고난을 받은 사람들에게 큰 상급이 주어진다.

예수의 제자들이나 큐 공동체는 이런 초월적 세계에 대한 확고한 신앙체계가 있었다. 이 신앙체계가 현실 세계를 극복할 수 있는 기반이다. 현실 속에서 핍박을 받을지라도 기뻐하고 즐거워할 수 있는 것은 '하늘'이란 초월적 세계가 항상 대기하고 있기 때문이다. 예수 때문에 큐 공동체도 제자들처럼 고난과 핍박을 받았을 것이다. 이 큐 공동체는 본 단락에 있는 축복의 말씀을 읽을 때 고난 받는 자신들을 위해서도 하늘에 커다란 상급이 준비될 것이라고 믿었음에 틀림없다.

제 9 장 원수 사랑

Q 6:27-33,35c (마 5:38-47, 7:12//눅 6:27-35)

내가 너희에게 이르노니 너희 원수들을 사랑하라 너희를 (모욕하는) 자들을 (위하여) 기도하라 네 뺨을 (치는 자에게) 다른 뺨도 (돌려대며) (너의) 겉옷을 (빼앗는 자에게) (너의) 속옷을 (금하지 말라) 네게 구하는 자에게 <u>주라</u> 그리고 (네 것들을) (빼앗는 자)에게 (돌려달라지) 말라 사람들이 너희에게 해주기를 <u>바라는</u> 것처럼 그들에게 (그와 같이) 행하라 (만일) 너희를 사랑하는 자들을 <u>너희가 사랑하면</u> (너희에게 무슨 칭찬이 있으리요) 그리고 (죄인)들도 (그들을 사랑하는 자들을 사랑하느니라) 그리고 만일 (너희를 선대하는) 자들을 (선대한다면) (너희에게 무슨 칭찬이 있으리요) (죄인)들도 그와 같은 것

을 행하느니라 (너희는) (지극히 높으신 이의) 아들들이 (될 것이니) 왜냐하면
(그는) (감사치 않는 자들)과 악한 자들에게도 (인자하시기) 때문이니라

앞 단락은 하나님의 축복에 대해 제자들이 갖추어야 할 내적 확신과
소망을 강조했다. 본 단락은 외부로부터 공격해오는 원수들을 어떻게 대해
야 하는가를 설명한다. 앞 단락의 분위기는 제자들을 위로하는 분위기라
고 볼 수 있지만 본 단락은 제자들에게 명령을 하는 분위기이다. 그래서 본
단락의 문체는 주로 명령문으로 되어 있다. 본 단락의 청중도 앞 단락과 마
찬가지로 예수의 제자들이다. 그래서 본 단락에 '너희'란 표현은 예수의 제
자로 이해해야 한다.

본 단락은 여러 방법으로 핍박하는 원수들을 언급하고 있다. 이 원수들
의 행태를 보면 첫째로, 제자들을 모욕한다. 둘째로, 제자들의 뺨을 친다.
셋째로, 제자들의 겉옷을 빼앗는다. 넷째로, 제자들의 소유를 빼앗는다. 원
수들의 행동이 점점 격화되는 것을 알 수 있다. 언어폭력으로 시작하다가
나중에는 물리적인 행동을 가하면서 빼앗는 단계까지 이른다. 이런 사람들
에게 제자들이 보여주어야 할 사랑의 행동지침은 첫째, 그들을 위해서 하나
님께 기도하는 것이다. 물론 원수들에게 벌을 내리라는 기도는 아니다. 오
히려 예수가 십자가에서 원수들을 위해 했던 그런 용서의 기도를 말한다.
둘째로, 때리면 맞기만 하라는 것이다. 같이 붙어서 싸우지 말아야 한다. 셋
째로, 뺏으면 더 주라는 것이다. 물론 돌려달라고 하지 말아야 한다.

제자들이 원수들을 사랑으로 대해야 할 이유는 마지막 문장에 언급한
것처럼 하나님은 하나님께 감사치 않는 자들이나 악한 자들에게도 인자를
베푸시기 때문이다. 제자들도 이런 하나님을 닮아야 한다. 그러면 하나님

의 아들들이 된다. 하나님의 아들들은 세상의 죄인들과는 달라야 한다. 세상의 죄인들은 사랑하는 자들만 사랑하고 선대하는 자들만 선대한다. 이런 것들은 누구나 할 수 있다. 그러나 하나님의 아들이 되려면 하나님처럼 모두를 선대해야 한다. 원수들까지 사랑해야 한다.

제자들이 불의하게 일방적으로 핍박하는 원수들을 사랑할 수 있는 근거는 무슨 철학적이거나 도덕적인 깊은 깨달음이 아니다. 하나님은 선한 사람이나 악한 사람이나 모두에게 인자하시다는 신앙적인 교리에 있다. 여기서 언급하는 하나님은 추상적인 존재가 아니다. 실제로 존재하는 하나님이다. 마치 악인과 선인을 차별하지 않고 자비를 베푸는 위엄과 권세가 있는 왕 같은 통치자이다. 이런 왕의 통치를 받는 사람들은 하나님 나라의 백성이 된다. 또한 왕을 닮아서 자비와 사랑을 베푸는 사람은 하나님의 자녀가 된다. 마치 자녀가 아비를 닮듯이 말이다. 예수는 이런 신앙적인 체계에 근거해서 원수까지 사랑하는 생활을 한다면 하나님의 자녀들이 될 수 있다고 가르쳤다. 이런 신앙적 체계가 초대 기독교 윤리의 확고한 기반이었다.

사실 제자들에게 닥쳐 온 핍박은 단순한 가르침에 대한 차이에서 온 것이 아니라 신앙체계의 충돌에서 온 것이었다. 예수를 십자가에 못 박았던 유대인들은 예수는 하나님의 아들 즉 그리스도가 아니라는 입장을 분명히 했다. 반면에, 예수의 제자들은 예수는 하나님의 아들이라고 선포하며 다녔다. 이런 제자들의 행태를 유대인들은 자신들이 신성시하는 하나님을 모독하는 것으로 여겨서 제자들 뿐 아니라 예수를 따르는 모든 사람들을 가볍게는 욕설로 심지어는 물리적인 행동으로 괴롭히며 핍박했다. 앞 단락에서 핍박의 원인을 '인자를 인하여'라고 구체적으로 언급했다. 큐 공동체 역시 이런 신앙체계의 충돌로 인해서 여전히 유대인들의 핍박을 받으며 생활

했다. 그럼에도 불구하고 큐 공동체는 큐복음에 명시된 대로 원수까지 사랑하는 윤리관을 가지고 있었다.

본 단락은 제자들을 핍박하는 사람들을 직접적인 표현으로 '유대인들'이라고 하지 않는다. 오히려 '원수들, 죄인들, 감사치 않는 자들, 악한 자들'이라고 한다. 제자들의 신앙체계에서 보면 핍박하는 유대인들은 하나님을 대적하는 '원수들'이다. 이들을 또한 '죄인들'이라고도 부른다. 이들이 사회적으로나 정치적으로 죄를 범했기 때문이 아니다. 하나님이 보낸 예수를 받아들이지 않기 때문에 죄인이다. 이들을 '감사치 않는 자들'이라고 하는 이유는 하나님께서 그들의 구원을 위해 아들을 보냈음에도 불구하고 깨닫지 못하고 감사하지 않기 때문이다. '악한 자들'이란 표현은 하나님이 일군들인 제자들을 방해하고 핍박하기 때문에 '악한 자들'이란 명칭을 썼다. 결국 본 단락에서 제자들을 핍박하는 자들에게 붙인 모든 칭호는 예수 그리스도를 중심으로 하는 신앙체계 안에서 이해될 때 분명해진다.

제 10 장 판단함에 대하여

Q 6:36,37a,38b (마 5:48, 7:1-2//눅 6:36-38)

너희 아버지가 (자비하신 것 같이 너희도 자비)하라 판단하지 말라 (그러면) 너희가 판단을 받지 않을 것이라 (왜냐하면 너희가 판단하는 그 판단으로 너희가 판단을 받게 될 것이요) (정죄하지 말라 그러면 너희가 정죄받지 않을 것이라) (왜냐하면) 너희가 헤아리는 그 헤아림으로 너희도 <u>헤아림을 받게 될 것이니라</u>

본 단락 첫 문장은 '너희 아버지'란 구절로 시작한다. 이것 역시 신앙적인 세계가 아니면 설명할 수 없는 표현이다. 예수는 제자들에게 하나님을 '너희 아버지'라고 소개한다. 바로 앞 단락에서 예수는 제자들을 '지극히 높으신 이의 아들들'이라고 불렀다. 제자들은 하나님의 아들들이 되고 하나님은 제자들의 아버지가 된다. 제자들은 신의 아들들이 된다. 지극히 종교적인 표현이다. 그런데 이런 신앙체계를 받아들여야 본문을 바르게 이해할 수 있다. 예수의 말씀을 들은 제자들이나 본 단락을 읽는 큐 공동체는 본문을 철학적으로 해석하지 않았다. 신앙적으로 받아들였다. 그들은 본인들을 하나님의 자녀들이라고 믿었다. 그래서 이들 초대 기독교인들은 하나님을 '아버지'라고 불렀다.

하나님과 제자들이 아버지와 아들의 관계로 설정이 되어야 다음 말씀이 이해가 된다. 본 단락은 아버지가 자비하라고 말씀하셨기 때문에 제자들이 자비해야한다고 가르치지 않는다. 아버지가 자비하시기 때문에 제자들도 자비해야 한다고 가르친다. 아들로서 아버지 하나님을 닮아야 한다. 제자들이 자비해야 하는 근거는 말씀보다는 관계 때문이다. 말과 이론에 의해서 삶이 변화되는 것이 아니라 신과의 체험적인 관계에 의해서 삶이 변화된다. 하나님은 말만 하시는 분이 아니라 자비로운 행동을 하시는 분이다. 오늘날 기독교 안에는 탁월한 언변을 가진 목회자들을 통해 많은 훌륭한 말씀들이 선포되고 있다. 그럼에도 불구하고 교회가 힘을 잃고 있다. 큐 본문은 그 이유를 분명하게 집어내고 있다. 기독교의 힘은 말에 있는 것이 아니라 하나님과의 관계에서 우러나오는 행함에 있다고.

이미 앞 단락에서 하나님은 감사치 않는 자들과 악한 자들에게도 인자하시다고 설명했다. 같은 구절을 마태는 "하나님이 그 해를 악인과 선인에게 비취게 하시며 비를 의로운 자와 불의한 자에게 내리우심이니라"로 표현했다(개역, 마 5:45). 우리는 해가 떠오르는 원리와 비가 내리는 원리를 과학적으로 설명할 수 있다. 그러나 마태 공동체는 같은 해와 비를 과학적인 눈이 아니라 신앙적인 눈으로 본다. 하나님이 해를 떠오르게 하시고 착한 사람 나쁜 사람 할 것 없이 모두에게 햇빛을 비추게 하신다. 비도 마찬가지다. 하나님이 비를 내리시게 하시는데 선인 악인 모두에게 골고루 내리신다. 동정녀 탄생이 과학적으로 성립이 안 되는 것처럼 본 문장도 과학적으로는 설명이 안 된다. 기독교 공동체는 과학적인 눈으로 해나 비를 보는 것이 아니라 신앙적인 눈으로 해나 비를 바라본다.

하나님이 해나 비를 통해서 행동으로 보여주신 자비하심처럼 하나님의 자녀들인 제자들도 선인이나 악인 구분 없이 누구에게나 자비해야 한다. 하나님이 해나 비를 통해서 유익을 주는 것처럼 제자들도 악한 사람들에게도 유익을 베풀 줄 알아야 한다. 그 이유는 제자들이 아버지 하나님을 닮아야 하는 자녀들이기 때문이다. 신앙적 세계관에 의하면 하나님은 그의 자녀들이 어디 있든지 항상 보고 계신다. 마치 아버지가 자녀를 지켜보듯이 말이다. 그래서 항상 '하나님 앞에'(coram Deo) 있다는 두렵고 떨리는 마음으로 생각과 행동을 조심해야 한다.

본 단락은 두 가지 하지 말아야 할 것을 명령한다. 남을 판단하지 말아야 하고 남을 정죄하지 말아야 한다. 판단이나 정죄는 인간 사회에서 일상적으로 나타나는 일이다. 만일 본 구절을 문자적으로 받아들이면 절대로 판사나 검사는 되지 말아야 할 것이다. 그러나 이 표현은 그런 의미로 쓰인 것이 아니다. 신앙체계 안에서 해석해야 바르게 이해할 수 있다. 하나님은 사람의 겉과 속을 정확하게 보시는 분이다. 반면에, 인간은 겉은 볼 수 있지만 사람 속은 볼 줄 모르는 불완전한 존재이다. 여기에 하나님과 인간 사이에 비교할 수 없는 엄청난 질적 차이가 있다. 이런 차이를 받아들이는 사람은 자신의 불완전함을 인정하기 때문에 섣부르게 남을 판단하거나 정죄하지 않는다.

"너희가 헤아리는 그 헤아림으로 너희도 헤아림을 받게 될 것이다." '헤아림'은 곧 따지는 것 계산하는 것을 말한다. 따지고 계산하기 좋아하는 사람의 특징은 남을 쉽게 판단하고 정죄한다. 그래서 본 단락 끝에서는 남을 판단하고 정죄하는 사람 즉 남을 헤아리는 사람에게 있을 하나님의 심판을 예고하고 있다. 나중에 하나님께서 내가 따지고 계산하던 그 방식으로 나를 심판하실 것이다. 여기서 언급하고 있는 심판은 구원의 역사 안에서 일어나는 중요한 사건이다. 제자들 뿐 아니라 큐 공동체도 앞으로 일어날 하나님의 심판을 믿었던 사람들이다. '심판'이란 구속사관이 있었기 때문에 이들 초기 크리스천들은 다른 사람들을 판단하거나 정죄하는 일에 조심했다.

제 11 장 선생과 제자

Q 6:39b-40 (마 5:13,14, 10:24,25//눅 6:39,40)

그가 또한 그들에게 비유로 말씀하셨느니라 소경이 소경을 <u>인도할</u> (수 있겠느냐) 둘이 다 구덩이에 <u>빠지지</u> (않겠느냐) 제자가 선생 위에 있지 않지만 (철저히 훈련받은 자는 누구나) 그의 선생 같이 (될 것이니라)

본 단락의 비유에서 언급된 '소경'은 어디에다 적용하느냐에 따라 의미가 달라진다. 만일 컴퓨터 세계에다 적용하면 컴퓨터를 전혀 모르는 '컴맹'을 말한다. 문자 교육 세계에 적용하면 글자를 읽고 쓸 줄 모르는 '문맹'을 가리킨다. 본 단락에서 소경은 기독교 신앙 세계에 적용된 용어이다. 넓게는 기독교 신앙세계를 모르는 사람을 말하고 좁게는 하나님의 뜻을 모르는 사람을 말한다. 기독교 신앙세계 안에 있는 표현들 즉 하나님, 그리스도, 성령, 천사, 마귀, 귀신, 하늘, 하나님 나라, 구원, 종말, 재림, 심판, 동정녀 탄생, 부활, 오병이어의 기적 등이 무슨 말인지 모르는 사람은 모두 소경이다.

본 단락은 소경이 소경을 인도해서는 안 된다고 가르친다. 이유는 둘 다 구덩이에 빠질 위험을 초래하기 때문이다. 여기서 인도하는 소경과 인도 받는 소경을 구분해야 한다. 인도하는 소경은 마치 자신이 무슨 큰 스승이나 된 것처럼 다른 사람을 가르치려하는 사람을 가리키고, 인도 받는 소경은 자신을 가르치고 있는 사람이 자신과 같은 소경인 줄을 모르고 맹목적으로 추종하는 사람을 가리킨다. 여기서 장님 선생과 장님 제자가 형성된다. 이들이 함께하면 결과는 모두 방황하다 함정에 빠지게 된다. 본문에 의하면 방황하는 사람, 방황을 조장하는 사람은 선생도 아니고 선생이 되어서도 안 된다. 더불어 심각한 문제는 그를 선생이라고 맹목적으로 추종하고 있는 장님 제자들이다. 본인이 장님이기 때문에 선생이 장님인지조차 모르고 무조건 따르기 때문이다. 큐복음은 장님 선생과 장님 제자들 모두 방황하다가 종국에는 구덩이에 빠지게 된다고 가르친다.

본 단락에서 예수는 소경의 비유를 제자들에게 적용시킨다. 처음 제자들의 상태는 마치 소경과 같이 아무 것도 모르는 사람들이다. 이런 상태에서는 누구를 인도한다고 나서서는 안 된다. 같이 멸망하기 때문이다. 제자들은 이 초보상태를 벗어나야 한다. 벗어나려면 선생에게 철저히 훈련을 받아야 한다. 물론 여기서 선생이란 예수를 가리키는 말이다. 예수를 스승으로 모신 제자들은 예수를 통해 철저하게 훈련을 받으면 예수보다 높아질

수는 없지만 예수와 같이 될 수는 있다.

예수께서 제자들에게 가르친 내용은 무엇이었을까? 예수는 제자들을 모아놓고 세계 문명사나 철학을 논하지 않았다. 예수는 제자들을 데리고 자신의 신앙체계를 가르쳤다. 자신은 구약에 선지자들을 통해 예언되었던 하나님의 아들 그리스도이며, 자신을 통해서 새로운 나라 하나님 나라가 시작되었다는 가르침이었다. 예수는 제자들에게 자신이 가지고 있는 이런 신앙체계를 받아들이고 나가 사람들에게 전파하라고 훈련시켰다. 제자들이 선포한 이 신앙체계를 받아들인 사람들은 하나님 나라의 임재를 경험하기 시작했다.

제 12 장 위선자

Q 6:41-42 (마 7:3-5//눅 6:41,42)

그런데 어찌하여 너는 너의 형제의 눈 안에 있는 티는 보면서 (자신의) 눈 안에 있는 들보는 알지 못하느냐 (너 자신이) 너의 눈 안에 있는 <u>들보를</u> (보지 못하면서) 어떻게 너의 형제에게 (말하기를 형제여) 나로 당신의 <u>눈 안에 있는</u> 티를 꺼내도록 허락하라(라고 할 수 있느냐) 위선자야 먼저 너의 눈에서 들보를 빼어라 그리고 나면 네가 밝히 보게 되어 형제의 <u>눈 안에 있는</u> 티를 빼리라

앞 단락에서 제자들은 먼저 훈련을 철저하게 받아야 한다고 강조했다. 그리고 본 단락이 이어진다. 이런 큐복음 구조에 의하면 본 단락은 예수께서 제자들을 훈련시킬 때 가장 먼저 강조한 내용이 된다. 제자가 되려면 무엇보다 자신의 모습을 살펴볼 줄 알아야 한다. 한마디로 "너 자신을 알라"

는 것이다. 자기 자신의 문제가 무엇인지도 모르면서 남 문제만 들춰내고 남에게 가르치려고만 하는 사람들을 향해서 본 단락은 '위선자'란 강한 표현을 사용하고 있다.

본문에 두 종류의 사람이 언급된다. 한 사람은 눈 안에 들보가 들어있다. 말은 안 되지만 비유적인 표현이다. 다른 사람은 눈 안에 티끌이 들어있다. 두 사람 모두 들보나 티가 눈 안에 들어 있기 때문에 시야를 가려서 사물을 제대로 볼 수 없다. 차이가 있다면 들보는 티와 비교가 안 될 정도로 커다란 통나무를 가리킨다. 들보로 눈이 가려진 사람은 11장에서 언급한 '소경'과 다를 바 없다. 이 사람에 비해 눈에 티가 들어있는 사람은 비교적 보기에 나은 편이다. 그럼에도 두 사람 모두 시야를 가리는 이 장애물을 걷어 내야한다. 본 단락의 초점은 티가 눈을 가린 사람이 아니라 들보가 눈을 가린 사람에게 있다.

들보가 눈을 가린 사람의 첫 번 특징은 자신의 문제는 볼 줄 모르는 사람이다. 자신의 눈 안에 들보가 들어있다는 것을 깨닫지 못한다. 자신의 문제를 전혀 알지도 느끼지도 못하는 사람이다. 앞 단락에서 언급한 것처럼 예수의 제자가 되려면 철저히 훈련을 받아야 한다. 그런데 가장 먼저 해야 할 것은 자신의 문제를 보는 훈련이다. 왜냐하면 자신의 눈 안에 들보가 들어 있으면 그 사람은 앞 단락에서 언급한 소경이나 마찬가지이기 때문이다. 들보 때문에 소경된 사람이 치료될 수 있는 길은 들보를 빼 버리는 길 밖에 없다. 들보가 들어 있는 상태로는 치료라는 것이 있을 수 없다. 이 들보가 눈에 들어있는 상태로는 본다는 것 자체가 거짓이기 때문이다.

눈을 가리고 있는 이 들보는 기독교 신앙을 가로막고 있는 장애물들을 가리킨다. 이 들보 때문에 하나님의 현존, 그리스도의 현존, 성령의 현존 등과 같은 기본적인 가르침도 알 수도 믿을 수도 없다. 들보가 박혀있는 사람은 큐 공동체와 같은 초기 기독교인들이 믿고 가르쳤던 기독교 신앙을 제대로 알 수가 없기 때문에 그것을 거부하고 해체하고 제거하는 일만 한다. 그런 일을 하면서도 자신이 문제가 있다는 것을 전혀 깨닫지 못하는 사람들이 눈에 들보가 들어있는 사람들이다.

들보가 눈을 가린 사람의 두 번째 특징은 자꾸 나서서 남을 가르치려고 한다. 남의 눈 안에 들어 있는 티를 보고서는 무슨 큰 발견이나 한 것처럼 소란을 피워대면서 "나로 당신의 눈 안에 있는 티를 꺼내도록 허락하라"며 나선다. 마치 바로 앞 단락에서 언급한 다른 소경을 인도하고 있는 선생 소경의 모습과 별반 차이가 없다. 오죽하면 예수는 이런 자들을 향하여 '위선자'라고 하였을까. 남을 가르치기를 원하면 자신을 돌아보아 자신에게 박혀 있는 들보, 바르게 보지 못하게 만드는 들보를 찾아내어 뽑아버려야 한다. 그래야 밝히 보게 된다. 그래야 그 밝은 눈으로 형제의 눈 안에 있는 티를 뽑아 줄 수 있다. 들보가 없는 밝은 눈으로 볼 수 있는 상태가 곧 앞 단락에서 언급한 선생과 같이 된 상태라고 할 수 있다.

제 13 장 마음에서 나오는 열매

Q 6:43-45 (마 7:15-20, 12:33-35//눅 6:43-45)

(왜냐하면) (나쁜) 열매를 맺는 (좋은) 나무가 없을 뿐 아니라 (다시) **좋은 열매를 맺는** 나쁜 나무도 없느니라 (왜냐하면) 나무는 (각각 자신의) 열매로 알게 되나니 (왜냐하면) 사람들이 가시나무들(로부터) 무화과들을 (또는 찔레나무에서 포도를) **따지** (않기 때문이라) 선한 사람은 (마음의) 쌓인 선한 보물로부터 **선한 것을** (내고) 악한 사람은 (마음에 쌓인) 악한 것으로부

터 <u>악한 것을</u> (내느니라) 왜냐하면 (그의) 입이 마음의 넘치는 것에서 말하기 때문이니라

선생으로 예수께서 제자들을 훈련시키는 두 번째 가르침은 마음에 초점을 두고 있다. 본 단락은 나무와 그 열매를 비유로 들어서 마음과 그 마음에서 나오는 행실을 설명하고 있다. 나쁜 나무에서 나쁜 열매가 나오듯이 악한 마음에서 나쁜 행실이 나온다. 좋은 나무에서 좋은 열매가 나오듯이 선한 마음에서 선한 행실이 나온다. 결국 마음 안에 무엇이 들어 있는가가 중요하다.

하나님은 마치 무화과 열매나 포도 열매를 기대하는 과수원 주인과 같다. 과수원 안에 있는 나무들은 유대인들일 수도 있고, 크리스천들일 수도 있고, 모든 사람들일 수도 있다. 문제는 어떤 부류의 사람이냐가 아니라 어떤 열매를 맺는 사람인가에 있다. 과수원 안에 있는 나무들이 모두 꼭 같이 좋은 열매를 맺는 것은 아니다. 어떤 나무는 나쁜 열매도 맺는다. 이런 나쁜 열매를 맺는 나무들은 나중에 과수원 주인이 도끼로 찍어서 불에 던질 것이다(Q3장).

본 단락에 의하면 마음은 마치 무엇을 담아 놓는 주머니와 같다. 어떤 사람은 마음 안에 선한 보물이 쌓여 있고 어떤 사람은 악한 것이 쌓여 있다. '선한 보물'이란 본인 뿐 아니라 다른 사람들도 귀중하게 여긴다. 큐복음이 말하는 마음 안에 있는 선한 보물로는 사랑이 있다(Q9장). 이 사랑의 보물이 마음에 쌓이면 원수를 위해서 기도도 할 수 있고, 뺨을 맞고도 다른 뺨을 돌려댈 수 있으며, 겉옷을 빼앗는 강도에게 속옷도 줄 수 있으며, 빼앗는 자에게 거저 줄 수 있는 행동이 나온다. 다른 마음의 보물로는 하나님

을 닮은 자비이다(Q10장). 자비가 마음에 쌓이면 원수들에게도 유익을 주는 사람이 되며 또한 남을 비판하거나 정죄하는 행동이 없어진다.

　본문에서 선한 보물을 쌓는다는 말은 곧 선생을 닮기 위해 철저히 훈련을 받는다는 말이 된다(Q11장). 선한 보물들이 저절로 쌓이는 것은 아니다. 피나는 훈련과 노력을 통해서 쌓인다. 마음속에 사랑이나 자비로 채워져야 생활 속에 사랑의 행동 자비의 행동이 드러나게 된다. 반대로 마음속에 악한 생각이 가득 차 있으면 그 사람의 입에서는 악한 말들이 쏟아져 나온다. 사람 속에 무엇이 들어 있든지 결국에는 그것이 행실이나 말로 드러나게 된다고 한다. 그래서 제자들이 훈련해야 할 중요한 과제는 마음속에 선한 보물들을 많이 쌓는 일이다.

제 14 장 듣고 행하는 신앙

Q 6:46-49 (마 7:21-27//눅 6:46-49)

(왜 너희는) 나를 주여 주여 (부르면서 내가 말하는 것들을) 행치 (아니 하냐) (나에게 와서) 나의 말들을 듣고 그것들을 행하는 모든 자가 (누구와 같은지 너희에게 보여줄 것이다) (그는) 집을 짓는 (사람 같으니) (그는 땅을 깊이 파서) 바위 위에 (기초를 놓았다) (홍수가 나서) 강물이 그 집에 (부딪혔지만) (그것을 잘 지었기 때문에 그것을 요동케) 못하였다 (그러나) 듣고 행치 않는 자는 (기초 없이 땅) 위에 집을 지은 (사람과 같으니) 강물이 (그 집에 부딪혔더니) (곧) 그것이 무너졌고 그 집의 (무너짐이) 컸다

　예수께서 산 위에 올라가서 제자들을 모아놓고 시작한 설교가 본 단락에서 끝난다. 그래서 본 단락의 청중도 앞 단락과 마찬가지로 제자들이다.

제자들은 예수를 선생 이상으로 여겼다. 이들은 예수를 '주'로 불렀다. 당시 제자들은 스승을 '주'라고 불렀다고 할 수 있겠지만 큐복음에서 '주'는 그 이상의 의미를 가리킨다. 앞에 2장을 보면 이 '주'는 구약에 이미 예언된 메시아로서, 5장에서 드러난 하나님의 아들 예수 그리스도이시다. 그래서 본 단락의 '주'는 예수 그리스도를 가리키는 용어이다. 결국 제자들과 그리스도는 단순한 제자와 스승의 관계가 아니다. 주인인 그리스도와 스스로 종임을 자처하는 추종자의 관계이다. 본 단락에 의하면 이와 같이 그리스도를 추종하는 사람들의 공통적이 특징들이 있다. 이들은 모두 예수 그리스도를 '주'라고 부르며 그의 말씀을 듣는다. 본 단락은 이런 사람들을 모두 집을 짓는 사람에 비유한다.

그런데 본 단락은 이런 크리스천들을 두 종류로 나눈다. 말씀을 듣고 행하는 사람과 듣고 행하지 않는 사람이다. 결국 본 단락의 핵심은 들음에 있는 것이 아니라 행함에 있다. 말씀을 행하는 사람은 먼저 땅을 깊이 파서 바위 위에 기초를 놓고 집을 짓는 사람과 같다. 행치 않는 사람은 기초가 없이 집을 짓는 사람과 같다. 기초는 집 밑에 놓이기 때문에 거의 보이지 않는다. 겉으로 볼 때는 두 집이 별반 차이가 없다. 문제는 홍수가 났을 때이다. 기초 없이 지은 집은 무너지고 바위를 기초로 삼은 집은 건재하다. 예수는 제자들에게 말씀을 듣는 것보다 그 말씀을 행하는 것이 더 중요하다는 것을 가르쳤다. 여기서 행함이란 신앙의 기초를 가리킨다. 말씀을 듣는다는 것은 곧 교리를 정립하는 것, 기독교 이론을 수립해 나가는 것을 의미한다. 그러나 아무리 엄청나게 위대한 이론이나 교리가 만들어진다고 할지라도 신앙에 행함 즉 실천이 없으면 무참하게 무너지고 만다.

본 단락에서 '행함'이라는 것을 집을 짓기 위해서 땅을 깊이 파서 그 안에 바위를 놓아 기초를 만드는 것에 비유했다. 있던 바위 위에다 짓는 것이 아니다. 땅을 파야하고 바위를 찾아서 판 땅 속에 그 무거운 바위를 옮겨 놓아야 한다. 또한 집의 기초가 될 수 있도록 바위를 다듬어야 한다. 이런 기초를 놓으려면 마치 수도생활과 같이 많은 희생과 노력을 요구한다. 행함이 없이 듣기만 좋아하는 사람은 기초를 놓는 수고를 생략한 사람과 같다. 이런 사람의 종국은 흔들리고 무너지게 된다. 본 단락의 핵심은 듣는 것에 있는 것이 아니라 행하는 것에 있다. 예수의 가르침을 실천하는 희생과 노력에 의해 이루어진 종교적 경험이 곧 기독교를 든든하게 세우는 기초가 된다.

홍수로 불어난 강물은 집을 무너뜨리려고 밀어붙이는 외부적인 압력을 가리킨다. 이미 앞부분에서 예수는 제자들에게 원수들의 핍박에 대해 예고했다. 이 원수들은 밖에서 예수와 예수의 추종자들을 미워하고 욕하고 때리고 빼앗고 악한 짓을 한다. 예수의 가르침에 의하면 그런 핍박을 이겨낼 수 있는 힘은 말씀을 듣고 이해하는 지식에 있는 것이 아니다. 그 말씀을 실천함으로 경험하게 되는 종교적 확신에 있다. 그래서 예수는 제자들에게 말씀 행함 즉 실천을 강조했다.

본문은 기독교가 무너지게 되는 이유를 분명히 밝히고 있다. 만일 기독교가 행동으로 보여주는 것 없이 이론만 논하는 종교가 된다면 기독교의 미래는 암담할 것이다. 그러나 큐복음의 가르침처럼 예수의 신앙체계에 입각해서 행동하는 기독교의 모습을 회복한다면 기독교는 어떤 공격이나 핍박 속에서도 든든하게 이겨나갈 것이다. 예수의 신앙체계에 의하면 예수는 하나님의 아들이며 그의 가르침은 하나님의 말씀이다. 이 신앙체계 안에 있는 하나님은 지금도 당신을 보고 계신다. 이 하나님이 큰 눈을 뜨고 보고 있는데 어찌 허튼 생각과 허튼 행동을 할 수 있단 말이다.

제 15 장 백부장의 믿음

Q/마 8:5,8-10,13 (마 7:28-8:13//눅 7:1-10)

(그가) 가버나움으로 들어갔을 때 한 백부장의 (종이 병에 걸려 죽게 되었는데 그는 그에게 소중하였다) (그가 와서) 그에게 간구하였다 내가 가서 (그를 고쳐주리라고 그가 그에게 말씀하셨다) 그 백부장이 (대답하여 가로되) 주여 당신이 나의 집 지붕 아래로 들어오심을 내가 감당치 못하겠나이다 (오직) 말씀만 하시옵소서 그러면 내 아이가 낫겠나이다 왜냐하면 저도 지배 아래 있는 사람이요 내 아래 군인들을 데리고 있으면서 이더러 가라고 말합니다 그러면 그는 갑니다 그리고 다른 이더러 오라고 말합니다 그러면 그는 옵니다 또한 나의 종더러 이것을 하라고 말합니다 그러면 그는 합니다 예수께서 들으시고 놀라시며 따르는 자들에게 말씀하셨다 (진실로) 내가 너희에게 말하노니 이스라엘 안에서 그러한 믿음을 (누구에게서도) 발견하지 못했노라 예수께서 그 백부장에게 말씀하셨다 가라 네가 믿었던 것처럼 그것이 너에게 이루어지리라 그리고 그 시각에 그 종이 고침을 받았다

큐복음서는 예수의 말씀만으로 되어 있는 것이 아니다. 본 단락처럼 예수의 기적 행함도 기록되어 있다. 세례 요한에 대한 언급과 예수의 세례 그리고 예수의 말씀과 기적 행함이 큐복음서의 기본적인 구조이다. 이것은 큐복음서가 공관복음서의 기본적인 구조와 유사한 구조를 가지고 있음을 보여준다. 결국 큐복음서는 공관복음 양식의 초기 형태라고 할 수 있다.

본 단락의 중심인물은 백 명의 로마 군인들을 거느리고 있는 백부장이

다. 지금까지 예수와 관련된 사람들은 모두 유대인들이었다. 그러나 본 단락의 백부장은 유대인이 아니고 이방인이다. 유대인들이야 오랜 동안 하나님이 누군지 알고 또한 믿고 있었지만 대부분 이방인들은 유대인들이 믿는 하나님에 대해서 잘 알지도 못했고 믿지도 않았다. 그런데 본문에 이방인 백부장은 하나님을 믿고 있었다. 뿐만 아니라 이 백부장은 유대인들이 잘 받아들이지 않는 아니 오히려 핍박하고 있는 예수를 하나님의 아들이라고 믿고 있었다. 그래서 예수는 이스라엘 사람들 안에서 이 백부장만한 믿음을 발견하지 못했다고 경탄해한다.

이 백부장은 예수를 어떻게 이해했는가? 본 단락을 보면 이 백부장은 병에 걸려 죽게 된 자기의 종을 고쳐달라고 예수를 찾아왔다. 이것은 백부장이 예수를 죽어가는 사람도 고칠 수 있는 신적인 능력을 가진 존재로 받아들였다는 말이다. 당시 로마 군인들은 이스라엘 땅에서 세력을 가지고 유대인들 위에 군림하고 있었다. 백 명의 로마 군인들을 수하에 거느린 백부장이라면 그 권력 또한 상당하다고 할 수 있다. 그런 백부장이 예수를 찾아왔다는 것은 예수에 대한 확신이 없이는 일어날 수 없는 사건이다. 예수는 죽어가는 사람을 살릴 수 있다는 확신 즉 믿음이 백부장에게 있었다.

백부장은 예수를 단순히 의사처럼 병이나 고치는 사람으로 생각하지 않았다. 그 이유는 예수께서 백부장의 집으로 가겠다고 했을 때 보여준 백부장의 반응에서 찾아볼 수 있다. 백부장은 예수가 자신의 집에 들어오는 것을 감당할 수 없다고 한다. 이 표현은 아주 귀하고 지체 높으신 분을 자신의 누추한 집으로 모시기가 너무 부담스럽다는 표현이다. 백부장에게 예수는 말씀에 능력이 있는 하나님의 아들이었다. 그래서 그는 예수가 말씀만 하면 그대로 이루어질 것이라고 믿었다. 백부장의 집까지 찾아오지 않더라도 말씀만 하면 죽을 병 걸릴 사람도 살아날 수 있다는 믿음이었다.

백부장에게 예수는 자신의 집으로 초대하기도 부담스러울 정도로 높고 위대하신 분이었다. 그래서 오시겠다는 예수를 마다하고 말씀만 하시라고 요청했다. 마치 앞에서 세례 요한이 그리스도의 신발짝을 들기도 감당치 못하겠다는 태도와 같다. 예수의 말씀의 권위에 대한 믿음을 백부장은 로마 군대 안에서 자신의 권위와 비교하여 설명했다. 로마 군대 장교로서 명령만 하면 부하들은 그대로 순종한다고 했다. 예수는 자기와는 비교할 수 없을 정도로 권위가 있는 분이기 때문에 말씀만하면 죽을 병 걸린 사람도 살아날 것이라고 믿었다. 그것도 집까지 찾아와서 병 걸린 사람을 앞에다 놓고 명령하는 것이 아니라 거리상 멀리 떨어져 있음에도 불구하고 말이다. 예수는 백부장의 집도 가본 적이 없고 백부장의 종도 본 적이 없는 데 말이다. 백부장이 예수를 향해 가졌던 믿음은 상식적으로 이해할 수 있는 것이 아니다. 기독교 신앙체계 안에서나 이해할 수 있는 믿음이다. 백부장은 이방인이었지만 예수를 시간과 공간을 초월하는 그리스도로 또한 죽어가는 사람도 말씀 하나로도 고칠 수 있는 능력자로 믿었다. 예수는 그러한 확고한 신앙을 소유한 사람을 '큰 믿음을 가진 사람'으로 인정했다. 큐복음이 말하는 크리스천은 백부장과 같은 믿음을 가진 사람이다.

본 단락은 분명하게 그 결말을 언급하고 있다. 예수는 백부장의 요청대로 말씀만 했고 죽어가던 백부장의 종은 고침을 받았다. 그것도 말씀이 떨어진 그 시각에 말이다. 놀라운 기적이다. 말 한마디로 멀리 떨어져 있는 사람을 고친다는 것은 오늘날 첨단 과학으로도 불가능한 일이다. 이것이 기독교 신앙이다. 본 단락에 백부장의 종이 고침을 받았던 때와 큐 공동체가 존재하던 시기는 서로 다르다. 백부장은 예수를 직접 대했지만 큐 공동체는 예수를 볼 수가 없다. 그럼에도 불구하고 큐 공동체는 큐복음서 안에 있는 본 단락을 자꾸 반복해서 읽는다. 신약의 복음서들과 마찬가지로 큐복음서도 한번 읽고 버리는 책이 아니다. 큐 공동체가 백부장의 종을 고친 이야기를 반복해서 읽는 이유는 시간과 공간을 초월하는 기독교 신앙을 갖고 있기 때문이다. 백부장에게 있었던 일이 일회적인 사건, 지엽적인 사건이 아니다. 예수의 말씀을 통한 기적은 백부장과 같은 믿음을 가진 큐 공동체 안에서도 언제든지 어디서든지 똑같이 일어날 수 있는 사건이다.

마지막으로 큐복음을 보면 예수는 마귀의 기적 요청은 거절했는데 백부장의 요청은 수락했다. 마귀는 기적을 통해 하나님의 아들임을 증명해보라고 시험했지만 예수는 단호하게 거절했다. 하나도 들어주지 않았다. 그러나 백부장은 이미 예수는 하나님의 아들이란 믿음이 있었다. 이 믿음을 가지고 예수께 와서 자신의 종을 살려달라고 요청했다. 큐복음에서 예수의 기적은 하나님의 아들임을 증명하기 위해서 있는 것이 아니다. 이미 하나님의 아들임을 믿는 사람들을 위하여 있다. 그리스도에 대한 믿음이 있는 사람에게 그리스도의 기적이 일어난다는 말이다.

제 16 장 세례 요한의 확인

Q/마 11:2-6 (마 11:2-6//눅 7:18-23)

요한이 (옥에서 그리스도의 사역들을 듣고) 그의 제자들을 <u>보내어</u> (그에게 말하기를) 당신이 오실 그분입니까 아니면 우리가 (다른 이를) 기다리오리이까 (하였다) (예수께서) 그들에게 대답하여 가라사대 너희가 요한에게 가서 <u>너희가</u> <u>듣는</u> 것과 <u>보는</u> 것들을 알려라 소경들이 다시 보게 되며 앉은뱅이

들이 걸으며 문둥병자들이 깨끗하게 되며 귀머거리들이 들으며 죽은 자들이
일어나며 가난한 자들이 복음화되고 있다 또한 누구든지 나로 인하여 넘어지
지 않는 자는 복이 있도다 (하시니라)

　　본 단락부터 요한의 이야기가 다시 등장한다. 혹자는 왜 요한이 제자
들을 보내서 예수에게 당신이 하나님이 보내신다고 했던 그리스도냐고 물
었는지 궁금해 할 것이다. 요한이 예수에게 세례까지 준 사람이라면 세례
를 베풀 때 당연히 예수를 하나님의 아들로 알아보지 않았겠느냐고 반문
할 것이다. 사실 마태복음에는 그렇게 기록되어 있다(마 3:13-17). 마태복
음에 따르면 요한은 예수가 세례를 받으러 왔을 때 보자마자 예수를 그
리스도로 알아보았다. 그래서 요한은 예수께 세례 베푸는 것을 주저하였
다. 그러나 예수의 강권으로 세례는 베풀어졌다. 하늘에서 들려온 소리도
마치 하나님이 요한에게 예수를 소개하듯이 "이는 내 사랑하는 아들이요"
란 음성이었다.
　　그런데 큐복음에는 예수가 세례를 받을 때 요한이 망설였다는 기록이
없다. 더군다나 예수가 요한에게 세례를 받았다는 기록도 없다. 하늘에게
들려온 소리 또한 마태복음처럼 요한에게 소개하는 음성이 아니었다. 오히
려 예수에게 하나님이 직접 말씀하시는 음성 "너는 내 사랑하는 아들이요"
라는 것이었다. 결국 큐복음에 의하면 예수는 자신이 하나님의 아들임을
자각했다. 자각하게 된 근거는 하늘에서 들려온 하나님의 음성이다. 아무
도 듣지 못했고 예수 본인만 들었다. 그래서 역사적 예수를 찾아보겠다는
학자들은 예수는 혼자 자기 환상에 빠져 살았던 미친 사람이었다고 한다.
그러나 큐복음은 절대로 예수를 자기 망상에 빠진 인물이라고 소개하지 않

는다. 큐복음은 예수를 구약에 근거한 '그리스도' 즉 '메시아'라고 한다.

큐복음의 흐름에 따르면 요한이 제자들을 예수에게 보내서 그가 오실 그리스도인지를 묻는 것이 당연하다. 왜냐하면 큐복음은 예수가 요한에게 세례를 받았다고 기록하지 않기 때문이다. 역사가 요세푸스의 증언에 따르면 많은 유대인들이 세례 요한을 추종했다. 세례 요한의 엄청난 영향력을 본 당시 헤롯왕은 세례 요한이 반란을 일으킬 수 있다는 생각을 하게 되었다. 결국 헤롯왕은 세례 요한을 잡아들여 마케루스(Macherus)성에서 처형했다. 이렇게 나라를 떠들썩하게 만들었던 세례 요한이 죽은 지 30년도 안 되어 형성된 큐 공동체는 세례 요한에 대해 생생하게 기억하고 있었을 것이다. 그렇다면 큐복음 안에 있는 요한에 관한 정보들은 역사적 사실에 가깝다고 볼 수 있다. 본 단락에서 요한이 옥에 갇혔음을 언급한 것도 역시 역사적 사실이다.

본 단락을 보면 요한은 그리스도 대망을 갖고 있던 사람이었다. 그는 제자들을 예수에게 보내서 그리스도에 대한 질문을 한다. 구약에 오신다고 예언했던 그리스도가 당신인지 아니면 다른 사람을 기다려야 하는지 말이다. 이 말은 요한은 그리스도를 기다리던 사람이었으며 자신의 사역은 그리스도의 오심을 고대하는 사람들을 세례를 통해 회개케 하는 사역이었다는 것을 암시한다. 이런 그리스도에 관한 관심 때문에 세례 요한은 자신의 제자들을 예수에게 보낸다.

찾아 온 요한의 제자들에게 예수는 이미 당시 유대인들이 메시아에 대한 예언의 말씀으로 익히 알고 있던 구약 이사야의 말씀을 제시한다. 소경들이 다시 보게 된다는 말씀은 이사야 29:18(LXX), 35:5(LXX), 42:7(LXX), 61:1(LXX)절 등에서 볼 수 있는 말씀들이다. 앉은뱅이들이 걷게 되는 말씀은 이사야 35:6(LXX)절에서 볼 수 있는 말씀이다. 귀머거리가 듣게 되는 말씀은 이사야 29:18(LXX), 35:5(LXX)절에서 볼 수 있는 말씀이다. 죽은 자들이 일어나는 말씀은 이사야 26:19(LXX)절에 있는 말씀이다. 가난한 자에게 복음이 전파된다는 말씀은 이사야 61:1(LXX)절에 있는 말씀이다.

예수는 위와 같이 구약에서 그리스도에 관하여 미리 예고했던 일을 행하고 있다. 본 단락에 의하면 요한의 제자들은 예수가 위와 같은 일을 행하고 있는 것을 직접 눈으로 보았다. 예수가 그리스도라는 근거는 자신이 그리스도라고 소리치는 데에 있다기보다는 구약에 예언된 말씀들이 눈앞에서 현실로 이루어지는 데에 있다. 그리스도에 대한 예언과 성취란 신앙적 공식 안에서 예수가 그리스도인이 증명된다. 큐복음서에는 예수의 기저에 대한 기록이 거의 없음에도 불구하고 본 단락은 기적을 행하는 하나님의 아들로서 예수의 모습을 보여준다.

큐복음에 나타난 세례 요한과 예수는 분명 다르다. 세례 요한은 오실 그리스도를 준비하는 사람이며 물로 세례를 베푸는 사람이며 회개를 촉구하는 사람이다. 반면에, 예수는 오신 그리스도 바로 그 분이며 성령과 불로 세례를 주시는 분이시며 또한 직접 용서를 하시는 분이시다. 큐복음은 이와 같이 예수와 세례 요한과의 분명한 차이를 인식하고 있었다. 특히 예수의 기적 행함과 복음 선포는 구약의 메시아 예언에 대한 성취임을 증명해주는 분명한 근거가 되었다. 이것이 큐복음이 가지고 있는 예수에 대한 이해였다.

본 단락 마지막에 예수는 "나로 인하여 넘어지지 않는 자는 복이 있다"고 언급하였다. 이 말은 예수의 가르침, 행적 등이 믿기지 않아 요한처럼 제자들을 보낸 경우를 암시한다. 예수가 그리스도이심을 받아들이기에 주저

하거나 의심하는 사람은 곧 예수 때문에 넘어지는 사람이다. 반대로 예수의 가르침이나 행적 등을 받아들이고 그를 그리스도로 망설임 없이 믿는 사람은 복이 있는 사람이다.

제 17 장 세례 요한에 대한 찬사

Q/마 11:7-11 (마 11:7-11//눅 7:24-28)

(이들이 떠나간 후에) (예수께서) 요한에 관해서 <u>무리들에게</u> 말하기 시작했다 너희가 무엇을 보려고 광야로 나갔더냐 바람에 흔들리는 갈대냐 그러면 너희가 무엇을 보려고 나갔더냐 부드러운 (옷을) 입은 사람이냐 보라 (부드러운 옷들을 입은) 자들은 <u>왕들의</u> (집)들에 있느니라 그러면 무엇을 보러 나갔더냐 선지자를 보려냐 그렇다 내가 너희에게 말하노니 선지자보다 더한 자니라 보라 (내가) 나의 사자를 너 앞에 보내노니 그는 너 앞에서 너의 길을 준비할 것이라고 기록된 이것이 그에 관한 것이니라 (진실로) 내가 너희에게 말하노니 여자들이 낳은 자들 가운데 (세례) 요한보다 더 큰 자가 (일어난 적이 없느니라) 그러나 (하늘 나라)에서 아주 작은 자라도 그보다 더 크니라

요한의 제자들이 물러갔다. 예수는 주위에 몰려있는 사람들에게 묻기 시작했다. 왜 광야로 몰려 나갔었냐고. 예수 주변에 몰려 있던 사람들은 세례 요한도 좇아 다녔던 사람들이다. 이들이 예수에게 몰려 온 것은 앞 단락에 의하면 요한이 옥에 갇혔기 때문이라고 볼 수도 있다. 본문은 사실 이런 문제에는 관심이 없다. 오히려 예수의 말씀에만 관심이 있다. 사람들이 광야로 몰려 간 목적은 다름 아닌 세례 요한을 보러 간 것이었다.

사람들이 광야에서 만난 세례 요한은 선지자 보다 더 위대한 사람이라고 예수는 칭찬을 아끼지 않는다. 세례 요한이 선지자 보다 더 위대한 이유 또한 신앙 세계 안에서 설명된다. 예수는 구약 출애굽기 23:20절의 말씀을 인용하면서 세례 요한의 위대함을 설명한다(참고, 말 3:1). 이 출애굽기 인용문을 그리스도에게 적용시키면 하나님이 그리스도 앞에 미리 하나님의 사자를 보낼 것이고 그 사자가 그리스도의 길을 준비할 것이란 말이 된다. 결국 세례 요한은 그리스도의 길을 준비하는 하나님의 사자였다. 그런 면에서 구약의 선지자들과는 차원이 다르다. 그래서 예수는 요한이 선지자들보다 큰 자라고 언급했다. 본문에 '여자가 낳은 자들'이란 말은 세상 모든 사람들을 가리키는 말이다. 예수는 모든 사람들 중에 요한보다 큰 자가 없다고 한다. 이 말은 세례 요한이 아주 위대한 사람이었단 말이다.

그런데 예수의 말은 세례 요한의 칭찬으로 끝나지 않는다. 세례 요한보다 더 큰 자들이 있다고 한다. 그들은 천국에 있는 사람들이다. 천국에서 아주 작은 자라고 할지라도 세례 요한보다는 크다고 한다. 본 단락을 보면 처음에는 선지자가 언급되더니 선지자보다 더 위대한 사람으로 세례 요한이 언급되었다. 마지막에서는 세례 요한보다 더 위대한 사람으로 천국 백성들을 언급하였다. 결국 본 단락은 천국 백성에게 초점을 맞추고 있음을 알 수 있다. 예수는 주변에 있는 무리들에게 세례 요한을 따르기보다는 천국 백성이 되어야 함을 강조한다.

본문에 예수의 질문을 보면 세 종류의 사람들을 연상하게 된다. 첫째는 바람에 흔들리는 갈대를 보러 광야로 나가는 사람들이다. 이들의 관심은 자연 경치를 구경하는 데 있다. 이런 사람들은 예수의 관심 대상이 아니다. 둘째로 부드러운 옷을 입은 사람들을 구경하러 다니는 사람들이다. 이들의 관심은 사치, 호화, 권력 등에 있는 사람들이다. 이런 사람들 역시 예수의 관심 대상은 아니다. 셋째로 선지자를 보러 광야로 나간 사람들이다. 이들의 관심은 세례 요한이다. 이들의 관심은 분명히 종교적이었다. 종교적 갈망을 충족시키기 위해서 광야로 나갔다. 물론 당시 유대 세계가 전부 종교적 사회였다고 하지만 모양만 종교적이었지 백성들의 갈증을 채워줄 수 있는 하나님의 사람은 오직 세례 요한 뿐이었다고 할 수 있다. 예수는 이런 종교적 갈망을 가진 사람들을 옳다고 인정한다. 이들은 선지자를 만나보기 위해서 광야로 가서 세례 요한을 보았지만 실제로는 선지자보다 더 큰 사람을 본 것이라고 칭찬한다. 예수의 말은 여기서 중단하지 않는다. 이런 종교적 갈증이 있는 사람들에게 한층 더 높은 단계를 제시한다. 하늘나라의 백성이 되라고 한다. 하늘나라에서는 아무리 작은 자라도 세례 요한보다는 큰 자라고 한다.

광야로 선지자를 보러 나갔다던 사람들은 선지자보다 더 큰 세례 요한을 만났다. 세례 요한을 만난 후에 다시 이들은 예수를 찾아왔다. 예수는 하늘에 계신 하나님의 사랑받는 아들이다(Q5장). 즉 예수는 하늘나라에서 지극히 큰 자이다. 결국 예수를 찾은 이들은 하늘나라에서 지극히 큰 자를 만나게 된다. 세례 요한을 하늘나라에 지극히 작은 자와 비교한 것은 결국 예수는 세례 요한과 비교도 안 될 정도로 크신 분이라는 것을 암시한다. 이런 암시적 표현은 요한의 제자들이 예수에게 던졌던 질문에 대한 대답이기도 하다. 지금부터 사람들은 하나님의 아들 예수를 통해서 하늘나라 백성이 될 수 있다. 요한의 물세례와는 달리 예수는 성령과 불로 세례를 주는 분이다. 이런 성령의 불세례를 받으면 더러운 영들이 쫓겨 가고 하나님 나라가 임한다(Q29장). 성령의 지배를 받고 하나님의 통치를 받는 하늘나라 백성이 된다.

제 18 장 예수 운동의 반응

Q 16:16 (마 11:12-15//눅 16:16)

율법과 선지자들은 요한(까지) 있었느니라 (그 때)로부터 (하나님의) 나라가 전파되며 (모든 사람이) 그것(으로) 몰려 들어가느니라

예수는 바로 앞 단락에서 세례 요한이 누군가를 설명하였다. 그러면서도 사람들이 광야로 선지자를 보러가듯이 이제는 하늘에 속한 자를 보아야 한다는 것을 암시하였다. 하늘에 속한 자로 지극히 큰 자는 지금 그들이 바라보고 있는 예수이다. 큐복음은 예수의 세례 사건을 통하여 이 예수는 '하나님의 사랑하는 아들'이라고 이미 선언하였다.

본 단락에 의하면 하나님의 구원 역사는 요한을 중심으로 전반부와 후반부로 나뉜다. 율법의 대표는 모세이다. 모세와 선지자들은 역사 전반부에 대표하는 인물들이다. 모세부터 내려온 시대는 요한에게서 끝난다. 역사 후반부에는 그리스도가 중심이 되며 새로운 하나님 나라가 선포된다. 전반부에 구약의 율법과 예언서들을 통한 그리스도의 출현에 관한 예언이 중심이었다. 후반부에 이르러서 그 예언은 성취되어 그리스도가 도래했다. 예언의 중심이던 역사의 전반부에는 사람들이 오랫동안 참고 기다리는 모습이었지만 예언이 성취된 새 시대에는 그리스도에 의해 열린 하나님 나라에 사람들이 몰려 들어가는 모습이 나타난다.

이제는 하나님의 아들 그리스도를 중심으로 하는 하나님 나라가 시작되었다. 예수와 그의 제자들은 이 나라를 선포한다. 하나님이 하늘에 계시기에 하늘나라가 하나님 나라이기도 하다. 그리스도는 하나님의 아들이기 때문에 그리스도가 다스리는 나라 또한 하나님께 속한 하나님 나라가 된다. 그런데 그 그리스도는 하늘에 있는 것이 아니라 땅위에 있다. 그리스도의 출현과 더불어 그가 다스리는 나라가 이 땅에서 시작되었다. 예수나 그의 제자들은 이 나라를 전파하고 다녔다. 메시아 즉 그리스도를 기다리던 시대는 세례요한과 더불어 끝이 났다. 그리스도는 이미 도래하였고 그와 더불어 새 시대가 시작되었다.

그리스도를 기다리던 사람들은 기다리던 그리스도가 왔기 때문에 그가 다스리는 나라 즉 하나님 나라로 몰려 들어가고 있다. 그의 나라에서는 소경이 다시 보게 되며, 앉은뱅이들이 걸으며, 문둥병자들이 깨끗하게 되며, 귀머거리들이 들으며, 죽은 자들이 일어나며, 가난한 자들이 이 기쁜 소식들을 받아들인다(Q16장). 그리스도를 통해서 치료와 회복의 역사가 일어나고 있다. 이런 사건들을 보고 듣고 경험한 사람들이 그리스도에 의한 하나님 나라로 몰려들고 있다. 이들이 하나님 나라 백성들이 되면서 하나님의 나라가 점점 커지고 있다.

여기서 말하는 하나님의 나라를 지상에 어느 지역에 묶여 있는 나라로 생각하면 안 된다. 사람들이 몰려 들어가고 있다고 해서 지구상에 어느 장소로 생각하면 문제가 생긴다. 예수가 시작한 이 하나님 나라는 엄연히 당시에 로마 제국 치하에 있던 이스라엘 땅에서 시작되었다. 그렇다고 어느 지역을 독점해서 시작한 것이 아니다. 당시 정치나 지역 개념을 초월한 나라가 하나님 나라이다. 예수가 다스리지만 당시 정치 지도자들과 같은 위치에서 다스림이 아니라 하나님의 아들로서 다스림이었다. 결국 하나님 나라는 지극히 종교적인 개념이다. 예수 그리스도를 하나님의 아들로 받아들이고 그의 통치를 받는 사람들이 하나씩 늘어남으로 하나님의 나라는 세워지고 확장된다. 모든 사람들이 하나님의 나라로 몰려 들어가고 있다

는 것은 예수의 하나님 나라 운동에 대한 반응이 그만큼 컸다는 것을 반
영한다.

제자들은 예수를 그리스도라고 믿은 사람들이기 때문에 이미 하나님
나라의 백성이다. 그러면서도 그들은 당시 로마의 식민정치 치하에서 살고
있었기 때문에 두 나라에 속한 백성들이라고 할 수 있다. 하나님 나라에 속
한 그리스도의 통치를 받는 백성이며, 동시에 로마 식민통치에 지배를 받고
있는 식민지 백성들이다. 그리스도가 선포한 하나님 나라도 이중적인 의미
가 있다. 장소로 구분하면 하나님이 계신 하늘나라와 그의 아들 예수로 말
미암아 이 땅에서 실현되고 있는 하나님 나라가 있다. 시간적으로 구분하
면 그리스도의 도래와 함께 시작되어 지금도 이루어지고 있는 하나님 나라
와 미래에 완전히 성취될 하나님 나라가 있다.

제 19 장 하나님 나라 백성들

Q 7:29-30 (마 21:28-32//눅 7:29-30)

**(그래서 모든 백성과) 세리들조차 (듣고 하나님을 의롭다 하였으니 이는
그들이) 요한의 (세례를 받았기 때문이라 그러나 바리새인들과 율법사들은
스스로 하나님의 뜻을 거역하였다 이는 그들이 그의 세례를 받지 않았기 때
문이니라)**

예수는 17장부터 요한에 관한 말씀을 선포한다. 세례 요한은 위대한 하
나님의 사람이지만 하늘나라에서는 지극히 작은 자라도 세례 요한보다 크
다는 것으로 끝을 맺었다. 이어 18장에서는 세례 요한 이후에는 많은 사람
들이 하나님 나라에 몰려 들어가고 있다고 하였다. 17장과 18장의 청중들

은 예수 주변에 모여 있는 모든 사람들이다. 그런데 본 단락에서는 듣고 있던 청중들이 구체적으로 구별된다. 백성, 세리, 바리새인, 율법사 등으로 나뉘었다. 이들은 또다시 둘로 나뉘는데 하나님을 의롭다고 하는 백성과 세리, 하나님의 뜻을 거역하는 바리새인과 율법사로 나뉜다. 이렇게 둘로 나뉘게 된 원인은 예수의 선포에 있다. 예수는 앞 단락에서 요한의 사역은 끝났고 자신을 통한 하나님 나라의 사역이 새롭게 시작되었다고 했다. 예수를 통해 새로운 하나님의 뜻이 시작되었다. 이런 예수의 선포를 받아들인 사람들은 하나님을 의롭다고 했고 반대한 사람들은 하나님의 뜻을 거역한 셈이 된다. 큐 본문은 예수의 선포를 받아들인 사람에 대해서는 특히 '백성'이란 용어를 적용하고 있다.

본 단락에 의하면 요한의 세례를 받은 백성들과 세리들이 예수에게 몰려왔다. 이미 요한의 세례를 받은 사람들이란 표현은 이들이 회개에 합당한 열매를 맺고 있는 사람들이란 의미도 갖고 있다(Q3장). 예수에게 몰려온 이들은 하나님 나라 선포를 받아들였고 하나님을 의롭다고 시인했다. 이런 과정을 통해서 이들은 하늘나라의 백성이 되었다. 예수는 이러한 많은 사람들이 지금도 하나님 나라로 몰려 들어가고 있다고 했다(Q18장).

본 단락이 사람들을 구분하는 기준은 당시 직업이나 지위가 아니라 하나님의 뜻을 따르느냐 아니냐에 있다. 백성들 뿐 아니라 세리들까지도 하나님의 뜻을 따르는 사람들로 분류되었다. 그러나 당시에 종교적 정치적으로 권세를 가지고 있는 바리새인이나 율법사들은 하나님의 뜻을 거역하는 사람들로 분류되었다. 큐복음에 의하면 요한은 정치 운동가나 철학자가 아니다. 그는 하나님이 보낸 사람이다. 그래서 요한의 세례를 받는다는 것은 곧 하나님의 뜻을 따랐다는 것이 된다.

바리새인과 율법사들은 하나님의 뜻을 거역한 사람들로 구별되었다. 이들은 매우 종교적인 사람들이었다. 성경이나 신앙 규범에 대해 매우 잘 알고 실천하는 사람들이었다. 그러나 이들은 하나님의 뜻을 몰랐다. 그래서 하나님이 보낸 요한의 세례도 거부했고 또한 하나님의 아들 예수의 사역도 반대하였다. 물론 바리새인이나 율법사의 관점에서 보면 자신들이 하나님의 뜻을 지키고 있다고 할 수 있을 것이다. 그러나 큐복음은 예수의 관점에 의해서 이들을 보기 때문에 이들은 하나님의 뜻을 거역한 사람들이 된다. 큐복음의 기준은 하나님의 아들 예수이다. 바리새인이나 율법사들처럼 아무리 종교적인 교리나 성경 내용에 대해 잘 알고 있다고 할지라도 예수를 그리스도로 인정하지 않으면 하나님의 뜻을 거역한 사람이 된다.

제 20 장 세대의 반응 비유

Q/마 11:16-19 (마 11:16-19//눅 7:31-35)

이 세대를 무엇에 비유할 것인가 그것은 장터들에 앉아 (다른 이들을) 부르고 있는 어린아이들과 같으니 그들이 말하기를 우리가 너희에게 피리를 불었지만 너희가 춤추지 아니하였다 우리가 애곡하였지만 너희가 (슬퍼하지) 아니하였다 하였느니라 요한이 와서 먹지도 아니하고 마시지도 아니하였더니 그들이 말하기를 그가 귀신들렸다 한다 인자가 와서 먹고 마시매 그들이 말하기를 보라 탐식하는 사람 주정뱅이 세리들과 죄인들의 친구로다 한다 그러나 지혜는 그것의 (행한 일들로) 옳다함을 얻느니라

왜 예수는 갑자기 장터의 비유를 말했을까? 세례 요한과 예수 자신의 사역을 설명하기 위해서이다. 장터에는 어른들 뿐 아니라 아이들까지 모여

드는 장소이다. 복음서 전승에 의하면 예수가 사역할 때에 어른들만 아니라 아이들까지 모여들었다. 세례 요한이 사역할 때도 마찬가지였을 것이다. 이런 점에서 장터의 비유는 예수나 세례 요한의 사역을 설명하는데 적격이었다.

비유에 의하면 장터에 앉은 아이들이 다른 아이들을 불러 모은다. 그리고 그들 앞에서 피리를 불거나 애곡한다. 여기서 장터에 앉아 있는 아이들은 요한이나 예수를 가리킨다. 이들은 사람들을 불러 모았다. 비유에서 춤을 기대하는 피리 연주는 곧 하나님의 아들이 오고 하나님의 나라가 임하는 하늘나라 잔치를 암시한다. 하나님의 아들 예수가 와서 천국 잔치를 배설하는 것을 가리킨다(Q52장). 예수는 천국 잔치의 즐거움으로 사람들과 함께 먹고 마시는 모습을 보여주었다. 비유에서 슬퍼할 것을 기대하며 애곡하는 것은 죄로부터 회개하는 것과 관련이 있다. 큐복음에 의하면 요한의 세례는 회개의 세례였다. 사람들을 죄에서 돌이키기 위해서 요한은 회개를 선포하였고 철저하게 절제하는 생활을 했다. 이런 점들을 고려한다면 예수는 피리 부는 아이에 비유되었고 요한은 애곡하는 아이에 비유된다.

피리 소리를 들으며 애곡하는 소리를 듣고 장터에 모여든 아이들의 반응이 본 단락의 요점이다. 피리 부는 아이는 듣는 아이들이 춤을 추기를 기대했지만 반응이 없었다. 애곡하는 아이 또한 같이 슬퍼해주길 기대했지만 반응이 없었다. 예수는 당시 사람들의 반응을 설명하기 위해서 이 비유를 언급하였다. 예수가 와서 하나님 나라의 도래를 선포했지만 사람들은 기뻐할 줄 몰랐다. 요한이 와서 죄의 회개를 선포했지만 사람들은 자신들의 죄를 깨닫거나 죄에 빠진 자신들의 모습을 슬퍼하지 않았다. 결국 모여든 사람들은 요한이나 예수의 선포에 아무런 반응도 보이지 않았다.

장터 비유 자체에서는 모여든 아이들이 기대하는 반응을 보이지 않았
다. 그런데 예수가 비유를 설명하는 부분을 보면 요한 주변에 있던 무리들
은 요한을 귀신들렸다고 빈정댄다. 또한 예수 주변에 있던 무리들은 예수
를 탐식하는 사람, 술주정뱅이라고 놀리며 또한 세리들이나 죄인들의 친구
라고 비방한다. 요한이나 예수 주변에 모여든 사람들은 요한이나 예수의
말씀을 받아들이지 않았을 뿐 아니라 오히려 요한이나 예수를 공격하는
모습을 보였다.

지혜에 관한 말씀으로 본 단락은 끝이 난다. 행한 일들로 옳다함을 얻는
것이 지혜이다. 요한이나 예수는 비록 주변에 무리들이 받아들이지 않고 오
히려 고요게 비방을 일삼았지만 그럼에도 불구하고 마치 길디 애이끼 피리
를 불거나 애곡한 것처럼 자신들의 역할을 감당했다. 큐복음에 의하면 주
변의 반응이야 어떻든지 사람을 구원하는 하나님의 뜻을 행하는 것이 지혜
이다. 요한은 절제된 모습을 보여주고 예수는 열린 모습을 보여주었지만 둘
다 사람을 죄로부터 구원하는 일을 했다. 삶의 모양이 중요한 것이 아니라
사람이 무엇을 행하느냐가 더 중요하다. 나무의 모양이 문제가 아니라 나무
의 열매가 문제이다(Q3장). 지혜는 행한 열매로 옳다함을 얻는다.

제 21 장 예수를 따르는 길

Q 9:57-60 (마 8:18-22//눅 9:57-62)

(그들이 길을 가고 있을 때 어떤 사람이) <u>그에게</u> 말했다 나는 당신이 어
디로 가시든지 당신을 따르겠습니다 그래서 예수께서 그에게 (말하기를) 여
우들은 굴들을 가지고 있고 하늘의 새들은 둥우리들을 가지고 있다 그러나
인자는 머리를 둘 곳이 없느니라 (하셨다) (또 그가) <u>다른 사람</u>(에게) 나를 따

르라고 (말했다) 그러나 그가 대답하기를 먼저 나로 <u>가서</u> 나의 아버지를 장사하도록 허락하소서라고 했다 그런데 (그가) 그에게 (말하기를) 죽은 자들이 자신들의 죽은 몸을 장사하게 놔두고 (너는 가서 하나님의 나라를 전파하라 하셨느니라)

본 단락부터는 제자들에 관한 말씀이 시작된다. 앞 단락까지는 요한에 얽힌 말씀이었다. 그러나 본 단락은 제자들에 관한 말씀으로 변환된다. 먼저 두 종류의 사람이 언급된다. 첫 사람은 예수를 따르겠다는 사람이고 둘째 사람은 예수가 따르라고 부른 사람이다. 본 단락의 초점은 이들이 예수를 따랐는지에 대해서는 관심이 없다. 그래서 본 단락에 언급된 두 사람이 나중에 예수의 제자가 되었는지에 대한 언급이 없다. 본 단락은 예수를 따른다는 것이 무엇을 의미하는지를 알리는 데에 목적이 있다.

첫째 사람은 매우 적극적인 사람이었다. 예수께 다가와 예수를 따르겠다고 했다. 그러나 예수의 대답은 이 사람이 기대했던 것처럼 '따라 오라'가 아니었다. 그렇다고 냉정하게 '오지 마라'도 아니었다. 오히려 문맥 흐름으로 볼 때 예수의 대답은 비약적인 느낌을 준다. 여우나 새들은 집을 가지고 있지만 예수는 머리를 둘 곳조차 없다고 한다. 여우의 굴이나 새의 둥우리는 안식처를 암시한다. 예수의 머리 둘 곳 역시 쉴 수 있는 장소를 암시한다. 첫째 사람을 향한 예수의 대답은 예수를 따르는 길은 쉴 여유 또는 집조차 없는 힘든 길이라고 한다. 다시 말하면 예수의 사역은 쉼이 없는 바쁜 일이다. 또는 예수는 쉴 집조차 가진 것 없는 가난한 사람이라는 의미도 된다.

예수는 왜 이런 대답을 했을까? 큐복음에 언급된 예수는 하나님의 아들이다. 백부장의 종을 말씀만으로도 고쳐준 초능력자이다(Q15장). 이런 예수는 그를 따르겠다는 사람의 속마음을 이미 알고 있었다. 본 단락에 언급된 예수의 대답은 그 속마음에 대한 대답이었다. 아마도 이 사람은 예수를 따르는 길이 어떤 지위나 권세를 얻는 길임을 생각했던 것 같다. 아니면 세상살이에 시달리다가 예수나 쫓아볼까 하는 생각을 했던 사람일 수 있다. 목적이 예수의 뜻을 따르는 것에 있는 것이 아니라 자신의 유익을 위하거나 아니면 도피 방법으로 예수에게 접근했다. 이런 의도를 파악한 예수는 그에게 '따르라' 아니면 '말라'로 대답하지 않았다. 오히려 그의 숨겨진 의도에 대한 설명을 해주었다. 그래서 본 문맥이 비약된 것처럼 보인다.

둘째 사람은 첫 경우와 달리 예수가 먼저 부른 경우이다. 이 사람의 대답도 단순하지 않다. 예수의 부름에 응한 것은 분명하다. 그러나 먼저 해야 할 일이 있다고 한다. 아버지가 사망했으니 먼저 전통에 따라 장례를 치러야 한다는 것이다. 상황이나 관습에 붙들려 있는 모습을 보여준다. 그런데 예수의 대답은 매우 극단적이다. 죽은 자들은 죽은 자들에게 맡기고 부름 받은 자는 나가서 하나님의 나라를 전해야 한다고 말한다. 아버지가 죽은 상황보다 하나님 나라 전파가 더 중요하다고 가르친다. 장례라는 관습보다 하나님 나라 전파가 더 중요하다. 그만큼 사역의 긴박성을 반영하는 부분이라고 볼 수 있다.

본 단락이 일맥상통하는 점은 모든 것을 포기하는 일이다. 첫 째 사람과의 대화를 통해서 드러나는 예수의 모습은 가장 기본적으로 필요한 안식처까지도 포기한 모습이다. 둘째 사람을 통해서 나타나는 것은 아버지와의 인연도, 장례란 당시 관습조차도 하나님의 나라를 위해서라면 포기해야 한다. 결국 하나님 나라의 도래를 선포하는 일 한가지에만 정진하는 것이 예수의 제자로서 갖추어야 할 기본적인 자세이다. 예수는 하나님의 나라를 세우기 위해서 온 하나님의 아들이시다. 제자들은 이 나라를 전파하기 위해 모든 것을 포기하라고 부름 받은 사람들이다.

제 22 장 제자 파송 설교

Q 10:2-12 (마 9:36-10:16//눅 10:1-12)

그리고 그가 (제자들에게) 말씀하셨다 추수할 것은 많지만 일군들이 적도다 그러므로 너희는 추수하는 주인에게 일군들을 그의 추수밭으로 보내어 달라고 청하라 (갈지어다) 보라 내가 늑대들 가운데로 보내는 어린 양들처럼 너희들을 보내노라 (돈지갑도) 자루도 신발들도 (가지지) 말라 (그리고 길에서 누구에게도 인사하지 마라) 그리고 너희가 어느 집에 들어가(든지) (먼저 말하라 평화가 이 집에 임하기를) 만일 (거기에 평화의 아들이) 있으면 너희의 평화가 그 위에 (머무를 것이요) 그렇지 않으면 (그것이) 너희 (위에) (돌아올 것이니라) (같은 집에서 그들이 가지고 있는 것들을 먹고 마시면서) 머물러라 왜냐하면 일군이 그의 (삯을 받을 가치가 있기 때문이니라 (그리고) 너희가 어느 도시로 들어가든지 (너희들을 받아들이면 너희 앞에 차려놓은 것들을 먹어라) 너희는 (거기에 있는 병든 자들을) 고쳐라 (그들에게) 말하기를 (하나님)의 나라가 (너희에게) 가까워 졌다라고 하라 (너희가) 어느 (도시에 들어가든지) 그들이 너희를 받아들이지 아니하면 (그 도시의 거리들로) 나와서 (말하라) (우리) 발들에 (붙어있는) (너희) 도시의 먼지(조차) (우리가 너희에게 떨어버리노라) (그럼에도 불구하고) (하나님)의 나라가 가까웠다는 (이것을 너희는 알라) 내가 너희에게 말하노니 소돔에 대한 것이 (그) 날에 그 도시에 대한 것보다 더 견디기 쉬울 것이니라 앞에 21장이 제자가 될 수 있는 자격을 언급한 것이라면 본 단락은 제자의 삶을 언급한 것이라고 볼 수 있다. 제자는 생활 안정이나 인간관계의 정을 포기하는 결단을 해야 한다. 그리고 가장 중요한 일로 하나님 나라를 전파하는 것이다. 이와 같은 결단이 있으면 예수의 제자가 될 수 있다. 그런데 예수의 제자는 예수를 따라다니며 배우기만 하는 사람들이 아니다. 배운 것을 가지고 세상에 나가 전파해야 하는 사람들이다. 예수는 철저하게 훈련받은 제자들을 세상으로 파송한다.

이미 앞에 4장에서 세례 요한은 그리스도가 오면 추수가 곧 이루어질 것이라고 예언했다. 추수한 것들을 타작마당에 널려놓으면 그리스도는 손에 든 키를 곡식들을 향해 내리친다. 알곡과 껍질이 분리된다. 그리스도는 알곡들을 모아 그의 곡간에 모아들일 것이다. 여기서 곡식들은 사람들을 가리키며 곡간은 하나님 나라를 가리킨다. 이런 예언이 예수를 통해서 실현된다. 그리스도이신 예수가 이 땅에 왔다. 그의 선포를 통하여 이미 많은 사람들이 하나님 나라로 몰려들고 있다(Q18장). 알곡을 곡간에 넣는 하나님 나라의 일이 그리스도에 의해 시작되었다. 본 단락에 의하면 이런 추수하는 일이 일손이 부족할 정도로 많다고 한다. 하나님께 일군을 보내달라고 요청할 정도로 많다고 한다.

추수하는 일을 위해서 예수는 훈련받은 제자들에게 세상을 의미하는 '추수밭'으로 가라고 명령한다. 추수하는 일은 결코 순탄하지 않다. 본 단락에 의하면 추수밭에는 늑대들이 우굴 거리고 있다. 이 경우 추수밭으로 가는 제자들을 양으로 비유했다. 양이 늑대가 있는 곳으로 간다는 것은 목숨을 버릴 각오를 해야 한다. 제자들의 추수 사역은 목숨을 걸고 수행해야 할 위험한 일들이다. 제자들은 앞 단락에서 언급한 것처럼 단호한 결심을 갖고 세상에 나가서 주인의 뜻대로 잘 자라난 '평화의 아들들'을 모아 들여야 한다.

일반적으로 목숨이 위태한 일을 수행할 때에는 준비해야 할 일이 많다. 마음의 각오를 단단히 해야 하지만 필수적인 보호 장구도 갖추어야 한다. 그런데 예수가 제자들을 보낼 때에는 가장 필수적인 것조차 허락하지 않았다. 돈지갑도 가지지 말라. 물건 담는 가방도 가지지 말라. 여분의 신발들도 갖지 말라. 제자들은 아무것도 준비해서는 안 된다. 먹는 것, 자는 것, 입는 것, 모두 현지에서 해결해야 한다. 제자들이 의지할 것이라곤 하나님 밖에 없다.

예수는 제자들에게 길에서 누구를 만나든지 인사하지 말라고 한다. 왕하 4:29절을 보면 엘리사가 종 게하시를 보내면서 길을 가다가 누구를 만나든지 인사를 하지도 말고 받지도 말라고 명한다. 명령을 받은 종 게하시는 수넴 여인의 아들을 살리기 위해서 달려 나간다. 사람들과 인사를 나누는 것보다 더 중요한 것이 죽은 아이를 살리는 것이다. "인사를 하지 말라"는 엘리사의 명령은 사태의 긴박함을 내포하고 있다. 마찬가지로 예수도 제자들에게 길거리에서 사람들과 인사를 나누지 말고 곧장 집으로 찾아 가라고 명한다. 하나님 나라 사역이 그만큼 중요하고 긴박함을 보여주는 표현이다.

예수는 세상으로 파송 받는 제자들을 향하여 다음과 같은 지침을 내린다. 일단 집을 찾아가라. 도시를 찾아가라. 집안에 있는 사람들에게 먼저 평화의 인사를 하라. 받아들이면 거기서 머물면서 하나님 나라 사역을 하라. 그리고 거기서 주는 대로 먹어라. 대접을 미안해 할 것도 없다. 일군은 대접받을 권리가 있기 때문이다. 거기 머물면서 병든 자들을 고쳐주어라.

그리고 하나님의 나라가 임박했다고 전하라. 만일 받아들이지 않으면 거리로 나와 발에 묻은 그 도시의 먼지를 떨어버리면서 "하나님 나라가 임박했다"고 전하라. 이것이 제자들이 해야 할 일들이다.

예수의 제자가 들어가는 집이나 도시는 제자를 받아들이는 여부에 따라 둘로 나누어진다. 받아들이지 않는 집이나 도시는 구약에 멸망 받은 소돔보다 더 심한 벌을 받게 된다. 그러나 받아들인 집이나 도시는 제자를 통해서 병 고침을 받는 하나님의 은혜를 경험하게 되거나 하나님 나라의 임재를 경험하게 된다(Q29장). 제자를 영접했다는 것은 제자를 파송한 예수를 받아들였다는 것이고 또한 예수를 보낸 하나님을 받아들였다는 것이다. 영접한 사람들은 물론 제자의 사역을 통해서 하나님의 나라 백성이 된 사람들이다. 결국 제자들의 추수사역은 곧 알곡인 하나님의 백성과 그 나머지를 구분하는 심판의 사역이다. 분명히 알아야 할 것이 있다. 이 심판은 단순히 도덕성이나 윤리의 잣대로 행하는 심판이 아니다. 예수가 그리스도이심과 그의 선포를 받아들이느냐 아니냐에 근거한 심판이다.

제 23 장 갈릴리 도시를 향한 저주

Q 10:13-15 (마 11:20-24//눅 10:13-15)

너에게 화가 있을진저 고라신아 너에게 화가 있을진저 벳새다야 왜냐하면 만일 너희 안에서 행한 능력들을 두로와 시돈 안에서 행하였더라면 그들은 오래 전에 베옷을 입고 재들에 (앉아) 회개하였을 것이니라 그러나 심판 때에 너희에 대한 것보다 두로와 시돈에 대한 것이 더 견디기 쉬울 것이니라 그리고 너 가버나움아 네가 하늘에까지 들려질 것 같으냐 너는 지하세계로 내려갈 것이다 벌써부터 예수는 갈릴리 지역에서 하나님 나라의 임박함을 선포하는 사역을 했었다. 이런 예수의 선포에도 불구하고 각 도시들은 잘 받아들이지 않았다. 사실 제자들이 가야할 첫 도시들도 예수가 사역했던 갈릴리 도시였을 것이다. 그래서 예수는 앞 단락에서 제자들이 가게 될 도시들의 반응을 예고한다. 앞으로 제자들이 부딪히게 될 반응들은 단순한 거부 이상일 것이다. 오히려 제자들을 해치려는 공격도 기다리고 있을 것이다. 그래서 예수는 이런 도시를 향해서 가는 제자들의 모습을 늑대들 가운데로 들어가는 양과 같다고 비유로 표현했다. 본 단락에서 예수는 이런 갈릴리 도시들을 향한 저주를 퍼붓는다.

고라신, 벳새다, 가버나움 모두 갈릴리 지방 안에 있는 도시들로 호수 주변이 위치해 있다. 예수의 주요 활동 무대가 주로 이 도시들이었다. 예수는 이 도시 안에서 많은 능력을 행했었다. 이렇게 능력을 행한 목적은 그 도시들을 회개시키기 위해서였다. 그런데 이 갈릴리 도시들은 하나같이 회개하지 않았다. 그래서 예수는 이런 도시들을 향해 매우 진노하였다. 그럼에도 불구하고 예수는 이런 강퍅한 도시로 그의 제자들을 다시 보낸다. 다시 회개할 기회를 주기 위해서이다.

하나님의 나라의 도래와 함께 이루어지는 심판 사건은 앞 장에 표현을 빌린다면 알곡과 껍질을 구별하는 사건이다(Q4장). 비유 자체로는 알곡이 껍질이 될 수 없고 껍질이 알곡이 될 수가 없다. 그러나 예수나 제자들의 사역을 보면 껍질이 알곡이 될 수 있는 길이 있다. 회개를 통하여 그런 변화가 이루어진다. 천국이 완성될 때까지 모두에게 알곡이 될 수 있는 가능성은 열려있다. 문제는 예수가 보낸 제자들의 선포를 받아들이고 회개를 하느냐에 달려있다.

본 단락은 베옷을 입고 재위에 앉아서 회개를 하는 모습을 언급하고 있
다. 베(σάκκος)는 주로 사람이 죽었을 때에 사용하는 옷감이다. 고대 중
동에서는 죽은 사람을 미이라로 만들 때에 베옷을 사용했다. 살아있는 사
람이 베옷을 입는다는 것은 다른 사람에게 자신은 이미 죽은 사람이라는
것을 상징적으로 알리는 것이다. 재위에 앉는 의식 또한 구약의 제사와 연
관이 있다. 구약에서 재는 제단 위에 얹힌 속죄 제물이 모두 타고 남은 것
을 가리킨다. 이 경우 재는 모든 부정한 죄를 태워버린 것을 상징한다. 이
외에도 희생제물인 붉은 암송아지를 놋 제단에 태우고 남는 재는 부정한
것을 깨끗케 하는 특별한 능력이 있다고 믿었다(참고, 민 19:17, 왕하 23:4).
여기서 재는 정결함을 상징한다. 예수가 기대하는 회개는 오만, 욕심, 고
집 등으로 뭉쳐있는 이기적인 자신의 죽음을 하나님과 사람들 앞에 알리
는 것이며 또한 자신의 모든 죄와 허물을 태워버리고 하나님에 의해 정결
함을 받는 것이다.

예수는 갈릴리 호수에 인접한 두 성읍 고라신과 벳새다를 지중해 연안
도시 두로와 시돈에 비교하고 있다. 두로만 해도 가버나움에서 북서쪽으로
약 50킬로 떨어져 있는 도시이다. 시돈은 두로에서 지중해 해안선을 따라
북쪽으로 약 30킬로 떨어진 도시이다. 고라신과 벳새다는 예수가 자주 방
문한 도시인 반면에 두로와 시돈은 예수의 방문이 거의 없었던 도시였다.
고라신과 벳새다에서 예수는 많은 능력을 행했고 말씀을 선포했지만 두로
와 시돈에서는 능력 행함과 말씀 선포가 거의 없었다. 결과적으로 두로와
시돈 사람들은 예수의 능력과 말씀을 접할 기회가 거의 없기 때문에 회개
할 줄 모르는 사람들이고 반면에 고라신과 벳새다 사람들은 예수의 능력
과 선포를 보고 들었음에도 불구하고 회개하지 않는 사람들이었다. 본 단

락에 의하면 지중해 연안 두 도시나 갈릴리 두 성읍 모두 회개하지 않았기 때문에 심판을 받는다고 한다. 그러나 형벌의 정도가 다르다는 것이 본 말씀의 의도이다. 보고 들었음에도 불구하고 회개치 않은 갈릴리 성읍들은 두로나 시돈보다도 견디기 힘든 심판을 받게 될 것이다.

가버나움 역시 갈릴리 성읍이지만 고라신이나 벳새다와는 구별해서 지적하였다. 가버나움은 스스로 교만하여서 하늘까지 높이 들려올라갈 것 같은 착각 속에서 살지만 결국에는 지하세계 즉 지옥으로 떨어지게 될 것이다. 앞에 고라신이나 벳새다는 말씀을 받아들이지 않고 회개치 않는 성읍들로 표현되었지만 가버나움은 도가 지나쳐서 하나님의 말씀을 무시하고 스스로 자고하는 성읍으로 묘사되어 있다. 복음서 전승에 의하면 가버나움은 예수 운동의 본거지로서 예수가 거처하던 도시로 알려져 있다. 즉 다른 성읍보다도 더 관심을 쏟았던 도시였다. 그럼에도 불구하고 가버나움 사람들은 다른 성읍 사람들보다 더욱 교만하여 예수의 사역을 무시하고 멸시하는 태도를 보였다. 결국 예수는 거만한 가버나움이 지옥에 떨어지게 될 것임을 선포했다.

제 24 장 제자들의 권위

Q 10:16 (마 10:40//눅 10:16)

너희 말을 (듣는) 자는 나의 말을 (듣는 것이요) (너희를 거절하는) 자는 (나를 거절함이라) (그러나) 나를 (거절하는 자는) 나를 보내신 이를 (거절하는 것이라)

제자들이 전달하는 말은 다음과 같은 신앙체계 안에서만 이해될 수 있다. 하나님이 당신의 뜻을 아들에게 전해주었고 그 아들은 제자들을 불러 모아 그들에게 하나님의 뜻을 전달했다. 전달받은 제자들은 도시로 나가서 사람들에게 하나님의 아들이 가르쳐준 것을 전달했다. 이런 관계로 제자들의 말을 받아들이는 사람들은 사람의 가르침을 받는 것이 아니라 제자들을 통해서 전달되는 하나님의 음성을 듣게 되는 구조가 형성된다. 더불어 제자들의 말에는 하나님이 부여한 권세가 들어있다.

문장의 구성을 보면 듣는 것과 거절하는 것을 대조시켰다. 듣는 경우는 짧게 서술한 반면 거절하는 경우는 길게 언급했다. 거절하는 사람들을 위한 경고를 내포하고 있기 때문이다. 듣는 경우는 제자들의 말과 예수의 말에만 적용시켰다. 반면에, 거절하는 경우는 말 뿐 아니라 제자 자체를 거부하는 것으로 확대시켰고 또한 예수를 보낸 하나님을 거절하는 것으로 확장시켰다. 제자를 거절하는 것은 예수를 거역하는 것과 같다. 예수를 거부하는 것은 예수를 보내신 이 즉 하나님을 거부하는 것과 같다. 앞에 22장에 의하면 제자들은 예수가 보낸 사람들이다. 선생이 자신의 가르침을 세상에 알리기 위해 제자들을 보내는 것은 상식적으로 있을 수 있는 일이다. 그러나 하나님이 아들 그리스도를 세상에 보내고 그 그리스도는 제자들을 모아 하나님의 뜻을 가르친 후에 세상에 전파하라고 보냈다는 것은 지극히 종교적인 표현이다. 믿는 사람만이 받아들일 수 있는 신앙체계이다.

큐 공동체는 이런 신앙체계를 소유한 사람들이었다. 예수는 하나님의 아들이며 그가 보낸 제자들의 선포 또한 하나님의 말씀이란 믿음을 소유한 사람들이었다. 당연히 예수의 말씀이 기록된 큐복음서를 하나님의 말씀이 수록된 경전으로 여긴 사람들이다. 이런 경전에 대한 큐 공동체의 신앙은 이후 신약 안에 복음서 공동체들의 신앙을 위한 기초가 되었다.

오늘날 현대 교회도 이런 큐 공동체와 같은 경전 신앙을 회복해야 한다. 우리가 갖고 있는 성서는 기록된 하나님의 말씀이란 경전 신앙 말이다. 예수는 제자들을 선택해서 하나님 말씀을 가르친 후에 전파하도록 내보냈다. 마찬가지로 하나님도 각 시대에 필요한 사람들을 선택해서 당신의 뜻을 알린 후에 어떤 방법을 통해서라도 문자로 기록하게 했다. 그리고 기록된 자료들이 전승과정을 거처 오늘날 우리가 '성서'라고 부르는 경전이 형성되었다. 계몽주의 이후 성서를 하나님 말씀으로 대하기보다는 하나의 고문서처럼 대하면서 기독교는 생명을 잃어버렸다. 만일 기독교가 큐 공동체처럼 성서를 하나님 말씀이란 믿음으로 대한다면 기독교는 본래의 모습을 다시 회복할 수 있을 것이다.

제 25 장 예수의 기도

Q 10:21-22 (마 11:25-27//눅 10:21-22)

(그 때)에 그가 말씀하셨느니라 하늘과 땅의 주인이신 아버지여 내가 당신을 찬양하나이다 당신은 이것들을 지혜로운 자들과 지식있는 자들에게는 <u>숨기셨고</u> 어린아이들에게 그것들을 보이셨나이다 옳습니다 아버지여 왜냐하면 그것이 당신 앞에 기쁨이었기 때문이니다 모든 것들이 아버지로 말미암아 나에게 주어졌습니다 누구도 아버지 외에는 <u>아들이</u> (누구인지) <u>아는</u> 자가 없나이다 (그리고) 아들과 아들이 보이기를 원하는 자 외에는 아버지가 (누구인지) 아는 자가 없나이다

앞 장에서 예수와 제자들을 거절하는 상황들을 언급하였다. 그렇게 거절하는 것도 본 단락을 보면 하나님의 의도와 연관이 있다. 만일 하나님이 예수가 하나님의 아들이란 사실을 밝히 드러냈으면 모든 사람들이 예수나 제자들을 쉽게 받아들였을 것이다. 마치 마귀가 시험했던 것처럼 사람들이 몰려드는 성전 꼭대기에서 뛰어내리는 기적이라도 보여주었다면 많은 사람들이 예수를 쉽게 알아볼 수 있었을 것이다. 그러나 하나님의 의도는 숨기는 것이었다. 더욱이 숨기는 것이 오히려 하나님에게는 기쁨이었다고 한다. 하나님께서 예수에 관한 비밀을 숨겼기 때문에 사람들은 예수와 그의 제자들을 거부하고 박해했다.

이런 하나님의 의도를 알고 있기 때문에 예수는 사람들이 거부하고 박해하는 상황 가운데서도 아버지 하나님을 찬양한다. 예수가 찬양하는 하나님은 어떤 추상적인 개념이 아니다. 무언가 일을 만들어내고 또한 그것에 대한 감정을 표현하는 살아있는 신이다. 심지어는 자신의 사랑하는 아들까지 둔 신이다. 하나님은 어떤 비밀을 감추기도 하고 그것을 자신의 아들을 통해서 사람들에게 알리기도 하는 분이다. 예수는 하나님을 '하늘과 땅의 주인'이라고 부르고 있다. 성서에서 '하늘과 땅'이란 구절은 우주 만물 전체를 가리킨다. 예수는 하나님을 만물의 주인으로 이해하고 있으며 더불어 이 하나님을 '아버지'라고 부르며 찬양한다.

찬양하는 이유는 하나님이 '이것들'을 지혜나 지식이 있다는 자들에게는 숨기셨고 오히려 어린아이들에게 보여주셨기 때문이라고 한다. 여기서 '이것들'이란 뒤에 나오는 문장에 의하면 아버지와 아들에 관한 것들이다. 하나님이 자신과 자신의 아들에 관하여 지혜나 지식이 있는 자들에게 숨기시고 어린아이와 같은 자들에게 나타내신 것은 하나님의 의도였고 또한 기쁨이었다. 아들 예수 역시 그런 하나님의 의도를 옳다고 찬양하고 있다.

본 단락에 의하면 지식이나 지혜가 있는 사람과 어린아이가 대조되었다. 특히 지식과 지혜를 기준으로 대조를 시킨 것이기 때문에 어린아이는 지혜나 지식이 부족한 사람들이 된다. 그런데 본문에 의하면 이들은 하나님 아버지와 하나님의 아들에 관한 비밀을 안다. 본 단락은 하나님의 비밀은 지혜나 지식으로 아는 것이 아님을 분명히 하고 있다. 본문에 의하면 하나님의 비밀은 아들만 알고 있기 때문에 아들인 예수를 통하지 않고서는 절대로 알 수가 없다. 그런데 예수가 선택한 사람은 지혜 있는 사람이나 지식있는 사람이 아니었다. 오히려 어린아이나 어린아이와 같은 사람들이었다.

하나님이 숨긴 내용은 본 단락 마지막 부분에서 언급하고 있다. 하나님은 자신의 아들이 누군지 심지어는 하나님 본인이 누군지 알지 못하도록 감추어 놓았다. 그렇다고 완전히 숨겨져 있는 것은 아니다. 본문에 의하면 아들 예수와 예수가 보여주기를 원하는 사람들은 하나님도 알 수 있고 하나님의 아들도 알 수 있다. 이런 사람들의 특징이 본문에서 규정되었다. 이 사람들은 지혜가 있는 사람들도 아니고 지식이 있는 사람들도 아니다. 그들은 오히려 어린아이들이나 어린아이와 같은 단순하고 순진한 사람들이다.

큐복음에 의하면 하나님은 자신의 사랑하는 아들을 세상에 몰래 보내셨다. 물론 구약에서 이미 예고했지만 사람들은 이 땅에 나타난 예수를 만났을 때 그를 하나님의 아들로 알아보지 못했다. 세례 요한조차 하나님의 아들 즉 그리스도가 곧 오실 것이라고 예고는 했지만 실제로 예수를 알아보지 못했다. 그래서 예수가 그리스도인지 확인하기 위해서 제자들을 보냈다. 예수가 세례를 받을 때에 하늘에서 들린 음성도 아들 예수만 들었다. 그래서 본 단락에서 하나님 아버지 외에 아들이 누군지 아는 사람이 없다고 한다.

오늘날 하나님에 대한 논의가 신학적으로 철학적으로 확대되어 여러 종류의 신관(神觀)들이 제시되고 있다. 그런데 최초의 복음서인 큐 본문은 신의 존재는 지혜나 지식적 사고를 통해서 알 수 없다고 한다. 오히려 그런 방법을 통하면 통할수록 하나님은 더 숨게 된다. 신의 존재를 알려면 오직 한 길 그가 보낸 아들 예수를 통해야 한다고 분명히 하고 있다. 예수와 예수가 알려주기를 원하는 자를 통하지 않고서는 신의 정체를 알 수 없다는 것이 본 단락의 핵심이다.

제 26 장 복 받은 제자들

Q 10:23-24 (마 13:16-17//눅 10:23-24)

(그리고 제자들에게 돌아서서 은밀히 말씀하셨느니라) (너희가 보고 있는 것들을) 보는 눈들은 복되도다 내가 너희에게 말하노니 많은 선지자들과 (왕들이) (너희가) 보는 것들을 보기 (원했지만) 보지 못했고 너희가 듣고 있는 것들을 듣기 원했지만 듣지 못하였느니라

앞 25장은 하나님께 드리는 찬양의 기도였다. 본 단락은 기도가 끝난 후 제자들을 향한 말씀이다. 앞 장에서 숨겨진 하나님 아버지와 그의 아들의 비밀을 알 수 있는 자들은 아들이 보여주기를 원하는 자들이라고 했다. 이어지는 본 장에 의하면 이 자들은 다름 아닌 예수의 제자들이다. 예수는 제자들을 향해 돌아선다. 그리고 지금까지 감추어져왔던 비밀을 은밀하게 그들에게 밝힌다. 그 비밀은 곧 예수 자신의 정체이다.

돌아선 예수를 제자들이 정면으로 쳐다보는 순간이었다. 예수는 입을 열어 제자들에게 너희가 지금 쳐다보고 있는 사람은 보통 사람이 아니라고

은밀하게 말한다. 물론 예수 자신을 가리키는 말이다. 보통 사람이 아닌 이유를 덧붙인다. 예수는 그동안 구약에 많은 선지자들이나 왕들이 그렇게 보기를 원했던 사람이다. 이들이 보기를 원했던 사람은 다름 아닌 메시아였다. 하나님이 보낼 구원자 메시아를 만나보기를 원했지만 이들에게는 그런 기회가 주어지지 않았다. 물론 메시아를 만나보지도 못했으니 그의 음성은 들을 수도 없었다. 메시아를 기다리는 이스라엘 전승은 예수가 등장하기 전까지 수백 년 동안 전해 내려왔다. 그런데 그 메시아 즉 그리스도가 지금 제자들 눈앞에 서 있다. 서만 있는 것이 아니라 말까지 한다. 그래서 예수는 자신의 음성을 들으며 바라보고 있는 제자들의 눈이 복이 있다고 축복한다.

예수는 자신이 구약에서 선지자나 왕들이 예언했던 메시아 곧 그리스도임을 밝히고 있다. 물론 제자들에게만 은밀하게 말한다. 지혜나 지식이 있는 자들에게는 숨기시고 어린아이와 같은 제자들에게는 자신의 비밀을 알려주셨다. 예수가 곧 그리스도라는 비밀이다. 본 단락에 의하면 제자들은 이 비밀을 알고 믿었던 사람들이었다. 이런 전승을 이어받은 큐 공동체 또한 이 비밀을 알고 믿었던 사람들이었다. 큐복음 전승을 이어받은 신약 공관복음 공동체 역시 이런 그리스도 비밀을 알고 믿었던 사람들이다. 만일 현대 기독교가 예수는 그리스도 즉 하나님의 아들이란 비밀을 믿지 않는다면 그런 기독교는 신약에 뿌리를 둔 기독교가 아니라 신흥 종교일 뿐이다.

제 27 장 주기도문

Q 11:2-4 (마 6:7-13//눅 11:1-4)

(그리고 그가 그들에게 말씀하셨다) 너희가 기도할 때 (이렇게 말하라) 아버지여 당신의 이름이 거룩히 여김을 받으시옵소서 당신의 나라가 임하시옵

소서 (매일) 우리의 일용할 양식을 우리에게 <u>주옵소서</u> 우리의 (죄들을) 용서하시옵소서 (왜냐하면) <u>우리가</u> (스스로)우리에게 (죄지은 모든 사람을) <u>용서하기</u> (때문입니다) 또한 우리를 시험으로 이끌지 마옵소서

앞 장에서 제자들에게 은밀하게 자신의 정체를 드러낸 후에 예수는 본 단락에서 자신의 아버지 하나님이 어떤 분인지 제자들에게 알려준다. 예수가 밝힌 하나님은 기도를 들으시는 분이다. 듣고만 있는 분이 아니라 들은 것을 실행하시는 분이시다. 하나님은 거룩히 여김을 받기 원하며 이 세상에 당신이 통치하는 나라를 세우시는 분이다. 사람에게 일용할 양식도 공급하시고 죄를 용서해주며 또한 시험을 막아주시는 분이다. 그래서 기도하라고 제자들에게 가르친다.

예수가 가르친 기도는 호칭부터가 범상치 않다. 기도할 때 하나님을 '아버지'라고 부르라고 제자들에게 가르친다. 그렇다면 이 기도를 하는 제자들은 모두 하나님의 아들들이 된다. 복음서 가운데 가장 먼저 기록되었다는 마가복음을 보면 예수가 재판을 받을 때에 자신이 하나님의 아들임을 인정함으로 당시 종교 지도자들을 분노케 만들었다(막 14:61-62). 이로 인해 예수는 하나님을 모독한 자로 십자가형에 처해졌다. 그런데 예수는 제자들에게 이런 위험한 기도를 시킨다. 하나님을 아버지로 부르는 기도를 말이다.

예수도 세례 받을 때 하나님의 사랑하는 아들이라고 인정받았다. 본 단락에 의하면 제자들도 하나님을 아버지로 부르면서 자신들이 아들들임을 인식한다. 모두 하나님의 자녀들이다. 그러나 분명히 해야 할 것은 예수는 이미 많은 선지자들이나 왕들이 기다려 왔던 메시아로서 하나님의 아들이다. 제자들이 모두 메시아가 아니란 말이다. 25장에 의하면 예수는 하나

님에 의해서 아들이 되고 제자들은 예수에 의해서 아들들이 된다. 즉 제자들은 예수가 원하기 때문에 하나님의 자녀들이 되었다. 앞에 25장을 보면 예수가 원했던 제자들을 '어린아이들'이라고 부른다. 희랍어로 '네피오스'(νήπιος)라고 쓰는데 이는 주로 갓 태어난 아기를 가리킨다. 반면에, 같은 25장에서 예수는 자신을 '아들'이라고 표현한다. 여기서 희랍어로 아들이란 '휘오스'(υἱός)는 어린아이보다는 장성한 아들을 가리킨다고 볼 수 있다. 즉 예수는 장성한 하나님의 아들로서 아버지를 알고 아버지의 뜻을 이루는 역할을 한다. 반면에, 제자들은 이제 갓 태어난 어린아이와 같아 아버지를 알기는 하지만 아직 미성숙한 모습을 가지고 있다.

제자들은 아들 예수를 통해서 아버지가 누구인지 알게 되었다. 그래서 기도할 때 아버지를 부른다. 이 아버지는 이름(יהוה)이 있다. 그러나 그 이름을 함부로 입에 담지 않는다. 그냥 이름 대신에 '아버지'라고 부르면 된다. 당시 유대인들은 구약 성경을 읽을 때 하나님의 이름이 나오면 절대로 그 이름을 그대로 읽지 않았다. 대신에 '나의 주님'(אֲדֹנָי)이라고 읽었다. 하나님의 이름을 말하는 것은 곧 하나님을 모욕하는 것으로 여겼기 때문이다. 모세는 십계명에서 하나님의 이름을 망령되이 일컫지 말라고 경고했다. 이렇게 하나님 이름을 경외하는 구약 전승을 이어받아 예수는 제자들에게 기도할 때 먼저 해야 할 말을 가르친다. "하나님의 이름이 거룩히 여김을 받으시옵소서"라고. 구약에 '거룩한'이란 히브리어는 קָדוֹשׁ (카도쉬)로서 본래 '구별된'이란 의미를 갖고 있다. 하나님 이름은 세상적인 이해나 자연적인 이해와는 구별된 종교적, 초월적, 초자연적인 특성을 가지고 있다. 이런 전제를 받아들여야 이어지는 기도문들이 의미를 갖는다.

둘째 기도문은 "당신의 나라가 임하시옵소서"이다. 하나님의 나라가 인간이 사는 이 땅으로 내려오게 해달라는 기도이다. 장소란 측면에서 이해하면 기도를 하고 있는 제자들은 세상 나라에 속해 있고 하나님은 하나님 나라에 계신다. 일반적으로 나라는 장소를 가리키기 때문에 사람이 나라를 옮겨 다닐 수는 있지만 나라가 옮겨 다닐 수는 없다. 이 땅의 사람이 죽어서 하나님 나라에 올라간다는 것은 그래도 이해를 할 수 있지만 하나님 나라가 이 땅에 살아있는 사람에게 내려온다는 것은 쉽게 이해할 수 없는 표현이다. 이것은 종교의 초자연성, 초월성을 인정해야 받아들일 수 있다. 세상 나라는 한계가 있는 세상이고 하나님 나라는 초월적인 세상이다. 유한한 세상이 초월적인 세상을 넘어갈 수 없지만 초월적인 세상은 유한한 세상에 들어올 수 있다. 하나님 나라가 임하게 해달라는 기도는 초월적인 하나님의 나라가 이 유한한 세상으로 들어오게 해달라는 요청이다. 그렇게 되면 죽어야만 갈 수 있다는 그 초월적인 하나님 나라를 현실 속에서도 경험하게 된다. 유한한 세상인 이 땅에서부터 하나님이 다스리는 영원한 나라의 백성으로 살게 된다.

세 번째 기도문부터는 제자들 자신들에 관련된 기도문들이다. 일용할 양식을 달라는 기도이다. 앞에 22장에서 예수는 제자들을 파송할 때에 돈이나 양식 담을 자루 등을 가지고 다니지 말라고 했다. 집이나 동네에 들어가서 주면 주는 대로 받아먹고 없으면 굶으라는 식이 예수의 방법이다. 이런 비장한 사역에서 중요한 것은 역시 양식이다. 그런데 예수는 제자들에게 가르치기를 양식을 사람들에게 구하지 말고 아버지 하나님께 구하라고 한다. 하나님이 먹을 양식도 공급해준다는 것이 본 기도문에 내재된 확고한 믿음이다.

네 번째 기도문은 죄 용서에 관한 기도문이다. 제자들은 자신들에게 죄를 지은 사람들을 모두 용서하고 있기 때문에 하나님께 자신들의 죄도 용서해달라는 간구한다. 여기서 죄란 하나님의 뜻을 거역하는 모든 행위를 가리킨다. 제자들이 하나님 나라를 선포할 때 하나님의 뜻을 모르는 사람들은 제자들을 모욕하고 반대하고 핍박했다. 그런 상황에서 제자들은 원수까지도 사랑해야 한다는 예수의 가르침을 기억하고 있다(Q9장). 그래서 자신들을 대적하는 사람들을 용서한다. 이런 제자들도 실수나 죄를 저지를 수 있다. 그래서 하나님께 죄를 용서해달라고 간구해야 한다. 본 기도문을 통해서 기억해야 할 것은 하나님께 용서를 구하기 전에 먼저 다른 사람을 용서해야 한다는 사실이다.

마지막 기도문은 시험으로 이끌지 말라달라는 기도문이다. 이 기도는 6장의 예수의 시험과 맥을 같이한다. 예수는 성령에 이끌리어 광야로 가서 시험을 받았다. 예수의 시험을 보면 이끌기는 성령이 이끌었지만 시험은 마귀가 했다. 마귀 시험의 주 내용은 하나님의 아들임을 증명해 보이라는 것이다. 예수는 제자들에게 그런 시험에 빠지지 않게 해달라는 기도를 가르친다. 본 기도문의 첫 구절이 반영하듯 제자들은 하나님을 아버지로 모신 하나님의 아들들이다. 시험에 빠져서 하나님의 아들들로서 자신의 정체성을 잃어버리는 일이 없도록 해달라는 간구이다. 다른 말로는 예수를 통해서 하나님과 맺어진 아버지와 자녀의 관계가 깨어지는 시험이 없도록 해달라는 기도이다. 하나님과의 확고한 관계를 유지하는 것이 신앙이기 때문이다.

제 28 장 기도의 확신

(그리고 내가 너희에게 말하노라) 구하라 그러면 너희에게 주어질 것이다 찾으라 그러면 너희가 찾을 것이다 두드리라 그러면 너희에게 열릴 것이다 왜냐하면 구하는 자마다 받으며 찾는 자가 찾으며 두드리는 자에게 열려질 것이기 때문이니라 너희들 가운데 어떤 (아버지가) 아들이 생선을 달라고 하는데 생선 (대신에) 그에게 뱀을 주겠느냐 또한 그가 (알을) 달라고 하면 그에게 (전갈을) 주겠느냐 너희가 (악할지라도) 너희 자식들에게 좋은 선물들을 줄 줄 알거든 하물며 하늘에 계신 아버지께서 그에게 구하는 자들에게 (성령을) 주시지 않겠느냐

예수는 앞 단락에서 제자들이 하나님께 구하는 기도문을 가르쳤다. 본 단락은 그렇게 기도로 구하는 제자들에게 이루어질 하나님의 응답을 확신시켜준다. 하나님께 구하기만 하면 받게 될 것이고, 찾기만 하면 찾게 될 것이고, 두드리기만 하면 열릴 것이다. 그것도 아주 좋은 것들을 주실 것이라고 한다. 그래서 예수는 제자들에게 구하고, 찾고, 두드리라고 명령하고 있다.

본 단락의 후반부는 이 세 명령 중에서 구하는 것에 초점을 맞추고 있다. 예수는 구하는 자에게 하나님이 어떤 것을 주실지 설명한다. 아무리 악한 사람이라도 자식들에게는 좋은 것들을 주려고 한다. 앞에 주기도문에서 알 수 있듯이 제자들은 하나님의 아들들이다. 이 아들들이 하늘 아버지께 구하면 아버지는 당연히 더 좋은 것으로 줄 것이다. 하나님이 구하는 자에게 주는 좋은 선물은 다름 아닌 성령이다.

제자들은 예수에게 배운 것을 전파하기 위해 여러 동네로 보냄을 받는다. 22장에 의하면 제자들에게 먹고 마시는 문제는 이차적이다. 제자들이 해야 할 일들은 병자들을 고치고 하나님의 나라가 가까웠다는 것을 선포해야 한다. 이 일은 제자 자신의 일이 아니라 하나님 아버지의 일이다. 이런 일들은 하나님이 주시는 성령에 힘입어 할 수 있는 일이다. 뒤에 38장을 보면 예수는 성령이 제자들에게 말할 것을 가르칠 것이라고 했다. 결국 제자들의 사역은 자신의 지식이나 능력으로 하는 것이 아니라 성령의 가르침과 능력으로 해야 한다. 결국 성령을 받는 것이 아버지의 사역을 위해 절대적으로 필요하다. 사실 큐복음에서 예수도 사역의 시작을 시작하기 전에 세례를 통해 성령을 받았다(Q5장).

두 번째 명령은 찾으라는 것이다. 무엇을 찾아야하는지 설명되어 있지 않다. 그냥 찾으면 찾게 된다고 한다. 이 명령문을 이해하려면 이 명령을 받는 제자들의 상황을 고려해야 한다. 앞에 22장을 보면 제자들은 여러 마을로 보냄을 받는다. 만나야 할 사람의 명단이나 주소를 가지고 가는 것이 아니다. 돈도 양식도 준비 없이 떠나야 한다. 마을에 가서 해야 할 일은 55장에서 비유로 언급된 것처럼 잃은 양을 찾는 일이다. 열심히 찾으면 결국 잃은 양을 찾게 될 것이다. 이 찾아진 잃은 양은 22장에서 '평화의 아들'이라고 부른다. 제자들이 동네에 들어가 이 평화의 아들을 찾으면 그 집에서 머물면서 양식을 공급받게 된다. 결국 본 단락의 찾으라는 명령은 잃어버린 양을 찾으라는 것으로 이해할 수 있다.

세 번째 명령은 문을 두드리라는 것이다. 두드리면 열리게 될 것이란 말이다. 그러나 이것이 정작 무엇을 의미하는지 본 단락에서는 설명이 없다. 앞에 22장을 보면 보냄을 받은 제자들이 어느 집에 들어가는 모습이 설명되어 있다. 그 집이 받아들이면 거기서 유숙하며 하나님 나라 사역을 한다. 결국 문을 두드리라는 것은 집집마다 찾아다니며 사역을 하라는 명령이다. 열심히 문들 두드리면 문을 열어주는 집을 만나게 될 것이다.

본 단락의 세 개의 명령문은 모두 제자들의 사역과 연관이 있다. 열심히 구하면 하나님 아버지가 자식 같은 제자들에게 사역에 절대적으로 필요한 성령을 주신다. 이 성령에 힘입어 제자들은 각 동네마다 찾아다니며 잃어버린 양을 찾아내야 한다. 쉽게 나타나는 것이 아니다. 집 안에 들어앉아 숨어 있는 양들을 찾아내려면 집집마다 문을 두드려보아야 한다. 그러면 문이 열리고 제자를 환영하는 '평화의 아들'을 만나게 된다.

제 29 장 바알세불 논쟁

Q 11:14-23 (마 12:22-30//눅 11:14-23)

(그리고) 그가 벙어리 (귀신을) 쫓아내는 (중이었다) 귀신이 (나갔을 때) 벙어리가 말을 했다 그래서 무리들이 놀랐다 (그들 중에 몇이) 귀신들의 왕 바알세불에 의해 그가 귀신들을 쫓는다고 (말했다) 그래서 (그가) 그들의 (생각들을) 아시고 그들에게 말씀하셨다 스스로 분쟁하는 모든 나라는 황폐하게 되며 (스스로 분쟁하는 집은 무너지느니라) 만일 사단이 스스로 분쟁하면 그의 나라가 어떻게 서겠느냐 왜냐하면 내가 바알세불에 의해 귀신들을 쫓아낸다고 너희가 말하기 때문이다 그러나 만일 내가 바알세불에 의해 귀신들을 쫓아내면 너희의 아들들은 무엇에 의해 쫓아내느냐 그러므로 그들이 너희의 재판관들이 될 것이니라 그러나 내가 하나님의 (손가락)으로 귀신들을 쫓아내니 결과적으로 하나님의 나라가 너희 위에 임하였느니라 나와 함께 있지 않는 자는 나를 대적하는 자요 나와 함께 모으지 않는 자는 흩어지게 하는 자니라

말을 못하는 벙어리 한 사람이 예수를 찾아왔다. 예수는 그 사람이 벙어리 귀신 때문에 말을 못하게 되었다고 보았다. 그래서 벙어리 귀신을 쫓아냈다. 그랬더니 그 사람은 말을 하게 되었다. 이 사건을 본 사람들은 매우 놀랐다. 본 단락에서 언급하고 있는 귀신은 상징적인 용어가 아니다. 예수의 신앙 세계 속에서 귀신은 실제로 존재한다. 또한 이 귀신이 사람 속에 들어가면 병을 일으키거나 말을 못하는 벙어리를 만들기도 한다. 그런데 예수에게는 이 귀신을 쫓아내는 능력이 있다. 그래서 벙어리 속에 들어있는 귀신을 쫓아냈더니 말을 하게 된다.

벙어리가 말하게 되는 사건을 보고 몇몇 사람들은 자신들이 가지고 있는 신앙적 세계관으로 해석하기 시작했다. 예수는 귀신들의 왕인 바알세불의 힘을 입어서 귀신들을 쫓아낸다고 한다. 예수는 자신의 능력이 귀신들과는 관련이 없다는 것을 두 가지 방법으로 증명한다. 첫째, 스스로 분쟁하는 나라와 집을 비유로 들어서 귀신이 귀신을 쫓아낸다는 것은 논리에 맞지 않는다고 설명한다. 둘째, 예수 말고도 사람들은 종종 귀신을 쫓아내곤 했다. 암시적이지만 이들은 하나님의 힘으로 귀신을 쫓아냈다. 그래서 예수는 이들이 재판관이 되어 바알세불 운운하며 예수를 비방하는 사람들을 판단하게 될 것이라고 한다.

예수에게 하나님은 관념적인 신이 아니라 귀신을 쫓아내기도 하고 사람을 치료하기도 하는 신이다. 예수는 하나님의 손가락으로 귀신을 쫓아낸다고 한다. 그러면 귀신이 나간 그 사람에게는 하나님 나라가 임하게 된다. 출 8:19절에 보면 애굽의 술객들이 모세가 티끌로 이를 만드는 기적을 보고는 "이는 하나님의 손가락이다.[10]"라고 바로에게 고한다. 한글 개역성경은 의역해서 '하나님의 권능'으로 번역했지만 직역하면 '하나님의 손가락'이다. 큐 본문은 구약 희랍어 성서인 칠십인 역본(LXX)에 있는 '하나님의 손가락'(δάκτυλος θεου)을 그대로 사용하고 있다. 모세는 애굽 왕 바로를 넘어뜨리기 위해서 하나님의 손가락을 사용했다. 예수는 귀신들을 쫓아내고 하나님 나라를 실현하기 위해서 하나님의 손가락을 사용한다.

벙어리가 말하게 된 상황을 예수는 다음 문장에서 다른 표현으로 설명한다. 하나님의 나라가 임했다고 한다. 즉 귀신들린 사람 위에 하나님의 나라가 임하면 귀신이 도망가고 하나님이 그 사람을 통치하게 된다. 하나님의 나라는 어떤 추상적인 나라가 아니다. 하나님의 능력이 직접 나타나고 사람을 변화시키는 나라이다. 이 나라가 임하면 어둠이 물러가고 놀라운 회복이 일어나게 된다. 귀신, 마귀, 바알세불 등이 사람에게 들어오면 그 사람을 병들고 죽게 만든다. 그러나 성령이 사람에게 들어오면 사람이 고침을 받고 하나님과 아버지와 자녀의 관계가 형성되면서 하나님이 통치하는 천국을 이 땅에서 경험하게 된다. 이 하나님 나라는 초월적인 나라이지만 예수를 통해서 언제나 이 땅 어디서나 경험할 수 있는 그런 나라이다. 그래서 제자들은 하나님의 나라가 가까웠다고 선포하며 다녔다.

마지막 문장에서 예수는 대적자의 특징을 언급한다. 대적자는 예수와 함께 하지 않는 자이다. 또한 예수와 함께 모여 있는 사람들을 흩어놓는 자이다. 본 단락에 언급된 영적 존재인 귀신, 사단 등은 예수와 함께 할 수 없는 것들이다. 오히려 예수가 오면 쫓겨 나가는 것들이다. 이 악한 존재들은 크리스천들이 모여 있는 곳에 들어와서 흩어 놓는 자들이다. 본문에 언급된 '사단'에 해당하는 희랍어 'σαταν'(사탄)은 히브리어 שׂטן(사탄)에서 유래된 단어로 '마귀'로도 번역되지만 '대적자'란 의미도 있다. 예수의 사역을 대적하는 자들로는 위와 같은 영적 존재들도 있지만 본문에서는 사역을 직접 방해하는 유대인과 같은 사람들도 많았다.

제 30 장 돌아온 악한 영

Q 11:24-26 (마 12:43-45//눅 11:24-26)

더러운 영이 사람에게서 나갈 때 그는 메마른 장소들을 다니며 쉬기를 구하지만 찾지 (못하여) 말하기를 내가 나왔던 나의 집으로 돌아가리라한다 그리고 돌아와 그는 그 집이 청소되고 정돈된 것을 발견한다 그때 그는 가서 그보다 일곱 배 더 악한 다른 영들을 데리고 들어가서 거기서 산다 그래서 그 사람의 마지막 상태들은 처음보다 더 악화된다

벙어리 귀신을 쫓아낸 후에 본 단락에서 예수는 귀신에 관한 말씀을 한다. 본 단락의 주인공은 귀신 즉 더러운 영이다. 이 더러운 영은 앞 5장에 예수가 세례 받을 때 임했던 성령 곧 거룩한 영과 대조된다. 이 더러운 영은 사람에게 들어가기도 한다. 본 단락에 의하면 사람 안에 귀신이 사는 집이 있다. 거기에 귀신들이 몰려 있다. 이곳으로 귀신이 들어오면 마지막 문장에 언급한 것처럼 매우 나쁜 증세를 만들어낸다. 벙어리 귀신이 들어오면 그 사람은 말을 못하는 증세를 나타낸다. 사람의 정상적인 기능들이 방해를 받는다. 29장의 경우에는 귀신이 언어 장애를 일으키는 원인이 되었기 때문에 '벙어리 귀신'이라고 명명하였다. 만일 앞을 못 보게 하는 귀신이 들어왔다면 '장님 귀신'이라고 불렀을 것이다. 귀신들이 문제를 일으키는 기능에 따라서 '벙어리 귀신, 장님 귀신'이라고 했던 것 같다. 본 단락에서 예수는 어느 특정 귀신을 지정한 것이 아니기 때문에 귀신에 대한 일반적인 표현으로 '더러운 영'이라고 했다.

더러운 영은 사람에게 들어오기도 하고 사람에게서 나가기도 한다. 본문은 어떻게 사람에게서 나가는지에 대해서는 관심이 없다. 아마도 바로 앞

29장에서 예수가 귀신을 쫓아내는 장면을 설명했기 때문에 생략한 것이라고 볼 수 있다. 본래 '영'이란 말은 희랍어로 '프뉴마'(πνεῦμα)인데 '바람'이란 의미도 가지고 있다. 바람이 오고 가는 것을 볼 수가 없듯이 귀신이 들어오고 나가는 것은 육안으로 관측할 수가 없기 때문에 '프뉴마'란 말을 썼을 것으로 추정된다. 그런데 바람을 육안으로 관측할 수는 없지만 바람이 일으키는 결과는 볼 수 있다. 나뭇잎이 바람에 흔들린다든지 아니면 태풍에 집이 날아간다. 마찬가지로 사람에게 더러운 영이 들어오면 비정상적인 모습이 나타나고 더러운 영이 나가면 정상적인 모습으로 회복된다.

본문에 보면 더러운 영은 사람에게만 머무르는 것이 아니다. 머무를 장소를 찾아다닌다. 복음서에 나오는 것처럼 귀신들이 돼지 떼에 들어가기도 하고 돼지 떼와 함께 바다 속으로 들어가기도 한다(마 8:31, 막 5:13, 눅 8:32). 본문에 의하면 더러운 영은 바람과 같이 사람 속으로 들어오기도 하고 몰려나가기도 한다. 그런데 이 더러운 영은 마치 사람과 같이 의지가 있어서 스스로 찾아다니고 결정하기도 한다. 자신이 붙어 있을 만한 마땅한 곳을 찾아다닌다. 그러다가 찾지 못하면 있던 곳으로 다시 돌아가려는 생각도 한다. 또한 돌아가 있을 만한 장소를 찾으면 거기에 머문다. 또한 장소가 본 단락 표현처럼 깨끗하게 청소가 되어 있으면 다른 악한 영들을 더 데리고 들어가서 거기서 산다. 이 더러운 영과 악한 영들이 사람에게 들어오게 됨으로 그 사람은 더 악화된 상태가 된다.

본문에 의하면 사람에게 들어 온 영들은 집에 거한다고 한다. 이 집은 사람 안에 영이 거할 수 있는 처소를 가리킨다. 그렇다고 오장 육부나 뇌를 가리키는 것은 분명 아니다. 13장을 보면 '마음'이란 장소를 언급한다. 선한 사람은 마음 안에 선한 것을 쌓아 놓고 악한 사람은 악한 것을 쌓아 놓는다고 한다. 또한 마음에 쌓여 있는 것이 넘치기도 한다. 이런 표현들에 의하면 마음은 사람 안에 있는 장소이다. 이에 근거하면 더러운 영이 들어오는 장소 즉 본 단락에서 '집'이라는 곳은 다름 아닌 마음을 가리킨다. 더러운 영은 이 마음에서 나가기도 하고 들어오기도 한다.

그렇다면 집이 청소가 되고 정돈이 되었다는 것은 무엇을 말하는가? 마음이 비워지고 깨끗해졌음을 비유적으로 표현하는 말이다. 마치 집안을 청소한 후에 물건들을 깨끗이 정돈해 놓는 것처럼 마음 안에 버릴 것은 버리고 간직할 것은 질서 있게 정돈해 놓아 깨끗해진 상태를 가리킨다. 그런데 이렇게 깨끗해진 마음에도 더러운 영이 들어올 수 있다. 그것도 일곱 배 더 악한 영들과 함께 들어와 살 수 있다. 그렇다면 예수의 가르침은 마음을 깨끗케 하는 것에 있는 것이 아니다. 마음을 지키는 데에 있다. 앞 29장에서 벙어리 귀신을   아냈지만 그것이 끝이 아니고 쫓아낸 다음에는 다시 찾아오지 못하도록 마음을 지키는 것이 중요하다.

어떻게 지킬 수 있단 말인가. 요한이 그리스도에 대해 설명한 4장을 보면 예수는 성령으로 세례를 준다고 했다. 그리고 29장 마지막 부분을 보면 귀신이 쫓겨나면 하나님의 나라가 임한다고 했다. 큐복음에서 예수의 사역은 성령 세례 사건으로 시작된다. 같은 맥락에서 귀신에게 붙잡혀 살던 사람들이 예수를 하나님의 아들로 믿고 받아들이면 성령이 임하고 하나님 나라 백성으로 삶이 시작된다. 당연히 성령이 들어오면서 들어있던 귀신이 나가고 그 사람은 정상으로 회복된다. 또한 마음의 집에 성령이 들어앉으면 더러운 영이 들어 올 수 없게 된다. 성령은 귀신을   아내기만 하는 영이 아니라 귀신이 들어오지 못하게 지키는 영이기도 하다. 그래서 성령을 구하라고 한다. 성령에 의해 정상이 된 사람은 창세기 천지장조 이야기에서 언급한 것처럼 하나님이 보시기에 아름다운 사람이 된다. 더러운 영이 들어 있는 사람, 마음이 깨끗이 정돈되거나 비어 있는 사람, 거룩한 영이 들어 있는 사람 중에서 예수는 거룩한 영 즉 성령이 내주하는 사람을 기대한다.

제 31 장 요나의 표적

Q 11:16,29-32 (마 12:38-42//눅 11:16,29-32)

(무리들이) 시험하여 하늘로부터 오는 표적을 (그에게 구하였다) 그래서 (그가 말씀하시었다) (이 세대는) 악한 세대(나라) 그것이 표적을 구하나 요나의 표적 밖에 그것에게 주어지지 않을 것이니라 왜냐하면 요나가 (너느웨 사람들에게 표적이 되었던 것처럼) 인자도 그러하리라 심판 때에 남방 여왕이 이 세대의 (사람들과) 함께 일어나 그들을 정죄할 것이라 왜냐하면 그녀는 솔로몬의 지혜를 듣기 위하여 땅 끝들로부터 왔기 때문이라 그런데 보라 솔로몬보다 더 큰 이가 여기 있느니라 심판 때에 너느웨 사람들이 이 세대와 함께 일어나 그것을 정죄하리라 왜냐하면 그들은 요나의 선포로 회개하였기 때문이니라 그런데 보라 요나보다 더 큰 이가 여기 있느니라

앞에 29장을 보면 예수가 벙어리 귀신을 쫓아 낼 때도 무리들이 주변이 모여 있었다. 이 무리들 중에 몇은 예수를 귀신들의 왕 바알세불이라고 비난했다. 본 단락 역시 주변 인물들은 무리로 되어 있다. 이들은 예수를 시험하기 위해 표적을 보여 달라고 요구한다. 큐복음은 예수를 시험하고 비난하는 사람을 '무리'로 규정한다. 이 무리들은 예수가 하나님의 아들이란 사실을 의심하고 받아들이지 않는다. 그래서 예수가 그리스도 즉 하나님의 아들이란 증거를 보여 달라고 요구한다. 큐복음은 앞에 5장에서 하나님이 세례 때 예수를 '하나님의 아들'로 선포하였다. 그런데 본 단락에 무리들은 예수에게 '하나님의 아들'이란 증거를 보여 달라고 요구하고 있다. 이것은 6장에서 마귀가 예수에게 '하나님의 아들'이란 증거를 보여 달라는 요구와 같은 맥락에 있다. 예수가 하나님의 아들이심을 의심하는 무리나 마귀는 결국 한 통속인 셈이다.

표적을 요구하는 무리들을 향해 예수는 먼저 이 세대를 악한 세대라고 책망한다. 이것은 무리들이 예수를 시험하려는 의중을 미리 파악하고 하는 말이다. 예수는 악한 세대를 위해서 하나님이 주시는 표적은 요나의 표적 밖에 없다고 한다. 예수 당시 사람들은 구약에 요나 이야기를 잘 알고 있었을 것이다. 이 사람들을 향해서 예수는 장차 나의 표적을 보여주겠다고 했다. 여기서 언급하는 요나의 표적이 분명치 않다. 본문에 의하면 요나가 니느웨 사람들에게 표적이 되었다고 한다. 즉 니느웨 사람들은 요나를 하나님이 보낸 사람으로 믿었다. 그리고 요나가 선포한 하나님의 심판을 믿고 온 백성이 회개했다.

그렇다면 요나처럼 사람들 앞에서 하나님의 심판을 선포하는 것이 예수의 표적이란 말인가. 만일 요나의 표적이 하나님의 심판을 선언하는 것이라면 문제가 생긴다. 왜냐하면 예수는 벌써부터 심판을 선언하는 사역을 해 왔다. 큐복음 순서를 보면 이미 22, 23장에서 하나님의 심판을 선언했다. 그런데 본 단락에서 예수는 요나의 표적 밖에는 악한 세대에게 주어지지 않을 것이라고 한다. 문장의 시제를 보면 이 표적은 미래에 주어질 것으로 아직은 주어지지 않았다. 그렇다면 예수가 언급한 요나의 표적은 앞으로 이루어질 일을 가리킨다. 구약 요나서를 보면 요나는 삼일동안 물고기 뱃속에 들어갔다가 나온다. 본 단락에서 예수가 언급한 장차 일어나게 될 '요나의 표적'이란 곧 예수가 삼일 동안 무덤에 있게 될 것을 암시한다. 큐복음에는 예수의 수난 이야기가 기록되어 있지 않다. 그러나 본 단락처럼 예수의 죽음에 대한 암시를 하고 있는 것을 보면 큐 공동체는 예수의 고난과 죽음에 대해 이미 알고 있었다고 보아야 한다. 더욱이 본 단락은 심판 때가 되면 남방 여왕도 부활할 것이고 또한 니느웨 사람들도 부활하게 되어 이 세대를 정죄할 것이라고 한다. 이런 사실들은 큐복음 안에 예수의 죽음과 부활 사상이 깊이 자리 잡고 있음을 보여주는 증거들이다.

이어서 예수는 솔로몬 통치 때에 솔로몬의 지혜를 듣기 위해 찾아온 남방 여왕의 이야기를 한다. 본문은 이 여왕이 여행한 거리를 강조하기 위해 땅 끝에서부터 왔다고 한다. 그 먼 거리를 마다하고 솔로몬의 지혜의 말을 듣기 위해 찾아온 것이라고 한다. 그러면서 예수는 자신은 솔로몬보다 더 큰 사람이라고 한다. 예수의 말씀은 솔로몬의 말과 비교가 되지 않을 정도로 지혜롭다. 그럼에도 불구하고 무리들은 예수의 말씀을 받아들이지 않을 뿐만 아니라 오히려 예수를 시험하려고 달려들고 있다. 그래서 예수는 그런 세대를 향하여 악한 세대라고 경고한다. 나중에 심판 때가 되면 솔로몬을 찾아왔던 그 여왕이 부활해서 예수의 말씀을 듣지 않은 무리들을 정죄할 것이라고 한다.

예수는 다시 요나를 언급하면서 자신이 요나보다 더 큰 사람이라고 한다. 니느웨 사람들은 요나의 선포를 듣고 회개하였다. 그런데 요나보다 더 위대한 예수가 선포하는데 무리들은 회개는커녕 예수를 시험하려고 달려들고 있다. 그래서 심판 때가 되면 요나와 같은 사람의 말을 듣고도 회개했던 니느웨 사람들이 부활해서 예수의 말씀을 듣지 않은 무리들을 정죄할 것이라고 한다.

제 32 장 등불과 눈

Q 11:33-36 (마 5:14-16, 6:22-23//눅 11:33-36)

(누구나) 등불을 (켜서 은밀한 곳이나) 바구니 아래 두지 (아니하고) 등경 위에 두나니 (들어오는 사람들이 그 빛을 보게 하려 함이니라) 몸의 등불은 (너의) 눈이라 너의 눈이 좋을 (때는) 너의 온 몸이 밝을 것이요 그러나 그것이 나쁠 (때는) 너의 몸이 어두우리라 (그러므로) 너의 안에 있는 빛이 어둡지 (않도록 주의하라)

난해한 단락이다. 등불이 무엇을 의미하는지 눈이 무엇을 의미하는지 쉽게 이해할 수 없다. 먼저 본 단락이 제시한 결론을 근거로 풀어나가야 한다. "너희 안에 있는 빛이 어둡지 않도록 주의하라." 이 문장은 두 가지 사실을 암시한다. 사람 안에 빛이 들어 있다는 것과 그 빛이 밝아지기도 하고 어두워지기도 한다는 점이다. 30장에 언급한 것처럼 사람 안에는 마음의 집이 있다. 예수 당시 집 안을 밝히는 수단은 오직 등불 밖에 없었다. 이것을 비유로 들어 예수는 마음의 집을 밝히려면 등불을 켜야 된다고 한다. 그러면 마음의 집을 밝히는 등불은 무엇인가?

세례 요한은 그리스도가 오면 성령과 불로 세례를 줄 것이라고 했다(Q4장). 물세례를 주듯 성령세례와 불세례를 준다는 말이다(참조, 행 2:3-4). 성령과 불을 같이 취급한다. 불은 태우는 기능도 하지만 밝히는 기능도 한다. 성령의 불은 죄를 태우는 기능도 하지만 사람의 마음을 밝히는 기능도 한다. 본 단락에서 비유로 언급한 등불은 다름 아닌 '성령'이라고 볼 수 있다.

본 단락에 의하면 마음 안에 있는 성령이 밝히는 빛이 어두워질 수도 있다. 물건에 가려 잘 보이지 않는 은밀한 곳에 등불을 두면 집이 어두워진

다. 바구니로 덮어두면 역시 집 안이 어두워진다. 어두워지면 강도나 도둑
이 들어온다. 마찬가지로 마음 안에 죄와 허물 등 악한 것들이 쌓이면 성령
의 빛이 가려지게 되고 마음이 어두워진다. 더나가서 바구니로 덮듯이 이
런 악한 죄악들이 성령의 빛을 덮어버리면 마음은 깜깜하게 된다.

마음의 집안이 깜깜하게 되면 더러운 영들이 들어온다. 그 결과로 병이
나 장애가 생긴다. 등불은 아무것도 가리는 것 없는 등경 위에 두어야 온
집이 밝아진다. 죄와 허물 등 악한 것들을 내다버려야 성령의 빛이 마음속
을 환하게 비추게 된다. 그러면 마음속에 숨어 있던 더러운 영들이 떠나가
고 질병과 장애가 치료된다. 더러운 영이 들어오지 못하도록 마음을 지키
는 것이 중요하다. 마음을 지키려면 마음 안에 성령의 등불이 밝게 켜져 있
어야 한다.

이어서 예수는 몸의 등불은 눈이라고 한다. 여기서 등불은 더 이상 성
령을 가리키는 용어가 아니다. 단순히 밝혀주는 역할을 비유로 들어 등불
이라고 했을 뿐이다. 그래서 본 문장은 몸을 밝혀주는 것은 눈이라고 이해
해야 한다. 문제는 여기서 '눈'이 무엇을 가리키는지 알아야 한다. 12장을 보
면 눈 안에 들보가 들어있는 사람과 눈 안에 티가 들어있는 사람에 대한 비
유를 볼 수 있다. 여기서 언급한 눈은 다름 아닌 '사람의 행실'이다. 자기 행
실 안에 들보와 같은 큰 문제가 들어있는데도 깨닫지 못하고 다른 사람의
행실 안에 조그만 문제를 들춰내는 사람에 대한 비유였다. 본 단락에 눈도
'사람의 행실'로 이해할 수 있다. "몸의 등불은 눈이다"란 표현은 곧 "몸을 밝
혀주는 것은 사람의 행실이다"로 이해할 수 있다.

본 단락에서 예수는 눈이 좋을 때는 온 몸이 밝아진다고 가르친다. 사
람의 행실이 선할 때는 온 몸이 밝아지게 된다. 곧 밝고 환한 삶을 살게 된

다. 그러나 눈이 나쁠 때는 온 몸이 어두워진다고 가르친다. 즉 행실이 악해
지면 온 몸이 어두워지게 된다. 즉 암담한 인생을 살게 된다는 말이다.

본 단락의 눈을 26장에 근거해서 해석할 수도 있다. 예수는 자기를 바
라보고 있는 제자들의 눈이 복되다고 했다. 이유는 그들이 그리스도 즉 하
나님의 아들을 바라보고 있기 때문이다. 그런데 주변에 많은 무리들은 같
은 눈을 가지고도 예수가 그리스도임을 알아보지 못했다. 예수를 또렷하
게 알아보는 제자들은 좋은 눈을 가진 자들이다. 이런 좋은 눈을 가진 자
들은 온 몸이 밝을 것이라고 한다. 즉 예수를 하나님의 아들로 보는 자들
의 인생은 예수로 인해 점점 밝아지게 된다. 종국에는 밝고 환한 천국이 대
기하고 있다. 이에 반해 주변에 무리들은 나쁜 눈을 가진 자들이다. 예수
가 앞에 서 있는데도 의심하고 시험하고 비난한다. 이런 자들의 인생은 점
점 어두워지게 된다. 마지막 심판 때가 되면 이들에게는 컴컴한 지옥이 기
다리고 있다(Q35장).

제 33 장 바리새인과 율법사를 향한 저주

Q 11:39b-52 (마 23:1-36//눅 11:37-52)

**(그리고 그가 말씀하셨다 너희 율법사들에게 화가 있을지어다 왜냐하면
너희는)** 사람들에게 **지기 어려운 짐들을 (지우고) 너희 자신들은 (너희) 손가
락들 중** (하나도 그 짐들을 건들려고 하지) **않기 (때문이니라) (너희 바리새
인들에게 화가 있을지어다 왜냐하면 너희는)** 회당에서 **상석과** 시장에서 인
사받는 것들을 **(좋아하기 때문이니라) 너희 (율법사들에게)** 화가 있을지어다
왜냐하면 (너희는 지식의 열쇠를 가져가서 너희 자신도) 들어가지 않고 또한
들어가려는 자들을 **(막았기) 때문이니라 너희 바리새인들에게** 화가 있을 지

136

어다 왜냐하면 너희가 박하와 (운향과 모든 식물을) 십일조로 드리되 하나님의 정의와 (사랑은 무시하는구나) 그러나 이것들도 해야만하고 저것들도 (무시하지) 말아야 하느니라 <u>너희</u> 바리새인들은 겁과 (그릇의) 겉은 깨끗하게 하나 (너희) 속은 탐욕과 (사악함으로) <u>가득하도다</u> 너희에게 화가 있을 지어다 왜냐하면 너희는 선지자들의 무덤들을 쌓고 (너희) <u>조상들은</u> (그들을 죽였기) 때문이니라 그(러므로 너희들은 증인들)이요 (또한 너희 조상들의 일들을 찬동하는도다 왜냐하면 한편으로는 그들이 그들을 죽였고 다른 한편으로는) 너희가 (그들의 무덤들을 쌓았도다) 이러므로 (하나님의 지혜가 말씀하셨느니라) <u>내가</u> (그들에게) 선지자들과 (사도들을) <u>보낼 것이다</u> (그런데) 그들 중에 더러 <u>그들이 죽이고 핍박할 것이니라</u> (세상의 세워짐으로부터) 흘렸던 (모든 선지자들의) 피가 (이 세대에게서 요구될 것이다) 아벨의 피로부터 제단과 (성전) 사이에서 (죽임을 당한) 사가랴의 피까지 (요구될 것이다 그렇다) 내가 너희에게 말하노니 <u>이 세대에게서</u> (요구될 것이다)

앞 단락과 연관시켜보면 율법사와 바리새인들은 예수를 하나님의 아들로 알아보지 못하는 나쁜 눈을 가진 사람들이다. 이들의 행실은 악할 뿐 아니라 이들의 속마음은 빛을 잃어버리고 어두워졌다. 예수는 이런 율법사와 바리새인들을 향해 책망을 한다.

율법사들은 하나님 말씀을 연구하고 가르치는 사람들이다. 이들은 성서 지식에 대해 정통한 사람들이다. 예수는 이런 사람들을 향해 저주를 퍼붓는다. 그 이유가 본 단락에 있다.

첫째, 하나님 말씀이라며 다른 사람들에게 자신도 실천하기 어려운 무거운 짐을 지운다. 실제로 자신들은 손가락 하나 까딱하지 않는다. 입으로

만 가르치는 학자들이다. 하나님 말씀을 팔아 먹고사는 사람들이다. 하나님 말씀은 생활 수단으로 준 것이 아니다. 자신의 삶 속에서 행하라고 주었다. 자신이 먼저 실천하면서 다른 사람을 가르치면 된다. 예수가 바로 그런 본을 제자들에게 보여주었다.

둘째, 본문은 율법사들이 지식의 열쇠를 가지고 있다고 한다. 그러면서 자신도 들어가려하지도 않고 또한 들어가려는 사람들을 가로막고 있다. 율법사가 가지고 있는 열쇠는 어느 장소를 들어갈 수 있도록 문을 열어주는 역할을 한다. 예수는 사람들이 어디로 들어가야 하는지 47장에서 분명히 말하고 있다. 좁은 문으로 들어가기를 힘써야 한다. 이 문을 들어가는 열쇠를 율법사가 가지고 있다. 문제는 열쇠를 가지고 있으면서 자신들이 들어가려 하지 않는다.

더 큰 문제는 다른 사람들이 들어가려는 것을 막고 있다. 이 문을 열면 하나님 나라가 있다. 예수는 사람들에게 이 문을 활짝 열어 놓았다. 그 결과로 많은 사람들이 하나님 나라로 몰려 들어가고 있는 중이다(Q18장). 예수는 사람들이 들어가라고 문을 열어 놓았는데 율법사들은 오히려 들어가려는 사람들을 막고 있다. 그래서 예수는 이들을 향해 저주를 한다.

이어 예수는 바리새인들을 향해서 저주를 퍼붓는다. 바리새인들이 저주받는 이유를 본문이 밝히고 있다.

첫째로, 바리새인들은 회당에서 상석에 앉는 것과 시장에서 사람들에게 인사받는 것을 좋아하기 때문이다. 큐복음에 묘사된 예수의 제자들과 대조적인 모습이다. 제자들은 사람들에게 인정은커녕 자기 가족들에게도 멸시를 받는다(Q43장). 하나님의 나라를 선포하는 사역을 하면서 늑대 같은 사람들에게 위협과 천대를 받기도 한다(Q22장). 제자들은 하나님의 뜻을 위해서 고난을 받는데 같이 하나님을 섬긴다는 바리새인들은 하나님의 뜻과는 무관하게 사람들에게 대접받는 일에만 열심이다. 그러니 저주받아 마땅하지 않겠는가.

둘째로, 바리새인들은 십일조는 드리되 하나님의 정의와 사랑을 무시한다. 큐복음에서 하나님의 정의는 세례요한의 선포를 통해서 이해할 수 있다. 요한은 사람들에게 회개에 합당한 열매, 좋은 열매를 맺어야 한다고 가르쳤다. 그렇지 않으면 정의의 하나님이 도끼로 열매 없는 나무를 찍어 불에 던진다고 했다(Q3장). 바리새인들은 선한 열매가 없는 생활을 하면서도 하나님의 심판을 두려워하지 않는다. 하나님께서 세례요한, 예수, 제자들까지 보내어 그들을 돌이켜 자녀 삼으시려고 했지만 그런 하나님의 사랑을 무시한다. 그래서 예수는 이들을 저주하고 있다.

셋째로, 바리새인들은 속에 탐욕과 사악함이 가득 차 있다. 이런 탐욕과 사악함 때문에 이들은 조상들이 했던 대로 하나님이 보낸 선지자들을 핍박하고 죽인다. 이런 짓을 일삼는 바리새인들을 향해서 예수는 '지혜의 말씀'이라며 예언을 한다. 하나님이 선지자들과 사도들을 보낼 것이라고 예언했다. 바리새인들은 예언대로 하나님이 보낸 사람들을 핍박하고 죽일 것이다. 하나님은 이들의 행태를 그대로 버려두지 않고 창조 때부터 흘렸던 선지자들의 피를 그 세대에서 찾을 것이라고 저주한다. 구체적으로 아벨의 피와 사가랴의 피를 언급한다. 여기서 사가랴는 하나님의 신에 의해 감동되어 예언을 하다가 성전 뜰 안에서 돌에 맞아 죽은 여호야다의 아들 스가랴를 가리킨다(대상 24:20-22). 본 단락은 거듭 반복하면서 하나님이 보낸 사람들이 흘렸던 피를 바리새인과 같은 그 세대 사람들에게서 요구할 것이라고 한다.

제 34 장 제자들의 은밀한 사역

Q 12:2-3 (마 10:26-27//눅 12:2-3)

(그가 그의 제자들에게 말씀하시기를 시작하셨다) 감추어진 (어떤 것도) 드러나지 않을 것이 (없고) 숨은 어떤 것도 알려지지 않을 것이 없느니라 (그러므로) 어둠 속에서 너희가 말했던 것들이 빛 가운데서 들려질 것이다 그리고 (너희가 골방에서) 귀에다 (말했던) 것이 지붕들 위에서 선포될 것이다

본 단락의 동사들을 보면 현재 상황과 미래에 일어날 일을 대조시키고 있다. 어떤 것이 현재는 감추어져 있다. 그러나 미래에는 반드시 드러나게 될 것이다. 현재는 숨겨져 있다. 그러나 미래에는 반드시 알려지게 될 것이다. 현재는 어둠 속에서 말을 하고 있다. 그러나 미래에는 빛 가운데서 소리치게 될 것이다. 현재는 골방에서 귀에다 대고 말한다. 그러나 미래에는 지붕 위에 올라가서 큰 소리로 외치게 될 것이다.

먼저 현재 감추어지고 숨겨져 있는 '어떤 것'이란 무엇을 말하는가? 그 대답을 앞에 25장에서 찾을 수 있다. 여기서 감추어진 것 곧 숨겨진 것은 다름 아닌 하나님 아버지와 그의 아들에 관한 비밀이다. 예수는 이것들을 지혜와 지식이 있는 자들에게는 감추고 어린아이들에게는 보여주었다며 하나님을 찬양한다. 본 단락에서 예수는 하나님과 그의 아들에 관한 비밀이 현재에는 감추어지고 숨겨졌지만 미래에는 반드시 드러나고 알려지게 될 것이라고 제자들을 가르친다.

앞 33장에 하나님의 지혜의 예언을 보면 하나님께서 선지자들과 사도들을 보낼 것이라고 했고 그들 중 더러는 핍박받고 죽게 될 것이라고 했다. 여기서 사도는 예수의 제자들을 가리키는 말이다. 하나님이 보낸 예수의 제자들은 핍박과 죽음이란 위험한 상황을 직면하게 될 것이다. 사실 본 단락을 보면 제자들은 이미 이런 핍박과 죽음의 위협 가운데 있는 것을 알 수 있다. 그래서 이들은 일반인의 눈을 피할 수 있는 어두운 곳이나 사람이 없는 골방을 찾는다. 거기서 은밀하게 전한다. 귀에다 대고 남들이 못 듣게 소곤소곤 전파한다. 마치 제자들이 전하는 말이 공개가 되면 당장이라도 큰일이 벌어질 것 같은 상황을 반영하고 있다.

무엇이 제자들을 이토록 위태롭게 했던 말씀이었는가? 큐복음 안에서 찾는다면 예수가 세례 받았을 때에 예수만 들었던 하늘의 음성 "너는 내 사랑하는 아들이요"란 말이다. 이것의 중요성은 6장의 마귀의 시험에서도 찾아볼 수 있다. 마귀가 예수에게 던진 반복된 질문은 "네가 하나님의 아들이어든"이었다. 25장의 예수의 기도에서도 숨겨진 하나님의 아들에 관한 비밀을 언급하였다. 예수의 제자들을 위태롭게 만들었던 말씀은 다름 아닌 '예수는 하나님의 아들 즉 그리스도'란 것이었다. 이것은 당시 유대인들을 격노시킬만한 파격적인 내용이었다. 예수와 그의 제자들이 전파한 내용은 당시 유대인들이 가지고 있었던 유대교 신앙체계를 뒤집어 놓는 것이었다.

이런 위험에 노출되어 있는 제자들을 향해 예수는 미래의 소망을 제시한다. 제자들이 비록 지금은 숨어서 은밀하게 '예수는 하나님의 아들'이라고 전파하고 있지만 앞으로는 반드시 달라질 것이다. 밝은 곳에서 많은 사람들 앞에 공개적으로 '예수는 하나님의 아들 즉 그리스도'라고 선포할 날이 올 것이다. 즉 선교를 위협하고 박해하는 일이 없어지고 마음껏 자유롭게 선포할 수 있는 날이 온다는 말이다. 제자들은 이런 소망을 갖고 현재의 고난을 극복해야 한다.

제 35 장 죽음의 위협

Q 12:4-7 (마 10:28-31//눅 12:4-7)

(내가 나의 친구들인 너희에게 말하노라) 몸을 <u>죽이고</u> (이후에 더 이상 할 수 있는 것이) 없는 자들을 <u>두려워하지</u> 말라 (내가 너희에게 너희가 두려워해야 할 자를 보이리니 죽인 후에) <u>지옥</u>(으로 던지는 권세를 가진) 분을 <u>두려워하라</u> (그렇다 내가 너희에게 말하노니 이 분을 두려워하라) 참새 (다섯 마리가 두) <u>앗사리온에</u> <u>팔리지</u> 않느냐 그러나 그들 중 하나도 (하나님 앞에서 잊혀지지) 않느니라 (그러나) 너희 머리의 모든 털들도 <u>세신</u> 바 되었느니라 두려워 말라 너희들은 많은 참새들보다 더 귀하니라

이미 33장에서 보냄을 받은 선지자들이나 사도들이 핍박받게 되고 죽임을 당하게도 될 것이라고 했다. 이런 위험한 상황 속에서 사역하는 예수의 제자들의 모습이 34장에서 암시되어 있다. 남이 안 보는 어두운 곳에서 또는 골방에서 하나님의 말씀을 조심스럽게 전달하고 있다. 본 단락에서 가장 많이 나오는 용어는 '두려워하다'이다. 그만큼 제자들이 직면하고 있는 박해가 실제로 매우 심각한 상태임을 반영하고 있는 단락이다. 예수는 이런 위험한 상황에서 사역하는 제자들이 명심해야 할 내용을 본 단락에서 제시하고 있다.

예수는 제자들을 자신의 '친구'라고 부른다. 하나님의 뜻을 이루기 위해서 고난에 동참하는 제자들을 향한 동지애적인 표현이다. 단락 첫 부분은 역시 핍박받은 상황을 전제로 하고 있다. 제자들이 하나님의 뜻을 전달하다가 죽임을 당하는 상황이 벌어지더라도 두려워할 것이 없다고 가르친다. 그 이유는 핍박하는 자들이 할 수 있는 마지막 일은 몸을 죽이는 것뿐이기

때문이다. 몸이 죽으면 핍박하는 자들은 더 이상 아무 짓도 할 수 없다. 그래서 몸을 죽이려고 달려드는 사람들을 두려워할 것이 없다고 가르친다.

제자들이 두려워하지 않아도 되는 이유는 예수의 신앙체계 안에 근거한다. 일반적으로 사람의 인생은 죽음과 더불어 끝난다고 한다. 그러나 예수는 죽음을 인생의 끝이라고 가르치지 않는다. 죽음 이후에 지옥과 같은 또 다른 세상이 있다. 사람이 죽기 전까지는 몸을 가지고 살지만 죽으면 몸은 썩어 소멸된다. 그러나 그 사람의 영혼은 몸이 죽은 후에도 살아 하나님의 심판에 의해 천국이나 지옥으로 가게 된다. 그 사람이 하나님께 합당하게 살았을 경우에는 그 영혼이 천국에 들어간다. 구약에 아브라함, 이삭, 야곱, 모든 선지자들은 영영 사라진 인물들이 아니다. 천국 즉 하나님 나라에 여전히 살아있다(Q48장).

몸을 가지고 사는 이 세상의 삶이 전부라고 생각하면 목숨을 유지하는 것이 중요할 것이다. 그러나 예수는 몸이 죽는 것을 두려워하지 말라고 가르친다. 몸이 죽는 것보다 더 무서운 것은 죽은 후에 지옥에 들어가는 것이다. 권세를 가지신 하나님이 사람을 지옥에도 던져 넣는다. 제자들을 박해하는 사람들은 최악의 수단으로 제자들의 몸을 죽일 수는 있다. 그러나 제자들의 영혼은 손을 델 수가 없다. 그러나 심판의 하나님은 제자들의 영혼조차도 지옥으로 던져 넣을 수 있다. 그래서 제자들은 박해하는 자들을 두려워하지 말고 오히려 하나님을 두려워해야 한다고 가르친다.

하나님은 죽은 다음의 일만 관여하는 분이 아니다. 오히려 본 단락 후반부에 언급한 참새의 비유를 보면 죽기 전에 일도 상관한다. 살아 있는 참새 다섯 마리가 사람에게 붙잡혀 팔려 다니듯이 제자들도 박해하는 사람들에게 붙잡혀 끌려 다닐 수도 있다. 하나님은 참새 다섯 마리 중에 한 마리라도 잊지 않으신다. 마찬가지로 여러 제자들이 붙잡혀 고난을 당한다고 할지라도 하나님은 그중 한 제자도 잊지 않으신다. 더욱이 하나님은 제자들의 머리카락 숫자까지도 몇 개인지 알고 계실 정도로 제자들의 사정을 속속들이 알고 계신다. 그러니 두려워 할 것이 없다고 덧붙인다. 당연히 제자들은 참새들보다 더 귀하기 때문이다.

제 36 장 예수는 하나님의 아들임을 고백하라

Q 12:8-9 (마 10:32-33//눅 12:8-9)

(내가 너희에게 말하노라) 누구든지 사람들 앞에서 나를 <u>고백하면</u> (인자도 하나님)의 (천사들) 앞에서 그를 <u>고백할 것이요</u> 사람들 (앞에서) 나를 <u>부인하는 자는</u> (하나님의 천사들 앞에서) <u>거절당하게 될 것이다</u>

앞 단락에서 예수는 참새 다섯 마리가 붙잡혀 팔려 다니는 비유를 들었다. 제자들이 붙잡혀 끌려 다니는 상황을 암시한 비유이다. 그런 상황에 빠지더라도 제자들은 두려워하지 말고 담대해야 한다. 앞 단락은 붙잡힌 경우에 제자들이 취해야 할 마음가짐을 언급한 것이라면, 본 단락은 같은 경우에 제자들이 취해야 할 행동지침을 언급하고 있다.

본 단락의 정황을 보면 예수의 제자가 붙잡혀 많은 사람들 앞에 서서 심문을 당하고 있는 것으로 볼 수 있다. 앞에 34장에서 언급한 것처럼 지금은 제자들이 많은 사람들 앞에서 공개적으로 예수를 하나님의 아들이라고 선포할 수 있는 상황이 아니다. 어두운 곳이나 골방에서 은밀하게 예수의 비밀을 전달할 수밖에 없는 상황이다. 본 단락에서 예수는 제자가 붙잡힌 상황을 전제로 한다. 제자는 많은 사람들 앞에 서 있고 그리고 예수

144

를 고백하든지 아니면 부인해야 하는 처지이다. 대답을 강요당하고 있는 상황이다.

붙잡힌 제자는 사람들 앞에서 자신의 입장을 분명하게 표명해야 한다. 앞에 5장에서 선포한 것처럼 예수를 하나님의 아들로 인정할 것인가 아니면 부인할 것인가를 묻고 있다. 앞 장과 연결시키면 여기서 예수를 인정하게 되면 고난을 받게 되고 경우에 따라 목숨을 잃을 수도 있다. 매우 위험한 상황이다. 반면에, 사람들 앞에서 예수를 부인하면 고난은 면하게 된다. 목숨을 건질 수도 있다. 그러나 목숨은 건지겠지만 앞 단락에 의하면 이런 제자는 죽으면 하나님이 지옥에 던져 넣는다.

본 단락은 사람들 앞에서 심문당하는 장면과 천상의 심판 장면을 동시에 묘사하고 있다. 이 땅에서 사람들 앞에서 예수를 하나님의 아들로 고백했던 제자가 나중에 하나님의 천사들이 있는 심판대에 서게 된다. 그때에 인자라고 칭하는 예수는 그 제자의 변호사처럼 중재 역할을 한다. 예수의 중재로 말미암아 그 제자는 하나님께 인정받는다. 반면에, 사람들 앞에서 예수를 부인했던 제자가 나중에 천사들 앞에 심판대에 서게 된다. 이때 본 단락에 의하면 중재자 예수는 나타나지 않는다. 그 제자는 거절당하고 만다. 결국은 아무리 고난과 핍박이 거세도 절대로 예수를 부인하지 말라는 것이 본 단락의 의도이다.

본 단락에서 '부인하다'에 해당하는 희랍어 'ἀρνέομαι'(아르네오마이)는 '거절하다, 경멸하다'란 의미도 가지고 있다. 예수를 부인한다는 것은 곧 예수가 하나님의 아들이란 사실을 거절하고 더 나가서는 그를 경멸한다는 말이다. 단락 구조를 보면 이 단어는 '고백하다'란 'ὁμολογέω'(호몰로게오)와 대조되는 단어이다. 여기서 고백하는 내용은 '예수는 하나님의 아들 즉 그리스도'이다. 이것은 기독교의 중심이다. 심문하는 사람들은 제자들을 잡아 앞에 세우고 이와 같은 고백을 부인하도록 위협한다. 이런 위협에 눌려서 예수가 하나님의 아들이라는 기독교의 중심을 부인하고, 거절하고, 경멸하면 하늘나라에서도 용서받지 못하고 거절당하게 된다.

유대인들이나 크리스천들 모두 같은 구약성서를 받아들이고 같은 하나님을 믿는다. 그런데 예수에 대한 이해에서 서로 갈라진다. 본 단락에서 예수를 고백한다는 것은 곧 예수를 하나님 아들로 인정한다는 것과 같다. 이것이 제자들의 신앙고백이며 초기 크리스천 신앙의 핵심이었다. 반면에, 많은 유대인들은 예수는 하나님의 아들이 아니라는 단호한 입장을 취했다. 당시 숫자로 다수였던 이 유대인들은 소수의 크리스천들을 위협하며 박해했다. 유대인들은 예수나 그의 제자들만 공격한 것이 아니다. 이후 생겨난 크리스천 공동체를 향해서도 계속 공격을 가했다. 큐복음은 이렇게 계속되는 박해에 대한 크리스천의 행동지침을 분명히 제시하고 있다. 어떤 상황에서라도 예수는 하나님의 아들이라고 고백해야 한다고.

제 37 장 성령을 모독하는 죄

Q 12:10 (마 12:31-32//눅 12:10)

그리고 (누구든지) 인자를 (거슬리는) 말을 <u>하는</u> 자는 용서받게 될 것이요 <u>성령에</u> (대하여 모독하는 자는) 용서받지 못할 것이니라

앞 단락에서 예수를 부인하는 자는 하나님의 천사들 앞에서 거절당하게 될 것이라고 했다. 이것은 예수를 부인하면 용서받을 수 없다는 말이다.

그런데 본 단락에서 인자 즉 예수를 거슬리는 말을 하는 자는 용서를 받을 수 있다고 한다. 그렇다면 '예수를 부인하는 말'과 '예수를 거슬리는 말'은 다른 뜻을 가지고 있다고 보아야 한다.

사람들 앞에서 예수를 부인한다는 것은 예수와의 관계를 끊는 것과 같다. 예수와 관계를 단절한 사람은 절대로 용서받을 수가 없다. 그런데 본 단락을 보면 예수를 거슬리는 말, 거역하는 말을 하는 사람은 용서를 해준다고 한다. 이 말은 비록 예수의 명령이나 가르침을 거역할지라도 예수와의 관계를 유지하고 있는 한 용서의 기회가 주어진다는 뜻이다. 여기서 '거슬리는 말'(λόγος εἰς)이란 기독교의 핵심인 하나님의 아들 예수를 부인하는 말은 아니다.

아버지와 아들의 관계로 한 예를 들어보자. 아들이 아버지를 아버지로 인정하는 것은 지극히 당연하다. 만일 아들이 아버지와의 관계를 부인한다면 그것은 관계를 끊는 것과 같다. 아들이 아버지를 부인하지 않으면 여전히 아들과 아버지의 관계는 유효하다. 비록 아들이 아버지 귀에 거슬리는 말을 하거나 아버지 명령을 거역하더라도 말이다. 아들의 성숙도에 따라서 아들은 아버지 귀에 거슬리는 말을 많이 할 수도 있고 적게 할 수도 있다. 그러나 거슬리는 말을 했다고 아버지와 아들의 관계가 끊어지는 것은 아니다. 어떤 거슬리는 말을 하더라도 관계를 맺고 있는 한 아버지는 아들을 용서를 해줄 수 있다. 예수와의 관계를 부인하는 것은 용서받을 수 없지만 예수의 가르침이나 명령을 거역하는 것은 회개를 통해 용서받을 수 있다.

본 단락에서 성령을 모독하는 자는 용서받지 못한다고 한다. 여기서 '모독하다'에 해당하는 희랍어 'βλασφημέω'(블라스페메오)는 '욕하다, 비방하다, 멸시하다'는 의미가 있다. 성령을 드러내놓고 심하게 공격하는 말이다.

예수에 의해 성령의 사람이 된 제자들에게는 있을 수가 없는 일이다. 제자들은 이 땅에 성령과 불로 세례를 주러 온 예수와 관계를 유지하고 있기 때문에 성령이 함께한다(Q4장). 이 성령은 제자들이 붙잡혀 심문을 받을 때에도 제자들에게 할 말을 주신다(Q38장). 성령의 말씀을 따르는 제자들이 성령을 모독한다는 것은 도저히 있을 수가 없다. 오히려 제자들이 사역을 하면서 성령을 언급할 때, 듣고 있던 원수들이 성령을 반박하고 조롱하고 모독하는 말을 한다. 본문에 있는 예수의 말씀을 알고 있는 제자들이 성령을 모독하는 원수들을 위해서 할 수 있는 일은 하나님의 용서를 구하는 사랑의 기도이다(Q9장).

요약하면 본문의 두 문장은 서로 다른 대상을 향한 말이다. 첫째 문장은 용서받을 수 있는 자로서 제자들이나 하나님의 백성에게 한 말씀이며 둘째 문장은 용서받지 못할 자로서 예수를 대적하는 원수들을 향한 말씀이다. 제자들이나 백성들은 훈련을 받는 과정에서 성숙치 못함으로 예수의 가르침을 거스르거나 명령을 거역할 수도 있다. 그러나 예수와의 관계를 유지하고 있기 때문에 언제든지 뉘우치면 용서받을 기회가 있다. 그러나 성령을 조롱하는 원수들은 예수와의 관계가 없기 때문에 용서를 받을 길이 없다.

제 38 장 성령의 도우심

Q 12:11-12 (마 10:17-23//눅 12:11-12)

(그들이) 너희를 (회당들 통치자들 권세자들 앞에 데리고 갈) 때 너희가 어떻게 또는 무엇을 (대답하고 말해야 하는지) 걱정하지 말아라 왜냐하면 (성령께서 말해야 할 것들을 그) 때에 너희에게 (가르치실 것이기) 때문이니라

본 단락에 언급된 '그들'이란 앞에서 제자들을 붙잡아 조롱하고 심문하고 죽이려는 대적자들이다. 본문에 의하면 이 대적자들은 제자들을 붙잡아서 회당이나 통치자들 또는 권세자들 앞으로 끌고 간다. 회당으로 끌고 가는 이유는 제자들의 선포가 유대교의 가르침과 대치되기 때문에 제자들을 심문하고 때리려는 것이다(마 10:17). 대적자들은 또한 붙잡은 제자들을 통치자들이나 권세자들에게 끌고 간다. 오늘날 정치인이나 경찰에게 끌고 간다는 말이다. 세상의 법정에 제자들을 고소하기 위해서이다. 그 이유는 제자들의 가르침을 당시 사회나 정부를 거부하는 것으로 보았기 때문이다. 대적자들은 제자들을 이런 위험한 신앙을 가진 사람들로 취급하여 사회의 범죄자로 몰아세우려했다.

현재 제자들은 대적자들에게 붙잡혀 고소당한 상태가 아니다. 앞으로 그런 일이 일어날 수 있다고 미리 경고한 것뿐이다. 예수는 이런 위험한 일이 발생할 것을 알면서도 제자들을 보낸다. 제자들 또한 이런 경고를 들었음에도 불구하고 복음을 전하기 위해서 세상으로 나간다. 앞으로 고난이 닥칠 것을 알면서도 세상을 향하는 제자들이다. 35장에서 언급한 것처럼 죽음이 닥칠 수도 있지만 각오하고 나간다. 이런 단호한 제자들의 신앙 중심에는 하나님의 아들 예수가 있다. 예수의 가르침만을 절대적으로 의지하고 죽음을 불사하고 하나님 나라를 전파한다. 이런 담대한 초기 신앙이 이후 기독교를 세우는 기초가 되었다.

앞으로 제자들이 대적자들의 고소에 의해 세상 법정에 서게 되면 조사를 받게 된다. 제자들은 재판장이 묻는 말에 대답해야 한다. 재판장의 질문은 제자들을 함정에 빠뜨려 죽음으로 몰아낼 수도 있다. 제자들은 자신을 잘 변호해야 한다. 이런 위급한 상황이 되더라도 걱정하지 말라고 가르친다. 그 이유는 성령이 함께하기 때문이다. 성령이 제자들에게 말해야 할 것을 가르친다. 제자들은 성령이 가르치는 대로 따라서 말하면 된다. 그러면 어떻게 되는 지 본 단락에서 언급하지 않았지만 "걱정하지 말라"는 구절에 의해 추론할 수 있다. 재판장이 어떤 질문을 하든지 성령이 가르치는 대로 제자들이 지혜롭게 대답하게 되면 결국에는 풀려나게 될 것이다. 그러니 예수는 "걱정하지 말라!"고 명령한다.

본 단락을 보면 성령은 제자들의 사역을 돕는다. 제자들이 어려움에 처했을 때에 구해준다. 특히 지혜롭게 대답해야 하는 상황에서 지혜로운 말을 가르쳐준다. 제자들이 법정에서 심문을 받을 때 듣는 사람이 잘 이해할 수 있도록 지혜의 말을 주어 제자들을 풀어줄 수밖에 없는 상황을 만들어준다. 이 경우 제자들은 자신의 말이 아니라 성령의 말을 하게 된다. 본 내용을 확대해보면 제자들의 사역은 성령의 사역이었다고 볼 수 있다. 단순히 과거에 있었던 예수의 행적이나 가르침을 기억에 의존해 전달하는 사역만이 아니라 현재 상황에서 주시는 성령의 가르침을 전달하는 사역이기도 했다. 물론 성령은 예수를 하나님의 아들로 증거하는 영이다. 예수가 세례받을 때 성령이 임하면서 이것을 증거했다(Q5장). 본 단락에 의하면 성령이 제자들을 가르쳐준다고 했다. 제자들의 사역은 과거의 가르침을 학습해서 전달하는 학자들의 강의와 다르다. 언제 어디서나 속에서 말씀하시는 성령의 가르침을 전달하는 사역이었다.

본 단락이 암시하고 있는 성령의 특징을 찾아내는 것도 중요하다. 성령은 육안으로 보이지 않는다. 대적자들이나 재판장들의 눈에도 보이지 않는다. 그래서 이들은 성령 운운하는 제자들의 말을 들으면 성령을 모독할 수도 있다. 그러나 제자들의 경우는 다르다. 물론 제자들의 눈에도 성령이 보이지 않지만 그들은 자신들 안에 내재하는 성령을 경험한다. 이 성령은 단순한 감정이나 느낌이 아니다. 실제로 존재하는 영이다. 제자들 안에 내주하면서 제자들이 처한 어려운 상황을 알아주며 또한 제자들에게 필요한 지혜의 말씀을 가르쳐주는 영이다. 성령은 숫자에 제한받는 영이 아니다. 한 제자 속에만 내재하는 것이 아니다. 열 명의 제자가 비록 다른 시간과 다른 장소에 있을지라도 성령은 모든 제자들 속에 내재하여 지혜의 가르침을 준다. 성령은 시간에 제약받지 않고 계속해서 활동하고 있다. 예수와 함께했던 성령이 제자들과 함께했고 초대 기독교 공동체와 함께 활동했었다. 물론 오늘날에도 이 성령은 지속적으로 활동하고 있다. 오늘날 무너져가는 현대 기독교를 살리려면 제자들이 들었던 성령이 음성에 귀를 기울여야 할 것이다.

본 단락에 근거하면 신약 안에 바울 서신은 바울이 기록한 것이 아니다. 성령이 바울을 사용해서 기록한 하나님의 말씀이다. 학자들은 진짜 바울이 기록한 서신들과 바울의 이름을 빌려 쓴 서신들로 구분하지만 신앙인들에게는 신약 안에 모든 책은 성령에 감동함을 입어 기록된 하나님 말씀이다. 그래서 신앙인들은 성서를 생활의 지침으로 삼는다.

제 39 장 세상 걱정보다 중한 하나님 나라

Q 12:22-31 (마 6:25-34//눅 12:22-32)

(그리고 그가 그의 제자들에게 말씀하셨느니라) 그러므로 내가 너희에게 말하노라 목숨을 위하여 너희가 무엇을 먹을까 아니면 몸을 위하여 무엇을 입을까 걱정하지 말아라 목숨이 음식보다 중하고 몸이 옷가지보다 중하니라 (까마귀들을 생각하여보라) 그들은 씨뿌리지도 아니하고 거두지도 아니하며

창고도 (없지만 하나님이) 그들을 먹이시느니라 너희들은 새들보다 얼마나 더 귀하냐 너희 가운데 누가 걱정하므로 그의 키 위에 한 자를 더할 수 있느냐 (그러므로 너희가 지극히 작은 것도 할 수 없거든) 왜 (다른 것들에) 관하여 걱정하느냐 백합화들을 생각하여보라 그들이 어떻게 자라는가 그들은 노력도 하지 않고 천을 짜지도 아니하느니라 그러나 내가 너희에게 말하노라 솔로몬이 그의 모든 영광으로도 이들 중 하나만큼 차려입지 못하였느니라 오늘 있다가 내일 아궁이로 던져지는 들의 풀들을 하나님께서 그렇게 (입히신다)면 (하물며) 그가 너희를 더한 것으로 (입히지 않겠느냐) 믿음이 적은 자들아 (너희는) 무엇을 먹을까 무엇을 마실까 (구하지) 말며 (애태우지 말아라) 왜냐하면 이 모든 것들은 (세상의) 나라들이 구하는 것들이라 (그러나) 너희 아버지께서 너희가 그것들이 필요한 것을 아시느니라 (그러니) 너희는 그의 나라를 구하라 그러면 이것들을 너희에게 더하실 것이니라

본 단락은 먹는 것과 입는 것 때문에 몹시 걱정하고 있는 제자들의 모습을 암시하고 있다. 그래서 예수는 이런 제자들에게 반복해서 걱정하지 말라고 명령한다. 근거 없이 걱정하지 말라는 것은 아니다. 걱정하지 말아야 하는 분명한 이유가 있다. 먼저 예수는 제자들에게 무엇이 더 중요한지 분별하라고 가르친다. 먹기 위해서 목숨이 있는 것이 아니라 목숨을 부지하기 위해서 먹는 것이다. 입기 위해서 몸이 있는 것이 아니라 몸을 위해서 옷을 입는 것이다. 정작 중요한 것은 목숨과 몸이란 사실이다. 그럼에도 많은 사람들이 먹는 것을 위해서 목숨을 걸거나 입을 것을 얻기 위해서 몸을 버리는 안타까운 일들이 일어난다.

제자들의 경우는 특별하다. 이들은 목숨을 유지하기 위해서 사는 사람

들이 아니다. 몸을 보호하기 위해서 사는 사람들이 아니다. 오직 하나님 나라 전파를 위해서 몸이나 목숨을 버릴 각오를 한 사람들이다(Q35장). 그럼에도 불구하고 먹는 문제나 입는 문제 때문에 걱정하고 있는 제자들을 향해 몇 번이나 걱정하지 말라고 명령한다. 작은 키 때문에 걱정한다고 키가 커지는 것이 아니라고 한다. 그런 작은 일 하나도 해결할 능력이 없으면서 왜 걱정하느냐고 책망한다. 먹는 것이나 입는 것이 걱정한다고 해결되는 문제가 아니다. 사실 먹고 입는 것은 인간의 가장 기본적인 문제이다. 제자들에게 이 문제는 일반사람들보다 더욱 심각했다. 모든 것을 포기하고 오직 하나님 나라를 전파하는 일에만 전념하는 제자들은 상대적으로 보통 사람들보다 더 궁핍했을 것이다. 이런 제자들을 향해 예수는 "걱정하지 말라, 염려하지 말라!"라고 명령한다. 걱정하지 않아도 되는 근거는 하나님에 대한 절대적인 믿음이다.

예수는 까마귀의 비유를 들어 먹는 것 때문에 걱정하지 말아야 할 이유를 설명한다. 공중에 날아다니는 까마귀는 먹고 살기 위해서 농사를 짓지 않는다. 그럼에도 불구하고 굶어죽지 않는다. 하나님께서 먹여 살리기 때문이다. 제자들은 당연히 까마귀보다 더 귀한 존재들이기 때문에 하나님이 먹이실 것이다. 그런데도 제자들이 해야 할 사명을 잊고 목숨을 유지하기 위해, 먹는 문제 때문에 농사에 매달려 있다면 까마귀보다 믿음이 없는 사람들이다. 예수는 이런 제자들을 향하여 '믿음이 적은 자들'이라고 꾸짖는다.

이어 백합화의 비유를 들어 입는 문제 때문에 염려하지 말아야 할 이유를 설명한다. 들판에 자라나고 있는 백합화는 아름다운 옷을 입기 위해 옷감을 짜는 수고를 하지 않는다. 그럼에도 하나님께서 최상의 아름다운 모습으로 입혀주신다. 예수의 제자로 부름을 받은 사람이 몸에 입을 옷을 마련하기 위해 옷감을 짜고 있다면 백합화보다 믿음이 없는 사람들이다. 제자들은 당연히 백합화보다 귀한 존재들이다. 하나님께서 더 좋은 것으로 입혀주실 것이다. 그러니 걱정하지 말아야 한다.

본 단락에 묘사된 하나님은 자연 만물을 돌보시는 분이시다. 공중에 날아다니는 까마귀가 굶지 않는 것이나 들판에 핀 백합화가 아름다운 모습을 하고 있는 것은 하나님이 돌보고 있다는 증거이다. 이런 미물들도 하나님께서 돌보고 계신데 하물며 제자들을 돌보시지 않겠는가. 제자들은 특별히 하나님이 보낸 사람들이다(Q33장). 하나님은 보내놓고 내버려두시는 분이 아니다. 제자들의 사정을 다 알고 계신다(Q35장). 제자들이 먹을 양식이나 입을 옷이 필요하다는 것을 알고만 계신 것이 아니라 그것들을 공급해주신다. 까마귀나 백합화보다 더 귀한 제자들을 하나님은 더 좋은 것으로 먹이시고 입히실 것이다. 제자들에게 무엇보다 필요한 것은 만물의 공급자이신 하나님만을 절대적으로 의지하는 믿음이다. 먹을 양식이나 입을 옷을 의지해서도 안 된다. 자기 목숨을 구하려고 해서도 안 된다. 몸을 보호하려고 해서도 안 된다. 이런 것들은 모두 세상 사람들이나 구하는 것들이다.

제자들이 구해야 할 것은 오직 한 가지 하나님 나라이다. 하나님 나라가 이루어지면 하나님께서 제자들이 필요한 것을 채워주신다. 하나님 나라가 이루어졌다는 것은 인생의 가치관이 변화되었다는 것을 말한다. 세상의 가치관은 인간의 가장 기본적인 욕구인 의식주 문제를 채우는 데에 있지만 예수의 가치관은 전적으로 하나님의 나라를 구하는 것에 있다. 이런 예수의 가치관을 받은 제자들에게 인생의 우선순위에 최고는 당연 하나님 나라이다. 하나님의 나라를 위해서는 의식주의 문제가 포기될 수는 있다.

그러나 거꾸로 의식주 문제를 위해서 하나님 나라를 포기한다는 것은 도저히 용납될 수 없다(Q21장).

제 40 장 하늘에 쌓는 보물

Q 12:33-34 (마 6:19-21//눅 12:33-34)

(너희의 소유들을 팔아라 그리고 선을 베풀라 너희 자신들을 위하여 낡아지지 아니하는 주머니들을 만들라 곧 없어지지 않는) 하늘에 보물이니라 거기에는 <u>도둑이</u> (접근하지 않고) 좀도 (먹는 일이 없느니라) 왜냐하면 (너희의) 보물이 있는 곳 거기에 또한 (너희의) 마음도 있을 것이기 때문이니라

앞 단락에서 예수는 제자들에게 인간의 기본적인 욕구인 먹는 것과 입는 것에 대해 걱정하지 말고 하나님께 맡기라고 했다. 먹는 것과 입는 것이 하나님 나라를 구하는데 걸림돌이 될 수 있기 때문이다. 극단적으로 말하면 먹는 것 입는 것을 해결하기 위해서 하나님 나라를 이용하는 잘못을 저지를 수도 있다. 그래서 예수는 먹는 것 입는 것에 관한 생각은 다 버리고 오직 하나님 나라만을 구하는 데에 전념하라고 가르친다.

본 단락에서 예수는 또 다른 장애물을 제시한다. 그것은 제자들이 가지고 있는 소유 재산이다. 소유 재산이 하나님 나라 사역에 걸림돌이 될 수 있다. 하나님 나라를 위해서 살아야 하는 제자들이 욕심에 사로잡히면 오히려 소유 재산을 늘리기 위해서 하나님 나라를 이용하는 죄를 범할 수도 있다. 소유욕이란 끝도 없기 때문이다. 그래서 예수는 제자들이 가지고 있던 소유물들을 팔아서 선을 베풀라고 명령한다.

남에게 선을 베푸는 것은 낡아지지 않는 주머니를 만드는 것과 같다. 예수 당시 돈은 모두 동전으로 되어 있었다. 이런 동전을 돈주머니에 오래 담아두면 주머니가 낡아지게 마련이다. 그런데 돈을 아무리 오래 두어도 낡아지거나 닳지 않는 주머니가 있다. 그것은 이 땅에 있는 것이 아니라 하늘에 있다고 한다. 예수는 하늘에 있는 돈 주머니에 돈을 넣는 방법을 가르친다. 그것은 구제받아야 할 사람에게 선을 베푸는 일이다. 가난한 사람의 주머니에 돈을 넣어주면 그 돈은 하늘에 있는 주머니로 들어가게 된다. 하늘에는 도둑이나 좀 벌레가 없기 때문에 돈 주머니가 털리거나 낡아질 걱정이 없다. 이것은 땅에 어떤 저축방식보다도 안전하게 소유 재산을 저축하는 방법이라고 가르친다.

하늘에 있는 돈 주머니를 '보물'이라고 한다. 소유를 팔아 선을 베풀면 하늘에 보물로 쌓인다. 본 단락 마지막 문장에서 예수는 보물이 있는 곳에 마음도 있다고 한다. 이 땅에 보물을 소유하고 있는 사람의 마음은 이 땅에 있게 마련이다. 자신이 소유한 보물을 지키고 늘리기 위해서 수고를 한다. 반면에, 하늘에 보물을 쌓아둔 사람의 마음은 항상 하늘에 가 있다. 땅에 소유 재산을 늘리기보다는 하늘에 보물을 쌓는 일에 더 열심을 낸다. 할 수 있는 대로 많은 선행을 베푸는 생활을 한다. 이런 점에서 볼 때 예수를 따르는 공동체나 초대교회가 가르쳤던 선행의 윤리는 단순히 도덕 양심에 근거한 것이 아니다. 예수가 제자들에게 가르쳤던 신앙체계에 근거한다. 소유를 팔아서 선을 베풀면 하나님이 계신 하늘에 보물이 쌓인다는 그런 신앙체계 말이다.

제 41 장 인자가 오는 때

Q 12:39-40 (마 24:42-44//눅 12:39-40)

너희는 (이것을) 알라 만일 집 주인이 몇 (시에) 도둑이 오는지 알았다면 그는 그의 (집을) 뚫지 못하게 (했을 것이다) 그러므로 너희는 준비하고 있어라 왜냐하면 너희가 생각지 않는 시각에 인자가 오기 때문이니라

인자이신 예수는 본 단락에서 자신의 재림에 대해서 언급한다. 제자들을 향해 다시 오겠다고 말하는 것은 잠시 어디론가 떠나 있겠다는 내용을 전제로 한다. 떠나 있을 장소는 앞 단락에 의하면 보물이 쌓여 있는 하늘, 하나님이 계신 하늘임을 짐작할 수 있다. 제자들에게 본 내용을 말하고 있는 예수는 제자들을 떠나 하늘로 올라가 있다가 예기치 않는 시각에 이 땅으로 다시 내려올 것이다. 이런 가르침은 예수의 초림, 승천, 재림 사상을 기초로 한다. 본 단락을 읽는 큐 공동체의 입장에서 보면 예수는 이미 세상을 떠나고 없는 상태이다. 예수는 십자가에서 죽임을 당했다. 그러나 예수의 죽음은 영원한 결별이 아니다. 예수가 영원히 사라져버린 것이 아니다. 예수는 하늘로 올라가 있다가 때가되면 다시 온다. 그래서 큐 공동체는 재림할 예수를 기다려야 한다. 그냥 기다리는 것이 아니라 준비하고 기다려야 한다.

예수가 자신의 재림을 언급한 목적은 제자들을 준비시키고자 함에 있다. 예수 재림의 특징은 제자들이 재림 시간을 모른다는 점이다. 물론 예수도 안 가르쳐 준다. 예수는 자신의 재림 시간을 도둑이 집에 들어오는 것에 비교했다. 집 주인은 도둑이 몇 시에 오는지 알지 못하기 때문에 미리 대비하지 못했다가 집을 털리게 된다. 그래서 집주인은 항상 경계해야 한다. 마찬가지로 제자들도 예수의 재림 시간을 모른다. 그래서 항상 깨어 있는 생활을 해야 한다. 예수가 재림하는 목적은 도둑처럼 집을 털려는 것은 아니다. 오히려 예수를 따랐던 제자들을 만나러 온다. 예수가 재림하게 되면 떠나면서 제자들에게 맡겼던 일들을 정산할 것이다. 충성스런 제자들은 칭찬을 받을 것이지만 게으른 제자들은 책망을 받게 될 것이다(Q62장). 그래서 제자들은 재림 때를 대비하여 맡은 일에 충성을 다해야 한다.

재림 신앙은 큐 공동체와 같은 초대 크리스천들이 신앙생활을 항상 신실하게 하도록 붙잡아주는 신앙 기반이었다. 초대 크리스천들은 오늘이라도 예수가 재림할 수도 있다는 긴장감을 가지고 자신의 생각과 행동을 다듬으며 살았다. 물론 예수의 유언인 하나님 나라의 확장을 위해 헌신하면서 말이다. 재림 신앙은 예수의 제자들 뿐 아니라 초대 크리스천들에게도 부딪혀 오는 고난과 핍박을 이겨낼 수 있는 소망을 주었다. 예수의 재림이 곧 고난의 끝을 의미하기 때문이다. 만일 오늘날 크리스천들의 신앙생활이 흐트러져 있고 기독교가 목적을 상실해버렸다면 그 원인 중에 하나가 재림 신앙이 증발되었기 때문이다. 오늘날 신앙적으로 방황하는 현대인들이 방황을 끝내려면 큐복음은 재림 신앙을 회복해야 한다고 가르친다.

제 42 장 충성된 종과 충성치 않은 종

Q 12:42-46 (마 24:45-51//눅 12:41-48)

그리고 주께서 말씀하셨느니라 그때 때를 따라 (양식을) 나누어주라고 주인이 그의 (집안을) 맡기게 될 충성되고 현명한 (청지기가) 누구겠느냐 그의 주인이 왔을 때에 종이 그렇게 하고 있는 것을 주인이 보게 될 그 종은 복이 있도다 (진실로) 내가 너희에게 이르노니 그의 모든 소유를 그가 저에게 맡길 것이니라 그러나 만일 그 종이 그의 마음에 말하기를 나의 주인이 더디 (

오리라) 하고 그가 (남종들과 여종들을) 때리며 <u>먹고</u> <u>마시며</u> (취하기) 시작한다면 그 종의 주인은 그가 기대하지 않았던 날에 그가 알지 못하는 시각에 올 것이라 그리고 그가 그를 심하게 벌을 주고 (충성치 않은 자들과) 함께 그를 둘 것이니라

본 비유에는 주인과 종이 등장한다. 주인은 집안일을 종에게 맡기고 어디론가 떠나버린다. 그리고 나중에 다시 주인은 집에 돌아온다. 앞 단락에 적용시키면 주인은 인자인 예수를 말하고 종은 예수의 제자들을 가리킨다. 주인이 집안일을 종에게 맡기고 떠나듯이 예수는 제자들에게 하나님 나라 사역을 맡기고 하늘로 떠난다. 그리고 나중에 주인이 돌아와 종을 보듯이 예수 역시 재림하여 제자들을 만나게 된다. 예수의 초림, 승천, 재림의 신앙적 구조를 가지고 있는 비유이다.

앞 단락은 예수가 재림할 시각을 명심해야 함을 강조한 반면 본 비유의 목적은 제자들의 지속적인 충성을 강요함에 있다. 본 비유의 초점은 주인이 떠났다 돌아오는 시각에 있지 않다. 오히려 주인이 돌아올 때 정산하게 되는 제자들의 사역에 있다. 주인은 집안일을 내팽겨 치고 떠난 것이 아니다. '청지기' 즉 종에게 맡겨놓고 떠났다. 종은 주인이 그동안 해왔던 일을 맡아서 해내야 한다. 본 비유에서 '집안일'이란 예수가 이 땅에서 해왔던 하나님 나라 사역을 가리킨다. 이 사역은 예수의 죽음과 동시에 끝난 것이 아니다. 제자들에 의해서 계속되어야 할 사역이다. 주인으로 비유된 예수는 이 사역을 제자들에게 맡겨놓고 하늘로 떠나버렸다. 예수가 떠났지만 제자들은 충성을 다하여 맡은 임무를 다 해야 한다.

앞 장과 일치하는 부분은 주인이 생각지도 않은 시각에 돌아온다는 내

용이다. 충성되고 현명한 종은 주인이 있을 때나 없을 때나 변함없이 맡겨진 일을 감당한다. 주인이 해왔던 일을 주인을 위해서 변함없이 충성을 다한다. 주인이 돌아왔을 때 이렇게 충성하는 청지기에게 주인은 그의 모든 소유를 맡긴다고 한다. 큰 권세를 줄 것이란 말이다. 그러나 어리석은 종은 주인이 없으면 마음이 바뀐다. 주인을 위해서 일하는 것이 아니라 자신을 위해 일한다. 다른 종들을 때리고 먹고 즐기며 술 취한 생활에 빠진다. 더욱 어리석은 것은 자기 멋대로 주인이 늦게 올 것이라고 생각한다. 그러나 주인은 예기치 못한 시각에 와서 그의 행태를 보고 중한 벌을 내릴 것이다.

충성된 종의 의무는 집안일을 잘 돌보는 일이다. 이 종은 주인이 빨리 오기를 고대한다. 반대로 악한 종은 집 안에 남종 여종들을 때리며 자신의 배만 채우고 술 취하기 좋아한다. 주인을 늦게 왔으면 한다. 아주 안 오기를 기대한다. 본 단락에서 '청지기의 일'이란 집안일을 잘 하고 식구들을 잘 돌보는 일이다. 집 바깥일을 하는 것이 아니라 집 안을 잘 다스리는 일이다. 그렇다면 본 단락에서 강조하려는 것은 바깥을 향한 선교가 아니다. 오히려 예수 공동체 안에 있는 형제자매들을 돌보는 목양에 있다.

본 단락에 '청지기'는 떠난 주인의 위치를 위임받아 집안 식구를 먹이고 돌보는 종이다. 이 청지기는 예수에게 양떼들을 잘 돌보라고 위임받은 사도들이나 교회 내에 지도자들을 가리킨다. 교회 안에 양떼들을 잘 먹이고 돌보며 예수의 재림을 고대하는 목회자는 충성되고 현명한 청지기와 같은 사람이다. 그러나 자기 배를 채우고, 즐거움을 누리기 위해서 양떼들을 괴롭히며 예수의 재림이란 없다고 믿는 목회자는 악하고 어리석은 청지기와 같은 사람이다.

본 단락은 예수가 재림하는 목적에 대해 분명하게 암시하고 있다. 주인에게 받은 사명을 충성되게 감당한 청지기에게는 주인이 모든 소유를 맡길 것이다. 주인의 권세를 받게 된다는 말이다. 이런 종을 본문에서 '복을 받은 종'이라고 한다. 반대로 악한 청지기처럼 사명을 잊고 식구들을 괴롭히고 자신의 쾌락만을 쫓는 동안에 주인이 오면 그 종은 심하게 벌을 받게 될 것이다. 이런 종들은 악한 자들과 함께 있게 될 것이다.

본 단락에서 주인으로 비유된 예수는 제자들처럼 공동체 내에 지도자로 사명을 받은 사람들을 심판하기 위해서 이 땅에 재림한다. 재림했을 때 맡겨준 일에 충성하는 교회 지도자들에게는 하늘의 권세를 부여한다. 그러니 악한 지도자들에게는 심한 벌을 내릴 뿐 아니라 악한 놈들만 있는 지옥에 가두어 놓을 것이다.

제 43 장 땅 위에 불화

Q 12:49-53 (마 10:34-36//눅 12:49-53)

(나는 땅 위에 불을 던지러 왔노라 그런데 만일 불이 이미 붙었으면 내가 무엇을 바라리오 그리고 내가 받아야 할 세례가 있으니 그것이 이루어지기 까지 내가 얼마나 고민하겠느냐 내가) 땅에 평화를 **(주러 왔다)**고 **(생각하느냐 아니라 내가 너희에게 말하노라)** 오히려 **(분열시키러 왔노라)** 왜냐하면 **(지금부터 한 집 안에 다섯이 있는데 셋이 둘에 대항하여 둘이 셋에 대항하여 분열되며 아버지가 아들에 대항하여 아들이)** 아버지에 **(대항하여 어머니가 딸에 대항하여)** 딸이 어머니에 **(대항하여 시어미가)** 그녀의 **(며느리에 대항하여)** 며느리가 시어미에 **(대항하여 분열될 것이라)**

참으로 아이러니한 것은 앞 단락에서는 집안 식구를 잘 돌보는 종이 충성된 청지기이며 칭찬받을 종이라고 했다. 그런데 본 단락에서는 집안 식구의 분열을 언급하고 있다. 이렇게 모순되는 이유는 서로 다른 의미의 집안 식구를 가리키기 때문이다. 앞 장의 집안 식구는 예수를 그리스도로 믿는 사람들을 가리킨다.

반면에, 본 장에 집안 식구는 한 집 안에서 혈통으로 얽어진 가족을 가리킨다. 여기서 언급된 가족이란 곧 유대인 가족들을 가리킨다. 하나님을 믿는 유대인 가족 안에서 서로 싸우는 분열이 일어난다. 하나님의 아들 예수 때문이다. 한 집안에 예수를 그리스도라고 믿는 유대인 기독교인과 예수를 받아들이지 않는 유대교인이 있을 때에 서로 싸우게 된다. 실제로 그런 상황이 흔하게 일어났기 때문에 예수는 제자들을 향하여 앞에 8장에서 인자를 인하여 욕을 먹고 악한 일을 당할 때에는 복이 있다고 선언했다.

예수는 이 땅에 불을 던지러 왔다고 한다. 이 불은 땅에 속한 것이 아니라 하늘에 속한 불이다. 성령의 불이라고 볼 수도 있다. '불을 던진다'는 것은 불을 붙인다는 말이다. 결국 예수는 하늘의 불, 성령의 불을 이 세상에 붙이기 위해서 왔다. 예수 자신의 사명을 밝히는 말이다. 그런데 이 불이 아직 붙지 않았다고 탄식한다. 큐복음에서 불은 어둠을 밝히는 불과 껍질을 태워버리는 불, 두 가지 기능으로 구분해서 사용된다. 전자는 사람의 마음을 밝히는 등불(Q32장)에 적용되고 후자는 심판의 불에 적용된다(Q3,4장). 하늘에서 임하는 불은 사람의 마음속을 밝혀 그 속에 있는 죄와 허물들을 드러낼 뿐 아니라 그 죄악들을 태워버린다. 그래서 이런 거룩한 불이 붙은 사람을 하나님 나라 백성이라고 한다.

이어서 예수는 받아야 할 세례가 있다고 한다. 아직 이 세례는 받지 않았다. 우리는 이미 앞에 5장에서 예수가 세례를 받는 장면을 보았다. 그런데 본 단락에서 예수는 앞으로 받아야 할 또 다른 세례가 있다고 한다. 이것은 보통 세례와는 다른 세례임이 틀림없다. 예수는 이 세례를 받는 것이 고민이 된다고 한다. 이 세례가 무엇을 가리키는지 본 단락에는 설명이 없다.

우리는 초대 예수 공동체 안에서 세례가 무엇을 의미했는지 바울 서신을 통해서 추정해볼 수 있다. 바울은 롬 6:1-11절에서 크리스천의 세례를 예수의 죽음과 연결시켰다. 이렇게 세례를 죽음과 연결시킨 가르침은 당시에 널리 알려져 있었다고 볼 수 있다. 결국 본 단락에서 예수가 받아야 할 세례가 있다며 고민하던 것은 곧 그의 죽음을 가리킨다.

본 단락에서 왜 예수가 죽게 되는 지를 암시하고 있다. 예수 때문에 집안에서 싸움과 분열이 일어나는 것처럼 유대인들 간에 싸움과 분열이 일어나게 된다. 이런 싸움으로 인해 유대인들은 선지자들을 죽이듯이 예수도 죽일 것이다(Q33장). 그래서 예수는 자신의 죽음을 장차 받아야 할 세례라고 하였고 그것이 이루어지기까지 얼마나 고민하고 있는지 자신의 심경을 털어 놓았다.

여기서 신앙적인 충돌을 엿볼 수 있다. 유대교 신앙과 기독교 신앙 사이 충돌이 일어났다. 그 결과로 싸움과 분열이 일어나게 된다. 다수의 유대교인들은 예수를 십자가형에 처형하고 예수를 추종하는 기독교인들을 핍박할 것이다. 본 단락에 예수는 제자들이 앞으로 당할 충돌이나 핍박 등을 예고하였다. 이런 가르침을 받은 제자들은 유대교와의 신앙적인 충돌을 당연한 것으로 받아들였을 것이다. 제자들은 하나님의 뜻을 대적하는 유대인들의 반대에 부딪힐 때마다 더욱 담대하게 예수의 가르침에 근거해서 하나님 나라를 전파했을 것이다.

제 44 장 시대를 분별함

Q 12:54-56 (마 16:2-3//눅 12:54-56)

(그가 또한 무리들에게 말씀하셨느니라 너희가 구름이 서쪽에서 일어나는 것을 보면 곧) 말하기를 (소나기가 오고 있다고 하고 그리고 그렇게 되느니라) 또한 (너희가 남풍이 부는 것을 보면 말하기를 더워질 것이다 라고 하고 그리고 그렇게 되느니라 위선자들아) 하늘(과 땅의) 표정은 (너희가 분별할 줄 알면서 어떻게 이) <u>때를</u> (분별할 줄 알지) 못하느냐

앞 단락까지는 제자들을 향해 가르치다가 본 단락에서는 예수가 무리들을 향하여 말한다. 무리를 단순하게 불특정 다수라고 말할 수도 있지만 큐복음서에서는 구별해서 사용된 용어이다. 예수를 하나님의 아들이라고 믿지 않고 의심하는 사람들을 '무리'라고 불렀다.

본 단락은 예수가 사역했던 지역 이스라엘의 기후 특성을 반영하고 있다. 이스라엘은 서쪽으로는 지중해가 있어서 이 바다로부터 구름이 몰려오면 이스라엘 땅에 비가 내린다. 남쪽으로는 이집트가 속해있는 아프리카 대륙이 있고 이곳에서 열대 바람이 불어오면 이스라엘 지역은 더워진다. 예수 당시 사람들은 이런 지역적 특성을 알고 있었기 때문에 비가 내린다거나 날씨가 더워질 것을 쉽게 예측했었다. 본 단락에 무리들 역시 날씨를 쉽게 예측했었다. 서쪽에서 구름이 몰려오면 소나기가 내릴 것이라고 예측한다. 남쪽에서 바람이 불어오면 날씨가 더워질 것이라고 예측한다. 사실 무리들이 예측한 대로 비가 내리거나 날씨가 더워진다.

이렇게 날씨 예측을 잘하는 무리들을 향하여 예수는 '위선자들'이라고 책망한다. 날씨만 아니라 하나님의 때도 예측할 줄 알라는 경고이다. '위선자'란 속마음과 겉 행동이 다른 사람을 가리킨다. 겉이 더럽고 속이 깨끗한 사람을 말하는 것이 아니라 반대로 속은 더럽고 겉만 깨끗해 보이는 사람을 가리킨다. 앞에 13장에 근거해보면 사람의 행실은 마음에서 나온다고 한다. 마음에 악한 것이 있는 사람은 악한 행동을 하게 되고 선한 것이 쌓여 있는 사람은 선한 행실로 열매 맺는다. 선을 베풀었을 지라도 베푼 사람의 마음에 따라서 선행이 될 수도 있고 악행이 될 수도 있다. 마음속에 동정이나 사랑이 없이 자신의 사욕을 채우기 위해서 선을 행하면 위선이 된다. 앞에 40장에서 예수가 가르친 선행은 사람들에게 보이기 위한 선행이 아니다. 하나님의 심정을 가지고 마음속에서 우러나는 선행이다. 하나님 나라를 위해서 이 땅의 모든 소유와 자기 욕심을 포기한 제자들에게 가르치는 선행이다. 선을 행하는 이런 제자들에게는 하늘에 보물이 쌓인다.

이미 앞에 3장에서 세례요한은 생활에 좋은 열매를 맺지 못하면서 세례만 받으려는 무리들을 향하여 '독사의 자식들'이라고 심한 욕설을 퍼부었다. 본 단락에서 예수가 무리들을 향하여 '위선자들'이라고 저주한 것도 같은 맥락에서 이해해야 한다. 무리들은 종교적인 형식을 중요시하기 때문에 겉으로는 상당히 신앙적인 사람처럼 보인다. 세례 요한을 찾아 왔던 무리들 역시 세례라는 종교적 형식을 중요시 한 사람들이었다. 예수가 지적하는 종교적 본질은 종교의 형식이나 의식에 있는 것이 아니라 인간의 내적 변화에 있다. 오히려 사람을 내적으로 변화시키기 위해서 종교적인 형식이나 의식이 있다. 내적으로 변화된 사람의 증거는 곧 그의 생활에 열매로 나타난다. 만일 생활에 변화된 열매가 없다면 내적으로도 변화되지 않았다는 말이 된다. 생활에 선한 열매가 없는 무리들을 향하여 요한은 '독사의 자식들'이라고, 예수는 '위선자들'이라고 저주한다.

예수 주변에 무리들은 주로 하나님을 향한 신앙심을 갖고 있었던 유대
인들이었다. 이들은 예수가 자신들을 향해 '위선자'라고 지적한 의미를 알
고 있었다. 이들은 사람들 앞에서 종교적인 예식이나 형식들을 따지면서
마치 누구보다도 철저하게 종교생활을 하는 것처럼 사람들에게 보여준다.
마음속에는 믿음이 전혀 없으면서 겉으로는 신앙이 깊은 사람처럼 내보이
는 자신의 분열된 모습을 누구보다 잘 알고 있었다. 결국 하나님과 사람들
을 속이고 있는 무리들이다. 이들은 이미 자신들이 위선자임을 알고 있는
사람들이다.

예수는 한 사람을 향해서 위선자라고 지적한 것이 아니다. 많은 무리들
을 향해 위선자들이라고 했다. 즉 많은 사람들이 하나님을 거역하고 있다
는 말이 된다. 구약을 보면 많은 사람들이 하나님을 거역하고 죄악을 범하
면 다음에는 여지없이 하나님의 심판이 임했다. 본문에 유대인 무리들은 이
미 이런 구약의 가르침을 알고 있었다. 세례 요한도 당 세대를 알맹이가 없
는 껍질의 세대라고 지적했다(Q3장). 위선의 세대이다. 이런 세대에게 심판
의 불이 기다리고 있다고 선포한다. 이런 위선의 세대를 인식한 예수 역시
이 땅에 심판의 불을 던지러 왔다고 선포하였다(Q43장). 하나님의 심판이
임할 것을 예고했다. 그런데 정작 깨달아야 할 무리들은 임박한 하나님의
심판의 때를 깨닫지 못하고 있다. 그래서 예수는 무리를 향해 날씨는 그렇
게 잘 예측하면서 하나님의 심판의 때는 분별할 줄 모르느냐고 책망한다.

제 45 장 재판 전에 합의하라

Q 12:57-59 (마 5:25-26//눅 12:57-59)

(왜 또한 너희는 스스로 옳은 것을 판단치 못하느냐 왜냐하면 네가) 너의

고소인과 함께 (통치자에게 갈 때) 너를 재판관(에게 끌고 가지) 않도록 도중에 (그와 합의하기를 힘써라) 재판관이 (너를 관원)에게 넘겨줄 것이요 (그 관원은 너를) 감옥에 집어넣을 것이다 내가 너에게 말하노니 네가 마지막 (렙돈 마저) 지불할 때까지 결단코 거기서 나오지 못하리라

앞 단락에서 예수는 무리들에게 "왜 다가오는 하나님의 심판의 때를 예측하지 못하느냐?"란 책망으로 끝났다. 본 단락에서 예수는 "왜 무엇이 옳은지 판단하지 못하느냐?"란 책망으로 시작한다. 하나님의 심판이 임박하다는 것을 알면 지금 무엇을 해야 옳은지 알고 있어야 한다. 심판을 맞이하기 전에 현명하게 대처하는 방법을 일러주는 말씀이다.

예수는 재판하는 과정을 비유로 들어 하나님의 심판을 설명한다. 왕이나 황제와 같은 통치자가 있고 그 아래 재판을 담당하는 재판관이 있다. 경우에 따라서는 왕이나 황제가 재판관을 겸하기도 했다. 재판이 성립되려면 고발을 하는 고소인과 고소를 당한 피고인이 있어야 한다. 본문에 피고인은 많은 빚을 지고 갚지 않는 사람이다. 돈을 받아야 하는 고소인은 피고인을 재판관에게 끌고 간다. 재판관이 피고인의 죄를 인정하게 되면 피고인은 죄인이 되어서 교도관에게 넘겨진다. 교도관은 죄인을 감옥에 집어넣는다. 감옥에 갇힌 죄인은 자신의 빚을 다 갚을 때까지 감옥에 갇혀있게 된다.

여기서 재판관이란 장차 죄인들을 심판하게 될 하나님을 가리킨다. 재판관에게 끌려가는 피고인은 앞 장에서 언급한 것처럼 때를 분별할 줄도 모르고 죄를 일삼는 위선자들이다. 예수가 하나님의 아들임을 불신하는 무리들이다. 하나님은 이 무리들을 구원하기 위해서 선지자들과 사도들을 보내주셨다. 그런데 이들은 하나님의 선지자들과 사도들을 박해하고 죽였

다(Q33장). 나중에는 하나님의 아들 예수를 보내 하나님의 뜻을 알게 하셨다(Q25장). 그래도 깨닫지 못하고 예수와 그의 제자들을 핍박하였다. 결국 은혜를 원수로 갚는 이 무리들은 고발을 당해 최후의 심판 때 재판관이신 하나님 앞에 끌려나오게 된다. 하나님은 심판을 통해 이들을 지옥에 가두고 영영 거기서 나오지 못하게 한다.

본 단락에서 고소인은 중요한 역할을 한다. 불신의 무리들을 죄인으로 고발하는 역할 뿐 아니라 도중에 합의가 되면 무리의 죄를 용서해주는 역할도 한다. 큐복음에서 고소인은 이 무리들에게 모욕당하고, 핍박받고, 죽임을 당한 피해자들이다. 예수를 추종하기 때문에 사람들에게 모욕이나 악행을 당한 사람들이다(Q8장). 예수의 가르침 때문에 뺨을 맞기도 하며 속옷까지 빼앗긴 사람들이다(Q9장). 하나님 나라를 전파하다가 거절당했던 사람들이다(Q22,24장). 하나님의 능력으로 귀신을 쫓아냈더니 귀신의 왕이라고 놀림을 받는 예수이다(Q29장). 핍박받고 죽임을 당한 하나님 사람들이다(Q33,35장). 예수 때문에 무리들 앞에서 심문받고 투옥된 사람들이다(Q36,38장). 결국 본 비유에서 고소인은 제자, 사도, 크리스천, 심지어는 예수에게까지 적용된다.

크리스천들을 모욕하고 핍박하고 죽였던 피고인들은 하나님의 심판대로 끌려가고 있는 사람들이다. 아직 심판 때가 다가오지 않았기 때문에 심판을 면할 수 있는 방법이 있다. 그것은 심판 장소에 이르기 전에 자신이 괴롭혔던 고소인과 합의하면 된다. 합의한다는 것은 회개하는 것과 같다. 곧 자신이 저지른 잘못을 인정하고 상대에게 용서를 구하는 식이다. 예수의 가르침을 따르는 사람들을 조롱하며 괴롭혔던 자신들의 잘못을 회개하면 용서를 받을 수 있다. 예수는 하루에 일곱 번 죄를 범하고 일곱 번 회개하더라도 용서해야 한다고 가르쳤다(Q59장). 회개하면 고난 받은 제자들이나 크리스천들의 용서도 있지만 주님 예수도 용서한다. 회개했다는 것은 하나님의 심판 전에 합의가 이루어졌다는 말이다. 이렇게 합의한 피고인은 심판 때에 재판관 되신 하나님 앞에서 정죄를 받지 않는다.

만일 피고인이 도중에 합의가 없이 재판관에게 끌려가게 되면 결국 죄인이 되어 응당한 형벌을 받게 된다. 예수를 불신하고 거역했던 사람들이 끝까지 회개치 아니하면 하나님의 심판대 앞에 서게 된다. 하나님의 아들과 그의 사람들을 괴롭혔으니 심판결과는 당연히 유죄이다. 하나님은 이렇게 죄인으로 결정된 사람을 지옥에 던져 가두어 놓는다(Q35장). 죄인은 빚진 마지막 동전까지 다 갚을 때까지 감옥에 갇히게 된다. 영영 지옥에 갇혀 있게 된다는 말이다.

본 단락은 현 기독교에서 가르치는 대속의 교리를 전제하고 있다. 구약에 의하면 사람이 죄를 지으면 죄값을 지불해야 했다. 죄인은 소나 양이나 염소와 같은 희생제물을 자신의 죄값으로 하나님께 드렸다. 이렇게 드린 희생제물은 죄인의 죄를 대신 짊어지고 성전에서 도살당한 후에 제단에 올려 불로 태워 하나님께 바친다. 수많은 희생제물들이 죄인의 죄를 대속해서 죽어갔다.

본 단락에 언급된 죄인도 빚을 진 사람으로 묘사되어 있다. 가지고 있는 마지막 렙돈 즉 동전까지 갚지 않으면 결코 감옥에서 나올 수 없다고 한다. 이 빚은 죄인이 치러야 할 죄값이다. 이 죄인이 죄로부터 자유하기 위해서는 심판 전에 합의를 통해서 죄값을 탕감 받아야 한다. 탕감을 받으려면 예수의 대속의 죽음을 받아들여야한다. 예수는 구약에 희생제물처럼 인류의 죄악을 대속하기 위해서 십자가에 달려 죽임을 당했다. 이것이 기독교의 대속의 교리이다. 이것을 믿음으로 죄가 용서된다. 결국 본 단락에서 합의가 이루어졌다는 것은 죄인이 회개하고 예수의 대속의 죽음을 받아들임으로 죄값을 탕감 받았다는 말이다. 본 비유의 정황을 보면 죄인이 빚을 지고 갚지 않기 때문에 채권자가 법정에 고소한 상태이다. 중간에 합의가 이루어지면 고소가 취하될 수도 있다. 그러나 채무자가 합의하려는 노력이 전혀 없으면 재판관에 가게 된다. 재판관은 채무자가 진 빚을 모두 채권자에게 갚으라고 판결할 것이고 모두 갚기 전까지는 채무자를 감옥에 가두어둔다. 문맥을 보면 본문의 의도는 채무자가 자신이 진 빚의 부담으로부터 벗어나려면 재판 전에 합의를 하라는 것이다. 다시 말하면 본 비유의 핵심은 재판 전 합의에 있다. 만일 죄인인 채무자가 재판관에게까지 가게 되면 상황은 더 어려워진다는 암시가 본 단락의 구조에 내포되어 있다. 마찬가지로 죄인들이 하나님의 심판대에 서게 되면 자신들이 진 죄의 값을 해결할 수 없게 되어 영영히 지옥에 갇히게 된다. 그래서 하나님의 심판이 다가오기 전에 죄 문제를 합의함으로 즉 회개하고 예수를 믿음으로 미리 해결해 놓으라는 것이 본 단락의 핵심이다.

제 46 장 겨자씨나 누룩 같은 하나님 나라

Q 13:18-21 (마 13:31-33//눅 13:18-21)

(그러므로) 그가 말씀하셨느니라 (하나님의) 나라가 (무엇과) 같을고 (내가 그것을 무엇에 비유할고 그것은) 겨자씨 한 알과 (같으니) 사람이 그것을 가져다 (자신의 정원에다 뿌렸다 그래서) 그것이 자라났고 나무가 되었다 그리고 하늘의 새들이 그 가지에 깃들었느니라 (그리고 다시 그가 말씀하셨느니라 내가 하나님의) 나라를 (무엇에 비유할고) 그것은 누룩과 같으니 여인이 그것을 가져다가 그것이 완전히 부풀어졌을 때까지 밀가루 서 말 속에 넣어두었다

본 단락은 하나님 나라에 초점을 맞추고 있다. 하나님 나라는 예수 운동의 핵심이며 제자들 사역의 중심이다. 39장을 보면 예수는 제자들에게 하나님의 나라를 구하라고 명령했다. 문제는 하나님의 나라란 무엇을 말하는가이다.

앞 단락에서 감옥에 가야할 죄인이 도중에 합의를 하면 감옥신세를 면하게 된다고 했다. 즉 하나님의 심판을 받고 지옥에 가야할 운명에 처한 죄인이 회개를 통해 예수를 영접하면 구원받는다. 이렇게 구원받은 사람이 관심을 두어야 할 문제는 다름 아닌 하나님의 나라이다. 예수는 본 단락에서 이 하나님 나라에 대해 설명을 한다. 본문은 하나님의 나라를 직접 설명한 것이 아니라 비유로 설명한다. 하나님 나라는 겨자씨 한 알과 같다고 한다. 예수 당시 사람들이 알고 있듯이 겨자씨는 크기로 보면 작고 보잘 것 없는 씨앗이다. 그런데 그것이 땅 속에 심기어지면 씨앗을 보고는 상상이 안 될 정도로 커진다. 새들이 그 가지에 깃들 정도이다.

이 비유를 통해서 예수가 의미하는 하나님 나라를 몇 가지로 추정해 볼 수 있다.

첫째, 작고 보잘 것 없는 겨자씨처럼 하나님의 나라가 처음에는 별로 보잘 것 없는 것처럼 보인다. 그러나 겨자씨가 자라났을 때는 큰 나무가 되어 새들도 그 가지에 깃들일 수 있을 정도가 된다. 마찬가지로 하나님 나라도 겨자씨만 가지고는 상상이 안 될 정도로 커진다.

둘째, 겨자씨가 성장하게 되는 원인은 그 보잘 것 없는 작은 씨 안에 생명이 있기 때문이다. 마찬가지로 제자들이 어두운 곳에서 골방에서 사람들의 눈치를 보며 조용히 전파하고 있는 하나님 나라는 별 볼일 없는 것처럼 보이지만 나중에는 상상치 못할 정도로 크게 확대된다. 그 이유는 그 안에 생명이 있기 때문이다.

셋째, 하나님 나라의 내면화이다. 즉 겨자씨가 나무가 되기 위해서는 사람이 그것을 정원에다 뿌려 놓아야 한다. 그러면 그 씨앗은 땅속을 파고 들어가 뿌리를 내리면서 성장하게 된다. 하나님 나라도 마찬가지이다. 제자들이 돌아다니며 하나님 나라를 뿌려야 한다. 그러면 씨앗처럼 뿌려진 하나님의 나라를 사람들이 마음으로 받아들이게 되고, 받아들인 사람들의 마음속에서 뿌리를 내려 크게 확장된다.

두 번째 하나님 나라 비유를 누룩과 연관시켰다. 누룩의 역할은 밀가루를 부풀게 하는 데에 있다. 예수 당시 사회에서 빵을 만드는 일은 여인이 담당했기 때문에 예수의 비유에도 여인이 등장한다. 여인이 누룩을 밀가루서 말 속에 넣어 둔다. 처음 누룩을 넣었을 때에는 밀가루 안에 누룩이 없는 것과 마찬가지 상태이다. 그러나 시간이 지나면 밀가루 안에 누룩이 부풀기 시작한다. 밀가루가 완전히 부풀려지면 누룩의 역할이 성취된다.

이 누룩의 비유를 통해서도 하나님 나라를 몇 가지로 추정해볼 수 있다. 첫째로, 누룩이 밀가루를 몇 배나 크게 부풀리게 한다. 겨자씨는 씨 자체가 성장하는 것이지만 누룩은 밀가루를 부풀리게 한다. 하나님의 나라가 사람에게 들어가면 그 나라로 인해 그 사람이 성숙하게 된다. 가정이나 사회 속에 하나님의 나라가 임하면 그 나라로 인해 가정이나 사회가 밝아진다. 선을 향한 변화, 성숙, 성장은 하나님 나라가 임했다는 증거이다.

둘째로, 밀가루를 부풀리는 힘은 누룩 안에 있는 생명이다. 밀가루와 누룩은 본질적으로 다르다. 겉으로 볼 때는 밀가루가 커지는 것처럼 보이지만 사실은 그 안에 들어 있는 누룩이 크게 만들고 있다. 예수의 사람들은 이런 하나님 나라의 비밀을 안다. 그래서 예수의 사람들은 어둠속에 방황하는 사람이나 침체된 가정이나 타락하는 사회의 문제를 해결할 수 있는 열쇠를 문제 자체에서 찾기보다는 하나님 나라의 능력에서 찾는다.

셋째로, 하나님 나라의 내면화를 빼놓을 수 없다. 밀가루가 부풀어지려면 반드시 누룩이 그 안에 들어가야 한다. 제자들이 하나님 나라를 사람들에게 전하면 사람들은 그 나라를 마음으로 받아들여야 한다. 그러면 그 사람 속에 들어간 하나님 나라는 그 사람이 온전해질 때까지 생명력을 가지고 그를 성장시킬 것이다.

만일 예수가 청중을 배려해서 하나님의 나라 비유를 말한 것이라면 첫 번 겨자씨 비유는 밭에서 일하는 남자들의 이해를 돕기 위한 것이고 둘째 누룩 비유는 부엌에서 일하는 여자들의 이해를 돕기 위한 것으로 볼 수 있다.

제 47 장 좁은 문과 닫힌 문

Q 13:23b-27 (마 7:13,14,22,23//눅 13:22-27)

(그가 그들에게 말씀하셨느니라) 좁은 문으로 들어가기를 (힘쓰라) 왜냐하면 (내가 너희에게 말하노니) 많은 사람들이 들어가기를 (구할 것이지만 갈 수 없을 것이니라 집 주인이 일어나서) 그가 문을 닫은 후부터 (너희는 밖에서서 문을 두드리기 시작하며 그리고) 말하기를 주여 우리에게 열어주소서 하리라 (그러면) 그가 대답하여 너희에게 말하기를 나는 (너희들이 어디서 오는지) 너희를 알지 못한다고 할 것이니라 (그때에 너희가 말하기를 시작하여 우리가 당신 앞에서 먹었고) 그리고 (마셨고) 그리고 (우리의 길거리들에서 당신이 가르쳤나이다라고 할 것이니라) 그러나 (그가 너희에게 말하며 이르기를 나는 너희들이 어디서 오는지) 너희를 (알지 못하노라 불의를 행하는 모든 자들아) 나에게서 (떠나가라 라고 할 것이니라)

앞 단락에서부터 하나님 나라에 대한 설명이 시작되었다. 본 단락은 그 하나님 나라 설명의 연속이라고 볼 수 있다. 앞 단락은 하나님 나라를 땅 속에 묻힌 겨자씨나 밀가루 속에 들어 있는 누룩을 비유로 설명했다. 받아들인 사람들의 마음속에서 이미 자라나기 시작한 내면적인 하나님 나라를 설명한 것이다. 이 하나님 나라는 현실에서도 경험할 수 있는 실현된 하나님 나라이다.

그러나 본 단락에 하나님 나라는 미래에 좁은 문을 통하여 들어가게 될 하나님 나라이다. 주인은 먼저 집에 들어가 있고 그 좁은 문을 닫아 놓은 후 나중에 사람들이 찾아가 문을 두드리는 것은 예수가 하늘나라로 가서 천국문을 닫은 후에 나중에 이 땅에서 죽은 사람들이 그 문을 두드리는 것을 비유한 것이다. 그래서 본 단락에 하나님 나라는 장차 맞이할 나라이다. 이 하나님 나라는 아직 이루어지지 않은 나라이다.

큐복음 안에서 하나님 나라는 이중적 의미로 사용되고 있다. 시간으로 구분하면 예수로 말미암아 이미 시작되어 현재 예수의 사람들이 경험하고 있는 하나님 나라와 미래에 예수의 사람들이 죽어서 들어가게 될 아직 도래하지 않은 하나님 나라가 있다. 장소로 구분하면 이 땅에서 인간이 경험할 수 있는 하나님 나라와 죽어서나 갈 수 있는 하나님이 계신 천국, 하나님 나라가 있다. 전자는 내면적인 하나님 나라이고 후자는 초월적인 하나님 나라이다. 본 단락은 후자에 해당하는 하나님 나라를 가리킨다.

본 단락에서 좁은 문 하나가 언급된다. 이 문은 하나님 나라로 들어가는 문이다. '좁은 문'이란 표현은 넓은 문에 비해 들어가기가 수월치 않다는 의미도 있고, 문이 좁기 때문에 소수의 사람들만 들어갈 수 있다는 의미도 있다. 예수는 하나님 나라를 소망하는 사람들에게 이 좁은 문으로 들어가기를 힘쓰라고 한다. '힘쓰라'는 용어만으로도 좁은 문으로 들어가는 것이 결코 쉬운 것이 아님을 알 수 있다. 예수는 왜 사람들이 좁은 문으로 들어가려고 힘써야 하는지 설명을 한다. 많은 사람들이 그 문으로 들어가기를 원하지만 원한다고 다 들어갈 수 있는 것이 아니기 때문이다. 힘써 노력해야 천국 문으로 들어갈 수 있다.

본 단락에서 '문'이라는 용어를 사용한 것은 또 다른 의미가 있다. 그 문은 집 주인의 소유이다. 주인에게 그 문을 닫을 수도 있고 열어줄 수도 있는 권한이 있다. 즉 집 안으로 들어가고 못 들어가는 것은 전적으로 주인에게 달려 있다는 말이다. 문이 좁아서만 들어가기 어려운 것만이 아니다. 주인이 아무에게나 문을 열어주지 않기 때문에 들어가기 더 어렵다. 본 단락을 보면 집 주인은 사람들과 같이 먹고 마시며 길거리에서 가르치기도 했다. 집 주인은 다름 아닌 하나님의 아들 예수이다. 천국에 들어가는 문을 여닫는 권한이 예수에게 있다. 선생 예수의 가르침으로 철저히 훈련받은 사람은 예수를 닮게 된다(Q11장). 이렇게 예수를 닮은 사람들을 위해 천국 문이 열려있다.

주인이 일어나서 문을 닫는다. 그 이유는 주인이 들이기를 원치 않는 사람들이 들어오려 하기 때문이다. 그럼에도 사람들은 들어오려고 문을 두드린다. 주인에게 문을 열어달라고 요청한다. 그러나 주인은 문 두드리는 이들을 향해 모르는 사람들이라고 거절한다. 그러나 이 사람들은 주인을 안다고 한다. 이들은 주인 앞에서 같이 밥을 먹은 적도 있고 또한 길거리에서 주인의 가르침을 받기도 했다고 한다. 예수와 함께 먹고 마시며 또한 예수에게 가르침을 받은 사람들이다. 그러나 주인 예수는 여전히 이들을 알지 못한다고 한다. 그리고는 이들을 불의를 행하는 자들이라며 떠나가라고 호

통을 친다. 문제는 예수를 안다는 것이 같이 먹고 마시거나 또는 가르침을 받는 것에 달려 있는 것이 아니다. 가르침을 받을지라도 행치 않고 오히려 가르침에 역행되는 행동을 하는 사람들은 불의를 행하는 자들이 된다.

본문은 천국 문에 들어가려면 예수의 가르침대로 훈련받아 몸과 마음이 예수를 닮아야 한다는 것을 알리고자 한다. 예수를 닮는다는 것이 결코 쉽지 않기 때문에 문이 좁다고 한다. 그래서 예수는 듣고 있는 사람들에게 좁은 문으로 들어가기를 힘쓰라고 한다. 쉽지 않지만 가능성이 없는 것은 아니다. 통과해야 할 곳이 벽이 아니라 문이기 때문이다. 또한 그 문을 열고 닫는 것은 주인인 예수의 손에 달려 있다. 예수의 기준에 합당하면 문을 열어줄 것이고 부당하면 문이 닫힐 것이다.

앞에 28장에서 예수는 "두드리라 그러면 열릴 것이다"라고 가르쳤다. 그런데 본 단락을 보면 사람들이 아무리 문들 두드려도 문이 열리지 않는다. 이런 차이는 문을 두드리는 사람이 서로 다르기 때문이다. 28장에서 예수는 듣고 있는 제자들에게 문을 두드리면 열린다고 가르쳤다. 그러나 본 단락에서 문을 두드리는 사람들은 불의를 행하는 사람들이다. 이런 사람들은 아무리 문을 두드려도 열리지 않는다고 한다. 집 주인 예수는 문을 두드리는 사람들을 보고 구별해서 열어주기도 하고 닫기도 한다. 하나님의 뜻을 위해서 모든 것을 포기한 제자들을 위해서는 아무리 좁은 문이라도 활짝 열릴 것이다. 반면에, 겉으로는 예수를 따르는 사람처럼 보일지라도 실제로 불의를 행하는 사람들에게 천국 문은 단단히 닫혀있을 것이다. 주인 예수가 천국 문을 열어주는 기준은 문을 두드리는 사람들이 일생을 통해 맺은 믿음의 선한 열매에 달려있다.

제 48 장 먼저 될 이방인과 나중 될 유대인

Q 13:28-30 (마 8:11-12//눅 13:28-30)

(너희가 하나님) 나라에 있는 아브라함과 이삭과 야곱(과 모든 선지자들을 보며 바깥으로) <u>쫓겨나는</u> (너희자신들을 볼 때) 울며 이빨들을 갊이 있을 것이다 사람들이 동서(북남)에서 와서 (하나님) 나라 잔치에 앉을 것이다 그리고 보라 나중 된 자들이 처음 될 것이며 처음 된 자들이 나중 될 것이니라

여기서 첫 문장에 언급된 '너희'는 앞 단락에 '너희'와 같은 사람을 가리킨다. 주인이 문을 닫았는데도 불구하고 열어달라고 두드리던 사람들이다. 주인이 "나에게서 떠나가리!"고 꾸짖던 사람들이다. 이들은 장차 하나님 나라에 있는 아브라함, 이삭, 야곱, 모든 선지자들을 보게 될 것이다. 정작 본인들은 천국 문 안으로 들어가지 못하고 하늘나라 바깥으로 쫓겨나게 되어 밖에서 울며 이를 갈고 있을 것이다.

앞 47장에서 장차 맞이하게 될 하나님 나라를 소개했다. 본 단락은 그 나라에 대한 설명의 연속이다. 이 나라에는 이미 죽은 구약 인물들 아브라함, 이삭, 야곱, 선지자들 등이 있다. 이들은 죽어 사라진 것이 아니라 지금까지 하나님 나라에 살고 있다. 곧 이 하나님 나라는 죽어서 가는 하나님 나라 곧 천국이다. 앞 단락에 연결시키면 좁은 문은 사람이 죽어서 가는 천국 문을 가리킨다. 이 땅에서 불의를 행하던 자들이 죽어서 천국 문에 도달한다. 들어가려고 문을 두드리지만 주인은 열어주지 않고 오히려 꾸짖어 쫓아낸다. 이들은 쫓겨나면서 천국에 아브라함, 이삭, 야곱, 선지자들이 있는 것을 보게 된다. 천국에 살고 있는 이 구약의 인물들은 하나님의 법을 준행한 사람들이다. 천국에서 쫓겨난 사람들은 지옥으로 던져지게 될 것이다(Q35장). 거기서 그들은 하나님의 법을 거슬리며 살았던 자신들의 삶을 후회하며 울며 이를 갈고 있을 것이다.

본 단락의 두 번째 문장은 하나님 나라에서 벌어질 잔치를 언급한다. 당연히 세상을 떠난 사람들이 참여하게 되는 천국잔치를 가리킨다. 이 잔치에 초대받은 사람들이 동서남북에서 몰려올 것이다. 이 사람들은 쫓겨난 사람들과 다르다. 마지막 문장은 동서남북에서 몰려 들어온 이 사람들에게 적용된 말이다. '나중 된 자들'이 천국잔치에 참여하기 위해 몰려들어 온다. 순서 논리로 과거에 처음 되었던 자들은 미래에는 나중이 될 것이고 과거에 나중 되었던 자들이 미래에는 처음이 될 것이다.

여기서 '처음 된 자들'은 앞 단락과 연관시키면 쫓겨나는 유대인들을 가리킨다. 이들은 예수와 함께 먹고 마셨으며 예수가 길거리에서 가르칠 때에 듣기도 한 사람들이다. 예수의 사역이 주로 유대인들 대상이었기 때문에 당연히 '처음 된 자들'이란 유대인들을 가리킨다. 확대해서 설명하면 유대인들은 처음으로 선택받은 민족이었다. 그래서 본문에서 이들을 '처음 된 자들'이라고 가리켰다. 과거에는 모든 민족 가운데 처음이 되었지만 장차 하나님 나라에서 유대인들은 나중 될 것이다. 그 이유 중 하나는 앞 단락에서 언급한 것처럼 천국 문의 주인인 예수가 보기에 불법을 행하는 백성이기 때문이다. 이들은 결국 하나님 나라에서 나중 될 것이다.

'나중 된다'는 말이 본 단락으로 분명치 않기 때문에 다음과 같이 두 방식으로 해석해볼 수 있다. 첫째로, 불법을 행하던 유대인들이 천국 밖으로 쫓겨나 지옥에 떨어져 슬피 울며 이를 갈게 될 것이란 의미가 될 수도 있다. 둘째로, 구원의 순서로 해석해서 유대인들이 나중에야 회개하고 예수를 영접함으로 천국 백성이 된다는 의미도 된다. 이런 둘째 의미로 큐복음은 다음 단락에서 유대인들이 예수를 향해 "주의 이름으로 오시는 이여 축복이 있을 지어다"라고 말하기 전까지 결코 예수를 볼 수 없을 것이라고 언급했다. 바울 역시 로마서 11장에서 이방인의 구원이 이루어진 후에 온 이스라엘이 구원을 받게 될 것이라고 설명했다.

본 단락에서 천국잔치에 참여할 '나중 된 자들'은 이방인들을 가리킨다. 이들은 동서남북에서 몰려들 것이다. 일반적으로 유대인들은 자신들이 세상 중앙에 살고 있다고 믿었다(겔 38:12). 이런 점에서 '동서남북'이란 표현은 중앙이 아닌 사방 즉 다른 지역들을 가리킨다고 볼 수 있다. 앞으로는 다른 지역에 사는 많은 이방인들이 천국잔치에 몰려들 것이다. 과거에는 이방인들이 유대인들에게 밀려 하나님의 구원 순서에서 나중이 되었다. 그래서 본문에서 이들을 '나중 된 자들'이라고 가리켰다.

본 단락이 '나중 된 자들' 곧 이방인들의 구원에 관한 말씀이라는 것은 마태복음 8장을 보면 분명해진다. 마태는 큐복음서 안에 있는 본문을 보고 이 본문을 예수가 이방인인 백부장의 믿음을 칭찬하는 말 바로 뒤에 붙였다(마 8:11). 즉 마태는 본 단락을 이방인 구원에 관한 말씀이라고 이해했다. 유대인들 가운데서 찾아볼 수 없는 백부장과 같은 큰 믿음을 가진 이방인들이 동서남북에서 천국잔치로 몰려들 것이다. 과거에는 나중 되었던 이방인들이 장차 유대인들보다 천국잔치에 먼저 앉게 될 것이다. 그래서 예수는 나중 된 자들이 처음 될 것이며 처음 된 자들이 나중 될 것이라고 한다. 즉 이방인이 먼저 천국백성이 될 것이며 유대인은 천국에서 나중 될 것이라고 했다.

제 49 장 예루살렘을 향한 탄식

Q 13:34-35 (마 23:37-39//눅 13:31-35)

예루살렘아 예루살렘아 선지자들을 죽이고 너에게 보냈던 자들을 돌로 치는 자여 암탉이 (자기 새끼를) 날개들 아래 <u>모음과</u> 같이 내가 너의 자녀들을 <u>모으기를</u> 얼마나 많이 원했더냐 그러나 너희가 원하지 않았도다 보라 너희의 집이 너희를 떠나게 되리라 내가 너희에게 말하노라 주의 이름으로 오시는 이여 축복이 있을지어다 라고 너희가 말할 때가 (올 때)까지 너희는 나를 결단코 보지 못하리라

앞 단락에서 이방인들이 먼저 하나님 나라 백성이 되고, 먼저 하나님의 선택된 백성이라고 자초했던 유대인들은 나중 될 것이라고 했다. 본 단락은 왜 유대인들이 나중 되는지 그 이유를 설명하고 있다. 유대인들이 살고 있는 이스라엘의 중심은 수도 예루살렘이다. 예루살렘에는 성전이 있기 때문에 특히 바리새인, 사두개인, 제사장, 서기관, 율법사 등과 같은 종교 지도자들이 많이 모여 살고 있다. 예수가 예루살렘을 두 번 부르고 있는 것은 위와 같은 예루살렘 거민들을 향하여 탄식하는 심정을 표현한 것이다. 먼저 된 자가 먼저 되어야 당연한 이치인데 오히려 나중으로 밀려나고 있는 상황이다. 즉 이 땅에서 먼저 하나님 백성으로 선택 되었던 유대인들이 장차 천국에서도 먼저 하나님 백성이 되어야 당연한데 그렇지 못하고 오히려 쫓겨나게 될 것을 알고 탄식한다.

예수가 탄식하는 이유는 예루살렘 유대인들의 무지에서 비롯된다. 예루살렘에는 하나님의 집인 성전이 있다. 세상에서 가장 존귀한 장소이다. 이곳으로 하나님은 하나님의 뜻을 알릴 선지자들을 보냈다. 보냄을 받은 선지자들은 예루살렘에서 하나님의 말씀을 알렸다. 그런데 예루살렘 거민들은 많은 종교 지도자들이 있는데도 불구하고 하나님의 선지자를 알아보지 못했다. 더한 것은 선지자들을 돌로 치고 죽이는 죄악을 일삼았다. 이런 예루살렘의 죄악으로 인해 일어날 두 가지 일을 예언한다. 첫째로, 예루살렘에 있던 하나님의 성전이 유대인들로부터 떠나게 될 것이다. 둘째로, 하나님의 아들 예수를 영접하기 전까지 다시는 예수를 볼 수 없을 것이다.

큐복음 안에서 죽임당한 선지자는 아벨로부터 시작해서 사가랴까지 이른다(Q33장). 죽임을 당한 이 선지자들은 지금은 하나님 나라에 들어가 살고 있다(Q48장). 이 선지자들은 이 땅에서 하나님의 아들 그리스도를 만나보기를 원했고 그의 말씀을 들어보기를 원했던 사람들 곧 메시아를 기다리던 사람들이었다(Q26장). 큐복음에서 마지막으로 언급된 선지자는 예수의 앞길을 준비했던 세례요한이다(Q17장). 예루살렘 사람들은 결국 세례요한까지 죽이고 만 것이다.

예수는 제자들을 예루살렘을 포함해서 이스라엘 지방으로 보냈다(Q22장). 이렇게 보냄을 받은 제자들을 '사도'라고도 부른다. 사도들도 선지자들처럼 핍박을 받는다. 돌로 맞고 심지어는 죽임을 당하기도 한다. 이런 박해를 알면서도 예수가 제자들을 계속 보내는 목적은 예루살렘의 자녀들을 모아들이기 위해서였다. 암탉이 자기 새끼들을 보호하기 위해서 자기 날개 아래 모아들임과 같이 예루살렘 백성들을 보호하고 구원하기 위해서였다. 본문에 "얼마나 많이 원했더냐?"란 표현은 예수가 예루살렘의 구원을 위해서 수많은 시도를 했다는 것을 암시한다. 문제는 예루살렘 백성들이 이런 하나님의 아들 예수의 뜻을 원하지 않았던 것이다.

예수의 수없는 시도와 노력이 있었지만 예루살렘 유대인들은 계속 거절했다. 결국 예수는 그 모든 것을 단념할 때가 되었다고 선포한다. 하나님의 아들이 단념하게 되면서 첫 번째로 일어나는 일은 너희의 집이 떠나리라는 것이다. 여기서 '너희의 집'이란 크게는 예루살렘의 중심인 성전을 가리키며 작게는 예루살렘 주민들 개개인의 집을 가리킨다. 성전 곧 하나님의 집이 떠나간다는 것은 예루살렘 성전에 계시던 하나님이 떠나는 것을 의미한다. 그렇게 되면 예루살렘 성전은 더 이상 하나님의 집이 아니다. 버림받은 건물일 뿐이다. 역사적 사실을 적용시키면 이렇게 버림받은 예루살렘 성전은 로마 군인들에 의해 주후 70년경에 비참하게 무너져버리고 만다. 성전만 무너진 것이 아니라 예루살렘 주민들이 살던 개인 집들도 무너져버려 예루살렘 전체는 폐허가 된다. 예루살렘에 있는 성전도 집들도 예수의 예언대로 떠나가 버렸다.

하나님의 집 즉 성전만 떠나는 것이 아니다. 하나님의 아들인 예수 또한 그들을 떠나게 된다. 그러나 완전히 떠나는 것은 아니다. 어느 시점까지만 떠나 있는 것이다. 예루살렘 유대인들이 나중에 예수를 향하여 "하나님의 이름으로 오시는 이여 축복이 당신에게 있을 것입니다"라고 외치며 예수를 영접하는 그 날이 올 때까지 하나님의 아들 예수는 그들을 떠나 있을 것이라는 말이다. 시편 118:26절이 인용되었다. 유대인들이 다시 회복되고 구원받을 수 있는 유일한 길은 예수를 하나님의 아들로 인정하는 것이다. 그 전에는 47장 표현처럼 아무리 문을 열어달라고 해도 하나님의 집 주인 예수는 문을 열어주지 않는다.

구약에 언급된 배척당하고 죽임을 당한 선지자들은 하나님이 보낸 사람들이었고 그들을 박해한 예루살렘 거민들은 하나님의 뜻을 거역한 사람들이었다. 같은 패러다임이 예수와 그의 제자들에게도 적용되었다. 예수와 그의 제자들은 하나님이 보낸 사람들이었고 이들을 박해하며 죽이려는 유대인들은 하나님의 뜻을 거역하는 사람들이 된다. 하나님의 뜻을 거역한 유대인들에게 내려지는 하늘의 벌로 하나님의 집이 그들을 떠나고 또한 하나님의 아들이 그들을 떠난다. 유대인들은 더 이상 그 집에 들어갈 수가 없게 된다. 오히려 예수와 그의 제자들, 사도들을 영접한 동서남북에 사는 이방인들이 하나님의 집에 먼저 들어가게 된다.

제 50 장 안식일보다 중요한 구원 사역

Q 14:5 (마 12:11-12//눅 14:1-6)

(그리고 그들에게) 그가 말씀하였느니라 너희 중 <u>어떤 사람이</u> (아들이나 소가 우물에) <u>빠지게 되면</u> <u>안식</u>(일에라도 죽시) <u>그것을</u> (꺼내지 않느냐)

예수가 안식일에 관한 말씀을 한다는 것은 본 단락의 청중이 유대인들이라는 것을 암시한다. 구약 전통에 근거한 안식일은 유대인들의 종교생활에서 중요하게 여기는 날이다. 안식일 준수는 여러 계명 중에도 특별히 지켜야 하는 열 가지 계명 안에 들어있다(출 20:8). '안식일'이란 말 그대로 '안식하는 날, 쉬는 날'이다. 하나님께서 천지를 창조하시고 칠 일째 되는 날 쉬었기 때문에 이 날을 '여호와의 안식일'이라고 부른다. 모든 이스라엘 사람들은 이 날을 '거룩한 날'로 거룩하게 지켜야 한다고 규정하였다. 거룩하게 지킨다는 것은 본래 아무 일도 하지 않고 쉰다는 말이다. 주인, 종, 손님과 같은 사람만 쉬는 것이 아니라 집안에 짐승들도 쉬게 해주어야 한다. 집안에 불을 피우는 것도 일이라고 금지시켰다. 만일 안식일에 일을 하는 사람이 있으면 그를 죽이라고 규정해 놓았다(출 31:14-16). 이날은 여호와를 경외하는 마음으로 거룩한 모임을 가졌다. 예수 당시 유대인들은 안식일이 되면 회당에 모여 율법을 읽고 기도하면서 이 날을 지켰다. 물론 예수도 안식일 규례를 지키기 위해서 이 날 회당을 찾았다고 한다(눅 4:16).

그런데 예수는 본 단락에서 안식일 규례에 어긋나는 유대인들의 행동을 지적한다. 아무리 안식일을 철저히 지키는 유대인이라 할지라도 자기 아들이 우물에 빠져 죽게 될 경우에는 당장이라도 아들을 꺼낸다. 사실 사람이 물에 빠져 죽는 상황은 초를 다투는 위태로운 상황이다. 안식일에 아무 일도 하지 말아야 한다는 법이 있을지라도 사람이 물에 빠져 죽어가고 있으면 당장 살려낸다. 사람이 아니라 심지어 소가 안식일에 물에 빠졌을지라도 유대인들은 소를 구하기 위해서 물에 뛰어든다.

앞에 33장에서 예수는 법, 규례, 관습, 전통 등을 논하는 바리새인들과 율법사들을 저주하였다. 자기들은 손 하나 까딱하기 싫어하면서 다른 사람에게는 자신들도 지키기 어려운 규례들을 지키라고 강요하기 때문이다. 이런 사람들은 자기 자식이 우물에 빠져 죽어 가면 아무리 안식일이라도 당장 뛰어들어 구해내면서도 다른 사람들 자식이 안식일에 물에 빠져 죽어 가면 법, 규례, 관습 등을 운운하는 사람들이다. 안식일에 자신의 소가 물에 빠졌을 경우도 당장 구해내지만 다른 사람의 소가 빠졌을 경우에는 법을 따지는 사람들이다. 예수는 이런 자들을 자신의 문제는 보지 못하고 남의 문제만 들춰내는 위선자들이라고 꾸짖었다(Q12장).

예수가 안식일 규례를 언급한 것은 안식일을 없애자는 것이 아니다. 안식일의 참된 의미를 깨우쳐주고자 함에 있다. 예수 당시 종교 지도자들은 규례나 관습 등과 같은 형식을 강조했다. 그래서 안식일에 선을 베푸는 행위라든지 절실하게 필요한 일을 하는 것조차 금지시켰다. 예수가 안식일에

병자를 고치는 것이나 제자들이 안식일이지만 배가 고파 밀 이삭을 따먹는 것조차 비난의 대상이 되었다. 그러나 예수의 눈에는 이런 종교적인 형식이나 예식을 강조하는 유대인들이 위선적인 종교인들로 비쳐졌다.

하나님이 안식일을 지정한 것은 육일동안은 열심히 일을 하고 제 칠 일째 되는 날에는 말 그대로 쉬게 하기 위해서이다. 본질적으로 일해야 살 수밖에 없는 인간을 쉬도록 법으로 제정해 놓았다. 인간을 위해서 하나님이 법으로 쉬는 날을 정해 주었다(신 5:14). 이것이 인간을 향한 하나님의 마음이다. 그럼에도 불구하고 미련하게 안식일까지 일을 하려는 사람들이 생길까봐 안식일을 범하는 자를 죽이라고까지 했다. 사람을 죽이려고 안식일 법을 만들어 놓은 것이 아니다. 사람을 쉬게 하려고 다니가시는 사람을 살리려고 안식일 법을 만들어 놓았다. 예수는 안식일 규례에 관한 본 말씀을 통해 사람을 살리려는 하나님의 사랑을 알리기를 원했다. 그래서 안식일이라 할지라도 예수는 사람을 구원하려는 하나님의 사랑을 알리기 위해서 병자를 고치는 선행을 베풀었다. 안식일의 본질은 율법에 있는 것이 아니라 하나님의 사랑에 있다는 것을 가리키기 위해서였다.

예수 사역의 목적은 유대교 규례나 관습을 강화시키려는 것이 아니라 사람을 구원하는 데에 있었다. 예수 당시 안식일은 하나님을 예배하는 날이다. 그래서 안식일에는 하나님을 예배하는 일 외에 다른 일들을 해서는 안 된다. 이것이 유대인의 법이다. 그런데 예수는 이런 법을 넘어가는 새로운 복음을 제시한다. 안식일에 예배와 더불어 사람을 살리는 일이다. 누가복음 13장을 보면 예수는 안식일에 하나님을 예배하기 위해 회당에 간다. 가서 말씀을 설파하시고 18년 동안 병으로 앓았던 여인을 고치고 하나님께 영광을 돌린다. 회당장과 더불어 주위 사람들은 예수가 안식일을 범했다고 반대했지만 예수는 마땅히 해야 할 것임을 가르쳤다. 안식일 예배는 단순한 종교 형식이 아니다. 병든 사람이 고침을 받고 매였던 사람이 자유롭게 되는 하나님의 역사가 일어나는 것이 예수가 보여준 안식일 예배이다. 예수에 의해 안식일의 중심이 형식에서 본질로 옮겨진다.

제 51 장 교만한 자와 겸손한 자

Q 14:11, 18:14b (마 23:6-12//눅 14:7-11,18:14)

자신을 <u>높이는</u> (자는 모두) 낮아지게 될 것이요 자신을 <u>낮추는</u> (자는) 높아지게 될 것이니라

앞에서 예수는 유대인들에게 아무리 안식일이라 할지라도 자기 자식이나 소가 물에 빠져 죽어 가면 구해내지 않느냐고 물었다. 아무리 규례를 철저하게 지키는 유대인이라 할지라도 그런 상황이 되면 안식일을 범하고 자식이나 가축을 살려내는 모습을 지적했다. 안식일 규례를 지키는 것보다 사람을 살려내는 것이 더 중요하다는 것을 단적으로 가르치는 말씀이었다. 이 말씀은 유대인의 귀에는 거슬리는 가르침이었다. 이후에 나오는 본 단락은 유대인의 반응을 염두에 둔 것이라고 볼 수 있다.

안식일에 관한 예수의 가르침을 듣고 사람들 가운데 여러 반응들이 나타났다. 본 단락은 그런 반응들을 두 그룹으로 나눈다. 예수의 가르침에 대해 '자신을 높이는 자들'과 '자신을 낮추는 자들'이다. 자신을 높이는 자들은 예수의 가르침보다 자신들의 판단을 더 높이 여기는 사람들이다. 그래서 예수의 가르침을 비판하고 거역하고 무시한다. 이들은 지혜가 있는 사람들 또는 지식이 있는 사람들로서 사람들로부터 인정받는다. 그러나 이들은 하나님이 누군지 그의 아들이 누군지 모르는 사람들이다(Q25장). 예수가 누군지 모르기 때문에 예수의 가르침을 거역하고 무시한다. 예수는 솔로몬보다 더 지혜로운 하나님의 아들이다(Q31장). 그런데 예수의 청중들은 이것을 모르고 자신을 이 하나님의 아들보다 더 높인다. 이런 자들은 지금은 예수로부터 가르침을 듣고 있지만 나중에는 예수로부터 '불의를 행하는 자들'이란 책망을 듣게 될 것이다(Q46장). 결국 모두 하나님 나라에서 쫓겨나 비참한 삶을 살게 될 것이다(Q47장).

지혜나 지식이 있는 사람들과는 달리 오히려 어린아이 같이 자신을 낮추는 사람들이 예수의 제자가 된다. 이런 제자들에게 예수는 자신이 누구인지 알려준다(Q25,26장). 제자들은 예수 앞에 자신들을 낮추고 가르침을 받고 훈련을 받는다. 그러나 지금 자신을 낮추었던 제자들은 나중에 선생 같이 높아지게 될 것이다(Q11장).

현재와 미래로 구분되는 시간 구조가 본 단락 안에 있다. 이 구조로 예수 주변에 있는 사람들을 둘로 구분한다. 현재 예수 앞에서 자신을 높이는 자들이 있고 또한 반대로 예수 앞에서 자신을 낮추는 자들이 있다. 그런데 이들의 미래는 현재의 행동에 따라 달라진다. 예수 앞에서 자신을 높이던 자들은 장차 하나님 나라에서 낮아지게 될 것이다. 이 말은 쫓겨난다는 말이기도 하다. 반면에, 예수 앞에서 자신을 낮추던 자들은 장차 하나님의 나라에서 높아지게 될 것이다. 현재의 태도가 미래의 운명을 결정한다.

제 52 장 만찬에 참석하게 된 소외계층 사람들

Q 14:16-24 (마 22:1-10//눅 14:16-24)

그가 그들에게 말씀하셨느니라 (어떤) 사람이 (큰 만찬을) 차리고 (많은

사람들을) 초청했다 그리고 (저녁때에) 초청받은 자들에게 준비가 (되었으니 오시오 라고) 말하라고 그의 종을 보냈다 (그런데 그들 모두는 하나같이 사양하기 시작했다 첫째가 그에게 말하기를 내가) 밭을 (샀습니다 그래서 내가 나가서 그것을 보아야 합니다 당신께 부탁하오니 나를 용서하소서라고 했다 그리고 다른 사람이 말했다 내가 소 멍에 다섯 개를 샀습니다 그래서 내가 그것들을 시험하러 가는 중입니다 당신께 부탁하오니 나를 용서하소서라고 했다 그리고 다른 이가 말했다 내가 결혼을 했습니다 그래서 내가 갈 수 없습니다 그래서 그 종이 와서 그의 주인에게 이것들을 보고했다) 그때 그 (집주인이) 화가 나서 그의 종에게 (말하였다 빨리 도시의 큰 길들과 작은 길들로 나가서 가난한 자들과 병신들과 장님들과 절름발이들을 여기로 데리고 와라 그리고 종이 주인에게 말했다 주여 당신이 명령했던 대로 했습니다 그런데 아직도 자리가 있습니다 그래서 주인이 그 종에게 말하였다) 길거리들과 (산울타리들로) 가서 (오라고 강권해서 나의 집이 차도록 하라 왜냐하면 내가 너희에게 말하노니 초청받은 그 사람들 중에 누구도 나의 만찬을 맛보지 못하리라)

큐복음 구조에 의하면 47장에서 예수는 유대인들의 불의를 지적하고 이어 48장에서 그런 유대인들이 하나님 나라에서 쫓겨나게 될 것을 선포하였다. 그리고 49장에서는 예루살렘 유대인들이 하나님의 아들인 예수를 원치 않았다고 언급했다. 본 단락은 앞에서 언급한 유대인들의 특징을 종합해서 비유로 설명한다. 본 단락의 주된 내용은 미리 만찬에 초청받았던 사람들이 정작 초청할 때에는 원치 않아서 잔치에 참석하지 못하고 오히려 예정에 없던 사람들만 잔치에 참여하게 된다는 것이다.

어떤 주인이 큰 저녁 잔치를 준비하였다. 그리고 생각해 두었던 사람들에게 잔치에 오라고 했다. 이 사람들은 미리 선택받은 사람들이었다. 주인이 초청했을 때 선택받았던 이들은 오겠다고 약속하였다. 이어 저녁 잔치 때가 되어 주인은 예약된 사람들을 부르러 종을 보냈다. 여기서 잔치를 배설한 주인은 하나님 아버지이며 잔치 손님을 초청하러 나선 종은 하나님의 아들 예수나 그의 제자들을 가리킨다. 하나님은 하나님 나라 잔치를 준비하고 있었고 이 잔치에 참석할 사람들로 유대인들을 염두에 두고 미리 선택해 놓았다. 유대인들 또한 자신들이 하나님의 선택을 받은 사람들이라고 자부심을 가지고 있었다. 예정대로 하나님 나라 때가 되어 아버지는 아들을 보내어 선택했던 유대인들을 하나님 나라로 초청했다.

비유에 따르면 종이 나가서 예정된 사람들을 찾아다니며 민찬에 오라고 했다. 그런데 예상 밖에 반응이 나왔다. 예정된 사람들 모두가 초청을 거절했다. 첫째는 새로 밭을 샀기 때문에 잔치에 갈 수 없다고 했다. 밭을 보아야 하기 때문이다. 둘째는 소 멍에 다섯 개를 샀기 때문에 잔치에 갈 수 없다고 했다. 그것들을 시험해 보아야 하기 때문이다. 셋째는 결혼을 했기 때문에 잔치에 갈 수 없다고 한다.

이 비유는 다음과 같이 해석된다. 예수가 이스라엘을 찾아다니며 선택받은 유대인들을 하나님 나라로 초청한다. 그런데 이 유대인들은 하나님 나라 초청을 거부한다. 본 단락에 의하면 나름대로 이유가 있다. 주된 이유는 새로 산 밭이나 소 멍에와 같이 재산이나 일 때문이다. 아니면 결혼이란 인간관계 때문이다. 앞에서 예수는 제자들에게 소유들을 팔아 선을 베풀라고 가르쳤다(Q40장). 다음 단락에서 예수는 제자가 되려면 부인까지도 미워해야 한다고 가르쳤다(Q53장). 결국 유대인들은 소유재산이나 인간관계로 인해 예수에 의해 선포된 하나님 나라 초청을 거절한다.

다시 비유를 보면 종은 초청받은 사람들이 거절했다는 사실을 주인에게 보고한다. 보고를 들은 주인은 화를 내면서 종을 도시로 보낸다. 큰 길이나 작은 길들을 찾아다니며 길거리에 있는 가난한 자들과 병신들과 장님들과 절름발이들을 데리고 오라고 명한다. 이 비유는 다음과 같이 해석된다. 선택받았던 유대인들이 하나님 나라 초청을 거절하자 하나님은 진노하신다. 그리고 예수를 통해 가난한 자들 병신들 장님들 절름발이들과 같이 소외되고 버림받은 사람들을 초청하기 시작한다. 이들은 예수를 통해 하나님 나라를 받아들인다. 하나님 나라가 차기 시작한다. 예수의 사역의 주된 대상들은 당시 사회에서 멸시 천대를 받던 소외된 계층 사람들이었다.

종은 주인의 명령대로 도시로 나가 사람들을 불러 모아 잔치 자리를 채웠지만 그래도 자리가 아직 남아 있었다. 이 사실을 안 주인은 다시 종을 더 멀리 내보낸다. 길거리 심지어는 산 속까지 들어가서 아무나 만나는 사람들을 강제로 권해서 데려오라고 한다. 그러면서 초청받았던 사람들은 아무도 주인의 만찬을 맛보지 못할 것이라고 경고한다.

이 비유는 다음과 같이 해석된다. 예수의 하나님 나라 선포를 받아들인 사람들은 이스라엘에서 주로 소외되고 버림받은 사람들이었다. 그러나 하나님의 뜻은 거기서 끝난 것이 아니다. 멀리 이방 사람들까지 확대되었다. 종이 산 속까지 찾아가서 아무나 만나는 사람들을 불러 모으듯이 예수와 제자들은 더 이상 유대인, 이방인을 구분하지 않는다. 누구든지 권면해서 하나님 나라를 받아들이면 인종이나 민족의 구분 없이 하나님 나라 백성이 될 수 있게 되었다. 한 예로 앞에 15장에 백부장과 같은 이방인이 하나님 나라 백성이 되었다. 멀리 산울타리까지 종을 보내는 것은 이와 같이 선교를 이방인까지 확대시키는 것을 암시한다.

제 53 장 제자의 조건

(만일 누구든지 내게 오는데 그 자신의) 아버지와 어머니와 (부인과 자녀들과 형제들과 자매들과 심지어 자신의 목숨까지도 미워하지 않으면) 나의 (제자가) 될 (수) 없느니라 (누구든지 자신의) 십자가를 (짊어지고) 나의 뒤를 (따르지) 않는 (자는) 나의 (제자가) 될 (수) 없느니라 누구든지 그의 목숨을 유지하기를 구하는 자는 그것을 잃을 것이요 누구든지 잃는 자는 그것을 보전할 것이니라

앞 단락에서 주인은 예야된 사람들이 거절하니까 종을 시켜 긴거리나 산울타리까지 찾아가서 아무나 만나는 사람들을 강권하여 잔치 집을 채우라고 했다. 이렇게 해서 잔치에 참여하는 사람들은 사회에 어떤 특정 계층 사람들이 아니다. 주로 사회에서 무시당하거나 소외받는 사람들이다. 더 나가서는 유대인들이 '개'라고 멸시하는 이방인들이 하나님 나라 초청에 참여하게 된다. 예수가 선포한 하나님 나라 복음을 받아들인 사람이면 누구나 하나님 나라 백성이 될 수 있다. 이렇게 해서 하나님 나라로 몰려드는 사람들을 본 단락은 "누구든지 내게 오는데"란 구절에 반영하고 있다.

예수에게 온다는 것은 51장의 표현처럼 자신을 낮추어 예수의 가르침과 훈련을 받는 다는 말이다. 곧 예수의 제자가 된다는 말이다. 예수의 제자는 거저 되는 것이 아니다. 자격이 있어야 한다. 본 단락은 예수의 제자가 되기 위한 4 가지 자격을 제시한다.

첫째로, 부모나 가족이나 형제를 미워해야 한다. 이 구절은 앞에 43장을 반영한 말씀이다. 예수로 인해서 집 안에서 싸움이 일어난다. 부모와 자

녀들 사이에, 시어미와 며느리 사이에 분열이 일어난다. 예수를 받아들이는 식구와 거역하는 식구 사이에 다툼이 생긴다. 이 경우 가족관계를 중시하면 당연히 예수를 포기해야 한다. 반대로 하나님의 아들 예수를 중시하면 가족관계를 포기해야 한다. 이런 극적인 상황에서 예수는 가족을 미워하지 않으면 제자가 될 수 없다고 가르친다. 뒤집어 말하면 예수를 위해서라면 가족이라도 포기해야 한다는 가르침이다.

둘째로, 자신의 목숨을 미워해야 한다. 이미 앞 39장에서 예수는 목숨에 관한 말씀을 제자들에게 했다. 목숨을 위하여 아무것도 염려하지 말고 오직 하나님 나라만을 구하라고 명령한다. 사람들은 목숨을 부지하기 위해서 살지만 제자들은 하나님 나라를 위해서 산다. 삶의 목적이 극명하게 다르다. 본 단락에 의하면 목숨을 부지하기 위해서 신앙 생활하는 것은 잘못된 것이다. 신앙생활을 제대로 하려면 목숨을 미워해야 한다. 단순히 미워하는 차원을 넘어서 목숨을 잃을 각오까지 해야 한다고 마지막에 거듭 강조하고 있다. 오직 예수를 통한 하나님 나라만이 신앙생활의 궁극적인 목적이 되어야 예수의 제자가 될 수 있다.

셋째로, 자기 십자가를 짊어지어야 한다. 이 구절은 자기 목숨까지 미워하라는 앞 구절이 더 강화된 표현이다. 여기서 '자기 십자가'란 자기 죽음을 의미하는 말이다. 이 당시 십자가는 죄수를 죽이는 사형 틀이었다. 그래서 자기 십자가를 지라는 것은 곧 자기 죽음을 감당할 각오를 하라는 말이 된다. 목숨을 미워하는 차원을 넘어서 버릴 각오까지 해야 한다고 강조하고 있다. 그래야 예수의 제자가 될 수 있다는 말이다. 이미 예수는 앞 35장에서 제자들에게 죽는 것을 두려워하지 말라고 가르쳤다. 하나님이 다 기억하고 계시기 때문이다.

넷째로, 예수의 뒤를 따라야 한다. 가족도 버리고 목숨도 버릴 정도로 중요한 것이 무엇인가를 제시하는 구절이다. 예수의 뒤를 따르기 위해서 세상이 가장 중요하게 여기는 것들 소유, 가족, 목숨까지도 포기한다. 큐복음의 예수는 그리스도 즉 하나님의 아들이다. 이 하나님의 아들은 제자들을 모아서 철저하게 가르치고 훈련시킨다(Q11장). 예수의 뒤를 따른 다는 것은 예수의 가르침과 훈련을 받는다는 말이다. 당연히 이런 자들이 예수의 제자가 된다.

지금까지 예수는 제자가 되려면 희생과 고난을 감수해야 한다고 설명하다가 마지막 문장에서는 이런 제자들에게 주어질 보상을 언급한다. 마지막 문장을 다음과 같이 풀어 쓸 수 있다. 현재 자기 목숨을 유지하려고 예수를 부인하는 자는 장차 하나님의 나라가 임하면 심판을 받아 영원토록 목숨을 잃게 될 것이다. 반면에, 현재 하나님의 아들 예수를 위해서 자기 목숨을 잃는 자는 나중에 하나님 나라가 임하면 그 목숨이 보전되어 하나님 나라 잔치에 참여하게 될 것이다.

큐복음에 나타난 예수 공동체는 목숨을 걸 정도로 과격한 신앙을 가진 초기 공동체였다. 예수를 거역하는 유대교인들과의 종교적 충돌로 인해 예수를 그리스도라고 받아들이는 사람들에게는 많은 위험과 박해가 있었다. 이 박해는 밖에서만 있었던 것이 아니라 한 가족 안에서도 일어났다. 결국 예수에게 간다는 것 자체가 곧 고난과 죽음을 감수하는 결단이었다. 본 단락은 '제자'란 기독교 내에 어느 특수 그룹만을 향한 말씀이 아니다. 예수를 따르는 모든 크리스천들을 위한 말씀이다. 당시 크리스천이 된다는 것은 곧 예수의 제자가 된다는 것과 같은 말이었다.

제 54 장 맛 잃은 소금

Q 14:34-35 (마 5:13//눅 14:34-35)

소금은 (좋은 것이다) 그러나 만일 소금이 맛을 잃으면 무엇으로 (맛을 내겠느냐 땅을) 위해서나 (아니면 거름을 위해서도 그것은 쓸모가 없어 그들이 그것을) 밖에 <u>버리느니라</u> (들을 귀를 가진 자는 들을지어다)

앞 단락에서 예수는 자신의 제자가 되려는 사람들을 향해 목숨을 잃을 각오를 해야 한다고 가르쳤다. 이런 각오를 하고 예수를 따르는 사람들이 예수의 제자들 곧 크리스천들이다. 그러다가 본 단락에서 갑자기 소금 비유가 나온다. 소금의 비유가 앞에 제자들을 향한 말씀 다음에 이어지기 때문에 소금은 제자들을 가리키는 것이라고 볼 수 있다.

예수는 소금은 본래 좋은 것이라고 한다. 이것은 예수의 제자가 되었다는 것은 본래 좋은 것이라는 말이 된다. 소금이 짠 맛을 잃는다는 것은 상상할 수 없는 일이다. 마찬가지로 예수의 제자들이 자신들 본분을 잃어버린다는 것은 생각할 수 없는 일이다. 그럼에도 불구하고 예수는 불가능한 일이지만 소금이 맛을 잃어버리게 되는 경우를 예를 든다. 이것은 예수의 제자들이 하나님 나라를 전파하는 사명을 잃어버린 경우를 말한다.

예로부터 소금은 두 가지 용도로 쓰였다. 부패를 방지하는 것으로 쓰였고 또한 음식에 맛을 내는데 쓰였다. 예수도 소금의 비유를 말하면서 이 두 가지 소금의 일반적인 역할을 염두에 두었을 것이다. 소금처럼 제자들에게 죄로 썩어져가는 세상을 막는 일을 감당하기를 기대했을 것이고 또한 인생의 맛을 잃어버리고 방황하는 사람들에게 예수를 통한 하나님 나라의 기쁨을 맛볼 수 있도록 인도하는 일을 해주기를 기대했을 것이다.

　소금이 맛을 내기 위해서는 자신이 녹아야 한다. 이미 앞 단락에서 예수는 제자들에게 목숨을 잃을 각오를 하고 자신을 따라야 한다고 가르쳤다. 제자들이 사명을 성취하기 위해서는 소금이 녹아져야 하듯 제자들은 자신을 포기해야 한다. 소금이 물에 들어가서 녹아지듯이 제자들은 세상에 들어가서 자신을 희생하는 삶을 살아야 한다. 그래야 세상 안에 죄로 인한 부패가 멈추고 하나님의 은혜로 인한 기쁨이 넘치게 된다.

　맛을 잃은 소금은 땅에도 못쓰고 거름으로도 못쓴다. 한마디로 쓸모가 없다. 그래서 사람들은 결국 맛을 잃은 그 소금을 밖에 내다 버린다. 마찬가지로 자신의 본분 즉 사명을 잃어버린 제자는 예수에게 아무짝에 쓸모가 없는 사람이 된다. 47장을 적용하면 이런 제자는 하나님 나라 문이 닫힌 후에 문을 열어달라고 외치는 사람이다. 비록 이들이 예수와 함께 먹고 마시며 예수의 가르침을 받았다고 할지라도 제자로서의 사명을 상실하면 하나님 나라에 들어가지 못한다. 예수는 오히려 이런 제자들을 향하여 '불의를 행하는 자들'이라고 책망한다. 이런 제자들은 48장에 의하면 하나님 나라 문 바깥으로 쫓겨나 울며 이를 가는 사람들이다.

　예수가 제자들에게 이런 비유를 말한 것은 맛 잃은 소금처럼 버림당하지 말라고 가르치기 위해서이다. 비유라는 간접적인 방법으로 설명했기 때문에 예수는 본 단락 마지막에 "들을 귀 있는 자는 들으라!"고 첨가시켰다. 비유의 참 뜻을 알아듣고 제자로서, 크리스천으로서 주어진 사명을 잘 감당하라는 명령이다.

제 55 장 방황하는 양을 찾아라

Q/마 18:12-13 (마 18:10-14//눅 15:1-7)

(너희는) 어떻게 (생각하느뇨 만일 어떤) 사람에게 양 일백 마리가 있는데 그들 중에 하나가 (방황하면 그 산들 위에) 아흔 아홉을 (남겨두고) 가서 (방황하는 것을 찾지 않겠느냐) 그리고 (만일) 그것을 찾게 (되면 진실로) 너희에게 이르노니 그는 (그것으로) 인하여 (방황하지 아니한) 아흔 아홉을 인한 것보다 (더) 기뻐하리라

예수는 청중들을 이해시키기 위해서 그들의 생활 속에서 일상적으로 일어나는 것들 가운데 예를 들어 이야기를 전개했다. 유목 생활에 익숙한 유대인들에게 잃은 양의 비유는 특별한 지식 없이도 이해할 수 있는 매우 상식적인 내용이다. 이 이야기를 듣는 청중들은 본 단락에 언급된 목자를 두 차원에서 생각했을 것이다. 첫째는, 예수를 본 단락의 목자로 여겼을 것이다. 제자들과 하나님 나라의 백성들을 돌보는 선한 목자와 같은 예수의 모습 말이다. 둘째로, 앞 단락과의 연결에서 볼 때 본 단락의 직접적인 청중은 제자들이다. 그렇다면 예수는 제자들에게 본 단락의 목자와 같은 태도를 가져야 한다고 간접적으로 명령한 것이다.

비슷한 비유를 요 21:15-17절에서도 볼 수 있다. 여기서 부활하신 예수는 베드로에게 나타나 내양을 먹이라고 내양을 치라고 부탁한다. 양을 먹이는 자 또는 치는 자가 목자이다. 제자 베드로가 양을 치는 목자로 비유되었다. 예수가 본 비유를 언급한 의도도 자신의 역할을 보여주기 위한 것이라기보다는 듣는 제자들에게 목자의 역할을 가르치기 위해서라고 볼 수 있다.

본 단락의 양은 이미 목자의 관리 하에 들어있는 양을 말한다. 즉 양들은 본문에 언급된 목자의 양이지 다른 양이 아니다. 여기서 목자에게 주어진 일백 마리의 양들은 제자들이 담당하는 하나님 나라 백성들을 가리킨다. 물론 '일백 마리'라는 것은 담당하는 백성의 수를 가리키는 것이라기보다는 한 마리 길 잃고 방황하는 양을 설명하기 위해서 임시로 제시된 수라고 볼 수 있다.

'백 마리의 양'은 많은 숫자에 해당된다. 그 중에 한 마리는 숫자적으로 볼 때 상대적으로 무시될 수도 있다. 그러나 본 단락을 통해서 예수는 아무리 숫자적으로 많은 하나님 나라 백성들이 있더라도 그 가운데 한 백성도 소홀히 하지 말아야 함을 강조한다. 특히 한 마리가 어떤 이유에서든지 무리에서 떨어져 나갔을 경우에는 본 비유에서 언급한 목자처럼 찾아 나서야 한다.

아흔 아홉 마리의 양들은 목자의 관리 아래 잘 있는 양들이다. 그 중에 한 마리가 길을 잃고 방황하고 있다. 목자는 아흔 아홉을 산 위에 남겨 둔다. 분명한 것을 아흔 아홉을 포기하거나 버린다는 말이 아니다. 잃어버린 한 마리를 찾아 나서는 목자가 아흔 아홉을 포기할 이유는 없다. 양치는 일들을 일상생활로 하고 있는 청중들에게 본 비유를 말했을 때 청중들은 이미 목자가 아흔 아홉 마리 양들을 더 이상 잃어버리지 않도록 잘 조치해 놓았을 것이라는 생각했을 것이다. 물론 예수 또한 청중들이 그러한 생각을 당연히 했을 것이라고 보았기 때문에 다른 설명 없이 한 마리의 양을 찾아 나서는 장면을 언급한다.

본 비유의 절정은 잃어버린 양을 찾아 나선 목자가 결국에는 찾게 되는 것에 있다. 그리고 찾은 후에 아흔 아홉으로 인한 것보다 더 기뻐한다는 목자의 기쁨을 표현한다. 본 비유는 제자들에게 길을 잃고 방황하는 하나님 나라 백성들을 끝가지 찾아내라는 간접적인 명령이기도 하다. 물론 찾게 되면 얻게 되는 기쁨은 본문에 목자의 기쁨과 같다.

본 단락에서 예수가 제자들에게 기대하는 것은 조직을 잘 관리하는 일이다. 이미 예수 사역의 결실로 하나님 나라 백성들이 구성되었다. 우리는 이들을 초기 기독교 공동체라고 부른다. 제자들은 그런 백성들을 목자가 양을 관리하듯이 조직적으로 잘 관리해야 한다. 물론 한 마리 잃은 양까지도 찾아 나서는 목자의 심정으로 말이다.

본 단락의 잃은 양을 예수를 받아들이지 않는 모든 사람들을 가리킨다고 주장할 수도 있다. 그러나 큐복음은 양이란 표현을 조심스럽게 사용한다. 특히 제자들을 파송할 때에 양들을 늑대들 가운데 보내는 것으로 비유했다(Q22장). 목자이신 예수를 따르는 제자와 같은 사람들을 '양'이라고 보았다. 반면에, 예수를 거역하고 제자들을 박해하는 사람들을 '늑대'라고 보았다. 본 단락에서 잃은 양도 이미 목자의 관리 안에 있었던 양을 가리킨다. 과거에는 예수를 추종했는데 현재는 길을 잃고 방황하는 크리스천이 본 단락에서 한 마리의 '잃은 양'이다.

제 56 장 하나님과 맘몬

Q/마 6:24 (마 6:24//눅 16:13)

어떤 사람도 두 주인들을 섬길 수 없도다 그가 하나를 미워하고 다른 하나를 사랑할 것이다 아니면 그가 하나에 헌신하고 다른 하나를 경멸할 것이다 너희는 하나님과 맘몬을 섬길 수 없느니라 본 단락은 어떤 사람도 두 주인을 섬길 수 없다는 말씀으로 시작되고 너희는 하나님과 맘몬을 섬길 수 없다는 말씀으로 끝난다. 예수 당시 종은 곧 주인의 소유였다. 이점에서 볼 때 첫 문장은 어느 종도 두 주인의 소유가 될 수 없다는 말도 된다. 사실 본 단락의 중심은 하나님과 맘몬을 두 주인으로 섬길 수 없다는 마지막 문장에 있다. 맘몬에 해당하는 희랍어 'μαμ-ωνᾶς'(마모나스)는 '재물, 재산, 부'를 가리키는 말이다. 요즘으로 말하면 '돈'(money)이라고 할 수 있다. 예수는 이 단어를 의인화시켜서 주인으로 표현했다. 본문의 요지는 주인에게 있는 것이 아니라 종의 태도에 있다.

먼저 '돈'을 주인으로 섬기는 사람의 특징은 돈을 사랑하고 돈을 위해 헌신한다. 주인이 돈이기 때문에 돈에 의해서 움직이고 돈을 위해서 살아간다. 사람이 돈을 소유한 것이 아니라 돈이 사람을 소유한다. 그래서 이 사람의 가치도 돈에 의해서 결정되고 인생의 목표도 오직 돈이다. 돈을 모으는 것이 생활이다. 돈을 위해서라면 가족도 자신의 목숨도 아끼지 않는다. 인생의 참 행복은 돈이 준다고 믿고 있는 사람이다. 본문에 의하면 이런 사람의 또 다른 특징은 하나님을 미워한다. 돈을 따라가는 길에 하나님은 귀찮은 장애물일 뿐이다. 이런 사람은 쌓아둔 돈을 가난한 사람들에게 나누어주라는 하나님의 말씀을 경멸한다(Q40장). 이렇게 돈을 주인으로 섬기는 사람이 하나님을 주님으로 믿는다는 것은 거짓이다. 본 단락은 결코 한 사람이 두 주인을 섬길 수 없다고 단정하고 있다.

하나님을 주인으로 섬기는 사람은 하나님을 사랑하고 하나님을 위해 헌신한다. 하나님이 주인이기 때문에 하나님께 고백할 때마다 '주님'이라고 부른다. 하나님이 주인이기 때문에 하나님에 의해 움직이고 하나님을 위해서 살아간다. 이 사람은 하나님의 소유가 된다. 그래서 이 사람의 가치는 하나님에 의해서 주어지고 인생의 목적도 하나님을 영화롭게 하는 데 있다. 하나님을 위해서라면 가족도 자신의 목숨도 아끼지 않는다(Q53장). 이 사람은 세상 사람들이 돈에 노예가 되어 살고 있는 모습을 보면서 돈을 미워하고 경멸한다. 이런 하나님의 사람에게 돈은 단지 생활을 위한 도구일 뿐이다. 언제든지 내려놓고 포기할 수 있다. 하나님의 뜻이라면 주저 없이 자신의 돈을 구제에 내어준다. 돈을 위해서 하나님을 포기한다는 것은 도저히 있을 수 없는 일이다.

본 단락의 청중들이 특별히 명시되어 있지 않기 때문에 앞 단락과 같은 제자들이라고 보아야 한다. 마지막 문장에 "너희는 하나님과 맘몬을 섬길 수 없다"에서 '너희'란 곧 본 말씀을 듣고 있던 제자들을 가리킨다. 제자들에게 하나님과 돈 둘 중에 하나만 주인으로 선택할 수 있다고 가르친다. 예수의 제자가 돈을 주인으로 선택했다면 더 말할 것도 없다. 그러나 하나님을 주인으로 선택했다면 돈에 대해서도 분명한 태도를 보여야 한다. 돈을 사랑하지 말고 미워하고 경멸해야 한다. 예수는 자신의 제자들에게 오직 하나님만을 사랑하고 하나님께 헌신할 것을 기대하면서 본 말씀을 가르친다.

제 57 장 율법과 이혼

Q 16:17-18 (마 11:12,13, 5:18, 5:32//눅 16:16-18)

율법의 한 점이 (떨어지는 것)보다 하늘과 땅이 없어지는 것이 (더 쉬우리라) 그의 아내를 버리고 (다른 여인에게 결혼하는) 자는 누구나 간음하는 것이요 그리고 (남편으로부터) 버림받은 여인에게 결혼하는 (자는 간음하는 것이니라)

구약 율법에 관한 예수의 입장을 보여주는 단락이다. 예수는 하늘과 땅이 모두 사라진다는 것을 생각할 수 없는 것처럼 율법에 있는 점 하나가 떨어져 나가는 것도 상상할 수 없는 일이라고 가르쳤다. 율법에 기록되어 있는 점 하나라도 마땅히 지켜야 할 것임을 뜻한다. 예수가 이것을 강조하는 것은 본 가르침의 근거가 바로 율법 말씀이기 때문이다. 예수는 구약의 율법을 무엇보다도 소중한 하나님의 말씀으로 여겼다.

본 내용이 율법에 근거한 것이기 때문에 당연히 본 내용을 처음 들었던 사람들은 유대인들이었다. 예수가 이런 내용을 언급한 것은 유대인 가정들이 무너지고 있는 당시 실정을 반영한 것이라고 볼 수 있다. 당시에 남편들이 아내를 버리는 일이 빈번했던 것 같다. 그로 인해 버림받은 부인들이 많이 생겨났다. 근본 원인은 남편에게 있다. 남성 권위주위 사회에서 강자인 남편이 약자인 아내를 버린다. 전적으로 율법의 가르침에 위배되는 행위이다. 율법에 의하면 남편에게는 이혼해야 하는 정당한 이유가 있어야 한다. 또한 정식으로 절차를 밟아서 아내에게 이혼증서를 주어야 이혼이 성립된다. 이런 율법에 따르면 남편이 마음대로 이혼할 수가 없었다. 그래서 예수 당시 유대인 가정에서 남편들은 이런 복잡한 율법 절차를 무시하고 아내를 버리는 일이 생겨났다. 이런 면에서 볼 때 아내를 버렸다는 자체가 곧 율법을 범한 것이 된다. 문제는 남자들에게 있었다.

본 단락에서 예수는 아내를 버린 남자가 다른 여인과 결혼하는 것을 간음이라고 단정했다. 또한 어떤 남자라도 남편에게 버림받은 여인과 결혼하는 것을 간음이라며 금지시켰다. 문제의 초점은 율법을 어기고 아내를 버리는 일에 있다. 이 일에 연루된 남편이나 아내가 재혼을 하는 것은 곧 간음죄에 해당한다. 결혼이 성립되지 않는다는 말이다. 이들에게 정식 결혼이란 율법을 따르는 길 밖에 없다. 남편이 버린 아내를 찾아 결합해서 다시 가정을 이루든지 아니면 정식으로 율법절차를 따라 이혼증서를 아내에게 건네고 나서 재혼을 해야 한다. 예수는 율법의 한 점이라도 소홀히 여기지 말고 준수해야 함을 강조했다.

본 단락에서 율법을 어긴 사람이 지은 죄를 '간음'이라고 규정했다. 이 '간음'이란 죄는 세상 사회법이 규정하는 죄가 아니다. 율법이 규정하는 죄이다. 예수에게 율법은 곧 하나님의 법이다. 하나님의 백성들에게는 바로이 하나님의 법이 적용된다. 하나님의 법에는 형벌과 상급이 따른다. 간음을 저지르는 자들에게는 하나님의 형벌이 있다. 하나님의 형벌을 두려워한다면 하나님의 법인 율법을 한 점이라도 어기지 말아야 한다. '간음하지 말라'는 십계명의 글자는 한 점 정도가 아니라 몇 개의 글자들로 어우러진 문장이다. 율법의 점 하나를 하늘과 땅의 가치에 비교했다. 그런데 간음함으로 십계명의 한 문장을 어긴다면 그 벌은 얼마나 중하겠는가. 본 단락에서 간음을 정죄하는 권위는 하나님의 말씀인 율법에 근거한다.

예수는 당시 남성 중심적인 사회의 폐해를 알고 있었다. 남자의 권위로 자행되는 죄악들, 상대적으로 피해를 보는 여성들을 보면서 예수는 남자들의 간음죄를 지적했다. 예수의 가정관은 남편은 아내를 버리지 말아야 하고 아내 역시 남편에게 버림받지 않도록 해야 한다. 예수의 가르침대로 예수를 따르는 사람들은 분명한 가정관을 가지고 있어야 한다. 잘못된 풍조들은 결혼의 신성함을 더럽히고 가정을 무너뜨린다. 결혼이란 하나님 안에서 이루어진 성례이다.

제 58 장 죄짓게 하는 자들

Q 17:1b-2 (마 18:6-7//눅 17:1-2)

죄짓게 하는 것들을 들어오지 (못하게 하는 것은 불가능하다) 그러나 그것들이 들어오게 하는 자에게는 화가 있으리로다 저가 이들 작은 자들 중에 하나를 죄짓게 하는 (것보다 연자 맷돌이) 그의 목에 (걸려지고) <u>바다</u>(로 던져지는 것이) 그에게 (유익하니라)

희랍어 원문에 'σκάνδαλα'(스칸달라)를 여기서 '죄짓게 하는 것들'이라고 번역했다. 이 단어는 사람들을 죄에 빠지게 만드는 '시험'이나 '유혹', 이단 또는 거짓된 신앙으로 끌어들이는 '유인' 등을 말할 때 사용되었다. 앞에 56장에서 언급한 '맘몬'이나 57장에서 암시하고 있는 '성욕'역시 사람을 죄짓게 만드는 것들이다. 이 외에도 'σκάνδαλα'(스칸달라)는 '화나게 하는 것, 반항하게 만드는 것' 등을 가리키기도 했다. 본 단락 첫 문장에서 예수는 이 세상에서 시험이나 유혹을 없애는 것은 불가능하다고 한다. 분노나 반역이 없는 그런 세상을 이 땅에서는 기대할 수가 없다는 말이다.

문제는 이렇게 사람을 죄짓게 만드는 것들은 사람이란 매개체를 이용한다는 점이다. 유혹하는 사람이 있고 유혹에 빠지는 사람이 있다. 시험하는 사람이 있고 시험에 빠지는 사람이 있다. 화를 내게 만드는 사람이 있고 화를 내는 사람이 있다. 반역하게 만드는 사람이 있고 반역하는 사람이 있다. 전자는 죄의 원인이 되고 후자는 죄의 결과가 된다. 일반적으로는 죄를 지은 당사자인 후자를 죄인으로 취급하며, 주로 이들에 관한 문제들을 다룬다. 그런데 본 단락은 죄를 지은 사람이 아니라 죄를 짓게 만드는 사람에 초점을 맞추고 있다.

　본 단락에서 '죄짓게 하는 것들을 들어오게 하는 자'란 곧 다른 사람을 죄짓게 만드는 사람을 가리킨다. 성서에 나오는 아담과 하와 이야기를 보면 뱀이 하와를 유혹해서 죄짓게 만들고 하와는 아담을 죄짓게 만들었다. 사람을 유혹해서 죄를 짓게 만든 경우이다. 앞에 57장을 보면 아내를 버리고 다른 여인과 결혼하는 남자는 스스로 죄를 짓는 사람이다. 그리고 이로 인해 남편에게 버림받은 아내가 다른 남자와 결혼하게 될 경우에 전 남편은 이 여인을 죄짓게 만드는 사람이 된다. 결국 전 남편은 자기도 죄를 짓고 또한 자기 아내도 죄짓게 만들었다.

　여기서 볼 수 있는 특징 중에 하나는 남을 죄짓게 만드는 사람은 자신이 먼저 죄를 짓고 나서 남을 죄짓게 만든다. 그래서 남을 죄짓게 만드는 사람은 그로 인해 죄를 지은 사람보다 죄질이 더 나쁘다. 그런 사람은 죄를 퍼뜨리는 온상인 셈이다. 그래서 아담과 하와의 죄를 문책할 때 하나님은 가장 먼저 죄를 짓게 만든 뱀을 저주하며 벌을 내린다.

　바로 앞에 57장에서도 예수는 버림받은 아내를 죄짓게 만드는 남편이나 남자의 간음죄를 지적했다. 남성 권위주의 사회에서 약자로 살아가는 아내를 자신의 정욕을 위해 헌신짝 버리듯이 내버리는 남편들을 향해 예수는 저주를 퍼붓는다. 자신이 가지고 있는 명예, 권력, 지위를 가지고 '작은 자' 곧 약자들을 화나게 만들고, 반항하게 만들고, 시험에 들게 만드는 사람들을 향해 본문은 "이런 작은 자들 중에 한 사람이라도 죄 짓게 만드는 놈들은 차라리 연자 맷돌을 목에 매고 바다에 빠져 죽는 것이 낫다"고 선포한다.

　본 단락에 '남을 죄짓게 하는 자'를 '남을 방황하게 만드는 자'로 해석해 볼 수 있다. 본 단락에서 반복해서 사용하고 있는 동사가 '들어오다'이다.

어느 장소로 시험, 유혹, 유인, 분노, 반항, 반역 등 죄짓게 하는 것들이 들어온다. 이것들이 들어오기 전에는 이 장소에 죄가 없었다. 그런데 들어오고 나서 죄에 빠진 사람이 생겨난다. 앞 55장을 보면 한 목자에게 일백 마리의 양떼가 있었다. 그런데 그 중에 한 마리가 밖에 있는 유혹에 빠져 무리를 이탈해서 방황하게 된다. 목자는 이 방황하는 한 마리 양을 찾을 때까지 찾아 나선다.

이 비유는 다음과 같이 해석할 수 있다. 목자의 관리 아래 있는 일백 마리 양은 초기 기독교 공동체를 가리킨다. 본래 이 공동체 안에 크리스천들은 모두 예수나 사도들의 관리 하에 잘 있었다. 문제는 공동체 밖에서 크리스천들을 죄짓게 만드는 죄인들이 있었다. 이들은 공동체 안에 크리스천을 유혹, 유인해서 공동체 밖으로 끌어낸다. 여기에 빠져 밖으로 뛰쳐나간 사람은 예수를 버리고 방황하게 된다. 예수는 이렇게 방황하는 사람 즉 잃어버린 양은 찾아와야 한다고 가르쳤다. 그러나 본 단락에서 예수는 방황을 조장한 사람 즉 남을 죄짓게 만든 사람들은 차라리 연자 맷돌을 목에 매고 바다에 빠져 죽으라고 권한다.

제 59 장 일곱 번 용서

Q 17:3-4 (마 18:15-17, 21-22//눅 17:3-4)

너희는 스스로 주의하라 만일 너의 형제가 죄를 범하면 그를 (책망하라) 그래서 만일 (그가 회개하면 그를 용서하라 그리고 만일) 그가 (하루에) 일곱 번 (너)에게 죄를 범하고 (그리고) 일곱 번 (너에게 돌아와 말하기를 내가 회개하노라 하면) 너는 그를 용서해야 하느니라

초기 기독교 공동체 안에서는 남자끼리 서로를 '형제'라고 불렀다. 특히 바울서신을 보면 바울이 동료 크리스천을 '형제'라고 부르는 경우를 흔하게 찾아볼 수 있다. 그렇다고 바울이 이 칭호를 만들어 낸 것은 아니다. 본 단락이 보여주는 것처럼 예수가 먼저 사용했다. 예수를 따르는 사람들은 제자들과 더불어 최초의 기독교 공동체를 형성했다. 예수는 이 안에서 서로를 부르는 칭호를 본문처럼 '형제'로 부르도록 가르쳤다. 앞에 10장에서 예수는 제자들에게 하나님을 '너희 아버지'라고 소개하였다. 27장에서 제자들에게 주기도문을 가르칠 때 하나님을 '아버지'라고 부르도록 가르쳤다. 39장에서 이 하늘 아버지는 제자들에게 먹을 것 입을 것 등 필요한 것을 공급해 주시는 분이다. 예수를 따르는 사람들은 하나님을 아버지로 모신 형제자매들이 되었다. 그러니 서로 자연스럽게 '형제' 또는 '자매'라고 부른다. 결국 본 단락에 언급한 '형제'는 기독교 공동체 내에 한 크리스천을 가리킨다.

본 단락은 예수 공동체 안에서 일어날 수 있는 문제를 언급했다. 세상 안에 있는 공동체이기 때문에 세상에 죄짓게 하는 것들이 공동체 안으로 들어올 수 있다. 이미 앞 단락에서 예수는 이것을 막을 길은 없다고 했다. 문제는 죄짓게 만드는 사람의 영향을 받아 죄에 빠진 형제가 있을 경우이다. 이 경우 다른 형제자매들은 그 죄진 형제를 내버려두어서는 안 된다. 이들이 해야 할 분명한 행동이 있다. 그래서 예수는 "스스로 주의하라!" 곧 "명심하라!"는 말로 본 가르침을 시작한다.

크리스천들은 죄지은 형제가 있으면 우선 그를 책망해야 한다. 그의 죄를 지적하고 꾸짖어서 자신의 잘못을 깨닫게 해야 한다. 책망의 목적은 그 형제를 회개시키려는 것이다. 죄에서 떠나게 만들어야 한다. 그러나 결과는 그 형제에게 달려있다. 만일 듣고도 돌이키지 않으면 내버려 둔다. 본 단락도 이런 사람에 대해서는 더 이상 언급하지 않는다. 그러나 그 형제가 듣고 회개하면 주위에 크리스천들이 반드시 해야 할 일이 있다. 그 형제를 용서해 주어야 한다. 회개와 동시에 그 형제를 책망하는 일은 중지되어야 한다.

죄는 하나님과 관계에서 짓는 죄도 있지만 인간관계에서 짓는 죄도 있다. 본 단락을 보면 "너에게 죄를 범하고"란 구절이 있다. 인간관계에서 일어나는 죄를 말한다. 하나님과 관계에서 짓는 죄는 하나님의 용서가 있어야 한다. 그러나 예수 공동체 내에 인간관계에서 일어나는 죄는 다른 절차가 필요하다. 이 경우 죄를 짓는 형제가 있으면 그 죄로 인해 피해를 입는 형제도 있다. 본 단락에서 "용서하라" 또는 "용서해야 하느니라"란 명령은 죄로 인해 피해를 입은 형제에게 하는 말이다. 이 형제는 피해를 입힌 상대방의 죄를 지적하고 꾸짖어야 한다. 듣고 회개하면 반드시 용서해주어야 한다.

여기서 언급된 '회개'와 '용서'는 인간의 심리적 행위가 아니다. 회개는 단순한 감정 전환이 아니다. 앞에 3장에서 언급한 것처럼 죄에서 돌이켜 삶에서 선한 열매를 맺는 신앙적인 행동이다. 이런 회개가 있는 사람에게 하나님의 용서가 있다. 27장을 보면 예수는 제자들에게 기도문을 가르쳤다. 제자들은 이 기도문을 외울 때마다 하나님께 자신들의 죄를 용서해달라며 회개했다. 용서를 간구하는 다음과 같은 이유가 기도문에 있다. "우리에게 죄지은 모든 사람을 용서하기 때문입니다." 신앙적인 단계로 설명하면 하나님께 용서를 받기 위해서는 먼저 회개해야 한다. 그런데 회개보다 선행되어야 하는 것이 있다. 그것은 자신에게 죄지은 모든 사람들을 용서해주어야 한다. 그래서 본 단락에서 예수는 죄지은 형제를 용서해주어야 한다고 강조한다. 하루에 일곱 번이나 찾아와 회개하더라도 일곱 번 모두 용서해주어야 한다고 가르친다. 이런 점에서 기독교 초기 공동체는 하나님께 용서받고 서로를 용서해주는 '용서의 공동체'였다고 할 수 있다.

제 60 장 겨자씨만한 믿음

Q 17:6b (마 17:19-20//눅 17:5-6)

(만일) 너희가 겨자씨만한 믿음을 가지고 이 (뽕나무)에게 (말하기를 너는 뿌리가 뽑혀) 그리고 (바다에 심겨져라 하면 그것이) 너에게 (순종할 것이니라)

한 백부장이 있었다. 그에게 아끼는 종이 있었는데 병에 걸려 다 죽게 되었다. 어떤 기적이 일어나지 않는 한 그 종은 누가 보더라도 죽을 운명이었다. 그런데 백부장에게는 예수라면 그 종을 살릴 수 있다는 믿음이 있었다. 예수를 찾아가서 간청했더니 쾌히 승낙했다. 백부장은 집까지 찾아오려는 예수를 만류하고 말씀만 해달라고 요청했다. 말씀만 해도 종이 살아날 것이란 믿음이 있었기 때문이다. 예수는 백부장에게 "네가 믿었던 것처럼 이루어지리라"고 말씀했고 죽게 된 종은 바로 그 시각에 고침을 받았다(Q15장). 종은 예수를 만나보지도 못했다. 예수가 어디 있는지도 모른다. 그런데 그 예수의 말씀만으로 죽을병에서 살아났다. 말이 안 되는 이야기다. 그런데 예수는 말이 안 되는 그런 이야기를 본 단락에서도 한다.

믿음이 있는 사람이 땅에 심겨져 자라고 있는 뽕나무에게 명령을 하면 그 나무가 순종한다. 뿌리가 뽑히라고 하면 나무뿌리가 뽑힐 것이다. 바다에 심겨지라고 하면 뿌리 뽑힌 그 나무가 바다로 날라 가서 땅위에 심기듯이 바다에 한 가운데 심겨져서 서있게 될 것이다. 상식적으로 이해할 수 없는 것을 예수는 그를 따르는 사람들에게 가르치고 있다. 말이 안 될지라도, 상식적으로 이해가 안 될지라도 믿음을 가지라는 가르침이다. 자연 법칙에 의하면 그런 일은 도저히 이루어질 수 없다는 것을 알지라도 그렇게 될 것이란 믿음을 가져야 한다. 로마서 4:19절에서 바울은 다음과 같은 말을 한다. 아브라함은 백세가 되어 자기가 아이를 임신시킬 능력이 없다는 것과, 아내 사라도 너무 늙어서 아이를 가질 수 없다는 것을 알고 있었다. 그렇게 알고 있음에도 불구하고 아브라함은 하나님이 후손을 주실 것이라는 약속을 의심치 않고 굳게 믿었다. 초기 크리스천들은 아는 것과 믿는 것을 분명히게 구별했던 사람들이다.

본래 믿음이란 것은 추상명사로 크기를 측량할 수가 없다. 그러나 예수는 믿음의 크기를 겨자씨 비유로 묘사했다. 겨자씨란 모든 씨들 중에서 아주 작은 씨다. 그래서 '겨자씨만한 믿음'이란 아주 작은 크기의 믿음을 가리킨다. 상식적으로 99퍼센트 안될 것이라고 알고 있더라고 단 1퍼센트의 겨자씨만한 믿음이라도 가지고 있으면 믿음대로 될 것을 가르친다. 믿음이 앎을 넘어선다. 여기서 논의하고 있는 것은 현실이 아니고 미래라는 것을 주시해야 한다. 과거나 현실은 지식 즉 앎이 지배해온 시간일 수 있겠지만 미래는 믿음이 지배하는 시간이다. 과거의 사실로나 현재의 상식으로는 말 한마디에 뽕나무가 뽑히고 바다로 날아가 한가운데 심겨진다는 것은 불가능하다. 불가능을 알고 있지만 장차 그렇게 된다고 믿으면 그렇게 될 것이라고 예수는 제자들에게 역설하고 있다. 현재까지 불신으로 불가능만 경험해온 세대를 향해 불가능을 가능케 하는 믿음을 예수는 가르친다.

앞에 46장을 보면 예수는 하나님 나라를 설명할 때 겨자씨를 비유로 들었다. 겨자씨는 본래 작은 씨앗이지만 자라나면 새들이 그 가지에 깃들일 만큼 큰 나무로 성장한다. 본 단락에서 믿음을 겨자씨로 비유한 것도 단지 믿음의 크기만이 아니라 믿음의 성장도 암시하고자 했을 것이다. 작은 믿음도 뽕나무를 바다 한가운데 심어놓을 정도인데 성장해서 큰 믿음이 되면 세상을 뒤집어 놓을 수 있는 커다란 능력이 나타나지 않겠는가.

그런데 앞에 39장을 보면 예수의 제자들은 먹을 것, 마실 것, 입을 것 때문에 근심 걱정하고 있다. 상식적으로 음식이나 옷가지를 구입하려면 그것을 위해 일을 해야 한다. 그런데 제자들은 생활에 필요한 것을 얻기 위해서 일을 하는 것이 아니라 예수의 명령을 따라 하나님 나라를 위해 일을 해야 한다. 걱정이 되는 것은 당연하다. 그런데 예수는 이런 제자들을 향하여 '믿음이 적은 자들'이라고 꾸짖는다. 하나님 나라 일에 충성하면 하나님께서 필요한 것들을 알고 채워주실 것이라는 믿음이 없기 때문이다. 이런 제자들에게 뽕나무가 바다에 심겨지는 것은커녕 뿌리가 뽑히는 믿음도 기대할 수 없을 것이다. 큐복음이 거의 끝나는 본 단락에서 예수는 이런 제자들을 향하여 겨자씨만한 믿음이라도 갖고 있으라고 권면한다.

제 61 장 인자의 재림

Q/마 24:26-28, 37-41 (마 24:23-42//눅 17:22-37)

(그러므로 만일) 사람들이 너희에게 말하기를 보라 (광야에 그가 있다 하여도) 나가지 말라 보라 (골방에 있다 하여도 믿지 말라) 왜냐하면 번개가 (동쪽에서 와서 서쪽까지 비추는) 것처럼 인자의 (임함도) 그러할 것이니라 (어디나 시체가 있는) 곳에는 거기에 독수리들이 모여들 것이다 (왜냐하면) 노아의 때가 (그랬던 것처럼) 인자의 (임함도) 그러할 것이니라 (왜냐하면 홍수전

날들 동안에) 노아가 방주에 들어갔던 날까지 (사람들이 먹고) <u>마시고 장가가</u>
<u>고 시집가더니</u> (그들은) 홍수가 나서 (모든 것들을 쓸어갈 때까지) 몰랐었다
인자의 (임함 또한 그러할) 것이다 (그때 밭에) 두 사람이 있을 것인데 하나는
<u>데려감을 당하고</u> (하나는) <u>버려둠을 당하리라</u> 두 여인이 (맷돌을) 갈고 (있을
것인데) 하나는 데려감을 당하고 (하나는) <u>버려둠을 당하리라</u>

본 단락은 별 볼일 없는 뽕나무 하나가 뽑혀 바다에 심겨지는 정도가
아니라 앞으로 세상이 뒤집어지고 우주의 비밀이 드러나는 엄청난 일을 계
시한다. 큐복음을 마치면서 예수는 그를 따르는 자들이 믿어야 할 중요한
내용을 가르치고 있다. 본 단락에서 반복되는 문장은 "인자이 인함도 그러
할 것이다"란 표현이다. 이 표현은 인자가 되신 예수가 세상에 다시 올 것을
예고하는 말이다. 물론 지금 제자들에게 말하고 있는 예수는 일단 세상을
떠날 것이란 말을 전제로 한 표현이다.

현재 예수는 하나님 계신 하늘에 있다가 이 땅에 내려왔다. 이것은 그
의 초림이다. 그는 곧 이 땅을 떠나 하나님께로 갈 것이다. 이것은 그의 승
천이다. 그리고 그는 다시 하늘에서 이 땅으로 내려올 것이다. 그의 재림이
다. 예수는 제자들에게 이와 같은 신앙 체계를 믿어야 한다고 가르친다. 과
학에 지배받는 현대인들에게는 이런 가르침을 받아들이는 것보다 차라리
말 한마디에 뽕나무가 뿌리 채 뽑히는 것을 믿는 것이 더 쉬울 수 있다. 그
러나 예수의 제자들이나 예수를 따랐던 초대 크리스천들에게는 본 단락에
있는 예수의 초림, 승천, 재림 등에 관한 확고한 믿음이 있었다.

예수는 이 땅에 다시 올 때에 일어날 일들을 설명한다. 이 가르침을 듣
는 사람들은 당연히 예수의 재림을 믿고 고대하는 사람들이다. 이렇게 재

림을 기대하는 사람들을 현혹하는 사람들이 나타날 것이다. 이들 중에는 그리스도가 광야에 있다고 말하는 사람들도 있고 골방에 있다고 말하는 사람들도 있다. 그러나 예수는 그런 말에 현혹되지 말라고 경고한다. 왜냐하면 예수의 재림은 그런 식으로 이루어지지 않기 때문이다. 예수가 재림할 때는 번개가 치는 것처럼 순간적으로 온 사방에서 일어난다.

온 사방에서 일어난다는 것을 보충 설명하기 위해서 예수는 독수리 비유를 덧붙였다. 시체가 어디 숨어 있든지 독수리들은 그곳을 알고 그곳에 모여든다. 마찬가지로 재림하는 예수는 동서남북 사방에 그가 임해야 할 곳을 알고 번개처럼 순식간에 임한다. 예수의 초림은 마치 광야에 있는 사람의 모습으로 또는 골방에 들어 있는 사람의 모습으로 보여주었다. 그러나 예수의 재림은 더 이상 사람의 모습이 아니다. 순식간에 사방에 임하는 초월적인 하나님의 아들의 모습이다.

순식간에 일어난다는 것을 다시 보충 설명하기 위해서 노아 홍수를 예로 든다. 노아 홍수가 일어나기 전 날까지, 심지어 노아가 방주로 들어가던 날에도 사람들은 일상대로 먹고 마시고 장가가고 시집갔었다. 홍수가 나서 모든 것들을 쓸어갈 때까지 사람들은 하나님의 홍수 심판을 몰랐다. 그와 같이 사람들이 미처 생각지 못하던 때에 예수의 재림 사건이 일어날 것이다. 노아 때 홍수로 심판한 것처럼 예수 재림 때에도 심판이 있을 것이다. 노아 홍수를 통해서 예수 재림 때를 추정할 수 있다. 세상에 사람들의 마음이 사악해지고 죄악이 많아지자 하나님께서 홍수 심판을 결정하셨다(창 6:5-7). 본 단락에 의하면 사람들이 알 수 없는 때에 예수가 재림한다. 결정은 하나님이 하신다. 그러나 세상에 사람들이 악해지고 죄가 많아지면 하나님의 심판 즉 예수의 재림이 임박했음을 추정할 수 있다.

본 단락은 예수의 재림 때에 관련하여 노아 홍수를 언급하다가 하나님의 심판을 보여주는 휴거를 언급한다. 예수의 재림 때에도 일상적으로 남자들은 주로 밭에서 일을 하고 있거나 여인들은 집 안에서 맷돌을 갈고 있을 것이다. 그런데 예수가 재림하면서 하나님의 백성을 구별하는 심판이 일어난다. 밭을 갈던 두 남 자 중에 또는 맷돌을 갈던 두 여자 중에 하나는 버려둠을 당하고 다른 하나는 데려감을 당한다. 데려감을 당하는 사람은 예수와 함께 그의 나라로 들려 올라간다. 여기서 데려감을 당하는 사람은 예수의 승천, 재림, 휴거 등에 관한 최소한 겨자씨만한 믿음이라도 있는 사람들이다. 재림 때에 하늘에서 내려온 예수는 믿음의 백성들을 사방에서 순식간에 모아 하늘나라로 데리고 올라가는 휴거가 일어난다.

제 62 장 열 므나 비유

Q 19:12-27 (마 25:14-30//눅 19:11-27)

(그러므로 그가 말씀하셨느니라 어떤 귀족) 남자가 (자신이 왕위를 받아 돌아오기 위하여 먼 나라로 갔다 그러면서 자신의 열) 종들을 불러 (그들에게 열 므나들을) 주었다 (그리고 내가 올 때까지 너희는 장사하라고 그가 그들에게 말하였다 그러나 그의 백성들이 그를 미워하여 그의 뒤로 사자를 보내어 우리는 이 사람이 우리를 다스리는 것을 원치 아니 하나이다라고 말했다 그리고 그가 왕국을 받은 후 돌아왔을 때였다 그는 누가 장사해서 무엇을 벌었는지를 알기 위하여 그가 돈을 주었던 이들) 종들을 (그에게 불러놓고 말하였다 첫째 종이 와서) 말하기를 주여 (당신의 한 므나가 열 므나를 남겼나이다 그래서 그가) 그에게 (말씀하였다 잘하였다) 착한 종아 (왜냐하면 너는 아주 작은 것에) 충성하였기 (때문이니라 열 도시들을 다스리는 권세를

가지어라) 그리고 (둘째 종이) 와서 (말하기를 당신의 한 므나가) 주여 (다섯 므나를 만들었나이다 그래서 그가 또한 이 자에게 말씀하였다 그래 너는 다 섯 도시들을 다스리는 권세를 가지어라) 그리고 (다른 종이) 와서 (말하기를) 주여 (보소서 당신의 한 므나 그것을 내가 손수건으로 쌓아 두었었나이다 왜 냐하면) 당신은 (정확한) 사람이며 (두지) 않았던 (것을 취하고) 뿌리지 않았 던 (것을) 거두기 (때문에) 내가 당신을 무서워했습니다 (그가) 그에게 (말씀 하였다 내가 너의 입의 말로 너를 판단할 것이니라) 악한 종아 너는 (내가 두 지 않았던 것을 취하고) 심지도 않았던 (것을) 거두는 (정확한 사람으로) 알 았더냐 (그러면 왜 너는) 나의 돈을 (은행에 주지 않았느냐) 그러면 내가 와서 이자와 함께 (그것을 수금할 수 있었으리라 그리고 그가 곁에 서있는 자들에 게 말씀하였다) 그에게서 그 (한 므나를) 뺏어라 그리고 열 (므나를) 가진 자 에게 주어라 (그래서 그들이 그에게 말하였다 주여 그는 열 므나를 가졌나이 다 내가 너희에게 말하노니) 가지고 있는 모든 자에게는 주어질 것이요 가지 고 있지 않는 자에 대하여는 그가 가지고 있는 것조차 빼앗길 것이니라 (그러 나 내가 그들을 다스리기를 원치 않는 나의 이 원수들을 여기로 끌어내어 그 들을 내 앞에서 죽이라고 하였다)

앞 단락에 이어 본 단락의 비유 역시 예수의 재림에 관하여 가르친다. 본 단락에 귀족 남자가 떠나갔다가 왕위를 받고 다시 돌아와서 종들과 계 산하고 원수들을 심판하는 장면은 분명 예수의 재림 때를 연상하게 하는 내용이다. 본 단락은 왕과 백성이 관계된 내용과 주인과 종이 관련된 내용 들이 결합되어 있기에 문맥 흐름이 원만치 않다. 물론 본 단락에서 왕은 곧 주인으로도 역할을 한다. 본 단락은 이렇게 두 비유를 결합시켜서 재림 때 에 일어날 두 가지 중요한 일들을 언급하고 있다. 첫째, 예수를 미워한 원수

들은 죽임을 당할 것이고 둘째, 예수로부터 사명을 맡은 종들은 결산해야
할 것이다. 단락 전체 내용을 분량으로 보면 원수들에 관한 내용보다는 종
들에 관한 내용이 더 많다. 그것은 본 단락이 원수 심판보다는 종들의 결
산에 더 많은 관심을 두고 있다는 말이 된다.

첫째 비유의 내용이다. 어떤 백성과 한 귀족 남자가 있었다. 이들이 함
께 있던 동안에 백성들은 그 귀족 남자를 미워했다. 귀족 남자는 아직 백성
을 다스리고 있지 않았다. 그런데 그 남자는 그 백성을 다스릴 왕으로 이미
예정되어 있던 사람이었다. 어느 날 그 남자는 왕권을 받기 위해 먼 나라로
떠났다. 이 사실을 안 백성들은 그 뒤로 메신저를 보내어 자기들은 그 귀족
이 왕이 되는 것을 원치 않는다고 의사를 전달했다. 그런 백성들의 의사와
상관없이 그 귀족 남자는 왕위를 받아가지고 돌아왔다. 와서 그를 원치 않
는 백성들을 원수들로 취급했다. 이들을 끌어내서 죽이라고 명령했다.

이 비유에서 귀족 남자는 예수를 가리킨다. 이 남자가 왕위를 받기 위해
서 떠난 먼 나라는 하나님이 계신 하늘나라다. 예수는 하나님으로부터 왕
권을 받기 위해서 하늘나라로 올라한다. 여기서 왕위를 받아가기 위해 떠
나는 모습은 다니엘 7장에서 인자가 하늘 구름을 타고 옛적부터 계신 자에
게 와서 그로부터 영원한 권세와 영광과 나라를 받는 장면을 연상케 한다.
왕위를 받고 돌아온 귀족 남자처럼 예수도 하나님으로부터 영원한 영광과
권세와 나라를 받아가지고 이 땅으로 재림한다. 귀족 남자를 미워했던 백
성들은 예수를 대적하던 유대인들을 가리킨다. 이들은 예수가 하나님의 아
들로서 권세를 받아 재림하는 것을 싫어했고 믿지도 않았다. 귀족 남자가
원수들을 처벌하는 것처럼 재림 예수도 하나님으로부터 받은 권세를 가지
고 그를 거역했던 원수들을 처벌할 것이다.

둘째 비유의 내용이다. 그 귀족 남자는 왕위를 받기 위해 먼 나라로 떠나기 전에 열 명의 종들을 불러 돈을 한 므나씩 나누어 주었다. 그리고 그것 가지고 장사하라고 일러주었다. 주인이 떠난 후에 종들은 맡은 돈을 가지고 나름대로 열심히 일을 했다. 얼마 후 주인이 왕국을 받고 돌아왔다. 돈을 맡긴 종들을 모두 불러서 결산을 하였다. 주인은 종들이 맡겨준 돈을 가지고 열심히 일한 배수만큼의 도시를 다스리는 권세를 준다. 그러나 받은 그대로 가지고 온 종은 책망하면서 가지고 있던 것조차 빼앗아 열 므나를 남긴 자에게 넘겨준다.

본 단락에서 언급한 열 명의 종들은 앞에 언급한 백성들과 본질적으로 다르다. 처음에 백성들은 자신들이 귀족 남자에게 속한 백성이 되는 것을 싫어하고 거역할 수도 있었다. 왜냐하면 그 남자가 아직 왕권을 받지 않았기 때문이다. 그 귀족이 왕권을 받기 전에는 아직 그의 백성이라고 할 수 없다. 물론 왕권을 받게 되면 그때부터는 자동으로 그의 백성이 된다. 그의 왕권의 지배를 받게 된다. 이때쯤 되면 그 귀족은 왕으로서 자기를 거역했던 자들을 심판하게 된다.

그런데 본 단락에서 종들의 경우는 다르다. 종들은 이 귀족이 먼 나라로 떠나기 전에도 이미 주종관계로 묶여져 있었다. 귀족의 종으로 이미 운명이 정해진 관계이다. 이 종들은 귀족이 왕권을 받고 돌아오더라도 여전히 종의 관계가 유지된다. 특이한 것은 한 므나를 받았다가 있는 그대로 가지고 온 종이라도 책망을 받고, 있던 것도 빼앗기는 징계를 받지만 쫓겨난다는 기록은 없다. 백성들은 귀족 남자가 먼 나라로 떠난 동안에는 자기들 마음대로 살 수 있다. 그러나 종들은 귀족 남자가 떠나 있는 동안에도 주인이 맡긴 일을 충성되게 해야 한다. 왜냐하면 이들은 주인이 돌아올 것과 돌아오면 결산을 할 것을 알고 있기 때문이다. 본 단락에서 백성과 종은 본질적으로 다른 부류의 사람들이다.

본 비유에서 열 명의 종들은 예수를 '주님'이라고 부르는 크리스천들을 가리킨다. 주인이 먼 나라로 떠나듯이 예수는 이 세상을 떠나 하늘나라로 갔다. 예수는 떠나기 전에 다시 올 것이라며 세상에 남아 있는 크리스천들에게 똑같은 일거리를 맡겼다. 제자들이 했던 것처럼 하나님 나라를 전파해서 하나님 나라 백성들을 모아들이는 일이다. 장사하듯이 열심히 지혜롭게 일해서 갑절이나 남겨야 한다.

특이한 것은 열 명의 종들에게 한 므나씩 골고루 나누어 주었는데 주인이 결산할 때는 세 명의 종들만 언급된다. 열 명의 종들을 언급한 것은 모두에게 골고루 나누어 주었다는 것을 말하려는 의도가 있다. 즉 예수는 세상에 있는 모든 크리스천들에게 똑같은 사명을 맡겼다는 의미가 된다. 또한 세 명의 종들만 결산한 것은 그 세 명의 결산을 통하여 다른 종들의 결산도 쉽게 유추할 수 있기 때문이다. 열 므나나 다섯 므나를 남긴 종들에게 각각 열 도시를 또한 다섯 도시를 다스리는 권세를 준 것처럼 다른 종들 역시 남긴 수에 해당하는 도시를 다스리는 권세를 받게 될 것이란 사실을 쉽게 유추할 수 있다.

본 단락 내용 중 절반은 한 므나를 받은 그대로 가지고 온 종의 결산에 관한 것이다. 이 종은 주인이 돈을 줄 때 분명히 그것 가지고 장사하라고 부탁했음에도 불구하고 그 말을 듣지 않았다. 받은 한 므나를 손수건에 쌓아 두었다가 다시 가지고 왔다. 이유는 주인이 너무 정확한 사람이기 때문이라고 했다. 이 말은 장사속이 밝은 사람이란 말이다. 자기 물건이 아닌데 장사를 잘해서 자기 것으로 만들고, 자기가 씨를 뿌려 경작한 밭이 아닌데도 사업 수단이 좋아 자기 것으로 수확해 들인다. 한마디로 주인은 사업 이윤에 정확한 사람이다. 그래서 이 종은 한 므나를 받았지만 그것으로 사업하다가 실패했다가는 무슨 일을 당할지 몰라 무서워서 받은 그대로 수건에 쌓아두었다가 가지고 왔다고 한다. 이 말을 들은 주인은 나를 그렇게도 사업 이윤에 정확한 사람으로 알고 있다면 왜 은행에라도 두어 이자라도 남기지 않았느냐고 책망했다. 그리고 그 종의 한 므나를 빼앗아 열 므나를 가진 자에게 준다. 그러면서 지혜롭게 열심히 일을 해서 많이 남긴 자들에게는 더 맡겨줄 것이지만 도무지 일을 하지 않고 받은 것만 가지고 있는 자들에게서는 있는 것조차 빼앗을 것이라고 한다.

받은 한 므나마저 빼앗긴 종은 주인이 부탁한 말을 순종하지 않았다. 예수는 제자들에게 하나님 나라를 선포하라며 여러 말씀으로 부탁했다. 이런 예수의 명령을 알고도 순종치 않는 제자는 예수가 재림하면 받았던 것도 빼앗기고 책망을 받게 될 것이다. 또한 이 종이 주인의 명령에 순종하지 않은 근거는 주인에 대한 자신의 오해에 있었다. 이런 오해로 인해 아무 일도 하지 않았다. 오늘날도 이 종처럼 예수에 대해 자기 멋대로 이해하며, 예수가 세상을 떠나기 전에 부탁했던 말씀을 알지만 무시하는 크리스천들이 있다. 주인을 위해서는 아무 일도 하고 있지 않는다. 본 비유는 이런 사람들을 향한 경고이다.

제 63 장 제자들에게 주어질 권세

Q 22:28-30 (마 19:27-29//눅 22:24-30)

너희는 (나의 시험들에) 나와 (함께 남아있던 자들이라 그래서 나의 아버지께서 나에게 왕국을 맡기신 것처럼 내가 너희에게 맡기노라 너희가 나의

왕국에 나의 식탁에서 먹고 마시며) 이스라엘의 열 두 지파들을 심판하며 <u>보</u>
<u>좌</u> 위에 앉게 (하려 하노라)

    큐복음서의 마지막 단락이다. 앞 단락에서 예수는 충성한 종들에게 도
시를 다스릴 권세를 주는 내용을 비유로 언급했다. 본 단락에서 예수는 제
자들에게 주어질 권세를 직접 설명한다. 본문에 의하면 '너희'는 예수와 함
께 했던 자들이다. 곧 예수의 제자들을 가리킨다. 이들은 '예수의 시험들'
과 함께 했던 자들이다. 본문에 예수의 시험들을 가리키는 '나의 시험들'은
예수가 직접 받았던 모든 고난들을 가리키기도 하고 예수를 따르는 제자
들이 예수로 인해서 받았던 모든 고난들을 가리키기도 한다. 이 고난이 한
번에 그친 것이 아니라 계속 되었기 때문에 견디기 힘들었을 것이다. 그래
서 본문은 제자들을 오랜 고난들 가운데서도 '남아있던 자들'이라고 묘사
한다. 예수의 제자들은 예수가 많은 시험과 고난을 받을 때에 그와 함께
하면서 끝까지 남아 있던 자들이었다. 그뿐 아니라 예수가 세상을 떠난 후
에도 예수 때문에 일어나는 많은 시험과 고난들을 끝까지 참고 견뎌낸 사
람들이다. 본 단락 첫 문장에서 예수를 향한 제자들의 이와 같은 헌신을
인정하고 있다.

    예수를 향해서 헌신했기 때문에 이들에게 상급을 부여된다. 상급을 내
리는 분은 다름 아닌 예수이다. 예수는 본문에서 하나님이 자기에게 왕국
을 맡기셨다고 밝힌다. 즉 하나님 나라의 왕권이 예수에게 부여되었다. 먼
나라에 가서 왕국을 받은 귀족 남자를 연상케 하는 구절이다(Q62장). 본
단락에서 예수는 함께 고난 받았던 제자들에게 자기가 받은 왕의 권세를
부여한다. 제자들이 상급으로 하나님 나라에서 왕과 같은 지위를 받는다.

그래서 제자들은 하나님 나라의 왕이신 예수의 식탁에 같이 앉아서 예수와 함께 먹고 마시게 된다. 그동안 예수 때문에 멸시와 천대를 받았던 모든 고난의 시간이 지나고 높고 존귀한 영광의 시간이 주어졌다.

제자들에게 주어지는 상급은 왕 같은 지위뿐 아니라 보좌에 앉아 심판하는 권세도 있다. 예수는 제자들에게 이스라엘의 열 두 지파들을 심판할 권세를 부여했다. 여기서 이스라엘의 열두 지파들이란 온 이스라엘 백성들을 가리키는 말이다. 예수의 제자들은 아벨 때부터 하나님이 보낸 선지자들과 사도들을 죽이고 핍박했던 이스라엘의 죄를 심판할 것이다(Q33장). 예수의 가르침에도 불구하고 회개치 않고 오히려 예수를 대적했던 유대인들을 심판할 것이다(Q23,29,31장). 하나님 나라를 선포하는 제자들을 괴롭히고 심문하며 죽음으로 몰아친 유대인들을 심판할 것이다(Q35,38장). 이런 심판을 통해 심한 고난에도 불구하고 지켜왔던 하나님 나라의 진실이 드러나게 된다.

다니엘 7장을 보면 인자가 하늘 구름을 타고 와서 하나님 앞으로 인도받는다(13절). 하나님은 그 인자에게 영원히 없어지지 아니할 권세와 영광과 나라를 준다. 그리고 모든 백성과 나라들로 하여금 그 인자를 섬기게 한다(14절). 이후 심판이 시작되면서 모든 원수들을 멸망시킨다(26절). 그리고 모든 주권, 권세, 위엄 등이 성도들 즉 하나님의 백성들에게 주어진다(27절). 이와 같은 구약의 인자 사상이 큐복음서에서 재현되었다. 큐복음에 있는 예수의 신앙체계를 보면 예수는 인자로 이 땅에 왔다(Q8,20,21,31,36,37장). 그 인자는 왕위를 받으러 먼 나라로 갔다(Q62장). 그는 왕국의 권세를 받고 다시 오실 것이다. 생각지 않는 때에 오실 것이다(Q41,61장). 인자가 다시 오면 심판이 시작된다. 원수들은 완전히 멸망할 것이다(Q61장). 그

리고 제자들을 포함하여 모든 성도들, 하나님 나라 백성들에게는 나라와
권세와 위엄이 주어질 것이다(Q63장). 본 단락에서 제자들에게 약속한 왕
국, 보좌, 권세 등은 새로운 것이 아니라 이미 구약에 예언되었던 것들이다.
예수의 신앙체계는 구약에 근거한 예언들과 그것들의 성취란 구조에 기초
하고 있다.

IV. 큐복음 신학

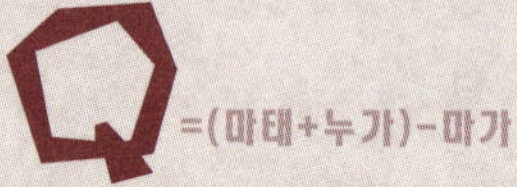
Q =(마태+누가)-마가

IV. 큐복음 신학

1. 큐복음 신론

1.1. 아버지 하나님

큐복음의 하나님은 기본적으로 구약에서 전승된 사상들을 그대로 수용하고 있다. 하나님은 하늘과 땅을 만드신 주인이며 기도를 들으시는 분이며 또한 찬양과 경배를 받으실 분이다(Q25장). 당연히 이름이 거룩히 여김을 받으실 분이다(Q27장). 돌을 가지고 아브라함의 자녀들을 만드실 수도 있는 전능하신 분이다(Q3장). 사람의 머리털까지 세실 정도로 모든 것을 알고 계시는 전지하신 분이다(Q35장). 여기까지는 당시 유대교의 하나님과 별로 차이가 없다. 당시 유대교와 큐 공동체와 갈라지는 결정적인 부분은 '메시아' 또는 '그리스도'라고 부르는 하나님의 아들 예수에게 있다.

하나님에게는 '예수'라는 사랑하고 기뻐하는 아들이 있다(Q5장). 하나님은 이 아들에 대해 알고 있는 유일한 분이다(Q25장). 천지의 주재이신 하나님은 아들 예수에게 모든 권한을 주었다(Q25장). 그리고 예수를 통해서만 하나님 자신을 알 수 있도록 했다(Q25장). 하나님은 아들 예수를 이 땅에 보내셨다(Q24장). 이 아들 안에는 하나님이 계신다(Q5장). 이 땅에 출현한 예수는 하나님을 아는 길을 자신이 원하는 제자들에게 보여주었다(Q25장). 하나님은 하나님 나라를 선포하고 다니는 제자들의 필요한 것을 채워주신다(Q39장). 제자들이 간구할 때 더 좋은 것으로 주신다(Q28장). 아들 예수와 그의 제자들로부터 선포되는 말씀을 받아들이지 않고 대적하는 자들에게 하나님은 심판을 준비하고 계신다(Q33장). 하나님은 심판 때에 그런 악한 자들을 지옥으로 던져버리는 분이다(Q35장).

큐 본문이 보여주는 것처럼 큐 공동체의 신앙체계는 당시 유대교와 분명히 다르다. 큐 공동체의 신앙체계는 유대교 하나님으로부터 시작하지만 중심은 모든 권한을 부여받은 하나님의 아들 예수에게 있다. 그래서 가장 오래된 복음서 공동체인 큐 공동체는 하나님의 아들 그리스도를 중심으로 했던 '예수 공동체'임을 본문이 증거하고 있다.

1.2. 예수 그리스도

"예수는 누구인가?"에 관해서 큐복음은 분명하게 밝히고 있다. 예수는 요한처럼 구약에 예언자를 통해서 이미 예언되었던 '그리스도'이다(Q2장). 큐복음은 예수의 세례 받는 사건을 통해서 그동안 대망해 왔던 '그리스도' 곧 '하나님의 아들'이 예수임을 밝힌다(Q5장). 또한 마귀의 시험을 통해서 예수의 정체는 '하나님의 아들'임이 더욱 부각시킨다. 하나님의 아들 예수는 세례 요한과 본질적으로 다르다. 큐복음은 예수가 세례 요한에게 세례 받았다고 기록하지 않는다(Q5장). 그래서 옥에 갇혀 있던 세례 요한은 예수가 그리스도인지 알아보기 위해서 그의 제자들을 예수에게 보낸다(Q16장). 예수는 요한과 달리 성령과 불로 세례를 주는 분이다(Q4장). 예수는 불을 던지러 이 땅에 왔다. 예수 때문에 한 집안에서 예수를 믿는 자와 반대하는 자 사이에 분열이 일어난다(Q43장).

지혜로 말할 것 같으면 솔로몬은 예수와 비교도 안 된다. 그런데도 사람들은 예수 지혜를 의심하고 시험한다(Q31장). 예수의 말씀은 니느웨 사람들을 회개시킨 요나와도 비교가 안 된다(Q31장). 예수는 예루살렘의 자녀들 즉 유대인들을 품으려고 애타게 말씀을 선포했다(Q49장). 그런데 사람들은 듣기만하지 행하지 않는다(Q14장). 많지는 않지만 예수의 지혜와 말씀을 따르는 사람들이 생긴다. 이들 가운데 예수의 제자라고 불리는 사람도 있다. 예수와 같이 먹고 마셨다고 해서 또는 예수의 가르침을 받았다고 해서 제자라고 할 수 없다. 큐복음은 오히려 이런 사람들 가운데 '불의를 행하는 자들'이 있다고 경고한다(Q47장). 예수는 제자들이 잘 훈련받아 스승인 자기처럼 되기를 기대한다(Q11장). 제자들에게 말씀 선포의 권위를 부여한다. 제자들의 선포가 곧 예수의 말씀이 되고 또한 예수를 보낸 하나님 말씀이 된다(Q24장). 제자들은 목숨까지 걸고 예수를 따른다(Q53장). 예수를 따르는 길은 결코 쉬운 길이 아니다. 자기 십자가를 지는 길이다(Q53장). 좁은 문으로 들어가기 위해 힘쓰는 것을 의미한다(Q47장). 제자들은 예수 때문에 사람들로부터 욕을 먹고 핍박을 받는다(Q8,63장).

큐복음의 예수는 자기를 따르는 제자들에게 사명을 맡기고 떠나버린다(Q62장). 중요한 것은 예수가 다시 돌아온다는 사실이다. 그런데 예수가 돌아오는 때 즉 재림 시기는 알려주지 않는다. 재림에 관련해서 사람들의 유혹하는 말을 듣지 말라고 경고한다. 항상 깨어 준비하고 있으라고 한다(Q61장). 예수가 재림하면 두 가지 중요한 사건이 일어난다. 첫째는, 휴거 사건이다. 둘이 같이 있는데 갑자기 한 사람이 데려감을 당한다(Q61장). 둘째는, 심판 사건이다. 재림 예수는 사명을 받은 제자들을 불러 결산한다. 그리고 고난 가운데서도 예수와 함께 했던 충성된 제자들에게는 상급으로 왕 같은 권세와 이스라엘을 심판할 권세를 부여한다(Q63장). 예수를 증오했던 원수들에게는 벌을 내린다(Q62장).

큐복음 안에 예수는 지혜교사나 견유학자와 같이 어떤 지혜나 지식을 전달해주는 선생이 아니다. 엄연히 구약의 메시아사상에 근거한 신앙의 대상으로서 하나님의 아들이다. 큐 본문 전체가 이것을 입증하고 있다. 오늘날 기독교는 큐복음이 보여주는 신앙의 대상으로서 예수를 회복해야 한다. 큐 공동체는 초림한 예수의 가르침을 따르는 공동체이며 동시에 재림할 예수를 준비하며 대망하는 공동체였다. 재림을 대망한다는 것은 예수의 부활과 승천을 전제로 한다. 그렇지 않고서 예수의 재림사상을 논할 수 없다. 가장 오래된 복음서 공동체인 큐 공동체는 오늘날 기독교의 기초가 되는 초림, 부활, 승천, 재림 등과 같은 신앙체계를 가지고 살았다.

1.3. 성령

큐복음에서 성령은 어떤 능력이나 영향을 발휘하는 개별적인 존재이다. 성령은 예수가 세례 받을 때에 하늘로부터 예수에게 임했다(Q5장). 그리고 그 성령은 예수를 시험받을 광야를 데리고 간다(Q6장). 제자들이 선교하다가 붙잡혀서 심문을 받게 될 때 성령은 제자들에게 할 말을 가르쳐 준다(Q38장). 여기서 제자들이 경험하는 성령은 어떤 느낌이나 깨달음이 아니다. 마치 선생과 제자같이 전혀 다른 두 객체, 성령과 제자가 서로 가르치고 가르침을 받는다. 다시 말하지만 큐복음에 묘사된 성령은 천상에 속한 하나의 인격적인 존재이다.

예수의 사역은 요한이 선포한대로 성령으로 세례를 주는 사역이다(Q4
장). 예수가 세례 받을 때에 성령이 임한 것처럼 성령 세례를 받은 사람에
게는 성령이 임한다. 예수가 성령에 이끌리듯이 성령 세례 받은 사람은 성
령이 가르치고 인도하는 데로 순종하는 삶을 산다. 성령이 세례 받은 사람
의 삶을 주관하게 된다. 성령 세례를 받으면 삶이 나 중심인 삶에서 성령
중심의 삶으로 변화된다. 그래서 성령을 모독하는 것은 용서받을 수가 없
는 죄이다(Q37장). 이런 큐복음의 가르침을 받아들였던 큐 공동체는 성령
중심의 공동체였다.

삼위일체 신학. 그것의 태동이 큐복음 신학 안에 들어있었다. 큐복음에
는 만물을 주인인 성부(聖父) 하나님, 하나님으로부터 모든 권세를 부여받
은 성자(聖子) 예수, 그리고 하나의 객체로서 예수가 세상을 떠난 후에도
제자들을 인도하며 돕는 성신(聖神) 성령의 조화가 바로 큐복음 안에 들어
있다. 오늘날 기독교 신앙의 근본을 가장 오래된 복음서인 큐복음 안에서
찾을 수 있음을 확신하게 된다.

2. 큐복음 세계관

큐복음의 신앙세계 안에는 두 종류의 영적 존재들이 있다. 첫째는, 선한
존재로 천사들이 있다. 이 천사들은 하나님의 명령을 따라 행동한다. 하나
님이 명하시면 이 천사들은 예수가 성전 꼭대기에서 뛰어 내릴 때에 발이
다치지 않게 붙잡아 주는 역할을 한다(Q6장). 둘째로, 악한 영적 존재들로
마귀, 바알세불, 귀신 등이 있다. 마귀는 예수를 시험했던 존재이다. 예수에
게 말을 걸기도 하고 데리고 다니기도 한다. 예수에게 경배를 받으려고 유

혹도 한다. 마귀는 세상의 모든 왕국과 영광을 본인이 가지고 있다고 한다 (Q6장). 바알세불은 귀신들의 왕이라고 한다(Q29장). 큐복음에는 '벙어리 귀신, 더러운 영, 일곱 배 더 악한 영들' 등의 영적 존재들을 언급한다. 이것 들은 사람 속을 들락날락하는데 사람 안에 들어가면 그 사람의 몸 상태가 악화된다(Q30장). 이런 귀신들은 예수에 의해 쫓겨 나간다. 벙어리 귀신이 쫓겨나면 그 사람은 정상적으로 말을 하게 된다(Q29장).

큐복음의 세계관은 전적으로 신앙체계에 입각한 세계관이다. 공간적으 로 하늘과 땅과 지옥이 언급된다. '지옥'이란 죽어야만 가 볼 수 있는 장소 이다(Q35장). 이 말은 큐복음에서 지옥은 우리가 물리적으로 논하는 그런 공간이 아니다. 큐복음에 언급된 '하늘, 하나님 나라'도 마찬가지로 물리적 공간이 아니라 종교적 공간이다. 예수가 세례를 받을 때에 하늘이 열렸다 고 한다. 그리고 성령이 그 열린 하늘에서 내려오고 또한 하늘에 계신 하나 님이 예수를 향해 말씀을 하셨다(Q5장). 이 세상에서 선을 베풀면 이 하늘 에 보화가 쌓인다고 한다(Q40장). 이런 면에서 하늘은 우리와 멀리 떨어진 어떤 초월적인 세계를 가리킨다.

그런데 예수는 이 초월적인 하늘을 사람들이 살고 있는 땅으로 끌어내 린다. 하나님이 통치하는 하늘나라가 이 땅으로 내려온다. 예수가 제자들 에게 원하는 것은 이 하나님의 나라를 선포하는 것이다(Q21장). 가난한 제 자들에게 미래가 아닌 현재에 하나님 나라가 주어진다(Q8장). 그래서 제 자들은 세상 근심 걱정을 버리고 먼저 하나님의 나라를 구해야 한다(Q39 장). 예수는 제자들을 파송시켜 "하나님 나라가 가까웠다"고 선포하게 한다 (Q22장). 또한 제자들에게 "하나님의 나라가 임하시옵소서"란 기도문도 가 르친다(Q27장). 예수와 제자들의 선포로 많은 사람들이 하나님 나라로 몰려 들어간다(Q18장). 이렇게 들어간 하나님 나라 백성들 가운데 아무리 작은 자라도 세례 요한보다는 크다고 설명한다(Q17장).

하나님 나라가 지금 이 땅 위에서 실현되고 있다. 사람 속에 들어있던 귀신이 예수에 의해 쫓겨나면 그 사람에게 지금 하나님 나라가 실현된 것이라고 한다(Q29장). 이 하나님 나라는 한 사람씩 개별적으로 실현되면서 점점 확장되어 가는 특징이 있다. 그래서 예수는 하나님 나라를 겨자씨나 누룩에 비유해서 설명한다(Q46장). 예수에 의해서 이 땅에서 '벌써'(already) 실현되기 시작한 하나님 나라는 지금도 계속 성장하고 있다. 그러나 이 하나님 나라는 아직 완성된 것은 아니다(but not yet). 신학을 공부할 때 하나님 나라에 대한 논의에서 자주 쓰는 'already but not yet'이란 용어의 뿌리는 사실 큐복음에 있다.

큐복음의 하나님 나라는 하늘에서 완성된다. 공간적으로 볼 때 하나님이 계신 초월적인 하늘나라가 예수에 의해 이 땅으로 내려와서 이 땅 위에서 하나님 나라로 드러나기 시작하다가 승천한 예수가 재림할 때에 다시 초월적인 하늘나라로 올라가서 완전해진다. 예수가 재림할 때는 오늘날 신학적 용어로 쓰고 있는 '휴거'가 일어난다(Q61장). 이 땅에 하나님 나라 백성들이 하늘로 들려 올라가는 일이 일어난다. 예수가 이 땅에 재림하지만 하나님 나라의 완성은 이 땅에서 이루어지는 것이 아니다. 다시 하나님이 계신 하늘로 올라간다. 시작은 이 땅에서 시작했지만 완성은 하늘에서 이루어진다.

이렇게 천상에서 하나님 나라가 완성될 때는 잔치가 베풀어진다. 이 잔치에는 이미 죽어 하늘나라로 올라간 아브라함, 이삭, 야곱, 모든 선지자들이 참석하게 된다(Q48장). 이때 하나님 나라 백성들에게는 잔치가 준비되지만 그렇지 않은 사람들에게는 심판이 기다리고 있다. 이미 초청 받았던 예루살렘의 자녀들은 심판을 통해서 하나님 나라 밖으로 쫓겨나게 된다. 반면에, 예수를 통하여 하나님 나라 백성이 된 가난한 자들, 병신들, 장님들, 절름발이들, 이방인들이 동서남북에서 와서 하늘나라 잔치에 참석하게 될 것이다(Q49,52장). 이렇게 완성된 하나님 나라에서 예수와 함께 고난을 받았던 제자들은 왕 같은 권세를 받아 보좌에 앉아 그 나라를 다스리며 이스라엘을 심판할 것이다(Q63장).

가장 오래된 복음서인 큐복음의 신앙체계는 오늘날 잃어버렸던 기독교의 신앙체계를 회복하고 확립하는 기준이 된다. 하나님 나라의 이중 개념 즉 이 땅에서 시작되었고 하늘에서 완성될 하나님 나라에 대한 큐복음의 신앙은 회복되어야 한다. 이 땅에서 실현되는 하나님 나라는 정치적이며 사회적인 나라가 아니다. 그렇다고 윤리나 도덕적 실천으로 실현되는 나라도 아니다. 예수에 의해 귀신이 쫓겨나고 성령 세례를 받아 성령의 인도를 받는 생활이 이 땅에서 실현되고 있는 하나님 나라이다. 이렇게 실현된 하나님 나라에 살고 있는 사람들은 선을 베푸는 생활을 한다. 이런 윤리적이거나 도덕적 행위는 성령의 인도를 받는 사람들이 보여주는 하나의 열매일 뿐이다.

하나님이 통치하시는 나라가 하나님 나라이다. 내 삶을 하나님이 통치하면 자연히 나에게 하나님 나라가 이루어지는 것이며 나는 이 땅위에서 살지만 하나님 나라의 백성으로 살게 된다. 최초 기독교 공동체가 사용했었던 큐복음은 분명하게 말하고 있다. 예수의 운동은 정치, 사회, 문화적 운동이 아니었고 순전히 종교적인 운동이었다고. 오늘날 기독교는 큐복음을 통해서 잃어버린 신앙 본질을 회복해야 한다.

3. 큐복음 역사관

큐의 역사는 예수 그리스도 중심의 역사관이다. 그리스도를 중심으로 초림 이전, 초림 이후, 그리고 재림 등 세 시대로 나뉜다. 첫 시대인 초림 이전 시대는 창조 이후부터 세례 요한 때까지를 말한다. 만물의 시작을 기록하고 있는 율법서와 하나님이 보낸 선지자들의 예언이 중심이 되는 시대이기에 율법과 선지자의 시대라고도 한다. 이 시기에 모세의 율법서나 선지자들의 예언서들은 그리스도가 나타날 것을 예언했다(Q2장). 많은 선지자들이나 왕들은 그리스도를 만나보길 원했고 그의 가르침을 듣기를 원했지만 아직 그리스도는 세상에 출현하지 않았다(Q26장). 이 시대는 세례 요한과 함께 막을 내린다(Q18장). 이 시대의 마지막 인물 세례 요한은 곧 출현할 그리스도의 길을 준비하는 사람으로 역할을 한다(Q2장).

둘째 시기인 초림 후는 예수 그리스도의 첫 출현으로 시작해서 예수의 재림으로 끝난다. 이 시기는 초림과 재림의 중간시기로서 예수와 그의 제자들이 살았던 시대, 초대교회 시대, 중세교회 시대, 우리가 살고 있는 현대 교회 시대를 모두 포함한다. 예수로 말미암아 감추어진 비밀들이 드러나고 새 시대가 선포되기 시작한다(Q34장). 즉 예수의 출현과 함께 새로운 시대인 하나님 나라가 시작된다(Q18장). 이 시대의 사람들은 무엇보다도 먼저 이 하나님 나라를 구해야 한다(Q39장). 예수로 말미암아 주어지는 성령 세례와 불 세례를 받아야 한다(Q4장). 이 성령의 불이 일어나 사방으로 번져야 한다(Q43장). 이 성령의 불을 경험한 많은 사람들이 하나님 나라로 몰려 들어가고 있다(Q18장). 이 사람들은 이 땅에서 하나님 나라 백성이 되었다. 즉 이 세상에서 하나님 나라를 소유한 사람들이다. 그러나 아직도 추수할 것은 많이 남아 있다. 즉 하나님 나라 창고로 들여보내야 할 사람들이 많이 있다. 그러나 이 추수를 위해서 일할 일군이 적다(Q22장). 또 다른 문제는 보냄을 받은 일군들이 추수를 하려는데 원수들이 나타나서 핍박하고 죽이는 일이 벌어진다(Q33장). 하나님은 창세 이후 하나님이 보낸 일군들이 흘린 피값을 이 악한 세대에게 요구하실 것이다(Q33장). 결국 이 시대에 사람들은 예수로 인해서 둘로 갈라진다. 예수를 하나님의 아들로 고백하고 하나님 나라를 위해서 일하는 사람과 예수를 부인하고 예수의 사람들을 핍박하는 사람으로 나누어진다(Q36장). 좋은 열매를 맺는 나무와 열매를 맺지 못하는 나무로 구별되고(Q3장), 알곡과 껍질로 구분되듯이 말이다(Q4장).

셋째 시기는 인자되신 예수의 재림과 함께 시작되는 최후 심판의 시대이다. 이 시대가 되면 예수를 거역했던 사람들에게는 죽음이 기다리고 있다(Q62장). 특이한 것은 아무도 이 재림의 때를 모른다는 데 있다. 예수는 도둑같이, 번개같이, 독수리같이 아무도 모를 때 재림한다(Q41,61장). 이때에는 재림한 예수가 땅 위에 그의 백성들을 하늘로 데리고 올라가는 휴거 사건이 일어난다(Q61장). 재림한 예수는 그의 백성들을 만나서 그동안 맡겨준 사명에 관한 결산을 한다. 충성을 한 만큼의 상급이 주어진다. (Q62,63장).

이런 세 시기들 가운데 큐 공동체는 초림 후와 재림 전이란 중간 시기에 들어 있다. 정확한 재림 시기를 알 수 없기 때문에 큐 공동체는 현명한 청지기와 같이 맡은 사명을 충성스럽게 감당해야 한다(Q42장). 오늘날 현대 기독교 역시 초림과 재림 중간기에 놓여 있다. 큐 공동체처럼 재림을 기다리는 충성된 신앙공동체의 모습을 회복할 때 잃었던 신앙의 본질을 되찾게 된다.

4. 큐복음 인간론

큐복음은 인간을 어떻게 이해하고 있는가? 큐복음은 인간을 총체적으로 '사람'(ἄνθρωπος)이라고 부른다(Q6장이하). 이 '사람'은 이 땅에서 다른 사람들과 구별된 정체성을 가지고 있는 '자기 자신'이다. 즉 이 '사람'은 나 자신을 규정하는 주체적인 자아(眞我, True Self)를 가리킨다. 그래서 이 '사람'은 이 땅에서도 살지만(Q6장이하), 죽어서는 천국 잔치에 들어가기도 한다(Q48장).

그런데 이 '사람'에게는 먹고 입어야 할 '몸'(σῶμα)이 있다(Q39장). 이 몸은 영원히 사는 것이 아니다. 몸은 죽음으로 끝난다(Q35장). 그러나 사람은 몸의 죽음으로 소멸되는 것이 아니다. 몸은 죽지만 죽음 이후에도 자기 자신(眞我, True Self)은 하나님 앞에 서게 된다. 하나님은 이 죽은 '사람들' 가운데 악한 자들을 지옥에 던져 넣는다(Q35장).

그리고 몸 안에는 공간이 있다. 이것을 몸 안에 있는 '집'이라고도 한다(Q30장). 이곳에는 자기 자신(眞我, True Self)이 들어 있을 뿐 아니라 성령이나 악령과 같은 영적 존재가 들어 올 수 있다. '더러운 영, 귀신, 마귀' 등으로 표현된 악령이 몸 안에 들어오면 자기 자신(眞我, True Self)도 지배를 받고 몸도 영향을 받는다. 몸 안에 벙어리 귀신이 들어오면 그 몸은 말을 못하는 벙어리가 된다. 이 공간에 악한 영들이 들어가면 그 몸의 상태는 아주 악화된다(Q29,30장).

반면에, 사람 몸 안에 성령이 들어오면 그 사람은 성령의 지배를 받게 된다. 성령의 지배를 받는 다는 것은 하나님의 통치를 받는 하나님 나라 백성으로서 산다는 말이다. 이 성령은 예수를 통해서 들어오게 되며 불과 같이 태우고 밝히는 특성이 있다(Q5장). 예수로 인해서 성령이 들어오면 무엇보다도 몸 안에 들어 있던 악한 영들이 쫓겨나간다. 그리고 그 사람에게 하나님 나라가 임한다(Q29장). 성령의 불빛은 그 몸 안을 환하게 밝혀주어 그 안에 있는 자기 자신(眞我, True Self)의 모습을 있는 그대로 보여준다. 그래서 사람은 몸 안에 있는 이 성령의 빛이 어두워지지 않도록 주의해야 한다(Q32장). 또한 내재하는 성령은 '사람'(眞我, True Self)에게 지혜의 말씀을 가르쳐주기도 한다(Q38장). 사람에게 성령이 임하면 그 사람만 좋은 것이 아니라 하나님도 기뻐하신다(Q5장).

큐복음에 나오는 인간들은 예수로 인해 두 종류로 나누어진다. 이 둘은 거의 상극이다. 그래서 심지어 한 가정 안에도 이 둘은 서로 대항하며 분열한다(Q43장). 이 둘의 기준은 오직 예수이다. 예수의 말씀을 듣고 행하는 사람은 선하고 의롭고 착하고 겸손하고 충성되고 지혜로운 사람이다. 반대로 예수의 말씀을 거역하고 행치 않는 자들은 악하고 나쁘고 미련하고 교만하고 불법을 행하는 사람이다. 예수와 함께 있지 않는 자는 예수를 대적하는 자라고 한다(Q29장). 예수를 고백하는 사람이면 하늘의 천사들도 인정해주고 예수를 부인하는 사람이면 천사들도 거절한다(Q36장). 큐복음서는 단순하게 선행을 베푸는 착한 사람이 되라는 도덕 교과서가 아니다. 예수는 하나님의 아들이라고 믿으며 그가 명한 하나님 나라를 전파하기 위해 목숨까지 걸고 신앙을 추구하는 큐 공동체의 행동 지침서이다(Q53장).

큐복음은 인종에 따라 사람을 차별하지도 않는다. 예수는 이방인 백부장의 믿음을 보시고 이스라엘 사람들 가운데 그만한 믿음 가진 사람을 본 적이 없다고 칭찬을 아끼지 않는다(Q15장). 오히려 예수는 당시 인종적으로 같은 유대인들인 바리새인들과 율법사들을 저주한다(Q33장). 바리새인들이나 율법사들도 나름대로 하나님을 믿는다는 사람들이다. 그런데 예수는 이들에게 화가 임할 것이라고 경고한다. 한마디로 이들은 예수와는 다른 신앙체계를 가지고 있다. 큐복음의 모든 판단 기준은 예수에게 있다. 예수에게 맞추어지지 않으면 저주를 받게 된다. 결국 인종이 문제가 아니라 예수를 하나님의 아들로 받아들이느냐가 문제이다.

큐복음이 제시하는 이상적인 인간상은 예수의 제자이다. 제자들이 보고 있는 예수는 이전에 선지자들이나 왕들이 고대했던 '메시아'이다(Q26장). 예수는 제자들에게 사람들 앞에서 예수가 그리스도임을 고백하라고 가르친다(Q36장). 예수는 제자들이 예수처럼 되기를 기대한다. 선생인 그리스도보다야 높아질 수는 없지만 그래서 철저하게 훈련받으면 선생처럼 될 수 있다고 가능성을 제시한다(Q11장). 제자는 생활 문제로 걱정하지 말아야 한다. 오히려 안정된 생활의 기초가 되는 소유재산을 팔아서 선을 베풀라고 명한다(Q40장).

제자는 무엇보다 먼저 하나님의 나라를 구해야 한다. 그러면 나머지는 하나님이 공급해 주신다(Q39장). 제자들의 삶의 우선순위는 먹고 사는 데에 있는 것이 아니라 하나님 나라를 구하는 삶에 있다. 이런 삶을 추구하는 제자들에게 필요한 것은 무엇보다도 믿음이다. 예수는 제자들이 겨자씨만한 믿음만 있더라도 뽕나무를 뿌리 채 뽑아 바다 가운데 심겨놓는 기적이 일어난다고 가르친다(Q60장). 믿음을 갖춘 제자들에게 예수는 말씀 선포의 권세를 준다. 제자들이 선포하는 말은 곧 그들의 스승인 그리스도의 말씀이며 더 나가서 그리스도를 보내신 하나님의 말씀이다(Q24장). 이런 확신을 갖고 제자들은 고난을 받을 각오해야 한다. 예수를 따르는 길은 쉴 곳조차 없는 길이다(Q21장). 힘을 써야 들어갈 수 있는 좁은 문이다(Q47장). 심지어는 가족들도 버리고 자기 목숨까지 버릴 각오를 해야 하는 과격한 길이다(Q53장).

예수는 제자들이 가르침을 듣기만 하는 것이 아니라 실제로 행동에 옮겨야 한다고 덧붙인다(Q14장). 예수는 죽을 각오를 한 제자들을 늑대 같은 원수들이 우글거리는 세상으로 파송한다. 먹는 것과 입는 것을 염려하지 말라던 가르침처럼 예수는 제자들을 파송하면서 돈지갑, 자루, 신발 등을 가지고 다니지 말라고 명한다. 집이나 도시에 들어가서 먹을 것을 주면 받아먹고 안 주더라도 하나님이 공급하신다는 믿음을 가지라는 말이다(Q22장). 어디를 가든지 제자들은 하나님 나라가 가까웠다고 선포해야 한다(Q21장). 그러한 제자들의 선포를 통하여 길 잃고 방황하는 양 한 마리라도 되찾으면 큰 기쁨이 된다(Q55장).

큐복음을 아래와 같이 요약해본다. 구약에서 하나님이 보냈다던 그의 아들 그리스도가 '예수'란 이름으로 이 땅에 내려왔다. 이 예수는 이 땅에서 하나님이 통치가 실현된 나라를 선포하기 시작했다. 그리고 사람들에게 불과 성령으로 세례를 주었다. 예수의 불세례와 성령 세례를 받은 사람들에게 변화가 일어났다. 그 속에 거주하던 악한 영들이 쫓겨 나가고 대신 성령이 내재하게 되었다. 내재하는 성령은 그 사람을 보호하고 그의 삶을 인도한다. 하나님 나라가 그에게 실현된 것이다. 예수의 불세례와 성령 세례는 점점 번져나가면서 하나님의 나라는 확장된다. 예수는 이 일을 재림 때까지 제자들과 그를 믿는 사람들에게 맡겨놓고 하늘로 올라갔다. 결국 예수를 믿는 모든 사람들은 사명을 맡은 제자로서 계속 하나님 나라를 전파해야 한다. 제자는 먹고 사는 것보다 하나님 나라를 더 중요하게 여겨야 한다. 목숨까지 버릴 각오를 해야 한다. 도시마다 집집마다 찾아다니면서 하나님 나라가 가까웠다고 선포해야 한다. 예수의 불세례와 성령 세례가 온 세상에 번지도록 도와야 한다. 성령이 제자들에게 해야 할 말을 가르쳐 주신다. 제자들이 하는 말은 곧 예수의 말이고 또한 예수를 보낸 하나님의 말씀이다.

지금까지 큐복음서 주해를 통해서 신약성서 안에서 찾을 수 있는 가장 오래된 신앙체계를 살펴보았다. 위기에 빠진 성서신학과 방황하는 현대 신학에 기초한 현대 기독교가 본래의 자리를 찾아가려면 큐복음에 나타난 신앙 체계를 회복해야 한다. 무엇보다도 성서를 해체를 위한 연구 대상으로 대하기보다는 기록된 하나님의 말씀으로 받아들여야 한다. 기독교는 학문을 추구하는 학파가 아니라 신앙을 추구하는 종교이기 때문이다. 그래서 교회 안에서는 성서에 기록된 대로 하나님의 천지창조, 하나님의 아들 예수의 부활, 승천, 재림, 심판, 천국과 지옥, 예언, 기적, 계시 등이 거침없이 선포되어야 한다. 그것만이 기독교가 본래의 모습으로 돌아갈 수 있는 지름길이기 때문이다.

V. 큐 본문 재구성에 관한 해설

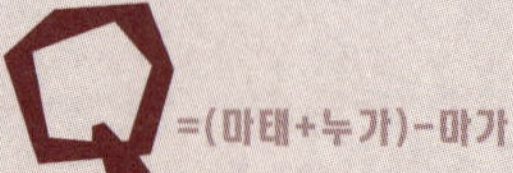
Q =(마태+누가)-마가

V. 큐 본문 재구성에 관한 해설

제 2 장 세례 요한의 출현

Q 3:2-4 (마 3:1-6//눅 3:1-4)

(그 때)에 (하나님의 말씀이) 광야에 요한에게 (임하였다) <u>요한이</u> 요단 강 <u>부근 각처로</u> (와서) (죄들의 용서를 위한 회개의 세례를) 전파하나라 선지자 이사야로 (말씀하신 바) 광야에 외치는 자의 소리가 있어 가로되 너희는 주의 길을 예비하라 그의 첩경을 평탄케하라 하였느니라

본문 재구성

일반적으로 마가복음은 "하나님의 아들 예수 그리스도의 복음의 시작" 이란 말씀(1:1)으로 시작된다. 이 문장은 희랍어 원문으로 보면 본동사가 생략된 명사 문장으로 되어 있다. 이것을 마가복음의 책 제목이라고도 하 다. 큐복음도 아마 이와 같은 책 제목이 있었을 것이다. 그러나 큐복음서 가 현존하지 않기 때문에 책 제목을 알 수가 없다. 그렇다고 마태복음이나 누가복음에 큐복음의 제목이 남아 있을 리는 없다. 왜냐하면 마태나 누가

도 자신들의 복음서 편집 의도가 있었기 때문에 큐복음의 책 제목을 그대로 옮겨 적을 필요성을 느끼지 않았다. 그래서 여기서는 제 1 장은 공백으로 남겨둔다.

본 단락은 마태복음, 마가복음, 누가복음에 모두 나오는 삼중 전승(Triple Tradition) 본문이다. 왜냐하면 마 3:1-6절, 막 1:2-6절, 눅 3:1-4절에 기록되어 있기 때문이다. 큐 본문을 설정하는 데 기본적인 가설은 마태나 누가가 마가복음과 큐복음을 보고 복음서를 만들었다는 것이다. 그래서 삼중 전승 단락을 큐 본문으로 설정하려면 마태와 누가는 공유하고 마가와는 다른 점들을 찾든지 아니면 다음 단락과의 관계 속에서 본 단락이 있어야 될 타당성을 제시해야 한다.

Q 3:2-4절을 큐 본문으로 설정한 근거는 먼저 다음 단락과의 연관성에서 찾을 수 있다. 다음 단락 Q 3:7-9절은 세례받으러 오는 무리들을 향한 요한의 책망과 심판의 말씀이다. 세례 요한에 대한 소개도 없이 갑자기 그런 말씀으로 큐복음서가 시작된다는 것은 생각하기 어렵다. 사실 신약에 세 공관복음서 모두 본 단락과 같은 세례 요한에 대한 소개를 기록하고 있기 때문이다. 이런 이유로 본 단락은 큐 본문 안에 들어 있었음이 분명하다. 문제는 마태나 누가가 마가 본문(1:2-6)을 보지 않고 큐 본문을 보았다는 증거를 밝혀야 한다. 마가는 이사야 말씀을 먼저 기록하고 요한의 활동을 소개했다. 반면에, 마태나 누가는 세례 요한의 활동을 먼저 소개하고 이사야 말씀을 기록하였다. 이런 순서의 차이는 마태나 누가가 마가와는 다른 전승 본문 즉 큐 본문을 참고하였다는 증거가 된다.

다음 단계는 마 3:1-6절과 눅 3:1-4절 가운데 큐 본문을 재구성하는 일이다. 일반적으로 세례 요한의 등장 시기를 기록한 눅 3:1-2절은 누가의 편

집이라고 보기 때문에 간략하게 언급한 마 3:1절의 '그 때에'를 큐 본문으로
선정했다. 마 3:1절에서 '광야'는 세례 요한의 말씀 선포 장소인 반면 눅 3:2
절에서 '광야'(개역: 빈들)는 하나님의 말씀이 요한에게 임한 장소이다. 막
1:4절을 보면 '광야'는 세례 요한의 말씀 선포 장소로 되어 있다. 그렇다면
마태는 마가 본문을 따른 것으로 볼 수 있고 반면 누가는 다른 전승 본문
즉 큐 본문을 따른 것으로 추정할 수 있다.

세례 요한의 선포인 마 3:2절에 "회개하라 천국이 가까웠느니라"란 표현
은 마 4:17절에서 예수의 첫 선포 내용으로 똑같이 기록되어 있다. 마가복
음이나 누가복음에는 없는 표현이다. 그래서 마 3:2절에 있는 세례 요한의
선포에 관한 표현은 마태의 신학적 편집 작업으로 보고 눅 3:3b절에 있는
표현을 큐 본문으로 규정한다. 마태, 누가, 마가 모두 이사야 인용문(사 40:3
LXX) 안에 '우리 하나님의 첩경'을 '그의 첩경'으로 변경된 문장을 기록하고
있다. 이것은 오실 메시야에 대한 기대를 내포한 변경된 이사야 인용문이
일찍부터 하나의 전승으로 전해져 왔던 것으로 추정된다.[1]

제 3 장 세례 요한의 경고

Q 3:7-9 (마 3:7-10//눅 3:7-14)

(그에게 세례받으러 오는 무리들에게 말하기를) 독사의 자식들아 누가 너
희에게 다가오는 진노를 피하라고 경고 하더냐 그러므로 회개에 <u>합당한 열
매들</u>을 맺어라 그리고 아브라함을 우리 조상으로 가지고 있다고 너희 자신
들에게 말하려고 (시작하지) 말라 하나님은 이 돌들로부터 아브라함의 자녀
들을 일으키실 수 있다는 것을 너희에게 말한다 이미 도끼가 나무들의 뿌
리에 놓여있다 그러므로 좋은 열매를 맺지 아니하는 모든 나무들은 쩍혀 불

에 던지우리라

본문 재구성

본 단락은 마태복음과 누가복음에만 나오는 이중 전승(Double Tradition) 본문이다. 평행구절이 마가복음에는 없고 마 3:7-10절과 눅 3:7-9절에만 기록되어 있기 때문이다. 그래서 본 단락이 큐 본문이라는 점에는 이견들이 없다. 사실 두 평행구절을 비교해보면 도입문장(마 3:7a, 눅 3:7a)만 빼놓고 서로 놀라울 정도로 문장이 일치하고 있다.

문제는 마태와 누가의 도입문장 중에 어떤 것이 큐 본문인가를 결정해야 한다. 본 단락에서 마태와 누가의 도입문장들은 세례 요한의 책망을 듣는 대상들을 기록하고 있다. 마태는 대상을 '바리새인과 사두개인'이라고 기록한 반면 누가는 '무리'로 기록하고 있다. 사실 마태복음 전체를 조사해보면 마태는 '바리새인'과 '사두개인'을 같이 묶어서 자주 사용한 반면 누가는 누가복음에서 단 한 번도 같이 묶어서 사용한 적이 없다.[2] '바리새인과 사두개인'이란 표현은 마태복음만이 가지고 있는 독특한 표현임을 알 수 있다. 다른 말로 마태가 신학적인 의도를 가지고 마태복음 편집 때에 손질을 가했다. 그래서 여기서는 누가의 도입문장이 큐 본문을 보유하고 있다고 볼 수 있다.

평행구절 중에 차이가 나는 부분을 희랍어 원문을 직역해서 비교해보면 마 3:9절에 "(너희 자신들에게 말하려고) 생각하지 말라"와 눅 3:8절에 "(너희 자신들에게 말하려고) 시작하지 말라"이다. 마태의 표현이 누가의 표현보다 부드럽다는 것을 알 수 있다. 그만큼 마태가 편집적으로 손질을 가했다는 말도 된다. 이런 사실들로 인해 누가가 비교적 큐 본문을 있는 그대로 보유하고 있다고 결정했다. 학자들 간에는 누가 존더굿(Lukan Son-dergut)인 눅 3:10-14절을 큐 본문이라고 주장하기도 한다. 그러나 만일 눅 3:10-14절이 큐 본문 안에 있었다면 큐 본문을 자료로 썼던 마태가 굳이 이 본문을 마태복음에서 제외시킬 분명한 이유가 없다고 생각한다. 그래서 이 단락을 본 큐복음서에서 제외시켰다.[3]

제 4 장 세례 요한과 그리스도

Q 3:15-17 (마 3:11-12//눅 3:15-17)

(백성들이 요한에 관하여 혹시 그가 그리스도인가 하고 그들의 마음속으로 기대하며 궁금해 하고 하고 있을 때에) (요한이 모든 사람들에게 대답하여 가로되) 나는 너희를 물로 세례를 주노라 그러나 나보다 능력이 많으신 이가 오시나니 나는 그의 <u>신발들을 들기도</u> 감당치 못하겠노라 그는 너희에게 성령과 불로 세례를 주실 것이요 그의 키를 그의 손 안에 들고 그의 타작마당을 (정하게 하사) (그의) 알곡을 (그의) 곡간에 <u>모아들이지만</u> 그러나 껍질은 꺼지지 않는 불에 태우시리라

본문 재구성

큐 본문을 재구성하는데 필요한 것은 마태와 누가가 큐 본문을 보고 기록했다는 것을 입증하는 일이다. 위에 제시한 범위에서 논란이 되는 부분은 마태복음에는 없고 누가복음에만 나오는 눅 3:15-16a절이다. 이 구절을 큐 본문에 두어야 할 당위성은 앞 단락과의 연결에서 찾을 수 있다. 앞 단락에서 요한은 세례 주기를 거절하였다. 그런데 본 단락에서는 세례를 허락한다. 이런 갑작스런 변화를 연결시켜주는 눅 3:15-16a절과 같은 전환구절

이 반드시 있었을 것이다. 이 전환구절을 통해서 분명해지는 것이 있다. 앞 단락에서 요한이 세례 주기를 거절한 대상은 '무리'(ὄχλος)이다. 반면에, 본 단락에서 세례를 베푸는 대상은 '백성(λαός)이다. 이 전환구절(눅 3:15-16a)을 통하여 두 단락의 관계가 분명하게 구분되는 것을 보면 큐 본문 안에 눅 3:15-16a절이 있었음이 틀림없다.

그러면 마태가 왜 큐 본문 안에 있던 이 구절을 생략했는가를 설명해야 한다. 그것은 유대인 크리스천들이 중심이 된 마태 공동체 내에서 아무도 요한의 메시야성에 관한 의문을 제기하지 않았기 때문에 마태가 굳이 Q 3:15-16a절을 마태복음에 기록할 필요를 느끼지 않았다.

다음 문제는 요한이 자신을 오실 그리스도와 비교하는 말씀이다. 이 말씀은 마태복음(3:11), 누가복음(3:16b), 마가복음(1:7-8), 요한복음(1:26-27) 등 사 복음서에 모두 나온다. 이것은 세례요한에 관한 오래된 전승 자료였다고 볼 수 있다. 이 전승 자료가 마가복음에도 쓰였고 요한복음에도 쓰인 것으로 볼 수 있다. 그렇다면 마태와 누가가 본 말씀을 기록할 때 마가복음을 따르지 않고 다른 자료 즉 큐 본문을 따랐다는 증거는 무엇인가? 본 말씀에 관한 마태, 마가, 누가의 희랍어 원문을 비교해보면 문장 배열순서가 마태 본문과 누가 본문이 일치하는 반면 마가 본문과는 다른 것을 알 수 있다. 배열 순서만이 아니라 μέν ... δέ 용법, '세례주다'란 동사를 단순과거(Aorist) 시제로 표현하기보다는 현재 시제로 표현한 것, βαπτίσει 앞에 ὑμᾶς를 둔 것, καὶ πυρί가 추가된 것 등도 마태와 누가만이 보여주는 특징이다.

그러면 마 3:11절과 눅 3:16b절중에서 어느 것이 큐 본문인가를 결정해야 한다. '오시나니'로 기록한 눅 3:16절만 빼놓고 마 3:11절, 막 1:7절, 요 1:27

절은 모두 '내 뒤에 오시나니'로 기록되어 있다. 누가가 복음서를 기록할 때 마가복음에는 '내 뒤에 오시나니'로 기록되었지만 큐복음서에는 '오시나니'로만 기록된 것을 보고 큐복음서 본문을 따른 것으로 볼 수 있다. 막 1:7절, 눅 3:16절, 요 1:27절 모두 '신발 끈을 풀기도'이란 표현을 사용한 반면 마 3:11절만 '신발을 들기도'란 표현을 갖고 있다. 이 경우도 마가와 다른 마태의 표현을 큐 본문이라고 볼 수 있다.[4]

마가복음에서는 찾아볼 수 없는 평행구절 마 3:12절과 눅 3:17절은 서로 거의 일치하기 때문에 큐 본문으로 재구성하는 데에 문제가 없다.

제 5 장 하나님의 아들 예수

Q 3:21-22 (마 3:13-17//눅 3:21-22)

예수께서 세례를 받으셨을 때에 하늘이 열리고 그리고 (거룩한) 영이 그 위에 비둘기 같이 내려오더니 하늘로부터 소리가 (나서) (너는) 내 사랑하는 아들이요 (너) 안에서 내가 기뻐하노라

본문 재구성

예수께서 세례 받으시는 기사는 마태복음(3:13-17), 마가복음(1:9-11), 누가복음(3:21-22), 요한복음(1:32-34)에 모두 나온다. 그만큼 이 기사는 초대교회 안에서 분명하게 전해 내려왔던 자료임에 틀림없다. 이러한 분명한 전승 자료가 큐 본문에도 없었을 리가 없다. 큐 본문의 문맥 흐름을 살펴보면 본 단락이 있어야 할 당위성을 말해준다. 큐복음서의 구성을 보면 본 단락 앞에 세 단락에서 이사야 예언을 통하여 곧 오실 '주'(Q 3:2-4)로, 요한의 음성을 통하여 열매 맺지 못하는 나무를 찍어버릴 '심판자'(Q 3:15-17)로, 심판

때에 알곡을 곡간에 모아들이시는 '그리스도'(Q 3:15-17)로 소개하였다.

본 단락(Q 3:21-22)은 앞에서 이미 오실 주로 소개된 그리스도가 출현하는 중요한 부분이다. 이 세례 사건은 예수가 하나님의 아들 곧 그리스도임이 확인되는 결정적인 사건이다. 만일 본 단락이 빠진다면 학자들이 인정하고 있는 다음 단락(Q/마 4:1-11)에서 마귀가 예수를 시험하면서 던지는 "네가 하나님의 아들이어든"(마 4:3,6)이란 질문이 연결고리를 잃어버리게 된다.

큐복음서 안에 예수께서 세례 받으시는 기사가 들어있었다면 먼저 마가복음과 큐복음서를 자료로 사용했던 마태나 누가가 마가의 본문이 아니라 큐 본문을 따랐다는 증거를 제시해야 한다. 마가(1:10)는 예수께서 '세례를 받으셨다'라는 직설법 동사를 사용한 반면에 마태(3:16)와 누가(3:21)는 모두 '세례 받으셨을 때'란 의미의 분사를 사용하였다. 마가(1:10)는 '하늘이 갈라지고'란 표현을 쓴 반면 마태(3:16)와 누가(3:21)는 '하늘이 열리고'란 표현을 썼다. 이런 특징들은 마태와 누가가 큐 본문을 참고로 했다는 말이 된다. 그럼에도 불구하고 마태나 누가가 마가 본문도 자료로 사용했기 때문에 마가 본문과 융합시킨 예들도 찾아 볼 수 있다. 마 3:16절에서 사용한 어휘(곧, 물에서, 올라오실 새, 보시더니)나 문장 배열이 막1:10절과 유사한 점이 많고 오히려 누가 본문은 마가 평행구절과 일치하는 부분이 적다. 이것은 누가가 마가복음이 아닌 다른 자료 즉 큐 자료를 의지하고 있다는 증거가 된다.

큐복음서나 마가복음 형성 이전부터 "너는 내 사랑하는 아들이요 너 안에서 내가 기뻐하노라"란 구절이 구전으로든 문서로든 전승되어 왔던 것으로 여겨진다. 마가(1:11)도 역시 이 구절을 사용했고 큐 본문(Q 3:22)도이 구절을 가지고 있었다. 그래서 누가는 주저 없이 이 구절을 눅 3:22절에 기록했다. 그러나 마태는 달랐다. 마태는 다른 복음서에는 없는 내용을 예수의 세례 기사에 기록하고 있다. 예수께서 세례 받기 전에 요한과의 대화를 나눈 자료(마 3:13-15)이다. 또한 하늘에 소리도 누가나 마가와는 달리 "이는 내 사랑하는 아들이요"(마 3:17)라고 기록하고 있다. 즉 하늘에서 세례를 베푸는 요한에게 예수를 소개하는 형식을 취하고 있다. 결국 마태는 하늘의 소리를 통해서 세례 전에 요한과 나눈 대화를 확증시켜주는 구조를 가지고 있다. 이것은 마태가 편집 의도에 따라 큐 본문(Q 3:22)을 변경시킨 것으로 볼 수 있다. 결과적으로 누가의 본문을 큐 본문이라고 결정하며 가능하면 일치되는 용어들을 중심으로 짧은 본문을 구성했다.[5]

제 6 장 예수의 시험

Q/마 4:1-11 (마 4:1-11//눅 4:1-13)

예수께서 마귀에게 <u>시험받기 위해</u> 성령(에 의해) 광야로 이끌리사 사십일 동안 주리신지라 (시험하는) 자가 그에게 가로되 네가 만일 하나님의 아들이어든 <u>이 돌들이 떡덩이가 되도록 명하라</u> 그가 대답하여 (이르기를) 사람이 떡으로만 살 것이 아니라고 기록되었느니라 (마귀가) 그를 (거룩한 도시)로 (데리고 가서) 그리고 (그를) 성전 꼭대기에 세웠다 그리고 그에게 (말하기를) 만일 네가 하나님의 아들이라면 너 자신을 아래로 던져라 왜냐하면 저가 그의 천사들에게 너를 위하여 명하실 것이며 그들이 손들로 너를 받들어 너의 발이 돌에 부딪히지 않게 하시리라고 기록되었느니라 예수께서 그에게 (말씀하시되) 주 너의 하나님을 시험하지 말라고 (기록되었느니라) (마귀가) 그를 (매우 높은 산으로 데리고 가서) (세상의) 모든 왕국들과 (그들의 영광을) <u>보이</u>

며 그에게 말했다 만일 네가 (나에게) 경배하면 너에게 (이 모든 것을) 주리라 예수께서 (그에게 말씀하시기를) 주 너의 하나님께 경배하고 다만 그를 섬기라고 기록되었느니라 (이때) 마귀가 (그를 떠나니라)

본문 재구성

예수께서 시험 받으신 기사는 마태복음(4:1-11), 마가복음(1:12-13), 누가복음(4:1-13)에 모두 나온다. 세 복음서가 모두 일치하는 것이 있다면 성령이 예수를 광야로 끌고 갔다는 것과, 40일을 광야에 있었다는 것과, 마귀에게 시험을 받았다는 것 등이다. 아마도 이 자료는 큐복음서나 마가복음이 형성되기 전부터 전해 내려오던 자료였던 것 같다. 중요한 것은 예수께서 어떤 종류의 시험을 받으셨는가에 대한 기록이 마가복음에는 전혀 없다. 마태복음과 누가복음에만 있을 뿐이다. 그래서 본 단락(Q/마 4:1-11)이 큐 본문에 속한다고 본다.

문제는 예수께서 시험받는 순서가 마태와 누가가 서로 다르게 기록되었다는 점이다. 즉 마태의 두 번째 세 번째 시험이 누가에서는 역순으로 기록되었다. 마태 본문에 기록된 시험 장소는 광야, 성전 꼭대기, 높은 산 순서로 되어 있다. 누가의 시험 장소는 광야, 장소 표시 없음(높은 곳으로 추정됨), 성전 꼭대기 순서로 되어 있다. 마태의 장소 설정이 누가에 비해 어설프다. 광야에서 예루살렘 성전으로 왔다가 다시 높은 산이 있는 광야 쪽으로 돌아가는 구조다. 반면에, 누가는 광야에서 시험을 마친 후 근처 높은 곳으로 올라가서 둘째 시험을 마친 다음 예루살렘 성전으로 와서 마지막 시험을 마치는 구조로서 오히려 마태보다 지리적 배열이 논리적이다. 다시 말하면 누가가 의도적으로 지리적 배열을 조정했다는 말이다. 또한 마태복음에서 예수가 인용한 희랍어 칠십인역(LXX) 신명기 말씀을 보면, 두 번째 시험엔 신 6:16절을 인용했고 세 번째 시험엔 신 6:13절의 말씀을 인용했다. 신명기에서 뒤에 있는 말씀을 먼저 인용하고 앞에 있는 말씀을 나중에 인용한 것을 안 누가는 신명기 본문 순서대로 고쳐서 기록했기 때문에 두 번째와 세 번째 시험이 뒤바뀌었다고 설명할 수도 있다.[6]

결론적으로 마태의 본문이 큐 본문에 가깝다고 결정했고 본문을 재구성할 때는 마태 본문과 누가 본문이 일치하는 것들(똑 같거나 같은 어원을 가진 용어들)을 가지고 주로 마태의 본문을 참조하면서 최소 문장으로 번역 구성했다.

제 7 장 예수의 첫 설교 서문

Q/마 5:1-2 (마 5:1-2//눅 6:12,17,20a)

(그가) 무리들을 (보신 후) 산으로 (올라가 앉으시니) 그의 제자들이 (그에게로 나아온지라) 말씀하시되

본문 재구성

본 구절은 예수의 첫 설교가 소개되는 다음 단락(Q 6:20b-23)의 도입 부분이라고 본다. 큐복음서 기자가 본 단락과 같은 도입 부분 없이 예수의 첫 설교를 소개했을 리가 없다. 왜냐하면 다음 단락(Q 6:20b-23) 안에는 예수의 첫 설교가 어디서 누구를 대상으로 한 것인지에 대한 정보가 들어 있지 않기 때문이다.

문제는 마 5:1-2절과 눅 6:12,17,20a절 사이에 어느 것이 큐 본문을 보유하고 있는가를 결정하는 일이다. 마가와 누가의 편집 구조가 서로 유사하

다는 것을 볼 수 있다. 막 3:13-18절을 보면 예수께서 산으로 올라가시고 제자들을 택하는 장면이 나온다. 이 후 예수는 동네 집으로 들어가신다(막 3:20). 눅 6:12-16절을 보면 예수께서 산으로 올라가시고 제자들을 택하는 장면이 소개된다. 그리고 예수는 산에서 평지로 내려오신 후(눅 6:17) 평지에서 제자들을 향하여 설교를 하신다(눅 6:20a). 위에 비교는 누가복음의 배경 설정이 마가복음을 따르고 있다는 것을 보여준다. 그렇다면 마태가 큐 본문을 보유하고 있다고 볼 수 있다. 사실 마태의 배경이 큐 본문의 문맥에 잘 어울리는 것을 보여준다. 앞 단락(Q 4:1-13)에서 마귀가 예수를 마지막으로 시험하던 장소는 높은 산이었다. 이런 점에서 산은 큐복음서에서 특별한 의미가 있다. 예수의 첫 설교 역시 일반 대중을 향한 것이라기보다는 그의 제자들을 향한 특별한 말씀이었다(마 5:1, 눅 6:20). 예수께서 이 말씀들을 주기 위해서 제자들을 데리고 산에 올라 가셨다는 것이 큐복음서에 잘 어울리는 배경설정이다.

마 5:1-2절과 눅 6:12,17,20a절을 비교해보면 마태 본문에는 일치하는 것들이 몰려 있는 반면 누가 본문에는 여기저기 흩어져 있는 것을 볼 수 있다. 위에 여러 정황들을 보아 결국 마태의 본문(Q/마 5:1-2)이 큐 본문에 가깝다고 인정했다. [7]

제 8 장 복을 받을 제자

Q 6:20b-23 (마 5:3-12//눅 6:20b-26)

가난한 자들은 복이 있나니 (하나님의) 나라가 (너희 것)임이요 주린 자들은 복이 있나니 <u>너희가 배부를 것임이요</u> (우는) 자들은 복이 있나니 (너희가 웃을 것임)이요 (사람들이) (인자를) 인하여 너희를 욕하고 (모든) 악한 것을

(행할) 때에는 너희에게 복이 있나니 기뻐하라 그리고 (즐거워하라) (하늘에)

너희의 상이 큼이라 왜냐하면 (그들이) <u>선지자들에게</u> (이같이) 하였느니라

본문 재구성

본 단락은 마태복음과 누가복음에만 나오는 이중 전승(Double Tradi-
tion) 본문이다. 평행구절이 마가복음에는 없고 마 5:3-12절과 눅 6:20b-23
절에만 기록되어 있기 때문이다. 마태와 누가는 마가 본문이 아닌 다른 자
료 즉 큐 본문을 사용했다는 증거이다.

그런데 문제는 마태와 누가의 축복문 순서가 서로 차이가 난다는 데에
있다. 두 축복문을 비교해보면 누가의 축복문은 투박하고 간단한 반면 마
태의 축복문은 체계적이고 세련되어 있음을 알 수 있다. 마태의 축복문은
인간의 필요에 관한 축복문(5:3-4)과 기독교인들의 덕에 관한 축복문(5:5-
10)으로 구분된 체계적 구조를 보여준다. 또한 마 5:3-6절까지 희랍어 원문
을 보면 네 개의 축복문들의 문장 주어가 모두 희랍어 알파벳 p(피)로 시
작하는 단어로 구성된 것을 보여준다. 이런 사실들은 마태의 축복문이 많
이 다듬어졌다는 것을 보여준다. 그래서 좀 투박하고 짧은 누가의 축복문
이 큐 본문이라고 여겨진다.[8]

눅 6:24-26의 저주문도 큐 본문이라고 주장하는 사람도 있다. 그러나 본
단락의 서문(Q/마 5:1-2)에서 보여주듯이 말씀을 듣는 대상은 제자들이다.
제자들을 향하여 저주를 쏟아놓는다는 것은 문맥에 맞지 않는다. 또한 큐
본문에 이 저주문이 들어 있었다면 마태가 굳이 이 저주문을 생략시킬 마
땅한 이유도 찾을 수 없다.[9]

본문을 재구성할 때 누가 본문을 중심으로 마태 본문과 비교하면서 재

구성했다. 물론 누가 본문에는 없고 마태 본문에만 있는 절들(마 5:5,7-10)
은 본문 구성에서 제외시켰다. '천국'이란 단어는 다른 복음서에는 전혀 쓰
이지 않고 마태복음에만 나오는 용어이다. 즉 마태가 즐겨 쓰는 구절이란
말이다. 여기서는 누가 본문 안에 사용된 '하나님의 나라'란 표현을 큐 본
문으로 선정했다. 마태복음의 축복문들은 3인칭 복수를 사용하여 '저희가'
또는 '저희 것'이라고 쓴 반면에 누가복음의 축복문은 2인칭 복수를 사용하
여 '너희가' 또는 '너희 것'이라고 썼다. 본 설교가 제자들을 향한 말씀이기
때문에 누가의 2인칭 표현이 더 어울린다.

큐복음서에 자주 언급되고 있는 용어가 '인자'이기 때문에 마태 표현보
다는 '인자를 인하여'란 누가의 표현이 큐 본문이라고 할 수 있다. '악한 것'
에 관련된 큐 본문을 재구성할 때 마태와 누가에 있는 나머지 내용(마태:
핍박함, 악한 거짓말함; 누가: 미워함, 멀리함, 거절함)을 포함하는 표현으로
'악한 것을 행함'을 택했다. 선지자를 핍박한 사람들을 마태(5:12)는 '막연
한 사람들'을 가리키는 '그들'이라고 한 반면 누가(6:23)는 '그들의 조상들'이
라고 기록했다. 큐 공동체가 주로 유대인 기독교인들로 구성되었다면 '그들
의 조상들'이란 표현은 어색하다. 그래서 본문에서는 마태의 본문을 따라 '
왜냐하면 그들이'로 번역했다.

제 9 장 원수 사랑

Q 6:27-33,35c (마 5:38-47, 7:12//눅 6:27-35)

**내가 너희에게 이르노니 너희 원수들을 사랑하라 너희를 (모욕하는) 자들
을 (위하여) 기도하라 네 뺨을 (치는 자에게) 다른 뺨도 (돌려대며) (너의) 겉
옷을 (빼앗는 자에게) (너의) 속옷을 (금하지 말라) 네게 구하는 자에게 <u>주라</u>**

그리고 (네 것들을) (빼앗는 자)에게 (돌려달라지) 말라 사람들이 너희에게 해주기를 <u>바라는</u> 것처럼 그들에게 (그와 같이) 행하라 (만일) 너희를 사랑하는 자들을 <u>너희가 사랑하면</u> (너희에게 무슨 칭찬이 있으리요) 그리고 (죄인)들도 (그들을 사랑하는 자들을 사랑하느니라) 그리고 만일 (너희를 선대하는) 자들을 (선대한다면) (너희에게 무슨 칭찬이 있으리요) (죄인)들도 그와 같은 것을 행하느니라 (너희는) (지극히 높으신 이의) 아들들이 (될 것이니) 왜냐하면 (그는) (감사치 않는 자들)과 악한 자들에게도 (인자하시기) 때문이니라

본문 재구성

본 단락은 마태복음과 누가복음에만 나오는 이중 전승(Double Tradi-tion) 본문이다. 평행구절이 마가복음에는 없고 마 5:38-47절과 눅 6:27-35절에만 기록되어 있기 때문이다. 마태와 누가는 마가 본문이 아닌 다른 자료 즉 큐 본문을 사용했다는 증거이다. 마태와 누가의 평행구절들을 비교해보면 눅 6:34-35b절은 마태 본문에 없고 마 5:38,39a,41,43절 또한 누가 본문에는 빠져있다. 만일 이 구절들이 큐 본문 안에 들어 있었다면 마태나 누가가 유독 이 구절들만 삭제시킬 특별한 이유를 찾을 수가 없다. 그래서 이 구절들은 본래 큐 본문 안에 없던 것들이라고 본다. 위의 구절들을 제외한 마 5:39b-40,42,44-47,7:12절과 눅6:27-33, 35c절들은 마태와 누가가 큐 본문을 보고 기록한 것들이다.

본 단락을 재구성하는데 다음 문제는 마태 본문과 누가 본문 중에 어느 것을 큐 본문으로 인정할 것인가이다. 두 평행구절들을 비교해보면 서로 순서가 많이 엇갈려 있는 것이 발견된다. 서로 일치되는 것들도 흩어져 있는 것을 볼 수 있다. 여기서 큐 본문을 설정하는 기준은 편집 특징에 의

존할 수밖에 없다. 첫째로, 누가 본문보다 마태 본문이 인위적인 편집을 보여준다. 그 이유는 본 단락(마 5:38-47)이 마태가 인위적으로 편집한 마 5-7장의 산상설교 안에 들어 있기 때문이다. 특별히 마 5장은 율법을 명제로 언급하고 그에 대한 예수의 설명을 덧붙이는 구조로 구성되어 있다. 이런 편집 구조에 맞추기 위해서 마태가 큐 본문의 순서를 바꾸어 기록한 것으로 보인다. 둘째로, 누가 본문(눅 6:27-35)은 앞에 있는 단락(눅 6:20b-23)도 큐 본문이요 뒤에 있는 단락(눅 6:36-37b)도 큐 본문이다. 이것은 누가가 같은 범위에 있는 큐 본문을 집중적으로 사용하고 있다는 증거이기 때문에 큐 본문 중간에 위치한 누가 본문(눅 6:27-35)이 큐 본문에 가깝다고 볼 수 있다.[10]

결과적으로 본 단락의 큐 본문은 누가의 본문을 중심으로 구성 번역하였다.

제 10 장 판단함에 대하여

Q 6:36,37a,38b (마 5:48, 7:1-2//눅 6:36-38)

너희 아버지가 (자비하신 것 같이 너희도 자비)하라 판단하지 말라 (그러면) 너희가 판단을 받지 않을 것이라 (왜냐하면 너희가 판단하는 그 판단으로 너희가 판단을 받게 될 것이요) (정죄하지 말라 그러면 너희가 정죄받지 않을 것이라) (왜냐하면) 너희가 헤아리는 그 헤아림으로 너희도 헤아림을 받게 될 것이니라

본문 재구성

본 단락은 마태복음과 누가복음에만 나오는 이중 전승(Double Tradi-

tion) 본문이다. 평행구절이 마가복음에는 없고 마 5:48, 7:1-2절과 눅 6:36-38절에만 기록되어 있기 때문이다. 마태와 누가가 큐 본문을 보고 이 구절을 기록했다고 본다.

큐 본문을 재구성하는데 문제가 되는 것은 마태복음에만 있는 절(7:2a)과 누가복음에만 있는 절들(6:37b-38b)이다. 마 7:2a절의 "왜냐하면 너희가 판단하는 그 판단으로 너희가 판단을 받게 될 것이요"란 문장은 Q 6:38c절을 연결시켜주는 역할을 하기 때문에 큐 본문이라고 여겼다. 눅 6:37b절의 "정죄하지 말라 그러면 너희가 정죄를 받지 않을 것이라"란 문장은 바로 앞 Q 6:37a절에 "판단하지 말라 그러면 너희가 판단을 받지 않을 것이라"와 함께 부정 명령문으로 짝을 이루고 있기 때문에 큐 본문이라고 여겼다. 이외에 마태복음에 평행구절이 없고 누가 본문에만 있는 눅 6:37c-38b절은 큐 본문이 아니라고 결정했다. 이유는 만일 이 구절들이 큐 본문 안에 있었다면 큐 본문을 자료로 사용했던 마태가 굳이 이 구절들을 생략시킬 특별한 이유가 없다고 보았기 때문이다.[11]

제 11 장 선생과 제자

Q 6:39b-40 (마 5:13,14, 10:24,25//눅 6:39,40)

그가 또한 그들에게 비유로 말씀하셨느니라 소경이 소경을 <u>인도할</u> (수 있겠느냐) 둘이 다 구덩이에 빠지지 <u>빠지지</u> (않겠느냐) 제자가 선생 위에 있지 않지만 (철저히 훈련받은 자는 누구나) 그의 선생 같이 (될 것이니라)

본문 재구성

본 단락은 마태복음과 누가복음에만 나오는 이중 전승(Double Tradition) 본문이다. 평행구절이 마가복음에는 없고 마 15:14b,24-25a절과 눅

6:39b-40절에만 기록되어 있기 때문이다. 마태와 누가가 큐 본문을 보고 이 구절을 기록했다고 본다.

문제는 본문을 재구성할 때 마태 본문과 누가 본문 중 어느 것을 큐 본문으로 결정하느냐이다. 평행구절의 일치되는 부분들을 보면 마태 본문은 10장과 15장에 흩어져 있고 누가의 본문은 두절 안에 모여 있는 것을 알 수 있다. 이것은 마태가 편집 목적에 따라 큐 본문을 나누어 사용한 것이라고 볼 수 있으며 반면에 누가는 큐 본문을 있는 그대로 보유하고 있다고 볼 수 있다. 그래서 누가의 본문을 큐 본문이라고 결정했다.

눅 6:39a절에 "그가 또한 그들에게 비유로 말씀하셨느니라"란 구절이 마태복음에는 없다. 그 이유는 마태가 Q 6:39절을 바리새인들에게 직접 적용시켜 사용했기 때문에 Q 6:39a절을 생략했다. 그럼에도 불구하고 마태는 Q 6:39절이 비유라는 것을 마 15:15절에서 베드로의 말로 기록하고 있다. 위와 같은 사실들은 눅 6:39a절이 큐 본문에 있었음을 입증해준다.[12]

제 12 장 위선자

Q 6:41-42 (마 7:3-5//눅 6:41,42)

그런데 어찌하여 너는 너의 형제의 눈 안에 있는 티는 보면서 (자신의) 눈 안에 있는 들보는 알지 못하느냐 (너 자신이) 너의 눈 안에 있는 <u>들보를</u> (보지 못하면서) 어떻게 너의 형제에게 (말하기를 형제여) 나로 당신의 <u>눈 안에 있는</u> 티를 꺼내도록 허락하라(라고 할 수 있느냐) 위선자야 먼저 너의 눈에서 들보를 빼어라 그리고 나면 네가 밝히 보게 되어 형제의 <u>눈 안에 있는</u> 티를 빼리라

본문 재구성

본 단락은 마태복음과 누가복음에만 나오는 이중 전승(Double Tradition) 본문이다. 평행구절이 마가복음에는 없고 마 7:3-5절과 눅 6:41-42절에만 기록되어 있기 때문이다. 마태와 누가가 큐 본문을 보고 이 구절을 기록했다고 본다.

마태와 누가의 평행구절들을 비교해보면 문장이 서로 거의 일치하고 있는 것을 알 수 있다. 그럼에도 마태 본문과 누가 본문 중에 어느 것이 큐 본문에 가까운지 결정해야 한다. 마태 본문이나 누가 본문이 거의 완벽하게 일치하고 있는 마 7:3절과 눅 6:41절은 큐 본문 그 자체라고 할 수 있다. 이 절에서 '눈 안에 있는 티'란 희랍어 표기를 보면 관사, 명사(티), 관사, 전치사(안에), 관사, 명사(눈)의 순서로 되어 있다. 즉 앞에 있는 '티'에 해당하는 명사를 관사, 전치사, 관사, 명사의 순서로 수식하고 있다. 결국 명사를 관사, 전치사, 관사, 명사의 순서로 수식하는 것이 큐의 표현 방법이란 말이다. 마태 본문(7:3-5)과 누가 본문(6:41-42)을 조사해보면 마태는 두 번 누가는 네 번이나 이런 큐의 표현 방법을 그대로 보유하고 있다. 결론적으로 누가가 큐 본문을 있는 그대로 간직하고 있다고 결정했다.

제 13 장 마음에서 나오는 열매

Q 6:43-45 (마 7:15-20, 12:33-35//눅 6:43-45)

(왜냐하면) (나쁜) <u>열매를 맺는</u> (좋은) 나무가 없을 뿐 아니라 (다시) <u>좋은 열매를 맺는</u> 나쁜 나무도 없느니라 (왜냐하면) 나무는 (각각 자신의) 열매로 알게 되나니 (왜냐하면) 사람들이 가시나무들(로부터) 무화과들을 (또는 찔레나무에서 포도를) <u>따지</u> (않기 때문이라) 선한 사람은 (마음의) 쌓인 선한 보물로부터 <u>선한 것을</u> (내고) 악한 사람은 (마음에 쌓인) 악한 것으로부

터 <u>악한 것을</u> (내느니라) 왜냐하면 (그의) 입이 마음의 넘치는 것에서 말하기 때문이니라

본문 재구성

본 단락은 마태복음과 누가복음에만 나오는 이중 전승(Double Tradition) 본문이므로 큐 본문이라고 본다. 마태와 누가가 큐 본문 Q 6:43-45절을 마태복음과 누가복음의 자료로 사용했다.

문제는 마태 본문과 누가 본문 중에 어느 것이 큐 본문을 그대로 보유하고 있느냐를 결정하는 일이다. 먼저 마태 본문과 누가 본문 간에 일치하고 있는 것들을 비교해보면 누가는 한 단위(눅 6:43-45)로 묶어 놓은 반면 마태는 두 부분(마 7:15-20, 12:33-35)으로 흩어 놓은 것을 볼 수 있다. 마태는 Q 6:43-44절을 거짓 선지자들에 대한 경고의 말씀(마 7:15-20)에서 사용했고 Q 6:44-45절을 바알세불 논쟁(마 12:22-37)에서 사용했다. 또한 마 7:15-20절을 보면 Q 6:43-44절의 순서가 바뀌어 있는 것을 볼 수 있다. 그 이유는 마태가 거짓 선지자들은 그들의 열매로 알 수 있다고 하면서 종국에는 좋은 열매를 맺지 못하는 모든 나무는 찍혀 불에 던진다는 심판의 말씀으로 연결시키는 구조로 편집했기 때문이다. 여러 가지 정황으로 보아 누가는 큐 본문을 있는 그대로 보유하고 있고 마태는 편집 의도에 따라 큐 본문을 분산 배치시킨 것으로 볼 수 있다.[13]

제 14 장 듣고 행하는 신앙

Q 6:46-49 (마 7:21-27//눅 6:46-49)

(왜 너희는) <u>나를</u> 주여 주여 (부르면서 내가 말하는 것들을) 행치 (아니 하

냐) (나에게 와서) 나의 <u>말들을</u> <u>듣고</u> 그것들을 <u>행하는</u> 모든 자가 (누구와 같은지 너희에게 보여줄 것이다) (그는) 집을 <u>짓는</u> (사람 같으니) (그는 땅을 깊이 파서) 바위 위에 (기초를 놓았다) (홍수가 나서) <u>강물이</u> 그 집에 (부딪혔지만) (그것을 잘 지었기 때문에 그것을 요동케) 못하였다 (그러나) <u>듣고 행치</u> 않는 자는 (기초 없이 땅) 위에 집을 <u>지은</u> (사람과 같으니) <u>강물이</u> (그 집에 부딪혔더니) (곧) <u>그것이 무너졌고</u> 그 집의 (무너짐이) <u>컸다</u>

본문 재구성

본 단락은 마태복음과 누가복음에만 나오는 이중 전승(Double Tradition) 본문이므로 큐 본문이라고 본다. 마태는 큐 본문을 자료로 삼아 마 7:21-27절을 기록했고 누가는 눅 6:46-49절을 기록했다. 두 본문들을 비교해보면 절의 뒤바뀜이 없이 일치되는 부분들이 비교적 문장 흐름에 따라 같이 나타나고 있는 것을 알 수 있다. 정확하게 일치되는 용어들은 본문 양에 비해 많지는 않지만 내용은 거의 같다고 볼 수 있다.

문제는 마태 본문과 누가 본문 가운데 어느 것이 큐 본문을 있는 그대로 유지하고 있는가를 결정하는 일이다. 마 7:21절이나 눅 6:46절 모두 예수를 향해 '주여, 주여'라고 부르는 자들에 관한 말씀으로 시작한다. 그런데 마태는 이어서 누가 본문에는 없는 말씀(마 7:22-23)을 보여주고 있다. 이것은 마태가 산상설교(마 5-7장)의 마지막 부분을 편집할 때 주의 말씀을 듣고 그대로 실천하는 것과 주의 이름으로 권능을 행하는 것은 본질적으로 차이가 있다는 것을 밝히기 위해 큐복음서의 다른 곳에 배열되어 있던 이 말씀(Q 13:26-27)을 여기에다 옮겨 삽입시킨 예이다. 마태와 마가가 일치되는 마 7:24-27절과 눅 6:47-49절의 문장을 비교해보면 마태의 문장은 누가 문장에 비해 잘 다듬어진 대칭 구조를 보여주고 있으며 또한 '지혜로운 사람, 어리석은 사람'과 같은 누가에는 없는 편집자의 해설 문구를 포함하고 있다. 결론적으로 마태는 큐 본문을 잘 다듬어서 산상설교 안에 편집을 해 놓았고 누가는 큐 본문을 거의 있는 그대로 보유하고 있다. 그래서 여기서 는 누가의 전문을 번역해놓았다.[14]

제 15 장 백부장의 믿음

Q/마 8:5,8-10,13 (마 7:28-8:13//눅 7:1-10)

(그가) 가버나움으로 들어갔을 때 한 백부장의 (종이 병에 걸려 죽게 되 었는데 그는 그에게 소중하였다) (그가 와서) 그에게 간구하였다 내가 가서 (그를 고쳐주리라고 그가 그에게 말씀하셨다) 그 백부장이 (대답하여 가로되) 주여 당신이 나의 집 지붕 아래로 들어오심을 내가 감당치 못하겠나이다 (오 직) 말씀만 하시옵소서 그러면 내 아이가 낫겠나이다 왜냐하면 저도 지배 아 래 있는 사람이요 내 아래 군인들을 데리고 있으면서 이더러 가라고 말합니 다 그러면 그는 갑니다 그리고 다른 이더러 오라고 말합니다 그러면 그는 옵 니다 또한 나의 종더러 이것을 하라고 말합니다 그러면 그는 합니다 예수께 서 들으시고 놀라시며 따르는 자들에게 말씀하셨다 (진실로) 내가 너희에게 말하노니 이스라엘 안에서 그러한 믿음을 (누구에게서도) 발견하지 못했노라 예수께서 그 백부장에게 말씀하셨다 가라 네가 믿었던 것처럼 그것이 너에게 이루어지리라 그리고 그 시각에 그 종이 고침을 받았다

본문 재구성

본 단락은 마태복음과 누가복음에만 나오는 이중 전승(Double Tradi-

tion) 본문이므로 큐 본문이라고 본다. 마태는 큐 본문을 자료로 삼아 마 7:28-8:16절을 기록했고 누가는 눅 7:1-10절을 기록했다. 두 본문들을 비교해보면 마 7:28-8:7절과 눅 7:1-6a절은 서로 일치하는 것들이 아주 적은 반면 마 8:8-10절과 눅 7:6b-9절은 놀라울 정도로 일치하고 있다. 마지막에 백부장의 종이 고침을 받았다는 마 8:13절과 눅 7:10절의 기록은 일치하는 부분이 없다.

위와 같은 여러 문제점들을 고려하면서 다음과 같이 큐 본문을 재구성했다. 눅 7:1a절과 마 7:28-29절은 서로 일치하는 부분이 없기 때문에 생략했다. 일반적으로 눅 7:1b-2절과 6-10절이 큐 본문이라는 점은 인정한다. 마태는 없고 누가에만 있는 눅 7:3-5절은 사실 생략시켜도 내용 흐름에 문제가 없다. 이 부분은 누가가 편집 의도에 따라 큐 본문 사이에 첨가시킨 것으로 볼 수 있다. 이런 연유로 눅 7:1b-6a절보다 오히려 일치되는 용어들이 집약되어 있는 마8:5절이 큐 본문에 가깝다고 본다.

마 8:8-10절이 눅 7:6b-10절보다 거의 일치되는 용어들만으로 간략하게 구성된 반면 후자는 새로운 용어들이 많이 첨가되어 비교적 긴 문장을 가지고 있다. 결국 마태의 본문이 큐 본문일 가능성이 높다고 볼 수 있다. 전체 내용 구성을 비교해보면 누가 본문(7:1-10)은 백부장이 예수께 직접 나타나지 않고 유대인의 장로들이나 백부장의 친구들이 중간 인물들로 등장한다. 이것은 누가가 본 단락을 기록할 때 중간 인물로 유대인의 장로들을 추가시킬 의도로 Q/마 8:8-10절을 새롭게 편집한 것이다. 누가의 본 단락은 마지막 절에서도 중간 인물인 백부장의 친구들이 병든 종이 회복된 것을 확인하는 것으로 끝난다. 이런 편집 때문에 예수께서 백부장에게 직접 말씀하신 Q/마 8:13절을 누가는 생략했다.

누가에는 없고 마태에만 있는 마 8:11-12절은 마태가 이방인 백부장의 믿음과 유대인의 불신을 대조시키기 위해서, 큐 본문에서는 다른 곳에 배열되었던 말씀 Q 13:28-29절을 여기로 가져온 것이다.[15]

제 16 장 세례 요한의 확인

Q/마 11:2-6 (마 11:2-6//눅 7:18-23)

요한이 (옥에서 그리스도의 사역들을 듣고) 그의 제자들을 <u>보내어</u> (그에게 말하기를) 당신이 오실 그분입니까 아니면 우리가 (다른 이를) 기다리오리이까 (하였다) (예수께서) 그들에게 대답하여 가라사대 너희가 요한에게 가서 너희가 <u>듣는</u> 것과 <u>보는</u> 것들을 알려라 소경들이 다시 보게 되며 앉은뱅이들이 걸으며 문둥병자들이 깨끗하게 되며 귀머거리들이 들으며 죽은 자들이 일어나며 가난한 자들이 복음화되고 있다 또한 누구든지 나로 인하여 넘어지지 않는 자는 복이 있도다 (하시니라)

본문 재구성

본 단락은 마태복음과 누가복음에만 나오는 이중 전승(Double Tradition) 본문이므로 큐 본문이라고 본다. 마태는 큐 본문을 자료로 삼아 마 11:2-6절을 기록했고 누가는 눅 7:18-23절을 기록했다. 두 본문을 비교해보면 예수의 말씀 부분인 마 11:4-6절과 눅 7:22-23절은 놀라울 정도로 일치하고 있다. 이것은 마태와 누가가 공통된 자료 즉 큐 본문을 보고 복음서를 기록했다는 증거가 된다.

반면에, 예수 말씀의 서두에 해당하는 마 11:2-3절과 눅 7:18-21절은 서로 상당한 차이를 보여준다. 특히 요한의 제자들이 도착했던 그 시각에 예수께서 병자들을 고치고 있었다는 눅 7:21절의 상황 설명은 마태 본문에는 없다. 그럼에도 불구하고 명백하게 일치하는 부분들이 있기 때문에 이 서두 부분도 큐 본문이라고 본다. 마 11:2절에 요한이 그리스도의 하신 일을 들었다는 것과 눅 7:18절에 요한의 제자들이 예수의 소문을 요한에게 고했다는 것은 같은 것으로 본다. 또한 요한이 예수의 그리스도 되심을 묻기 위해 제자들을 보냈다는 것도 마태나 누가가 일치한다. 마 11:3절과 눅 7:20절에 요한의 제자들이 예수께 묻는 질문은 거의 같은 문장이라고 볼 수 있다.

본 단락의 큐 본문을 재구성할 때 어려운 부분은 서두 부분(마 11:2-3, 눅 7:18-21)이다. 마태의 서두와 누가의 서두 중에 어느 것이 큐 본문에 가까운 것인가를 결정해야 한다. 평가 기준은 본문 비평할 때 원본을 결정하는 것과 같은 방법이다. 일반적으로 짧은 문장, 거친 표현을 가진 문장, 난해한 문장 등이 원본에 가깝다고 본다. 그 이유는 후대 사본 필경사들이 그러한 문장들에다 자신들의 설명을 첨가시키거나, 또는 이해가 가능하도록 문장을 변경시키거나 했기 때문에 나중에 만들어진 문장은 원본보다 길고, 매끄럽고, 이해가 쉽다. 마태와 누가의 서두를 비교해보면 마태 본문(마 11:2-3)은 상당히 짧고 누가 본문(눅 7:18-21)은 매우 길다. 이런 차이는 마태 본문이 큐 본문일 가능성이 높고 누가의 본문은 누가가 편집했을 가능성이 크다는 것을 말해준다.

누가의 서두 본문(눅 7:18-21)은 마태보다 문장 구성이 훨씬 잘 되어 있다. 마 11:2절을 보면 누가 요한에게 예수의 하신 일을 전달했는지 기록하고 있지 않다. 그러나 눅 7:18절을 보면 요한의 제자들이 전달했다고 분명하게 기록하고 있다. 같은 절에서 마태는 요한에 예수께 제자들을 몇 명 보냈는지 기록하고 있지 않은 반면에 누가는 7:19절에서 제자 두 명을 보냈다고 분명하게 기록하고 있다. 마태는 요한이 제자들에게 어떤 질문을 하라고 했는지 기록이 없는 반면 누가는 7:19절에서 요한이 제자들에게 부탁한 질문이 무엇인지 명확하게 기록하고 있다. 더욱이 누가는 요한의 제자들이 도착했을 때 예수께서 병자를 고치는 기적을 행하고 있었다는 마태복음에는 없는 내용을 눅 7:21절에서 기록하고 있다. 만일 위와 같은 내용들이 큐 본문에 있었다면 마태가 그런 내용들을 삭제해야 할 특별한 이유가 없다. 결국 누가가 큐 본문을 편집했다고 볼 수밖에 없다. 그래서 여기서는 마태 서두(마 11:2-3)를 큐 본문이라고 보았다.[16]

제 17 장 세례 요한에 대한 찬사

Q/마 11:7-11 (마 11:7-11//눅 7:24-28)

(이들이 떠나간 후에) (예수께서) 요한에 관해서 <u>무리들에게</u> 말하기 시작했다 너희가 무엇을 보려고 광야로 나갔더냐 바람에 흔들리는 갈대냐 그러면 너희가 무엇을 보려고 나갔더냐 부드러운 (옷을) 입은 사람이냐 보라 (부드러운 옷들을 입은) 자들은 <u>왕들의</u> (집)들에 있느니라 그러면 무엇을 보러 나갔더냐 선지자를 보려냐 그렇다 내가 너희에게 말하노니 선지자보다 더한 자니라 보라 (내가) 나의 사자를 너 앞에 보내노니 그는 너 앞에서 너의 길을 준비할 것이라고 기록된 이것이 그에 관한 것이니라 (진실로) 내가 너희에게 말하노니 여자들이 낳은 자들 가운데 (세례) 요한보다 더 큰 자가 (일어난 적이 없느니라) 그러나 (하늘 나라)에서 아주 작은 자라도 그보다 더 크니라

본문 재구성

본 단락은 마태복음과 누가복음에만 나오는 이중 전승(Double Tradition)

본문이므로 큐 본문이라고 본다. 마태는 큐 본문을 자료로 삼아 마 11:7-11절을 기록했고 누가는 7:24-28절을 기록했다. 두 본문들을 비교해보면 사용된 용어나 문장 순서들이 서로 놀라울 정도로 일치하는 것을 볼 수 있다.

마태 본문이나 누가 본문이 거의 일치하고 있지만 완벽하게 일치하는 것은 아니기 때문에 둘 중에 하나를 큐 본문으로 규정해야 한다. 큐 본문을 찾기 위해서는 두 본문 중에 차이가 나는 것으로 설명해야 한다. 본 단락을 시작하면서 마태는 마 11:7절에서 '이들이 떠나간 후에'로 기록했고 누가는 눅 7:24절에서 '요한의 보낸 자들이 떠난 후에'로 기록하고 있다. 마태의 표현은 막연한 반면 누가의 표현은 매우 정확하다. 우리는 이미 앞 단락에서 요한이 예수께 보낸 제자의 수를 관찰했다. 마태는 막연하게 '제자들'이라고 기록한 반면 누가는 '두 명'이라고 분명히 밝혔다. 이런 사실들은 큐 본문은 마태 본문처럼 막연하게 기록되어 있었는데 누가가 본문을 명확하게 하기 위해서 편집했다는 증거가 된다. 결국 본 단락도 앞 단락처럼 누가가 편집을 했고 마태는 큐 본문을 그대로 보유했다고 결론지었다.

제 18 장 예수 운동의 반응

Q 16:16 (마 11:12-15//눅 16:16)

율법과 선지자들은 요한(까지) 있었느니라 (그 때)로부터 (하나님의) 나라가 전파되며 (모든 사람이) 그것(으로) 몰려 들어가느니라

본문 재구성

본 단락은 마태복음과 누가복음에만 나오는 이중 전승(Double Tradition) 본문이므로 큐 본문이라고 본다. 마태는 큐 본문을 자료로 삼아 마

11:12-15절을 기록했고 누가는 16:16절을 기록했다. 두 본문들을 비교해보면 일치되는 문장이 뒤바뀌어 있는 것을 알 수 있다. 마태 본문은 11:12절에서 천국으로 몰려 들어감(개역: 침노 당함)을 언급하고 13절에서 율법과 선지자에 대하여 언급하였다. 반면에, 누가 본문은 먼저 율법과 선지자에 대한 언급이 나오고 하나님 나라로 몰려 들어감(개역: 침입함)에 대한 언급이 나중에 나온다.

큐 본문을 재구성하기 위해서 어느 것이 편집된 것인가를 찾아내야 한다. 마태 본문 가운데 마 11:14-15절은 누가 본문에는 없는 구절이다. 특히 마 11:14절에는 세례 요한이 곧 오기로 예언된 엘리야라는 예수의 말씀이 기록되어 있다. 마태 본문(11:12-15)은 이 말씀을 중심으로 하는 구조로 구성되어 있음을 보여준다. 만일 누가 본문처럼 마 11:12절과 13절이 뒤바뀌어 있다면 14절과의 연결이 매우 어색할 것이다. 결국 마태는 세례 요한이 곧 오기로 한 엘리야라는 말씀을 강조하기 위해서 눅 16:16절의 큐 본문을 뒤바꿔서 편집했다.

마태는 본 단락(마 11:12-15)을 세례 요한에 대한 말씀(마 11:2-19)에 잘 연결시켜 놓은 반면 누가 본문(눅 16:16)은 율법과 하나님 나라 말씀(눅 16:14-18)에 매우 어색하게 들어가 있다. 즉 누가 본문은 마태 본문에 비해 더욱 난해한 연결(connexio difficilior) 구조를 보여준다. 이와 같은 누가의 어설픈 연결 구조는 누가가 큐 본문 안에 세례 요한에 관련된 Q 16:16을 누가복음에 있는 그대로 사용했다는 증거가 된다. 결론적으로 위에 모든 사실들에 근거해서 누가의 본문이 큐 본문이라고 결정했다.[17]

제 19 장 하나님 나라 백성들

Q 7:29-30 (마 21:28-32//눅 7:29-30)

(그래서 모든 백성과) 세리들조차 (듣고 하나님을 의롭다 하였으니 이는 그들이) 요한의 (세례를 받았기 때문이라 그러나 바리새인들과 율법사들은 스스로 하나님의 뜻을 거역하였다 이는 그들이 그의 세례를 받지 않았기 때문이니라)

본문 재구성

본 단락은 마태복음과 누가복음에만 나오는 이중 전승(Double Tradition) 본문이므로 큐 본문이라고 본다. 마태는 큐 본문을 자료로 삼아 마 21:28-32절을 기록했고 누가는 7:29-30절을 기록했다. 두 본문들을 비교해 보면 정확하게 일치하고 있는 것은 두 용어 '세리들'과 '요한'이다. 그럼에도 불구하고 큐 본문이라고 보는 것은 마 21:31b-32절과 눅 7:29-30절의 내용이 비슷하다는 데에 있다. 마태는 세리와 창기가 세례 요한을 믿었다고 보도하고 누가는 백성과 세리가 요한의 세례를 받았다고 보도한다. 또한 마태는 대제사장과 백성의 장로들은 요한을 믿지 아니했다고 보도하고 누가는 바리새인과 율법사들이 요한의 세례를 받지 아니했다고 보도한다. 이와 같은 유사한 구조들은 본 단락이 큐 본문에서 왔음을 보여주는 증거이다.

문제는 일치하는 구절이 거의 없는 마태 본문과 누가 본문 사이에 어느 것이 큐 본문인가를 결정하는 일이다. 이 경우에는 각 복음서의 편집 구조를 보고 판단할 수밖에 없다. 먼저 마태가 마태복음서 내에서 큐 본문을 사용한 순서를 보면 마 21:21절, 본 단락 마 21:28-32절, 마 22:1-10절 순이다. 마태복음 내에서 본 단락과 연관된 큐 본문들이 흩어져 있다. 반면에,

누가는 눅 7:24-28절도 큐 본문이고 본 단락 눅 7:29-30절도 큐 본문이고 눅 7:31-35절도 큐 본문이다. 결국 누가의 본 단락은 누가가 집중적으로 인용한 큐 본문 문맥 안에 들어있다는 것을 보여준다. 다시 말하면 마태처럼 큐 본문을 여기저기 흩어 사용할 경우에는 마태복음 문맥에 맞추어야 하기 때문에 문장을 고쳐야 되는 경우가 생긴다. 그러나 누가처럼 큐 본문을 한꺼번에 가져다 사용할 경우에는 특별히 문장을 고칠 필요가 없다. 그래서 여기서는 누가의 본문을 큐 본문으로 결정했다.[18]

제 20 장 세대의 반응 비유

Q/마 11:16-19 (마 11:16-19//눅 7:31-35)

이 세대를 무엇에 비유할 것인가 그것은 장터들에 앉아 (다른 이들을) 부르고 있는 어린아이들과 같으니 그들이 말하기를 우리가 너희에게 피리를 불었지만 너희가 춤추지 아니하였다 우리가 애곡하였지만 너희가 (슬퍼하지) 아니하였다 하였느니라 요한이 와서 먹지도 아니하고 마시지도 아니하였더니 그들이 말하기를 그가 귀신들렸다 한다 인자가 와서 먹고 마시매 그들이 말하기를 보라 탐식하는 사람 주정뱅이 세리들과 죄인들의 친구로다 한다 그러나 지혜는 그것의 (행한 일들로) 옳다함을 얻느니라

본문 재구성

본 단락은 마태복음과 누가복음에만 나오는 이중 전승(Double Tradition) 본문이므로 큐 본문이라고 본다. 마태는 큐 본문을 자료로 삼아 마 11:16-19절을 기록했고 누가는 7:31-35절을 기록했다. 두 본문들을 비교해보면 단어 배열이나 문장 순서가 매우 일치하고 있는 것을 볼 수 있다. 이런 이유로 본 단락이 큐 본문이라는 점에는 학자들 간에 이견들이 없다.

문제는 큐 본문을 재구성하기 위해서 마태나 누가의 본문 중에 하나를 선택해야 하는 일이다. 희랍어로 된 두 본문을 비교해보면 마태 본문에서 사용된 용어들이 누가 본문에는 거의 모두 들어가 있는 것을 볼 수 있다. 반면에, 누가 본문에는 마태 본문에 없는 단어들을 포함하고 있다. 마태 본문에 없는 누가의 단어들은 누가가 첨가시킨 것이라고 볼 수 있다. 결국 누가의 본문보다는 마태의 본문이 큐 본문을 그대로 보유하고 있다. 그래서 여기서는 마태의 본문을 번역하기로 결정했다.

제 21 장 예수를 따르는 길

Q 9:57-60 (마 8:18-22//눅 9:57-62)

(그들이 길을 가고 있을 때 어떤 사람이) 그에게 말했다 나는 당신이 어디로 가시든지 당신을 따르겠습니다 그래서 예수께서 그에게 (말하기를) 여우들은 굴들을 가지고 있고 하늘의 새들은 둥우리들을 가지고 있다 그러나 인자는 머리를 둘 곳이 없느니라 (하셨다) (또 그가) 다른 사람(에게) 나를 따르라고 (말했다) 그러나 그가 대답하기를 먼저 나로 가서 나의 아버지를 장사하도록 허락하소서라고 했다 그런데 (그가) 그에게 (말하기를) 죽은 자들이 자신들의 죽은 몸을 장사하게 놔두고 (너는 가서 하나님의 나라를 전파하라 하셨느니라)

본문 재구성

본 단락은 마태복음과 누가복음에만 나오는 이중 전승(Double Tradition) 본문이므로 큐 본문이라고 본다. 마태는 큐 본문을 자료로 삼아 마

8:18-22절을 기록했고 누가는 9:57-62절을 기록했다. 두 본문들을 비교해보면 마 8:18절은 누가 본문에는 없는 구절로서 마태복음에 있는 본 단락의 배경 설명에 해당한다. 마태가 Q 9:57-60절을 마태복음 현 위치에 배열하면서 이 배경설명을 첨가시킨 것으로 볼 수 있다.

본 단락에 이어 나오는 마 8:19-22절과 눅 9:57-60절은 단어 배열이나 문장 순서가 거의 일치하고 있는 것을 보여준다. 이런 이유로 대부분의 학자들은 이 부분을 큐 본문이라고 한다. 문제는 마 8:19-22절과 눅 9:57-60절이 많이 일치하고는 있지만 그래도 어느 본문이 큐 본문인가를 결정해야 한다. 본문 안에서 나는 차이를 근거로 평가해보기로 한다. 마태 본문은 예수와 대화를 한 사람을 서기관(8:19), 제자(마 8:21)라고 기술한 반면 누가 본문은 무명의 사람들(9:57, 59)로 기록하고 있다. 본래 큐 본문에는 누가처럼 무명의 사람들로 되어 있었는데 마태가 본인의 편집 의도에 따라 변경시켰다고 하는 것이 반대로 누가가 큐 본문에 서기관과 제자를 무명으로 바꾸었다고 설명하는 것보다 쉽다. 그래서 여기서는 누가의 본문을 큐 본문으로 설정한다. 눅 9:61-62절은 큐 본문에서 제외시켰다. 만일 이 구절이 마태도 보았던 큐 본문이었다면 마태가 이 구절을 왜 삭제시켰는지 설명할 길이 없기 때문이다.[19]

제 22 장 제자 파송 설교

Q 10:2-12 (마 9:36-10:16//눅 10:1-12)

그리고 <u>그가</u> (제자들에게) <u>말씀하셨다</u> 추수할 것은 많지만 일군들이 적도다 그러므로 너희는 추수하는 주인에게 일군들을 그의 추수밭으로 보내어 달라고 청하라 (갈지어다) 보라 내가 늑대들 가운데로 보내는 어린 양들처럼 너희들을 보내노라 (돈지갑도) 자루도 신발들도 (가지지) 말라 (그리고 길에서 누구에게도 인사하지 마라) 그리고 **너희가** 어느 집에 **들어가**(든지) (먼저 말하라 평화가 이 집에 임하기를) 만일 (거기에 평화의 아들이) 있으면 너희의 평화가 그 위에 (머무를 것이요) **그렇지 않으면** (그것이) 너희 (위에) (돌아올 것이니라) (같은 집에서 그들이 가지고 있는 것들을 먹고 마시면서) **머물러라** 왜냐하면 일군이 그의 (삯을 받을 가치가 있기 때문이니라 (그리고) **너희가** 어느 도시로 **들어가든지** (너희들을 받아들이면 너희 앞에 차려놓은 것들을 먹어라) 너희는 (거기에 있는 병든 자들을) 고쳐라 (그들에게) **말하기를** (하나님)**의** 나라가 (너희에게) 가까워 졌다라고 **하라** (너희가) **어느** (도시에 들어가든지) 그들이 너희를 **받아들이지** 아니하면 (그 도시의 거리들로) **나와서** (말하라) (우리) **발들에** (붙어있는) (너희) 도시의 먼지(조차) (우리가 너희에게 떨어버리노라) (그럼에도 불구하고) (하나님)**의** 나라가 가까웠다는 (이것을 너희는 알라) 내가 너희에게 말하노니 **소돔에 대한 것이** (그) 날에 그 도시에 대한 것보다 더 **견디기** 쉬울 것이니라

본문 재구성

눅 10:2-12절에 관련된 평행구절들이 공관복음서 내에 매우 복잡하게 얽혀 있다.[20] 그렇지만 일반적인 원칙에 따라 평행구절들 중에서 마태와 누가는 일치하고 마가에는 나타나지 않는 구절만을 큐 본문이라고 규정한다. 문제는 마태와 누가만 일치하고 있는 구절일지라도 서로 순서들이 엇갈려 있다는 점이다. 두 본문들을 비교해보면 누가에 비해서 마태는 일치되는 본문 외에도 첨가된 것들이 비교적 많은 편이고 순서도 편집 의도에 따라 흩어서 배열시킨 것을 보여준다. 이런 이유로 누가의 본문이 큐 본문의 순

서를 보유하고 있다고 본다.

큐 본문을 재구성하는 원칙은 누가의 본문을 기본으로 하여 마태와 누가가 일치하는 부분을 가지고 최소의 문장을 구성한다. 예수가 칠십 인을 세워 둘씩 파송하는 눅 10:1절은 신약에서 누가복음에만 나오는 구절이다. 누가가 큐 본문 Q 10:2-12절을 누가복음에 기록하면서 배경을 설명하는 구절로 눅 10:1절을 첨가시킨 것이라고 할 수 있다. 마 9:37절이나 눅 10:2절 모두 제자들을 향해서 주는 말씀들이다. 그래서 눅 10:2절에 '그들에게'를 '제자들에게'로 바꾸어 번역했다. 눅 10:4d절에 있는 "그리고 길에서 누구에게도 인사하지 말라"는 말씀은 공관복음에서 오직 누가에만 있는 구절이다. 그럼에도 불구하고 이 구절을 큐 본문 안에 넣은 이유는 다음과 같은 설명이 가능하기 때문이다. 본래 이 구절은 큐 본문(Q 10:4d)이었는데, 평안을 빌어주는 제자를 묘사하는 다음 구절(Q 10:5)과 어울리지 않는 과격한 표현이라고 판단해서 마태복음에서 삭제시킨 것으로 여겨진다.[21]

제 23 장 갈릴리 도시를 향한 저주

Q 10:13-15 (마 11:20-24//눅 10:13-15)

너에게 화가 있을진저 고라신아 너에게 화가 있을진저 벳새다야 왜냐하면 만일 너희 안에서 행한 능력들을 두로와 시돈 안에서 <u>행하였더라면</u> 그들은 오래 전에 베옷을 입고 재들에 (앉아) 회개하였을 것이니라 그러나 심판 때에 너희에 대한 것보다 두로와 시돈에 대한 것이 더 견디기 쉬울 것이니라 그리고 너 가버나움아 네가 하늘에까지 들려질 것 같으나 너는 지하세계로 내려갈 것이다

본문 재구성

본 단락은 마태복음과 누가복음에만 나오는 이중 전승(Double Tradi-tion) 본문이므로 큐 본문이라고 본다. 마태는 큐 본문을 자료로 삼아 마 11:20-24절을 기록했고 누가는 10:13-15절을 기록했다. 두 본문들을 비교해 보면 마 11:21-23a절과 눅 10:13-15절은 단어 배열이나 문장 순서가 정확하게 일치하고 있는 것을 볼 수 있다. 이런 이유로 본 단락이 큐 본문이라는 데에는 학자들 간에 별 이견이 없다.

문제는 마태 단락에는 누가 본문에 없는 마 11:20, 23b, 24절이 들어 있다는 점이다. 본래 큐 본문은 제자 파송 설교(Q 10:2-12)에 이어 본 단락 (10:13-15)이 언급되어 있다. 그래서 큐 문맥으로 보면 본 단락의 저주의 대상은 예수의 제자들을 받아들이지 않는 도시들이다. 그런데 마태는 Q 10:13-15절을 제자가 아니라 예수의 사역을 받아들이지 않는 도시들을 향한 저주에 적용시켰다. 그래서 마태는 마 11:20절을 첨가시켰다. 마태는 또한 큐 본문에 있는 Q 10:13-15절을 보고 단락 구조가 어색한 것을 깨달았다. 즉 큐 본문이 고라신과 벳새다를 두로와 시돈에 비교했는데 가버나움은 비교되는 도시가 없이 끝나는 불균형을 느꼈다. 그래서 마태는 가버나움을 소돔에 비교하는 구절들(마 11:23b,24)을 추가해서 균형을 갖추어 놓았다.[22]

결론적으로 마태는 큐 본문을 편집 의도에 따라 변경했고 누가는 큐 본문을 있는 그대로 보유하고 있다고 판단했다. 그래서 여기서는 누가의 본문을 번역했다.

제 24 장 제자들의 권위

너희 말을 (듣는) 자는 **나의 말을** (듣는 것이요) (너희를 거절하는) 자는 (나를 거절함이라) (그러나) 나를 (거절하는 자는) 나를 보내신 이를 (거절하는 것이라)

본문 재구성

본 단락은 마태복음과 누가복음에만 나오는 이중 전승(Double Tradition) 본문이므로 큐 본문이라고 본다. 마태는 큐 본문을 자료로 삼아 마 10:40절을 기록했고 누가는 10:16절을 기록했다. 두 본문들을 비교해보면 정확하게 일치하는 구절은 '나를 보내신 이' 뿐이다. 그럼에도 그 내용이나 내용 전개가 비슷하다는 것을 알 수 있다. 그래서 대부분의 학자들은 본 단락을 큐 본문으로 인정한다.

큐 본문을 재구성하기 위해서 본문을 더 자세하게 살펴볼 필요가 있다. 사실 마태나 누가가 구조상으로는 비슷하지만 정확하게 구분한다면 다른 말을 하고 있다. 마태(10:40)는 제자들 영접이 예수 영접이고 예수 영접이 예수를 보내신 이를 영접하는 것이란 구조를 보여주며 영접한다는 것에만 초점을 맞추고 있다. 반면에, 누가(10:16)는 제자들 거절이 예수를 거절하는 것이요 예수를 거절하는 것이 예수를 보내신 이를 거절하는 것이란 구조를 보여 주면서 주로 거절하는 것에 초점을 맞추고 있다. 누가의 이런 강조는 큐 본문의 앞 단락(Q 10:13-15)과 조화를 이룬다. 앞 단락은 제자들을 거절하는 도시들에 대한 저주를 언급했고 본 단락은 이런 거절이 무엇을 의미하는지를 설명했다. 이런 문맥 관계는 눅 10:16절이 큐 본문임을 입증해 주는 증거이다.

그러면 영접하는 것에 초점을 맞춘 마태의 본문은 어떻게 설명할 수 있을까? 마태는 Q 10:16절의 첫 문장 "너희 말을 듣는 것은 나의 말을 듣는 것이요"를 풀어서 다시 썼다. 즉 너희 말을 듣는 다는 것은 곧 너희를 영접한 것이라고 보았다. 그리고 큐 본문에 거절함 대신 영접함을 적용시켜서 마 10:40절을 만들어 냈다. 마태가 영접함만을 강조한 이유는 마 10:40-42절에서 찾을 수 있다. 마태의 이 단락은 제자들을 영접하는 자에 대한 상급을 언급하고 있다. 그래서 마태는 Q 10:16절을 이 단락에 적용시키면서 영접함을 강조하는 구절로 고쳐 썼다. 위와 같은 사실에 의해 누가의 본문이 큐 본문을 그대로 보유하고 있다고 판단했다. 누가에만 있는 눅 10:17-20절은 큐 본문 재구성에서 제외시켰다. 이유는 만일 이 구절들이 큐 본문 안에 들어 있었다면 마태가 마태복음을 기록하면서 굳이 이 구절들을 생략할 이유가 없었기 때문이다.[23]

제 25 장 예수의 기도

Q 10:21-22 (마 11:25-27//눅 10:21-22)

(그 때)에 그가 말씀하셨느니라 하늘과 땅의 주인이신 아버지여 내가 당신을 찬양하나이다 당신은 이것들을 지혜로운 자들과 지식있는 자들에게는 <u>숨기셨고</u> 어린아이들에게 그것들을 보이셨나이다 옳습니다 아버지여 왜냐하면 그것이 당신 앞에 기쁨이었기 때문이니다 모든 것들이 아버지로 말미암아 나에게 주어졌습니다 누구도 아버지 외에는 <u>아들이</u> (누구인지) <u>아는</u> 자가 없나이다 (그리고) 아들과 아들이 보이기를 원하는 자 외에는 <u>아버지가</u> (누구인지) 아는 자가 없나이다

본문 재구성

본 단락은 마태복음과 누가복음에만 나오는 이중 전승(Double Tradition) 본문이므로 큐 본문이라고 본다. 마태는 큐 본문을 자료로 삼아 마 11:25-27절을 기록했고 누가는 10:21-22절을 기록했다. 두 본문을 비교해보면 본 단락을 시작하는 문장들(마 11:25a, 눅 10:21a)에서 차이가 나고 그 외에 마 11:25b-27절과 눅 10:21b-22절에서는 단어 배열이나 문장 순서들이 놀라울 정도로 일치하고 있음을 알 수 있다.

여기서는 큐 본문을 재구성할 때 마태나 누가의 본문을 선택하지 않고 정확하게 일치되는 용어를 중심으로 문장을 만들었다. 마태나 누가의 본문이 거의 일치하기 때문에 어느 본문을 선택하느냐가 그렇게 큰 의미를 갖지 않기 때문이다. 문제는 서로 차이가 나는 마 11:25a절과 눅 10:21a절이다. 여기서도 어느 절을 택하지 않고 두 절이 공통적으로 일치하는 용어나 의미를 중심으로 본문을 재구성했다.

제 26 장 복 받은 제자들

Q 10:23-24 (마 13:16-17//눅 10:23-24)

(그리고 제자들에게 돌아서서 은밀히 말씀하셨느니라) (너희가 보고 있는 것들을) <u>보는</u> 눈들은 복되도다 내가 너희에게 말하노니 많은 선지자들과 (왕들이) (너희가) 보는 것들을 보기 (원했지만) 보지 못했고 너희가 듣고 있는 것들을 듣기 원했지만 듣지 못하였느니라

본문 재구성

본 단락은 마태복음과 누가복음에만 나오는 이중 전승(Double Tradi-

tion) 본문이므로 큐 본문이라고 본다. 마태는 큐 본문을 자료로 삼아 마 13:16-17절을 기록했고 누가는 10:23-24절을 기록했다. 두 본문들을 비교해 보면 절의 뒤바뀜이 없이 일치되는 부분들이 비교적 문장 흐름에 따라 같이 나타나고 있는 것을 알 수 있다.

마태 본문에는 없는 눅 10:23a절은 마태가 생략한 것으로 볼 수 있다. 이 구절을 여기에 두어야 할 당위성은 큐 본문 앞 단락(Q 10:21-22)에서 찾을 수 있다. 앞 단락은 하나님께 드리는 예수의 감사기도이다. 그런데 본 단락(Q 10:23-24)은 제자들을 향한 예수의 말씀이다. 앞 단락에서 본 단락으로 전환되는 과정에서 대상이 바뀌는 것을 언급하는 눅 10:23a절은 본 단락의 도입 구절로 당연히 필요하다. 마태는 "제자들에게 말씀하셨다"는 이 도입 구절을 왜 생략했는가? 그 근거는 마태 본문(13:16-17)이 들어 있는 마 13:10-17절에서 찾을 수 있다. 마태는 예수께서 제자들에게만 비유를 설명해주는 내용을 마 13:10-17절에 기록하면서 큐 본문 Q 10:23-24절을 사용하였다. 마태는 마 13:10,11절에서 본 대화가 예수와 제자들의 대화임을 언급했기 때문에 큐 본문 안에 있는 Q 10:23a절이 더 이상 필요치가 않았다. 만일 그대로 마태 본문에서 사용한다면 오히려 문맥을 어색하게 만들게 되기 때문에 마태가 생략시켰다.

마태 본문과 누가 본문 중에서 큐 본문을 결정하는 기준은 큐 본문의 문맥 관계에 두었다. 마태복음 구조에서 본 단락에 관련된 큐 본문들을 보면 마 13:12절과 마 13:16-17절과 마 13:31-32절로서 흩어져 있는 것을 알 수 있다. 반면에, 누가복음은 눅 10:1-24절까지 큐 본문의 6개의 말씀들이 연속적으로 배열되어 있음을 보여준다. 누가가 큐 본문을 있는 그대로 가져다 놓았다고 볼 수 있는 부분이다. 결국 눅 10:23-24절이 마 13:16-17절보

다 큐 본문에 더 가깝다고 결정했다.[24]

제 27 장 주기도문

Q 11:2-4 (마 6:7-13//눅 11:1-4)

(그리고 그가 그들에게 말씀하셨다) <u>너희가 기도할 때</u> (이렇게 말하라) 아버지여 당신의 이름이 거룩히 여김을 받으시옵소서 당신의 나라가 임하시옵소서 (매일) 우리의 일용할 양식을 우리에게 <u>주옵소서</u> 우리의 (죄들을) 용서하시옵소서 (왜냐하면) <u>우리가</u> (스스로)우리에게 (죄지은 모든 사람을) <u>용서하기</u> (때문입니다) 또한 우리를 시험으로 이끌지 마옵소서

본문 재구성

본 단락은 마태복음과 누가복음에만 나오는 이중 전승(Double Tradition) 본문이므로 큐 본문이라고 본다. 마태는 큐 본문을 자료로 삼아 6:7-13절을 기록했고 누가는 11:1-4절을 기록했다. 두 본문들은 모두 예수께서 가르치신 기도문이다. 두 본문들을 비교해보면 도입 부분에 해당하는 마 6:7-8절과 눅 11:1절이 완전히 다르지만 주기도문에 해당하는 마 6:9-13절과 눅 11:2-4절은 단어 배열이나 문장 순서가 거의 일치하고 있는 것을 볼 수 있다.

먼저 마태와 누가의 도입 부분이 아주 다르기 때문에 이에 대한 이해가 있어야 한다. 마태의 주기도문 본문(6:7-13)은 마태복음 내에서 산상설교라고 하는 5-7장 안에 들어 있다. 또한 마태 본문은 산상설교 안에서도 기도에 대한 말씀들을 모아 놓은 6:5-18절 사이에 들어 있다. 마태의 편집 의도를 분명히 보여주는 구성이다. 특히 마 6:7-8절을 보면 마태가 큐 본문에 있

던 주기도문을 사용한 의도를 알 수 있다. 마태는 말을 많이 하는 기도에 대한 반박으로 간단한 주기도문을 제시했다.

반면에, 누가의 주기도문 도입부분(11:1-2a)을 보면 제자들이 예수께 기도를 가르쳐달라고 요청한다. 그 결과로 예수께서 주기도문을 말씀하신다. 만일 큐 본문에 누가의 도입부분(11:1)이 있었다고 할지라도 마태는 산상설교라는 틀 안에서 주기도문을 사용했기 때문에 도입부분을 생략할 수밖에 없었을 것이다. 이것은 누가의 도입부분이 큐 본문에 있었다고 주장할 수 있는 근거가 된다.

그러나 누가는 눅 10:23-24절 이후부터 이야기 구조로 큐 본문을 사용하는 특성을 보여준다. 누가가 주기도문 바로 전에 사용한 큐 본문 자료가 눅 10:23-24절이다. 이후 눅 10:25-37절에는 선한 사마리아인의 비유 이야기가 나오고 눅 10:38-42절은 마르다와 마리아 이야기가 나온다. 이어 나오는 큐 본문 주기도문은 제자들이 예수께 기도를 요청하는 이야기 속에 들어 있다. 그리고 눅 11:5-8절은 밤중에 강청하는 친구 비유 이야기가 나오고 이어 큐 본문 눅 11:9-13절이 나온다. 이런 특성들을 보면 누가가 큐 본문 주기도문을 이야기 구조로 편집했을 가능성이 크다. 다시 말하면 주기도문의 도입절인 눅 11:1절은 누가의 편집이라고 할 수 있다. 그래서 여기서는 마태와 누가가 일치하는 부분 마 6:9-13절과 눅 11:2-4절만을 큐 본문이라고 보았다.

서로 일치하고 있는 마태 본문과 누가 본문을 중심으로 큐 본문을 재구성하면서 문제가 되는 것은 시작하는 절이다. 자세히 관찰해보면 마태는 앞에 연결된 내용의 결론으로 마 6:9a절을 사용했다. 반면에, 눅 11:2a절은 앞 내용과 연관성 없이도 주기도문과 결합하여 하나의 독립된 단락이 될 수 있다. 그래서 여기서는 눅 11:2a절을 번역했고 이후 본문은 일치되지 않는 용어들이 많이 들어있는 마태의 본문보다는 주로 일치되는 용어들로만 구성되어 있는 누가의 본문으로 큐 본문을 재구성했다.[25]

제 28 장 기도의 확신

Q 11:9-13 (마 7:7-11//눅 11:5-13)

(그리고 내가 너희에게 말하노라) 구하라 그러면 너희에게 주어질 것이다 찾으라 그러면 너희가 찾을 것이다 두드리라 그러면 너희에게 열릴 것이다 왜냐하면 구하는 자마다 받으며 찾는 자가 찾으며 두드리는 자에게 열려질 것이기 때문이니라 너희들 가운데 <u>어떤</u> (아버지가) 아들이 생선을 달라고 하는데 생선 (대신에) 그에게 뱀을 주겠느냐 또한 그가 (알을) 달라고 하면 그에게 (전갈을) 주겠느냐 너희가 (악할지라도) 너희 자식들에게 좋은 선물들을 줄 줄 알거든 하물며 <u>하늘에 계신</u> 아버지께서 그에게 구하는 자들에게 (성령을) 주시지 않겠느냐

본문 재구성

본 단락은 마태복음과 누가복음에만 나오는 이중 전승(Double Tradition) 본문이므로 큐 본문이라고 본다. 마태는 큐 본문을 자료로 삼아 마 7:7-11절을 기록했고 누가는 11:5-13절을 기록했다. 두 본문들을 비교해보면 마 7:7-11절과 눅 11:9-13절은 단어 배열이나 문장 순서가 거의 일치하고 있는 것을 알 수 있다. 반면에, 눅 11:5-8절은 마태복음에는 없는 구절이다. 이 부분은 밤중에 찾아와 강청하는 친구 비유이다. 만일 이 비유가 큐 본문에 있었다면 마태가 산상설교(5-7장)에서 사용하지 않더라도 마태

복음 다른 곳에서 사용했을 것이다. 결론적으로 이 비유는 큐 본문에 없었던 것으로 추정된다.

누가는 눅 11:9-13절을 큐 본문에서 가져오면서 이 본문과 같은 주제를 가진 비유(눅 11:5-8)를 큐 본문 앞에 두었다. 그 결과로 누가 본문은 큐 본문의 의미가 더욱 강조되는 편집 구조를 갖게 되었다.

큐 본문을 재구성함에 있어 먼저 시작하는 절은 큐 본문의 일정한 공식과 같은 "내가 너희에게 말하노라"란 눅 11:9a절을 사용했다. 이후에는 마태 본문과 누가 본문이 거의 일치하고 있기 때문에 서로 비교하면서 누가 본문을 중심으로 번역했다. 본래 큐 복음에는 눅 11:13절처럼 하늘 아버지가 구하는 자에게 '성령'을 주신다고 기록되었었다. 그런데 마태는 갑자기 '성령'이 언급되는 것을 어색하게 여겨서 "좋은 선물들을 줄 줄 알거든"이란 앞 문장에 어울리게 "좋은 것들(선물)을 주시지 않겠느냐"로 동화시켜놓았다.[26]

제 29 장 바알세불 논쟁

Q 11:14-23 (마 12:22-30//눅 11:14-23)

(그리고) <u>그가</u> 벙어리 (귀신을) <u>쫓아내는</u> (중이었다) 귀신이 (나갔을 때) 벙어리가 말을 했다 그래서 무리들이 놀랐다 (그들 중에 몇이) 귀신들의 왕 바알세불에 의해 그가 귀신들을 쫓는다고 (말했다) 그래서 (그가) 그들의 (생각들을) 아시고 그들에게 말씀하셨다 <u>스스로 분쟁하는</u> 모든 나라는 황폐하게 되며 (스스로 분쟁하는 집은 무너지느니라) 만일 사단이 스스로 <u>분쟁하면</u> 그의 나라가 어떻게 서겠느냐 왜냐하면 내가 바알세불에 의해 귀신들을 쫓아낸다고 너희가 말하기 때문이다 그러나 만일 내가 바알세불에 의해 귀신들을 쫓아내면 너희의 아들들은 무엇에 의해 쫓아내느냐 그러므로 그들이

너희의 재판관들이 될 것이니라 그러나 내가 하나님의 (손가락)으로 귀신들을 쫓아내니 결과적으로 하나님의 나라가 너희 위에 임하였느니라 나와 함께 있지 않는 자는 나를 대적하는 자요 나와 함께 모으지 않는 자는 흩어지게 하는 자니라

본문 재구성

바알세불 논쟁에 관한 본 단락은 마태복음과 마가복음과 누가복음에 나오는 삼중 전승(Triple Tradition) 본문이다. 공관복음 안에서 마 12:22-30, 막 3:22-27, 눅 11:14-23절이 평행구절이다. 문제는 마태와 누가가 마가 본문을 따르지 않고 큐 본문을 따라 본 단락을 기록했다고 입증해야 한다.

다음과 같은 방법으로 본 단락의 큐 본문을 재구성 했다. 마 12:22-23절과 눅 11:14절의 평행구절은 마가복음에 없기 때문에 큐 본문임이 틀림없다. 이 부분에 관한 마태 본문과 누가 본문 중에서 큐 본문을 결정할 때 서로 일치되는 용어들의 분포도를 참고했다. 마태 본문은 일치되는 용어들이 산발적으로 흩어져 있고 누가 본문은 집약되어 있는 것을 보여준다. 이런 특징들은 마태가 편집하면서 손질을 가했을 가능성이 높다는 것을 보여준다. 실제로 마 12:23절의 '다윗의 자손'이란 표현은 마태의 신학적 특성(참조, 마 1:1)을 나타내고 있다. 결국 눅 11:14절이 큐 본문일 가능성이 높다.

마 12:24절과 눅 11:15절은 막 3:22절과 일치하는 것도 있지만 '말하다' 란 단어가 마태와 누가는 일치하지만 마가는 다른 단어를 사용하고 있으며 '바알세불'이 마태와 누가에서는 전치사의 목적어로 표현된 반면 마가에서는 동사의 목적어로 나온다. 이런 차이는 마태와 누가가 다른 자료 즉

286

큐 본문을 사용했다는 증거가 된다. 마 12:24절에 '바리새인'은 마태의 신학적 의도가 담긴 것으로 보아 눅 11:15절을 큐 본문으로 삼았다. 눅 11:16절은 누가복음에만 있는 구절이기 때문에 누가의 편집으로 보아 큐 본문에서 제외시켰다.

마 12:25-28절과 눅 11:17-20절은 마가와 달리 마태와 누가가 서로 일치를 보여주고 있기 때문에 큐 본문이라고 본다. 마태에는 없는 눅 11:18b절을 제외하고는 비교적 누가 본문(11:17-20)이 일치하지 않는 부분들이 적은 것으로 보아 누가의 본문을 큐 본문이라고 인정했다. 눅 11:21-22절은 마가에도 평행구절(막 3:27)이 있을 뿐 아니라 마태(12:29)와 일치되는 것도 '강한 자' '그리고' '그의' 밖에 없기 때문에 큐 본문으로 인정하지 않는다. 마 12:30절과 눅 11:23절은 완벽하게 일치하고 있기 때문에 큐 본문으로 재구성하는 데 문제가 없다.[27]

제 30 장 돌아온 악한 영

Q 11:24-26 (마 12:43-45//눅 11:24-26)

더러운 영이 사람에게서 나갈 때 그는 메마른 장소들을 다니며 쉬기를 구하지만 찾지 (못하여) 말하기를 내가 나왔던 나의 집으로 <u>돌아가리라</u>한다 그리고 돌아와 그는 그 집이 청소되고 정돈된 것을 발견한다 그때 그는 가서 그보다 일곱 배 더 악한 다른 영들을 데리고 들어가서 거기서 산다 그래서 그 사람의 마지막 상태들은 처음보다 더 악화된다

본문 재구성

본 단락은 마태복음과 누가복음에만 나오는 이중 전승(Double Tradi-

tion) 본문이므로 큐 본문이라고 본다. 마태는 큐 본문을 자료로 삼아 마 12:43-45절을 기록했고 누가는 11:24-26절을 기록했다. 두 본문들을 비교해보면 사용된 용어나 문장 배열이 거의 완벽하게 일치하고 있음을 보여준다. 그럼에도 불구하고 약간 차이가 나는 것들을 기준으로 하여 마태 본문과 누가 본문 가운데 큐 본문을 결정했다.

누가 본문(11:24-26)은 '못하여'란 부정부사만 제외하고 모든 단어가 마태 본문(마 12:43-45)과 일치하고 있다. 반면에, 마태 본문은 마 12:45c를 제외하더라도 누가에 없는 단어들이 다섯 개나 들어 있다. 이런 사실들은 마태가 큐 본문을 약간 수정해서 마태복음서에 기록했다는 것을 보여주는 예이다. 큐 본문을 재구성하기 위해 큐 본문을 있는 그대로 보유하고 있는 누가 본문을 번역했다.[28]

제 31 장 요나의 표적

Q 11:16,29-32 (마 12:38-42//눅 11:16,29-32)

(무리들이) 시험하여 하늘로부터 오는 표적을 (그에게 구하였다) 그래서 (그가 말씀하시었다) (이 세대는) 악한 세대(나라) 그것이 표적을 구하나 요나의 표적 밖에 그것에게 주어지지 않을 것이니라 왜냐하면 요나가 (니느웨 사람들에게 표적이 되었던 것처럼) 인자도 그러하리라 심판 때에 남방 여왕이 이 세대의 (사람들과) 함께 일어나 그들을 정죄할 것이라 왜냐하면 그녀는 솔로몬의 지혜를 듣기 위하여 땅 끝들로부터 왔기 때문이라 그런데 보라 솔로몬보다 더 큰 이가 여기 있느니라 심판 때에 니느웨 사람들이 이 세대와 함께 일어나 그것을 정죄하리라 왜냐하면 그들은 요나의 선포로 회개하였기 때문이니라 그런데 보라 요나보다 더 큰 이가 여기 있느니라

본문 재구성

본 단락은 마태복음과 누가복음에만 나오는 이중 전승(Double Tradition) 본문이므로 큐 본문이라고 본다. 마태는 큐 본문을 자료로 삼아 마 12:38-42절을 기록했고 누가는 11:16, 29-32절을 기록했다. 사실 예수께 표적을 구하는 내용은 막 8:11-12절에도 나온다. 그러나 마 12:38-42절과 눅 11:29-32절은 마가복음에는 없는 평행구절이다. 마가복음에는 없는 이 두 본문들을 비교해보면 일치되는 부분들이 매우 많이 나타나고 있고 특히 문장 순서는 뒤바뀌었지만 마 12:41-42절과 눅 11:31-32절은 문장 안에 단어 배열이 거의 정확하게 일치하고 있다. 그래서 본 단락을 큐 본문이라고 본다.

큐 본문을 재구성하기 위해서 누가의 본문 순서를 따라 관찰한다. 먼저 본 단락을 시작하는 절을 보면 마태(12:38)는 서기관과 바리새인들이 예수께 표적을 구하고 누가(11:16)는 무리 가운데 일부가 예수를 시험하기 위해 표적을 구하는 것으로 나타난다. 그런데 마가 본문(8:11-12)을 보면 바리새인들이 와서 예수께 표적을 구한다. 이런 비교를 통해서 마태는 본 단락의 등장인물을 마가의 본문을 따랐고 누가는 큐 본문을 따랐다고 할 수 있다. 큐 본문 안에서 '무리'는 불의한 사람들을 가리키는 용어로 '백성'과 구별해서 사용되었다.

그러면 왜 누가는 본 단락의 도입절(11;16)을 바알세불 논쟁 안에다 두었는가? 그 이유는 누가의 편집 의도 때문이라고 할 수 있다. 큐 본문 안에서 바알세불 논쟁(Q 11:14-23)을 일으킨 사람들은 '무리들'(Q 11:15)이었다. 또한 예수를 시험하기 위해 표적을 보여 달라는 사람들도 '무리들'(Q 11:16)이었다. 다시 말하면 Q 11:16절은 본래 Q 11:29-32절의 도입절이었다. 그런데 누가가 큐복음서에 있는 위에 두 자료를 누가복음 안으로 가져오면서 본 단락의 도입절(Q 11:16)을 바알세불 논쟁 도입절과 결합시켰다. 그래서 무리들 중에 더러는 바알세불 논쟁을 야기한 사람들(눅 11:15)이고, 더러는 표적을 구하며 예수를 시험한 사람들(눅 11:16)로 서로 다른 단락의 도입절들을 묶어서 편집했다. 이런 사실을 고려하여 큐 본문의 도입절을 재구성하려면 눅 11:16절의 '다른 사람들(더러는)'은 '무리들'로 바꾸어서 절 전체를 "무리들이 시험하여 하늘로부터 오는 표적을 그에게 구하였다"로 번역해야 한다. 또한 눅 11:29절에서 소유격 절대구문(Genitive Absolute)으로 되어 있는 '무리가 많아졌을 때'란 구절은 누가가 Q 11:16절을 옮기면서 대신 삽입한 절로 보고 생략한다.

마태는 요나의 표적에 대한 전승을 두 번 사용했다. 한번은 큐 본문 배열을 따라 바알세불 논쟁과 돌아온 악한 영 사이에 연결 단락으로 사용하였다. 다른 한번은 마가의 배열에 따라 사천 명 먹인(막 8:1-10//마 15:32-39) 후에 그리고 바리새인들의 누룩에 대한 경고(막 8:14-21//마 16:5-12) 이전에 사용하였다. 두 번째 경우에서 자료 배열은 마가를 따랐지만 본문은 막 8:12절의 특징들을 피하고 큐 본문을 따랐다.

마지막으로 마 12:41-42절과 눅 11:31-32절의 순서가 서로 뒤바뀌어 있는 문제를 해결하는 일이다. 본래 큐 본문에는 하늘의 표적을 구하는 무리들에게 예수께서 요나의 표적을 먼저 언급한 것으로 되어 있었다. 이것은 마태(12:39)나 누가(11:29)가 일치하고 있는 사실이다. 만일 이 언급 직후에 마태 본문처럼 요나에 대한 설명이 이어지고 다음에 남방 여왕과 솔로몬에 대한 언급이 이어졌으면 문맥이 더욱 자연스러웠을 것이다. 그러나 큐 본문은 구약의 인물순서대로 남방 여왕과 솔로몬이 먼저 언급되고 요나에 관한 언급이 나중에 언급되었다. 이 결과로 큐 본문 문맥이 매끄럽지 못했다. 이것을 본 마태가 본문을 마태복음에서 매끄럽게 편집했다. 이런 사실들을 근거로 누가의 본문을 중심으로 큐 본문을 재구성했다.[29]

제 32 장 등불과 눈

Q 11:33-36 (마 5:14-16, 6:22-23//눅 11:33-36)

(누구나) 등불을 (켜서 은밀한 곳이나) 바구니 아래 <u>두지</u> (아니하고) 등경 위에 <u>두나니</u> (들어오는 사람들이 그 빛을 보게 하려 함이니라) 몸의 등불은 (너의) 눈이라 너의 눈이 좋을 (때는) 너의 온 몸이 밝을 <u>것이요</u> 그러나 그것이 나쁠 (때는) 너의 몸이 어두우리라 (그러므로) 너의 안에 있는 빛이 어둡지 (않도록 주의하라)

본문 재구성

등불에 관한 비유 말씀은 마 5:15절과 막 4:21절과 눅 11:33절에 기록되어 있다. 마태와 누가가 마가 본문과 큐 본문을 자료로 사용했다고 보기 때문에 이 말씀이 마가 본문에서 온 것인지 아니면 큐 본문에서 온 것인지 결정해야 한다. 평행구절들을 비교해보면 마태와 누가가 일치하고 마가와는 차이가 나는 점들이 발견된다. 마태와 누가의 본문에는 문장의 주어가 '사람'이고 목적어로 '등불'로 되어 있다. 반면에, 마가의 문장의 주어는 '등불'로 되어 있다. 마태와 누가는 '바구니(개역: 말) 아래'와 '등경위에'란 구절이 한 문장 안에 있는 반면에, 마가는 두 구절이 서로 다른 문장에서 사용되었다. 이런 사실로 미루어보아 마태와 누가는 마가복음이 아닌 다른 자료 즉 큐 본문을 사용했다고 볼 수 있다.

마 5:15절과 눅 11:33절 가운데 어느 것이 큐 본문을 그대로 보유하고 있는지 결정해야 한다. 먼저 단락 배치를 관찰해보면 마태복음에는 산상설교(5-7장) 안에 본 말씀이 들어 있고 누가복음에는 앞 단락(눅 11:29-32)도 큐 본문이고 다음 단락(눅 11:34-36)도 큐 본문으로 구성되어 있다. 이것은 누가가 큐 본문을 통째로 사용하고 있다는 증거이다. 이런 점에서 눅 11:33절이 마태 본문보다 큐 본문에 가깝다고 여겨진다. 사실 마태는 본인의 편집 의도에 따라 큐 본문 Q 11:33-35절을 마태복음 안에서 둘로 나누어서 하나는 5:15절에서 사용하고 다른 하나는 6:22-23절에서 사용했다. 위와 같은 사실에 근거해서 여기서는 눅 11:33-35절을 큐 본문이라고 결정했다. 마태 본문에는 없는 눅 11:36절은 누가의 편집에 의해 추가된 것으로 보았다. 만일 이 절이 큐 본문 안에 있었다면 마태가 이 절을 마 6:23절에 사용할 수 있었을 것이다.[30]

제 33 장 바리새인과 율법사를 향한 저주
Q 11:39b-52 (마 23:1-36//눅 11:37-52)

(그리고 그가 말씀하셨다 너희 율법사들에게 화가 있을지어다 왜냐하면 너희는) 사람들에게 지기 어려운 짐들을 (지우고) 너희 자신들은 (너희) 손가락들 중 (하나도 그 짐들을 건들려고 하지) 않기 (때문이니라) (너희 바리새인들에게 화가 있을지어다 왜냐하면 너희는) 회당에서 상석과 시장에서 인사받는 것들을 (좋아하기 때문이니라) 너희 (율법사들에게) 화가 있을지어다 왜냐하면 (너희는 지식의 열쇠를 가져가서 너희 자신도) 들어가지 않고 또한 들어가려는 자들을 (막았기) 때문이니라 너희 바리새인들에게 화가 있을 지어다 왜냐하면 너희가 박하와 (운향과 모든 식물을) 십일조로 드리되 하나님

의 정의와 (사랑은 무시하는구나) 그러나 이것들도 해야만하고 저것들도 (무시하지) 말아야 하느니라 너희 바리새인들은 컵과 (그릇의) 겉은 깨끗하게 하나 (너희) 속은 탐욕과 (사악함으로) 가득하도다 너희에게 화가 있을 지어다 왜냐하면 너희는 선지자들의 무덤들을 쌓고 (너희) 조상들은 (그들을 죽였기) 때문이니라 그(러므로 너희들은 증인들)이요 (또한 너희 조상들의 일들을 찬동하는도다 왜냐하면 한편으로는 그들이 그들을 죽였고 다른 한편으로는) 너희가 (그들의 무덤들을 쌓았도다) 이러므로 (하나님의 지혜가 말씀하셨느니라) 내가 (그들에게) 선지자들과 (사도들을) 보낼 것이다 (그런데) 그들 중에 더러 그들이 죽이고 핍박할 것이니라 (세상의 세워짐으로부터) 흘렸던 (모든 선지자들의) 피가 (이 세대에게서 요구될 것이다) 아벨의 피로부터 제단과 (성전) 사이에서 (죽임을 당한) 사가랴의 피까지 (요구될 것이다 그렇다) 내가 너희에게 말하노니 이 세대에게서 (요구될 것이다)

본문 재구성

본 단락은 마태복음과 누가복음에만 나오는 이중 전승(Double Tradition) 본문이므로 큐 본문이라고 본다. 마태는 큐 본문을 자료로 삼아 마 23:1-36절을 기록했고 누가는 11:37-52절을 기록했다. 두 본문들을 비교해 보면 절의 뒤바뀜이 있기는 하지만 일치되는 용어들이 있고 내용이 유사한 것을 알 수 있다.

마 23:1-36절을 보면 예수께서 무리와 제자들에게 가르치신 말씀으로 되어 있다. 반면에, 눅 11:37-52절은 예수께서 바리새인 집에 초청받아 점심을 나누면서 하신 말씀으로 되어 있다. 큐복음서의 특징이 예수에 관한 이야기보다는 예수께서 하신 말씀을 위주로 편집된 것이기 때문에 마태 본문이 누가보다 큐의 특징을 지니고 있다고 할 수 있다. 마태가 큐 본문의 문장 순서를 따라서 23장을 편집했을 가능성이 크다. 사실 마 23:1-36절과 눅 11:37-52절을 보면 일치하는 용어들이 들어 있는 절들의 순서가 서로 바뀌어 있음을 알 수 있다. 그래서 이 단락에 관한 큐 본문을 재구성할 때 마태 23장의 순서를 따라서 누가복음과 일치되는 부분들(눅 11:46, 43, 52, 42, 39, 47-51)을 비교하면서 번역했다.

　문제는 마태가 큐의 특징을 가지고 있지만 마태 본문 자체가 큐 본문인가를 확인해야 한다. 마태 23장 말씀에서 저주의 대상이 바리새인과 서기관(23:2)이다. 뿐만 아니라 마태 23장은 "화 있을진저 외식하는 서기관들과 바리새인들이여!"(23:13, 15, 23, 25, 27, 29)란 문장을 반복하면서 전개시킨 구조로 되어 있다. 만일 이 반복 문장이 큐 본문 안에 들어 있었다면 누가가 단 한번이라도 누가복음에서 이 문장을 사용했을 것이다. 그러나 누가복음에는 위와 같은 저주 문장이 하나도 없다. 결국 위와 같이 반복된 저주 문장들은 마태가 첨가시킨 것이라고 할 수 있다. 마태와 누가의 저주문 분량을 비교해보아도 누가 본문은 모두 13절에 불과한데 마태 본문은 36절이나 된다. 큐복음서 자체가 짧은 분량이기 때문에 큐 자료를 인용할 때 큐 본문을 줄여서 사용한다는 것은 생각하기 어렵다. 결국 짧은 누가의 본문이 큐 본문에 가깝다고 볼 수 있다. 마태는 특별히 서기관들과 바리새인에 초점을 맞춘 편집 의도를 가지고 큐 본문을 확대시켰을 것이다. 비록 누가가 큐 본문을 이야기 형식으로 구성하기 위해 순서를 뒤바꾸기는 했지만 큐 본문에 있던 예수 말씀 자체는 있는 그대로 보존했을 가능성이 마태 본문보다 크다. 결론적으로 본 단락에 관한 큐 본문을 재구성하면서 문장 순서는 마태 순서를 따르고 본문은 누가의 본문을 따랐다.[31]

제 34 장 제자들의 은밀한 사역

Q 12:2-3 (마 10:26-27//눅 12:2-3)

(그가 그의 제자들에게 말씀하시기를 시작하셨다) <u>감추어진</u> (어떤 것도) 드러나지 않을 것이 (없고) 숨은 어떤 것도 알려지지 않을 것이 없느니라 (그러므로) 어둠 속에서 너희가 말했던 것들이 빛 가운데서 <u>들려질 것이다</u> 그리고 (너희가 골방에서) 귀에다 (말했던) 것이 지붕들 위에서 <u>선포될 것이다</u>

본문 재구성

본 단락은 마태복음과 누가복음에만 나오는 이중 전승(Double Tradition) 본문이므로 큐 본문이라고 본다. 마태는 큐 본문을 자료로 삼아 마 10:26-27절을 기록했고 누가는 12:2-3절을 기록했다. 두 본문들을 비교해보면 절의 뒤바뀜이 없이 일치되는 부분들이 비교적 문장 흐름에 따라 같이 나타나고 있는 것을 알 수 있다.

마태 본문(10:26-27)과 누가 본문(12:2-3)을 비교해보면 모두 본 단락이 제자들을 향한 말씀임을 보여준다. 마태는 앞으로 제자들이 받게 될 박해에 대한 예수의 가르침(마 10:16-25)에 이어 본 단락(10:26-27)이 언급되었기 때문에 본 단락에 "그러므로 그들을 두려워하지 말라"(마 10:26a)는 첫 문장이 들어 있다. 사실 마태는 마태복음 10장을 제자들을 위한 말씀으로 편집해 놓았다. 이런 편집 구조 속에 큐 본문이 사용되면서 마 10:26a절이 첨가된 것으로 여겨진다. 반면에, 누가의 본문은 앞 단락(눅 11:37-54)에서 큐 본문을 사용했고 본 단락도 큐 본문을 사용했다. 문제는 앞 단락에서는 바리새인과 율법사들이 대상이었지만 본 단락은 제자들이 대상이 된다는 점이다. 이럴 경우 큐복음서에는 큐 본문인 Q 12:2-3절에 관련된 도입절이 있었을 것이다. 최소한 예수의 말씀의 대상이 바뀌었다는 문장이 Q 12:2-3절 앞에 있었을 것이다. 그래서 여기서는 눅 12:1절에서 "그가 그의 제자들에게 말씀하시기를 시작하셨다"란 문장만을 도입절로 뽑아냈다.

큐 본문을 재구성하려면 마 10:26-27절과 눅 12:2-3절 가운데 선택해야한다. 앞에서도 언급했듯이 마태는 10장을 제자들을 향한 말씀으로 편집하면서 큐 본문도 약간 수정한 것으로 여겨진다. 마 10:27절을 보면 예수께서 제자들에게 어두운 데서 가르친 것을 제자들은 광명한 데 가서 말하라고 하며 또한 예수께서 귓속말로 속삭인 것을 제자들은 지붕 위에서 선포하라고 한다. 결국 이 말씀은 예수와 제자의 관계를 분명하게 드러내는 구조를 갖고 있다. 반면에, 눅 12:2-3절은 이런 스승과 제자의 관계를 암시하는 구절이 전혀 없다. 결국 마태가 큐 본문을 마태 13장의 편집 의도에 맞추어서 변경했을 가능성이 크고 누가는 있는 그대로 본문을 보유하고 있다고 여겨진다. 그래서 여기서는 누가의 본문을 번역해서 큐 본문을 재구성했다.[32]

제 35 장 죽음의 위협

Q 12:4-7 (마 10:28-31//눅 12:4-7)

(내가 나의 친구들인 너희에게 말하노라) 몸을 **죽이고** (이후에 더 이상 할 수 있는 것이) 없는 자들을 **두려워하지** 말라 (내가 너희에게 너희가 두려워해야 할 자를 보이리니 죽인 후에) **지옥**(으로 던지는 권세를 가진) 분을 **두려워하라** (그렇다 내가 너희에게 말하노니 이 분을 두려워하라) 참새 (다섯 마리가 두) **앗사리온에 팔리지** 않느냐 그러나 그들 중 하나도 (하나님 앞에서 잊혀지지) 않느니라 (그러나) 너희 머리의 모든 털들도 **세신 바 되었느니라** 두려워 **말라** 너희들은 많은 참새들보다 더 귀하니라

본문 재구성

본 단락은 마태복음과 누가복음에만 나오는 이중 전승(Double Tradition) 본문이므로 큐 본문이라고 본다. 마태는 큐 본문을 자료로 삼아 마 10:28-31절을 기록했고 누가는 12:4-7절을 기록했다. 두 본문들을 비교해보면 마 10:28절과 눅 12:4-5절은 서로 일치 하는 것이 매우 약한 반면에 마 10:29-31절과 눅 12:6-7절은 단어 배열이나 문장 순서가 상당히 일치하고 있는 것을 보여준다.

마태 본문과 누가 본문을 비교해보면 누가의 문장은 매우 어색하고 마태의 본문은 잘 다듬어진 것을 알 수 있다. 누가는 12:4절에서 '몸을 죽이고 그 후에 더 이상 할 수 없는 자'란 표현이 마 10:28절에서 '몸을 죽여도 영혼을 죽일 수 없는 자'란 분명한 표현으로 되어 있다. 또한 눅 12:5절에서 '몸을 죽인 후에 지옥으로 너를 던져 넣는 권세를 가진 그를'이란 표현이 마 10:28절에서는 '몸과 영혼을 지옥에 멸하실 수 있는 자'란 표현으로 되어있다. 또한 누가는 '두려워하다'란 동사를 4회 반복해서 사용한 반면 마태는 2회만 간결하게 사용하고 있다. 눅 12:6절을 보면 참새 다섯 마리가 두 앗사리온에 팔린다며 계산이 복잡하게 되어 있는 반면에 마 10:29절에는 참새 두 마리가 한 앗사리온에 팔린다며 계산하기 쉽게 되어 있다. 이와 같은 사실들은 마태가 누가보다는 큐 본문 본 단락을 많이 다듬어서 세련되게 만들었다고 볼 수 있다. 그래서 이 단락에 관한 큐 본문을 재구성하기 위해서는 누가의 본문을 번역하는 것이 타당하다고 결정했다.

제 36 장 예수는 하나님의 아들임을 고백하라

Q 12:8-9 (마 10:32-33//눅 12:8-9)

(내가 너희에게 말하노라) 누구든지 사람들 앞에서 나를 <u>고백하면</u> (인자도 하나님)의 (천사들) 앞에서 그를 <u>고백할 것이요</u> 사람들 (앞에서) 나를 <u>부인하는 자는</u> (하나님의 천사들 앞에서) <u>거절당하게 될 것이다</u>

본문 재구성

본 단락은 마태복음과 누가복음에만 나오는 이중 전승(Double Tradition) 본문이므로 큐 본문이라고 본다. 마태는 큐 본문을 자료로 삼아 마 10:32-33절을 기록했고 누가는 12:8-9절을 기록했다. 두 본문들을 비교해보면 절의 뒤바뀜이 없이 일치되는 부분들이 비교적 문장 흐름에 따라 같이 나타나고 있는 것을 알 수 있다. 정확하게 일치되는 용어들은 본문 양에 비해 많지는 않지만 내용은 거의 같다고 볼 수 있다.

마태 본문과 누가 본문 가운데 어느 것이 편집한 특성을 보여주는가를 찾아내야 한다. 사실 두 본문을 비교해보면 누가는 매우 어설픈 문장 구성을 보여주고 있는 반면에 마태는 매우 정교한 문장 구성을 보여주고 있다. 마 10:32절과 33절의 두 문장을 보면, '고백하다'(개역: 시인하다)와 '부인하다'란 동사만 제외하고, 마태는 문장 안에 같은 단어들이 같은 배열 순서를 따라 구성된 정교한 구조 보여준다.

반면에, 누가의 본문은 허술한 점이 드러난다. 눅 12:8절에서 '나'란 표현이 갑자기 '인자'로 바뀌는 것도 마태 본문에 비해 매끄럽지 못하고 눅 12:9절에서 '부인하다'와 '거절당하다'란 동사를 다른 동사로 사용한 것은 같은 동사를 사용한 마태의 본문에 비해 어설픈 구조를 보여주고 있다. 이와 같은 사실들은 본래 큐 본문은 누가의 본문과 같이 어설픈 문장들을 가지고 있었는데 마태가 정교하게 수정해서 마태복음 안에 넣은 것이라고 볼 수 있다.

마태는 또한 '하나님'이란 칭호를 피하기 위해서 의도적으로 '하늘'이란 표현을 사용하는 것을 볼 수 있다. 마태복음과 누가복음에 기록된 '하늘'이란 단어 빈도수를 비교하면 마태에서 75회 사용되었고 누가에서는 27회 사용되었다. '하늘'이란 용어는 마태가 선호하는 용어임을 알 수 있다. 본 단락에서도 본래 큐 본문에는 '하나님의 천사들'이라고 기록되어 있었는데 마태가 '하늘의 계신 내 아버지'라고 바꾸었다. 결론적으로 누가의 본문이 큐 본문을 그대로 보유하고 있다고 결정하여 누가 본문을 번역했다.

제 37 장 성령을 모독하는 죄

Q 12:10 (마 12:31-32//눅 12:10)

그리고 (누구든지) <u>인자를</u> (거슬리는) 말을 <u>하는</u> 자는 용서받게 될 것이요 <u>성령에</u> (대하여 모독하는 자는) 용서받지 못할 것이니라

본문 재구성

성령을 모독하는 죄에 관한 본 단락은 마태복음과 마가복음과 누가복음에 나오는 삼중 전승(Triple Tradition) 본문이다. 공관복음 안에서 마 12:31-32절과 막 3:28-30절과 눅 12:10절이 평행 구절들이다. 여기서 마태와 누가가 마가복음이 아닌 다른 자료 즉 큐 본문을 사용했다는 것을 입증해야 한다.

희랍어 원문으로 된 마태 본문과 누가 본문과 마가 본문을 비교해보면

마가 본문과는 달리 마태와 누가가 문장 안에서 서로 같은 단어들을 사용하고 있으며 또한 배열도 일치하고 있음을 보여준다. 이것은 마태와 누가가 다른 자료 즉 큐 본문을 사용했다는 증거가 된다. 또한 본문의 내용을 보면 본 단락은 용서받는 죄와 용서받지 못할 죄를 열거하는 것을 알 수 있다. 마가는 용서받을 수 있는 죄는 사람의 모든 죄(28절)라고 말하고 용서받을 수 없는 죄는 성령을 모독하는 죄(29절)라고 말한다. 이에 반하여 누가는 용서 받을 수 있는 죄로 인자를 거역하는 죄(10절)를 말하고 용서 받지 못하는 죄로 성령을 모독하는 죄(10절)를 말한다. 용서 받을 수 있는 죄 목록이 마가와 누가는 전혀 다른 것을 보여준다. 이것은 누가가 마가복음을 따르지 않고 큐 본문을 따랐다는 증거가 된다.

그런가 하면 마태는 용서받을 수 있는 죄로 사람의 모든 죄(31절)와 인자를 거역하는 죄(32절)를 말하고 용서받을 수 없는 죄로 성령을 모독하는 죄(31, 32절)를 말했다. 마태의 본문은 마가와 큐 본문의 내용을 모두 포함하고 있는 것을 보여준다. 마태는 마가의 본문과 누가가 자료로 사용했던 큐 본문을 융합시킨 본문을 만들어 냈다. 위와 같은 설명에 근거해서 누가의 본문이 큐 본문을 그대로 보유하고 있다고 결정해서 누가의 본문을 번역했다.

제 38 장 성령의 도우심

Q 12:11-12 (마 10:17-23//눅 12:11-12)

(그들이) 너희를 (회당들 통치자들 권세자들 앞에 데리고 갈) 때 너희가 어떻게 또는 무엇을 (대답하고 말해야 하는지) 걱정하지 말아라 왜냐하면 (성령께서 말해야 할 것들을 그) 때에 <u>너희에게</u> (가르치실 것이기) 때문이니라

본문 재구성

제자들이 붙잡혔을 때 성령의 도우심을 언급한 본 단락은 마태복음과 마가복음과 누가복음에 나오는 삼중 전승(Triple Tradition) 본문이다. 공관복음 안에서 마 10:19-20절과 막 13:9-11절과 눅 12:11-12절이 평행구절들이다. 큐복음서 가설의 전제가 마태와 누가가 마가복음과 큐복음서를 자료로 사용했다는 것이다. 그렇다면 본 단락에서 마태나 누가가 마가와는 다른 자료 즉 큐 본문을 보고 본 단락을 기록했다는 것을 입증해야 한다.

마가 본문(13:9-11)과 누가 본문(12:11-12)을 비교해보면 마가는 사람들이 제자들을 붙잡아 가는 곳이 '공회, 회당, 관장들, 임금들'로 되어 있는 반면 누가는 '회당, 정사 잡은 사람들, 권세 잡은 사람들'로 되어 있다. 마가는 제자들을 '(공회에) 넘겨주고, (회당에서) 매질한다'고 표현한 반면 누가는 '(회당으로) 끌고 간다'고 표현한다. 마가는 그때에 무슨 말이든지 주시는 말을 하라며 그것은 성령이 말씀하는 것이라고 했고 누가는 할 말을 성령이 가르쳐 준다고 했다. 위의 비교가 보여주는 것은 누가는 마가의 본문을 따르지 않았다는 점이다. 그것은 누가는 큐 본문을 자료로 삼아 본 단락을 기록했다는 말이 된다.

마가 본문(13:9-11)과 마태 본문(마 10:17-23)을 비교해보면 마태와 마가가 서로 일치하고 있는 것들이 많이 있다. 예를 들면 '공회에 넘겨주고, 회당에서 매질한다'는 것이나 '총독들(=관장)과 임금들 앞에' 끌려간다는 점이다. 또한 막 13:10절에 '만국'이나 마 10:18절에 '이방인들'은 희랍어 원어로는 같은 단어이다. 막 13:11절과 마 10:19,20절 또한 거의 비슷한 구조와 용어들을 사용하고 있다. 결국 마태는 큐 본문보다는 마가 본문을 참고로 본 단락을 기록했다고 볼 수 있다.[33]

제 39 장 세상 걱정보다 중한 하나님 나라

Q 12:22-31 (마 6:25-34//눅 12:22-32)

(그리고 그가 그의 제자들에게 말씀하셨느니라) 그러므로 내가 너희에게 말하노라 목숨을 위하여 너희가 무엇을 먹을까 아니면 몸을 위하여 무엇을 입을까 걱정하지 말아라 목숨이 음식보다 중하고 몸이 옷가지보다 중하니라 (까마귀들을 생각하여보라) 그들은 씨뿌리지도 아니하고 거두지도 아니하며 창고도 (없지만 하나님이) 그들을 먹이시느니라 너희들은 새들보다 얼마나 더 귀하냐 너희 가운데 누가 걱정하므로 그의 키 위에 한 자를 더할 수 있느냐 (그러므로 너희가 지극히 작은 것도 할 수 없거든) 왜 (다른 것들에) 관하여 걱정하느냐 백합화들을 생각하여보라 그들이 어떻게 자라는가 그들은 노력도 하지 않고 천을 짜지도 아니하느니라 그러나 내가 너희에게 말하노라 솔로몬이 그의 모든 영광으로도 이들 중 하나만큼 차려입지 못하였느니라 오늘 있다가 내일 아궁이로 던져지는 들의 풀들을 하나님께서 그렇게 (입히신다)면 (하물며) 그가 너희를 더한 것으로 (입히지 않겠느냐) 믿음이 적은 자들아 (너희는) 무엇을 먹을까 무엇을 마실까 (구하지) 말며 (애태우지 말아라) 왜냐하면 이 모든 것들은 (세상의) 나라들이 구하는 것들이라 (그러나) 너희 아버지께서 너희가 그것들이 필요한 것을 아시느니라 (그러니) 너희는 그의 나라를 구하라 그러면 이것들을 너희에게 더하실 것이니라

본문 재구성

본 단락은 마태복음과 누가복음에만 나오는 이중 전승(Double Tradition) 본문이므로 큐 본문이라고 본다. 마태는 큐 본문을 자료로 삼아 마 6:25-34절을 기록했고 누가는 12:22-32절을 기록했다. 두 본문들을 비교해

보면 문장 순서나 문장 안에 배열된 단어들이 놀라울 정도로 일치하고 있기 때문에 본 단락이 큐 본문에서 온 것임을 의심할 여지가 없다.

큐 본문을 재구성할 때 마태와 누가의 본문 가운데 일치하지 않는 것들은 다음과 같이 해결했다. 눅 12:22a절은 본래 큐 본문 안에 있었던 문장인데 마태가 산상설교(마 5-7)장 안에 본 단락을 편집하면서 문맥에 어울리지 않는다고 여겨서 생략시킨 것으로 보았다. 마 6:26절에 '새'와 눅 12:24절에 '까마귀'는 다음과 같이 이해했다. 마태(6:26)가 큐 본문에 '까마귀'와 '새'가 같이 언급된 것을 보고 까마귀도 새의 일종으로 생각해서 '새'로 통일시켜 기록한 것으로 추정했다.

큐 본문에 있었던 눅 12:26절은 마태가 문맥에 어울리지 않는다고 생각해서 생략시켰다고 이해했다. 왜냐하면 마태가 '키를 한 자나 더하는 것'과 '지극히 작은 것'이 서로 연관성이 없다고 판단했기 때문이다. 마 6:32절에서 마태가 '이방인들'을 언급한 것은 마태의 신학적 의도 때문이라고 볼 수 있다(참조, 마 5:47, 6:7,32, 10:5,18, 18:17, 20:19,25). 오히려 '세상의 나라들'(개역: 세상 백성들)이라고 표현한 눅 12:30절의 표현이 큐 본문에 더 가깝다고 판단했다.

눅 12:32절은 앞 내용과 문맥이 단절되어 있음을 보여준다. 앞에는 단락 전체가 걱정하지 말라는 명령으로 일관해 왔는데 갑자기 32절에서 두려워하지 말라는 명령을 했다. 이것은 눅 12:32절이 본래 큐 본문 본 단락에 속했던 것이 아니라는 것을 말해준다. 마태는 큐 본문의 본 단락을 마태복음의 산상설교 안에 포함시키면서 마 6:33(Q 12:31)절로 끝나는 것을 어색하게 여겨서 본 단락을 결말짓는 구절로 마 6:34절을 첨가시켰다. 결과적으로 마태와 누가 본문 사이에 일치되지 않는 부분에서는 누가의 본문이 큐 본문에 가깝다고 판단했다.[34]

제 40 장 하늘에 쌓는 보물

(너희의 소유들을 팔아라 그리고 선을 베풀라 너희 자신들을 위하여 낡아지지 아니하는 주머니들을 만들라 곧 없어지지 않는) 하늘에 보물이니라 거기에는 <u>도둑이</u> (접근하지 않고) 좀도 (먹는 일이 없느니라) 왜냐하면 (너희의) 보물이 있는 곳 거기에 또한 (너희의) 마음도 있을 것이기 때문이니라

본문 재구성

본 단락은 마태복음과 누가복음에만 나오는 이중 전승(Double Tradition) 본문이므로 큐 본문이라고 본다. 마태는 큐 본문을 자료로 삼아 마 6:19-21절을 기록했고 누가는 12:33-34절을 기록했다. 두 본문들을 비교해 보면 마 6:19,20절과 눅 12:33절은 내용은 서로 비슷하지만 일치되는 것들이 적은 반면 마 6:21절과 눅 12:34절은 사용된 단어들이나 문장 안에 단어 배열이 거의 완벽하게 일치하고 있다.

큐 본문을 재구성함에 있어서 마태 본문과 누가 본문의 일치되지 않는 부분들을 관찰해 볼 필요가 있다. 마 6:19절과 20절은 서로 대칭을 이루는 문장 구조를 보여주고 있다. 마태는 두 절 안에 대칭 구조를 위해서 사용했던 단어들은 19절에 '땅'과 20절에 '하늘'이며 또한 19절에 '쌓아 두지 말라', '해하며', '뚫고', '도적질하느니라'와 20절에 '쌓아 두라', '해하지 못하며', '구멍을 뚫지도 못하고', '도적질도 못하느니라'이다. 이러한 마태의 정교한 문장 대칭 구조가 누가에는 전혀 나타나지 않는다. 본래 큐 본문에는 눅 12:33절과 같이 어설픈 문장으로 되어 있었는데 마태가 본 단락을 산상설교 안에 편집하면서 정교하게 고쳐 놓았다고 볼 수 있다.

문맥을 통해서 보면 누가의 본문이 큐 본문에 가깝다는 것을 보여준다. 마태의 본문(6:9-21)은 보물을 쌓아두는 장소에 초점을 맞추어 땅과 하늘을 비교하며 일관성 있게 구성된 반면 누가의 본문(12:33-34)은 거칠게 구성되었지만 보물을 하늘에 쌓는 방법에 대하여 초점을 맞추고 있다. 큐복음서에서 앞 단락(Q 12:22-31) 마지막 문장이 하나님의 나라를 구하라는 명령으로 끝을 맺었다면 하나님의 나라를 구하는 방법을 설명한 누가복음의 본문이 더 큐 본문 흐름에 가깝다고 생각된다. 위와 같은 사실에 의해 누가의 본문이 큐 본문을 있는 그대로 보유하고 있다고 판단해서 누가 본문을 번역했다.[35]

제 41 장 인자가 오는 때

Q 12:39-40 (마 24:42-44//눅 12:39-40)

너희는 (이것을) 알라 만일 집 주인이 몇 (시에) 도둑이 오는지 알았다면 그는 그의 (집을) 뚫지 못하게 (했을 것이다) 그러므로 너희는 준비하고 있어라 왜냐하면 너희가 생각지 않는 시각에 인자가 오기 때문이니라

본문 재구성

본 단락은 마태복음과 누가복음에만 나오는 이중 전승(Double Tradition) 본문이므로 큐 본문이라고 본다. 마태는 큐 본문을 자료로 삼아 마 24:43-44절을 기록했고 누가는 12:39-40절을 기록했다. 두 본문들을 비교해보면 문장 순서나 단어 배열들이 상당히 일치하고 있는 것을 볼 수 있다. 이런 이유로 본 단락이 큐 본문이라는 데는 학자들 간에 이견이 없다.

문제는 큐 본문을 재구성하기 위해서 마태와 누가의 본문을 살펴볼 필요가 있다. 마태의 본문은 마태복음에서 묵시록 장이라고 부르는 24장 안에 들어 있다. 마태가 특별히 세상의 마지막 때에 일어 날 일들을 기록한 장이다. 마태는 그 마지막 때를 아무도 모른다는 것을 강조하는 부분을 24:26-44절까지 기록하고 있다. 이 부분 안에 큐 본문(마 24:43-44)을 첨가 시켰다. 마 24:42절은 큐 본문을 앞 내용과 연결시키기 위해서 마태가 추가시킨 것으로 볼 수 있다. 개역 성경 마 24:43절에 '너희가 알지 못함이라'는 희랍어 원문을 보면 본래 42절에 들어있는 문장인데 잘못 끊어서 생긴 실수이다.

희랍어 원문을 보면 마 24:43-44절과 눅 12:39-40절은 거의 같다고 볼 수 있다. 굳이 차이 나는 것을 비교해 보면 마태 본문에 '저것을 (알라)'를 누가 본문은 '이것을 (알라)'로 되어 있다. 마태는 '몇 경각'(=시각)이란 표현을 누가는 '몇 시'란 표현으로 기록했다. 마태나 누가가 거의 비슷한 용어들을 사용하고 있음을 알 수 있다. 그럼에도 불구하고 마 24:43절의 '깨어 있다'란 동사는 누가에는 없는 것으로 마태가 앞에 42절과의 연관성을 부각시키기 위해서 추가시킨 것이라고 판단된다. 이 외에는 마태 본문이나 누가 본문이 차이가 없기 때문에 큐 본문을 재구성하는데 특별한 문제가 없다.

제 42 장 충성된 종과 충성치 않은 종

Q 12:42-46 (마 24:45-51//눅 12:41-48)

그리고 주께서 말씀하셨느니라 그때 때를 따라 (양식을) <u>나누어주라고</u> 주인이 그의 (집안을) <u>맡기게 될</u> 충성되고 현명한 (청지기가) 누구겠느냐 그의 주인이 왔을 때에 종이 그렇게 하고 있는 것을 주인이 보게 될 그 종은 복이 있도다 (진실로) 내가 너희에게 이르노니 그의 모든 소유를 그가 저에게 말길 것이니라 그러나 만일 그 종이 그의 마음에 말하기를 나의 주인이 더디 (오리라) 하고 그가 (남종들과 여종들을) 때리며 <u>먹고</u> <u>마시며</u> (취하기) 시작한다면 그 종의 주인은 그가 기대하지 않았던 날에 그가 알지 못하는 시각에 올 것이라 그리고 그가 그를 심하게 벌을 주고 (충성치 않은 자들과) 함께 그를 둘 것이니라

본문 재구성

본 단락은 마태복음과 누가복음에만 나오는 이중 전승(Double Tradition) 본문이므로 큐 본문이라고 본다. 마태는 큐 본문을 자료로 삼아 마 24:45-51절을 기록했고 누가는 12:41-48절을 기록했다. 두 본문들을 비교해 보면 마 24:45-51a절과 눅 12:42b-46절은 문장 순서나 문장 안에 단어 배열이 거의 완벽하게 서로 일치하고 있는 것을 볼 수 있다. 이런 사실로 본 단락이 큐 본문이라는 점에는 이견이 없다.

큐 본문을 재구성하면서 먼저 논의해야 할 것은 마태 본문과 누가 본문 사이에 크게 차이나는 것들이다. 특히 눅 12:41-42a절과, 47-48절은 마태복음에는 없는 본문이며 마 24:51b절 역시 누가복음에는 없는 본문이다. 누가는 베드로의 이미지를 부각시키기 위해서 큐 본문에 눅 12:41절을 추가시킨 것으로 여겨진다. 그러나 눅 12:42a절에 "그리고 주께서 말씀하셨느니라"란 구절은 예수의 말씀을 모아놓은 큐 본문의 특징이기 때문에 본래 큐 본문 안에 있었을 것이다. 마태가 Q 12:42a절을 생략시킨 이유는 종말에 관한 말씀만을 모아놓은 마태 24장의 문맥에 어울리지 않기 때문이다. 24장 전체가 예수께서 직접 하신 말씀으로 편집되어 있기 때문에 만일 큐 본문에 있는 Q 12:42a절을 첨가시키면 흐름이 끊어진다.

눅 12:47-48절은 앞에 눅 12:42-46절과는 다른 말씀이다. 얼핏 보기에 주인이 잘못한 종을 때린다는 것은 비슷하지만 내용의 초점이 분명히 다르다. 눅 12:42-46절은 진실한 청지기와 악한 청지기에 대한 비교와 생각지 않는 시간에 주인이 도착할 것이란 말씀이 초점이다. 그런데 눅 12:47-48절은 주인의 뜻을 알고도 악한 일을 행하는 종과 주인의 뜻을 모르고 악한 일을 행한 종에 대한 비교와 주인은 맡긴 만큼 요구한다는 것이 말씀의 초점이다. 이런 점에서 눅 12:47-48절은 큐 본문이 아닌 다른 자료에서 온 것이라고 볼 수 있다.

마태 본문과 누가 본문이 거의 완벽하게 일치하는 부분에서는 누가의 본문을 중심으로 큐 본문을 재구성했다. 이유는 마 24:51절에 '외식하는 자'란 표현은 마태복음에는 13회 사용한 반면 누가복음에서는 단 3회 사용되었다. 이것은 마태가 '외식하는 자'란 용어를 즐겨 쓴다는 것을 보여준다. 이런 사실에 근거하여 누가 본문에는 없는 마 24:51절에 '외식하는 자'는 마태의 편집이라고 볼 수 있다. 또한 마 24:51절에 "슬피 울며 이를 갊이 있으리라"란 구절 역시 마태복음(22:13, 24:51, 25:30)에는 3회 사용한 반면에 누가복음(23:27)에는 단 1회 사용한 것을 볼 수 있다. 마태는 큐 본문이 눅 12:46절처럼 끝나는 것이 불완전해 보여서 마 24:51b절을 첨가시켰다. 결론적으로 눅 12:42-46절이 큐 본문을 가장 잘 보유하고 있다고 판단했다.[36]

제 43 장 땅 위에 불화

Q 12:49-53 (마 10:34-36//눅 12:49-53)

(나는 땅 위에 불을 던지러 왔노라 그런데 만일 불이 이미 붙었으면 내가 무엇을 바라리오 그리고 내가 받아야 할 세례가 있으니 그것이 이루어지기 까

지 내가 얼마나 고민하겠느냐 내가) 땅에 평화를 (주러 왔다)고 (생각하느냐 아니라 내가 너희에게 말하노라) 오히려 (분열시키러 왔노라) 왜냐하면 (지금부터 한 집 안에 다섯이 있는데 셋이 둘에 대항하여 둘이 셋에 대항하여 분열되며 아버지가 아들에 대항하여 아들이) 아버지에 (대항하여 어머니가 딸에 대항하여) 딸이 어머니에 (대항하여 시어미가) 그녀의 (며느리에 대항하여) 며느리가 시어미에 (대항하여 분열될 것이라)

본문 재구성

본 단락은 마태복음과 누가복음에만 나오는 이중 전승(Double Tradition) 본문이므로 큐 본문이라고 본다. 마태는 큐 본문을 자료로 삼아 마 10:34-36절을 기록했고 누가는 12:49-53절을 기록했다. 두 본문들을 비교해보면 마 10:34-36절과 눅 12:51-53절은 서로 일치되는 부분들이 비교적 문장 흐름에 따라 같이 나타나고 있는 것을 알 수 있다. 정확하게 일치되는 용어들은 본문 양에 비해 많지는 않지만 각 본문이 제시하는 내용이 거의 같기 때문에 큐 본문으로 인정한다.

문제는 마태 본문에는 없는 눅 12:49-50절이다. 이 구절은 세례 요한의 성령과 불에 의한 그리스도의 세례에 대해 언급한 Q 3:15-17절과 맥을 같이 한다. 눅 12:49절의 불은 그리스도의 불세례를 의미하고 받을 세례를 완성한다는 것은 그리스도께서 감당할 사역을 성취한다는 말이다. 이것은 눅 12:49-50절이 큐 본문이라는 것을 보여주는 증거이다. 또한 눅 12:49절이나 뒤에 51절 모두 예수가 이 땅에 온 이유를 언급한 구절들로서 두 절이 본래 한 단락 안에 속했음을 보여준다. 이런 이유들로 눅 12:49-50절을 본 단락 안에 있는 큐 본문이라고 판단했다. 마태는 제자들을 향한 말씀을 모아 놓은 마태 10장 안에 본 단락에 있는 큐 본문을 사용하면서 눅 12:49-50절에 있는 큐 본문이 제자들에게는 상관이 없는 말씀으로 여겨서 생략했다.

의미상 일치한다고 간주되는 마 10:34-36절과 눅 12:51-53절을 보면 마태 본문은 간략하게 잘 정돈된 느낌을 주는 한편 누가의 본문은 매우 분산된 느낌을 준다. 마태는 큐 본문 안에 있는 눅 12:52절과 53절을 중복된 표현이라고 생각해서 마 10:35절 한 절로 축소시켜 기록했다. 또한 마태는 원수가 가족 안에 있다고 언급한 10:36절을 통해서 본 단락의 결말을 말끔하게 맺으면서 이어 예수 사랑보다 더한 가족 사랑을 언급한 37절로 자연스럽게 넘어가도록 편집했다. 이런 사실들은 마태의 본문보다 누가의 본문이 큐 본문을 있는 그대로 보유하고 있다고 판단케 한다.[37]

제 44 장 시대를 분별함

Q 12:54-56 (마 16:2-3//눅 12:54-56)

(그가 또한 무리들에게 말씀하셨느니라 너희가 구름이 서쪽에서 일어나는 것을 보면 곧) 말하기를 (소나기가 오고 있다고 하고 그리고 그렇게 되느니라) 또한 (너희가 남풍이 부는 것을 보면 말하기를 더워질 것이다 라고 하고 그리고 그렇게 되느니라 위선자들아) 하늘(과 땅의) 표정은 (너희가 분별할 줄 알면서 어떻게 이) 때를 (분별할 줄 알지) 못하느냐

본문 재구성

본 단락은 마태복음과 누가복음에만 나오는 이중 전승(Double Tradition) 본문이므로 큐 본문이라고 본다. 마태는 큐 본문을 자료로 삼아 마 16:2-3절을 기록했고 누가는 12:54-56절을 기록했다. 두 본문들을 비교해보

면 서로 일치되는 부분들이 매우 적다는 것을 알 수 있다. 그럼에도 불구하고 본 단락을 큐 본문이라고 인정하는 이유는 모두 때를 분별하는 것에 관한 말씀이기 때문이다.

일치되는 부분들만 가지고는 큐 본문을 재구성할 수가 없다. 한 가지 할 수 있는 것은 두 본문 중에 어느 것이 큐 본문을 그대로 보유하고 있는가를 찾는 일이다. 마태복음에는 바리새인과 사두개인의 논쟁 부분(마 16:1-4)에 본 단락이 들어 있다. 구체적으로 보면 마 16:1절에서 바리새인과 사두개인들이 예수를 시험하기 위해 하늘로부터 오는 표적을 보여 달라고 요구한다. 이 때 예수는 천기는 분별하면서 시대의 표적은 분별할 줄 모르냐고 책망하는 본 단락(마 16:2-3)의 말씀을 이들에게 한다. 그리고 마 16:4절에서 요나의 표적 밖에 보여줄 것이 없다는 것으로 맺는다. 본 단락은 마 16:1-4절 안에 빈틈없이 잘 편집되어 있다.

반면에, 누가복음을 보면 바로 앞 단락(눅 12:49-53)에서는 예수 때문에 집안에 분열이 생길 것이란 말씀이 있고 본 단락(눅 12:54-56)에서는 시대를 분별할 줄 모르는 외식하는 자들에 대한 말씀이 있으며 다음 단락(눅 12:57-59)에서는 재판장에 가기 전에 합의하라는 말씀이 있다. 결국 누가복음 안에 본 단락은 앞 뒤 단락과 특별한 연관이 없이 배열되었다. 다시 말하면 누가는 특별한 편집 의도 없이 큐 본문을 있는 그대로 누가복음에 가져다 기록했다. 결론적으로 정교하게 편집된 마태의 본문보다는 위와 같이 특별히 편집한 흔적이 없는 누가의 본문을 큐 본문이라고 판단했다.[38]

제 45 장 재판 전에 합의하라

Q 12:57-59 (마 5:25-26//눅 12:57-59)

(왜 또한 너희는 스스로 옳은 것을 판단치 못하느냐 왜냐하면 네가) 너의 **고소인과** 함께 (통치자에게 갈 때) 너를 **재판관**(에게 끌고 가지) 않도록 도중에 (그와 합의하기를 힘써라) 재판관이 (너를 관원)에게 **넘겨줄 것이요** (그 관원은 너를) 감옥에 **집어넣을 것이다** 내가 너에게 말하노니 네가 마지막 (렙돈 마저) 지불할 때까지 결단코 거기서 나오지 못하리라

본문 재구성

본 단락은 마태복음과 누가복음에만 나오는 이중 전승(Double Tradition) 본문이므로 큐 본문이라고 본다. 마태는 큐 본문을 자료로 삼아 마 5:25-26절을 기록했고 누가는 12:57-59절을 기록했다. 두 본문들을 비교해 보면 눅 12:57절은 마태 본문에는 없지만 그 외에는 일치되는 부분들이 비교적 문장 흐름에 따라 잘 나타나고 있는 것을 알 수 있다. 두 본문의 내용을 보더라도 마태나 누가가 한 자료 즉 큐 본문을 보고 기록했음을 알 수 있다.

문제는 두 본문 중에서 어느 것이 큐 본문을 편집하지 않고 그대로 간직하고 있는가를 찾아내는 일이다. 여기서는 각 복음서 내에 본문의 위치를 보고 판단한다. 마태 본문은 마태가 잘 편집한 산상설교(5-7장) 안에 본단락이 들어 있다. 특히 마 5:21-26절은 형제에 대하여 분노하는 자에 대한 가르침이다. 마 5:22절은 형제에 대해 화를 내거나 욕설을 하면 재판을 받게 된다는 말씀이 있다. 마 5:24절은 형제에게 원망들을 짓을 했을 때는 먼저 화해를 하고 제단에 예물을 드리라는 말씀이다. 다음으로 마태는 문맥

에 잘 맞는 큐 본문을 사용하여 마 5:25-26절을 편집했다. 큐 본문이 들어 있는 마 5:21-26절은 형제에게 화를 내고 원망들을 짓을 한 사람을 향한 말씀이다. 그런데 여기에 옳은 것을 판단치 못하는 사람에 대한 Q 12:57절은 마태 문맥에 어울리지 않은 말씀이다. 그래서 마태는 이 절을 생략해버림으로 문맥을 매끄럽게 편집했다.

반면에, 누가 본문을 보면 누가가 본 단락에 편집 손질을 가했다고 보기가 어렵다. 바로 앞 단락(눅 12:54-56)에서는 시대를 분별할 줄 모르는 외식하는 자들에 대한 말씀이 있는데 본 단락(눅 12:57-59)에서는 재판장에 가기 전에 합의하라는 말씀이 있다. 마태 본문처럼 앞 뒤 단락이 잘 어울린다는 느낌이 거의 없다. 굳이 앞 단락에 '분변하다'와 본 단락에 '판단하다'가 비슷하다고 할 수 있겠지만 사실 내용을 보면 서로 연관성이 전혀 없는 두 단락이 연결되어 있다. 누가는 큐 본문을 있는 그대로 가져다 누가복음 안에 놓았다. 이런 정황에 근거해서 누가의 본문이 큐 본문이라고 판단했다.[39]

제 46 장 겨자씨나 누룩 같은 하나님 나라

Q 13:18-21 (마 13:31-33//눅 13:18-21)

(그러므로) 그가 말씀하셨느니라 (하나님의) 나라가 (무엇과) 같을꼬 (내가 그것을 무엇에 비유할꼬 그것은) 겨자씨 한 알과 (같으니) 사람이 그것을 가져다 (자신의 정원에다 뿌렸다 그래서) 그것이 자라났고 나무가 되었다 그리고 하늘의 새들이 그 가지에 깃들었느니라 (그리고 다시 그가 말씀하셨느니라 내가 하나님의) 나라를 (무엇에 비유할꼬) 그것은 누룩과 같으니 여인이 그것을 가져다가 그것이 완전히 부풀어졌을 때까지 밀가루 서 말 속에 넣어두었다

본문 재구성

본 단락은 겨자씨에 대한 비유(18-19)와 누룩에 대한 비유(20-21)등 두 개의 비유로 구성되어 있다. 겨자씨에 관한 비유는 삼중 전승(Triple Tradition) 본문으로 마 13:31-32절, 막 4:30-32절, 눅 13:18-19절에 나온다. 누룩에 관한 비유는 이중 전승(Double Tradition) 본문으로 마 13:33절과 눅 13:20-21절에만 나온다.

본 단락이 큐 본문이라고 인정하는 이유는 다음과 같다. 큰 단위로 비교해보면 마태 본문이나 누가 본문은 모두 겨자씨에 대한 비유와 누룩에 대한 비유가 함께 결합되어 있는 반면에 마가 본문은 겨자씨에 대한 비유만 보여주고 있다. 결국 마태나 누가는 마가복음이 아닌 다른 자료 즉 큐 본문을 보고 복음서를 기록했다고 볼 수 있다. 삼중 전승(Triple Tradition) 본문인 겨자씨에 관한 비유를 보면 내용은 서로 비슷하지만 문장 배열이나 사용된 용어들이 마태와 누가는 서로 일치하고 있는 반면에 마가는 아주 다른 것을 알 수 있다. 이런 사실들로 인해 마태 본문과 누가 본문은 마가복음이 아닌 큐 본문을 보고 기록한 것이라고 판단된다.

다음 문제는 마태와 누가의 본문 중에 어느 것이 큐 본문을 있는 그대로 보유하고 있는가를 결정해야 한다. 이 결정에 중요한 근거를 제공하는 것이 마 13:32절에 있는 "모든 씨보다 작은 것이로되"란 구절이다. 이 구절이 누가복음에는 없는데 막 4:31b절에는 기록되어 있다. 이런 사실은 마태가 큐 본문과 마가의 본문을 융합시켜서 마태 본문을 만들었음을 보여준다. 위와 같은 사실들에 근거해서 누가가 큐 본문을 있는 그대로 보유했을 것이라고 판단한다.

제 47 장 좁은 문과 닫힌 문

Q 13:23b-27 (마 7:13,14,22,23//눅 13:22-27)

(그가 그들에게 말씀하셨느니라) 좁은 문으로 들어가기를 (힘쓰라) 왜냐하면 (내가 너희에게 말하노니) 많은 사람들이 들어가기를 (구할 것이지만 갈 수 없을 것이니라 집 주인이 일어나서) 그가 문을 닫은 후부터 (너희는 밖에서 문을 두드리기 시작하며 그리고) 말하기를 주여 우리에게 열어주소서 하리라 (그러면) 그가 대답하여 너희에게 말하기를 나는 (너희들이 어디서 오는지) 너희를 알지 못한다고 할 것이니라 (그때에 너희가 말하기를 시작하여 우리가 당신 앞에서 먹었고) 그리고 (마셨고) 그리고 (우리의 길거리들에서 당신이 가르쳤나이다라고 할 것이니라) 그러나 (그가 너희에게 말하며 이르기를 나는 너희들이 어디서 오는지) 너희를 (알지 못하노라 불의를 행하는 모든 자들아) 나에게서 (떠나가라 라고 할 것이니라)

본문 재구성

본 단락은 마태복음과 누가복음에만 나오는 이중 전승(Double Tradition) 본문이므로 큐 본문이라고 본다. 마태는 큐 본문을 자료로 삼아 마 7:13-14, 22-23절을 기록했고 누가는 13:22-27절을 기록했다. 두 본문들을 비교해보면 서로 일치되는 부분들이 마태 본문에는 마 7:13-14절과 7:22-23절로 나뉘어져 있고 누가 본문에는 눅 13:24-27절로 되어 있다. 특히 눅 13:22-23절과 13:25절은 마태에는 없는 본문들로서 큐 본문 재구성에서 고려해야 할 구절들이다. 또한 마 7:22-23절과 눅 13:26-27절을 보면 전달코자 하는 내용은 비슷한데 문장에서 서로 일치하고 있는 것은 '그리고'란 접속사 세 개와 '너희' '나에게서'란 인칭 대명사 뿐이다. 결국 마태 본문이나 누가 본문 간에 서로 정확하게 일치되는 용어들은 적지만 내용에 입각해서 평행 구절로 규정한다.

본 단락을 큐 본문이라고 인정하는 이유는 마가복음에는 평행구절이 없고 마태와 누가에만 있기 때문이다. 또한 마태 본문이나 누가 본문 모두 좁은 문에 관한 말씀과 천국에 들어가기를 구하는 자들에 관한 말씀이 밀접하게 결합되어 있는 것을 보여주고 있기 때문이다.

문제는 마태 본문이나 누가 본문이 서로 일치하는 부분이 적기 때문에 두 본문을 비교하면서 본 단락에 관한 큐 본문을 재구성해야 한다. 먼저 마태에는 없고 누가에만 있는 눅 13:22,23절은 예수의 선교 여행에 관한 정보와 좁은 문에 관한 말씀을 하게 된 상황을 언급하고 있다. 큐복음서 안에 있는 예수의 말씀 대부분은 상황에 대한 언급들이 없기 때문에 마태에는 없는 이 절들은 누가가 앞 단락과 연결을 매끄럽게 하기 위해서 첨가시킨 것으로 판단된다. 그러나 큐복음서의 일반적인 공식인 눅 13:23b절은 큐 본문에 첨가시켰다.

마태 본문에는 없는 눅 13:25절은 본래 큐 본문에 있었던 것으로 마태가 생략시킨 것이라고 판단된다. 왜냐하면 이 구절은 다음에 이어지는 눅 13:26절과 떼어 놓으면 안 될 정도로 내용상 밀접하게 연관되어 있기 때문이다. 오히려 마태가 산상설교(5-7장)에서 본 단락에 있는 큐 본문을 둘로 나누어 사용하면서 눅 13:25절을 불필요하게 여겨서 생략시켰다.

마태는 7:13-14절에서 큐 본문을 사용하여 좁은 문으로 들어가야 한다는 말씀을 기록했고 이어 7:15-20절에서는 거짓 선지자들에 관한 경고의 말씀을 기록했으며 다음 7:21-23절에서는 다시 큐 본문을 사용하여 하나님의 뜻을 행하지 않는 자들에 대한 경고의 말씀을 기록했다. 이런 편집 과정에서 마태는 구성에 맞게 큐 본문을 조금씩 변경시켰다. 마태는 큐 본문에는 없는 거짓 선지자에 대한 말씀과 열매 맺지 못하는 나무에 대한 심판의 말씀(마 7:15-20)을 앞에 두었기 때문에 큐 본문(Q 13:25-27)을 거짓 선지자와 불법을 행하는 자를 향한 말씀(마 7:21-23)으로 변경시켜 기록했다. 이런 편집으로 인해 마 7:22-23절이 평행구절인 눅 13:26-27절보다 양적으로 거의 두 배나 될 정도로 불어나게 되었다. 위와 같은 근거들에 의해 마태보다 누가가 큐 본문을 있는 그대로 보유하고 있다고 판단했다.[40]

제 48 장 먼저 될 이방인과 나중 될 유대인

Q 13:28-30 (마 8:11-12//눅 13:28-30)

(너희가 하나님) 나라에 있는 아브라함과 이삭과 야곱(과 모든 선지자들을 보며 바깥으로) 쫓겨나는 (너희자신들을 볼 때) 울며 이빨들을 갊이 있을 것이다 사람들이 동서(북남)에서 와서 (하나님) 나라 잔치에 앉을 것이다 그리고 보라 나중 된 자들이 처음 될 것이며 처음 된 자들이 나중 될 것이니라

본문 재구성

본 단락은 마태복음과 누가복음에만 나오는 이중 전승(Double Tradition) 본문이므로 큐 본문이라고 본다. 마태는 큐 본문을 자료로 삼아 마 8:11-12절을 기록했고 누가는 13:28-30절을 기록했다. 두 본문들을 비교해 보면 서로 일치되는 용어들이 많음에도 불구하고 문장이 뒤바뀌어 있음을 알 수 있다. 기본적으로 마태 본문이나 누가 본문이 제시하는 내용이 같기 때문에 평행구절이라고 본다.

문제는 마태와 누가 본문 사이에 어느 것이 큐 본문을 그대로 보유하고

있는가를 결정해야 한다. 특히 본문의 경우에는 마태나 누가 중 한 사람이
편집 필요에 따라 절을 바꾸었을 것이다. 이것을 알기 위해서 각 복음서에
서 본 단락이 어떻게 적용되었는가를 살펴야 한다. 먼저 누가 본문을 보면
바로 앞 단락 눅 13:23b-27절이 큐 본문이고 본 단락 눅 13:28-30절 역시
큐 본문에 속한다. 이럴 경우에는 큐 본문을 있는 그대로 가져다 기록한
것이기 때문에 누가는 편집을 위해서 특별히 손질을 가할 필요가 없다. 앞
단락은 문이 닫힌 후의 상황을 언급하면서 불의를 행하는 자들을 쫓아내
는 말씀으로 끝난다. 본 단락 첫 절인 눅 13:28절에서는 밖으로 쫓겨난 자
들에 대한 말씀이 언급되어 있다. 누가복음에 있는 큐 본문의 구조는 특별
한 편집을 할 필요 없이 잘 연결되어 있음을 알 수 있다.

마태의 경우는 큐 본문(마 8:11-12)이 백부장의 종을 고치는 말씀(마
8:5-13) 안에 들어 있다. 백부장의 종을 고치는 말씀 역시 큐 본문이다. 이
런 이유로 본래 큐 본문 안에는 본 단락(마 8:11-12)이 백부장의 종을 고치
는 이야기와 결합되어 있었다고 주장할 수도 있다. 그러나 대부분의 학자
들은 백부장의 종을 고치는 말씀과 본 단락은 서로 다른 말씀이라고 여긴
다.[41] 사실 백부장의 종을 고치는 이야기(마 8:5-13)에서 본 단락(마 8:11-12)
만 빼놓는다고 할지라도 내용 흐름은 끊어짐이 없이 잘 연결된다. 마태가
백부장이 이방인이란 점을 알고 이방인의 구원에 관한 큐 본문(Q 13:28-30)
을 여기다 옮겨 삽입시켰다. 이런 편집과정에서 마태는 문맥에 맞게 이방인
의 구원에 관한 말씀 Q 13:29절을 먼저 기록하고 유대인들은 바깥에 쫓겨
난다는 말씀 Q 13:28절을 나중에 기록했다. 이런 결과로 마태 본문과 누가
본문의 절 순서가 뒤바뀌게 되었다.

눅 13:30절은 마태의 본 단락(마 8:11-12)에는 없고 오히려 마 19:30절이

나 마 20:16절에 평행구절이 있다. 마 19:30절은 막 10:31절과 어휘나 문장 구성이 꼭 같기 때문에 마태가 마가복음을 보고 기록했다고 판단된다. 반면에 눅 13:30절의 용어 배열이나 문장구성은 마태나 마가의 평행구절에 비해 매우 다르게 되어 있기 때문에 누가가 마가복음이 아닌 자료 즉 큐 본문을 따라서 이 절을 기록했다고 판단된다. 마태가 본 단락을 기록하면서 큐 본문에 있던 눅 13:30절을 생략시킨 것은 백부장의 종을 고치는 이야기의 결론 부분에 적합지 않다고 판단했기 때문이다. 위와 같은 사실들에 의해 누가가 비교적 큐 본문을 있는 그대로 보유하고 있다고 판단했다.[42]

제 49 장 예루살렘을 향한 탄식

Q 13:34-35 (마 23:37-39//눅 13:31-35)

예루살렘아 예루살렘아 선지자들을 죽이고 너에게 보냈던 자들을 돌로 치는 자여 암탉이 (자기 새끼를) 날개들 아래 <u>모음과</u> 같이 내가 너의 자녀들을 <u>모으기를</u> 얼마나 많이 원했더냐 그러나 너희가 원하지 않았도다 보라 너희의 집이 너희를 떠나게 되리라 내가 너희에게 말하노라 주의 이름으로 오시는 이여 축복이 있을지어다 라고 너희가 말할 때가 (올 때)까지 너희는 나를 결단코 보지 못하리라

본문 재구성

본 단락은 마태복음과 누가복음에만 나오는 이중 전승(Double Tradition)이기 때문에 큐 본문이라고 본다. 마태는 큐 본문을 자료로 삼아 마 23:37-39절을 기록했고 누가는 13:31-35절을 기록했다.

문제는 마태복음에는 없고 누가복음에만 나오는 본문 눅 13:31-33절을 큐 본문에 포함시킬 수 있는가 하는 점이다. 이 본문은 헤롯을 향해 경고하는 독특한 말씀으로 되어 있다. 만일 이 말씀이 본래 큐복음서 안에 있었다면 큐복음서를 자료로 사용했던 마태가 그의 복음서 안에 이 말씀을 생략시킬 이유가 없었을 것이다. 다시 말하면 이 본문이 큐복음서에 없었기 때문에 마태복음에 기록되지 않았다. 그래서 눅 13:31-33절은 큐 본문이 아니라 누가만 가지고 있었던 예루살렘에 관련된 특별 자료(Lucan Sondergut)라고 보았다. 누가가 이 자료를 Q 13:34-35절에 맞추어 누가복음 안에서 편집했다.

본 단락의 평행구절인 마 23:37-39절과 눅 13:34-35절은 의미상 특별한 영향을 끼치지 않는 사소한 몇 단어를 제외하고 사용된 용어들의 배열이나 문장 순서가 완벽하게 일치하고 있다. 마태나 누가의 본문 어느 것을 번역해도 특별한 차이가 없다. 편의상 여기서는 누가의 본문을 번역했다.[43]

제 50 장 안식일보다 중요한 구원 사역

Q 14:5 (마 12:11-12//눅 14:1-6)

(그리고 그들에게) 그가 말씀하였느니라 너희 중 어떤 사람이 (아들이나 소가 우물에) 빠지게 되면 안식(일에라도 즉시) 그것을 (꺼내지 않느냐)

본문 재구성

본 단락의 평행구절은 마 12:11-12절과 눅 14:5절이다. 그런데 이 구절이 독립적으로 쓰인 것이 아니라 마태복음과 누가복음에서 서로 다른 이야기 속에 들어가 있다. 마태복음에서는 이 구절이 안식일에 손 마른 사람을 고치는 이야기(마 12:9-14)에서 나오고 누가복음에서는 안식일에 고

창병 걸린 사람을 고치는 이야기(눅 14:1-6)에서 나온다. 이야기 내용은 서로 관련이 없지만 마 12:11-12절과 눅 14:5절을 큐 본문이라고 인정하는 이유는 다음과 같다. 첫째로, 두 구절 모두 같은 안식일 선을 행하는 내용의 말씀이다. 둘째로, 두 구절은 많지는 않지만 문장 흐름에 따라 서로 일치하는 용어들을 보여준다. 셋째로 마가복음에는 이에 해당하는 평행구절이 없다. 결국 마태나 누가가 큐 본문에 있는 본 말씀을 서로 다른 이야기 속에 편집해 넣었다.

마태나 누가 본문이 서로 다른 용어들을 쓰고 있기 때문에 둘 가운데 하나를 큐 본문으로 결정해야 한다. 마 12:12절은 누가에는 없는 구절로서 마 12:11절을 부연하는 구절이며 동시에 손 마른 사람을 고치는 전체 이야기(마 12:9-14)와 잘 연결시켜주는 역할을 한다. 마태는 12:12절에서 양과 사람을 비교하기 위해서 마 12:11절에 구덩이에 빠진 짐승을 '양'으로만 제한시켰다. 이에 반하여 누가는 14:5절에서 우물에 빠진 것들이 '아들, 소'라고 기록하고 있다. 만일 큐 본문에 마태의 본문처럼 '양'으로 기록되어 있었다면 누가가 고창병 걸린 사람 고치는 이야기(눅 14:1-6)에서 굳이 우물에 빠진 대상을 '양'에서 '아들, 소'로 바꿀만한 특별한 이유가 없다. 반대로 만일 큐 본문에 '아들, 소'로 기록되어 있었다면 마태는 위와 같이 마 12:12절을 위해서 '아들, 소'를 '양'으로 바꿀만한 충분한 이유가 있다고 판단된다. 그래서 여기서는 누가의 본문이 큐 본문이라고 판단했다.[44]

제 51 장 교만한 자와 겸손한 자

Q 14:11, 18:14b (마 23:6-12//눅 14:7-11,18:14)

자신을 <u>높이는</u> (자는 모두) 낮아지게 될 것이요 자신을 <u>낮추는</u> (자는) 높

본문 재구성

마태복음과 누가복음에만 나오는 마 23:12절과 눅 14:11절과 눅 18:14b 절은 마가복음에는 없는 평행구절들이다. 그래서 본 구절은 큐 본문에서 왔다고 본다. 문제는 본 구절이 속해 있는 단락들이다.

마 23:6-12절은 잔치 상좌에 앉기를 좋아하는 서기관들과 바리새인들을 꾸짖는 단락이다. 눅 14:7-11절은 잔치 상좌에 앉는 사람을 보고 저희에게 하시는 말씀이다. 눅 18:9-14절은 바리새인과 세리의 기도를 비교하며 가르치시는 말씀이다. 세 단락 모두 공통점이 있다면 겸손함에 대한 가르침이다. 그러나 내용을 구체적으로 살펴보면 서로 다르다는 것을 알 수 있다. 각기 서로 다른 자료들이라는 말이 된다. 마태나 누가는 자신들만 가지고 있었던 특수 전승 자료들을 기초로 위의 세 단락을 구성했다. 그런데도 각 단락의 결론 부분으로 사용된 절들(마 23:12, 눅 14:11, 눅 18:14b)은 거의 완벽하게 서로 일치하고 있다. 아마도 마태나 누가가 큐 본문에 있는 겸손함에 관한 구절이 겸손함에 관한 위에 세 단락들의 결론으로 사용하기에 적당하다고 판단해서 가져다 붙여 놓은 것이라고 볼 수 있다.

다음은 일치되는 세 구절들 중에 어느 것이 큐 본문을 그대로 보유하고 있는가를 결정하는 일이다. 세 구절들을 비교해보면 서로 내용은 같지만 마태본문과 누가 본문에 약간 차이가 있는 것을 알 수 있다. 마 23:12절은 '누구든지'라는 부정대명사가 문장의 주어로서 두 문장에서 고르게 사용되었다. 반면에, 눅 14:11절은 첫 문장에는 '모든'이란 형용사가 문장 주어가 되는 분사구문을 수식하지만 둘째 문장에서는 형용사 없이 분사구문만

주어로 기록되어 있다. 만일 마태 본문이 큐 본문이었다면 누가가 눅 14:11
절의 문장처럼 일부러 고쳤을 가능성이 없다. 오히려 거칠어 보이는 누가의
본문이 큐 본문이었는데 마태가 균형 있게 문장을 고쳤을 가능성이 크다.
또한 누가 복음 안에 있는 두 평행 구절 눅 14:11절과 눅 18:14b절은 '그리
고'란 접속사와 후치사(번역 안함)를 제외하고 거의 완벽할 정도로 문장의
단어 사용이나 배열이 일치하고 있다. 결국 눅 14:11절이나 눅 18:14b절은
같은 자료 즉 큐 본문을 그대로 보유하고 있다고 판단된다.[45]

제 52 장 만찬에 참석하게 된 소외계층 사람들

Q 14:16-24 (마 22:1-10//눅 14:16-24)

그가 그들에게 말씀하셨느니라 (어떤) 사람이 (큰 만찬을) 차리고 (많은
사람들을) 초청했다 그리고 (저녁때에) 초청받은 자들에게 준비가 (되었으니
오시오 라고) 말하라고 그의 종을 보냈다 (그런데 그들 모두는 하나같이 사양
하기 시작했다 첫째가 그에게 말하기를 내가) 밭을 (샀습니다 그래서 내가 나
가서 그것을 보아야 합니다 당신께 부탁하오니 나를 용서하소서라고 했다 그
리고 다른 사람이 말했다 내가 소 멍에 다섯 개를 샀습니다 그래서 내가 그것
들을 시험하러 가는 중입니다 당신께 부탁하오니 나를 용서하소서라고 했다
그리고 다른 이가 말했다 내가 결혼을 했습니다 그래서 내가 갈 수 없습니다
그래서 그 종이 와서 그의 주인에게 이것들을 보고했다) 그때 그 (집주인이)
화가 나서 그의 종에게 (말하였다 빨리 도시의 큰 길들과 작은 길들로 나가서
가난한 자들과 병신들과 장님들과 절름발이들을 여기로 데리고 와라 그리고
종이 주인에게 말했다 주여 당신이 명령했던 대로 했습니다 그런데 아직도 자
리가 있습니다 그래서 주인이 그 종에게 말하였다) 길거리들과 (산울타리들

로) <u>가서</u> (오라고 강권해서 나의 집이 차도록 하라 왜냐하면 내가 너희에게
말하노니 초청받은 그 사람들 중에 누구도 나의 만찬을 맛보지 못하리라)

본문 재구성

본 단락은 마태복음과 누가복음에만 나오는 이중 전승(Double Tradi-
tion) 본문이므로 큐 본문이라고 본다. 마태는 큐 본문을 자료로 삼아 마
22:1-10절을 기록했고 누가는 14:16-24절을 기록했다. 문제는 전체적인 주
제나 구성은 비슷한데 서로 일치하는 부분이 매우 적다는 데 있다. 특이한
것은 잔치 초청 비유가 도마복음 64절에도 있다는 점이다.

마태나 누가나 도마복음이나 구조상 일치하는 것은 주인이 잔치를 배
설함, 초청받은 손님들을 부르러 종들을 보냄, 초청 받은 사람들이 모두 거
절함, 거리로 나가서 만나는 대로 데려오라는 주인의 명령 등이다. 그런데
마태 본문은 누가 본문이나 도마복음과 다른 말씀을 가지고 있다. 그것은
초청하던 종들이 죽임을 당하고 잔치의 주인인 임금은 살인한 자들을 진멸
하고 동네를 불사른다는 특별한 내용이다.

마태의 본문에 이렇게 특별한 내용이 들어온 이유를 마태복음 편집 구
조에서 찾아볼 수 있다. 마태는 본 단락(22:1-10) 바로 앞에 포도원 농부의
비유(21:33-46)를 기록했다. 포도원 농부의 비유를 보면 본 단락의 특별한
내용처럼 종들이 맞아 죽고 심지어는 포도원 주인의 아들까지 죽으며 포도
원 주인은 그 악한 자들을 진멸하는 내용이 나온다. 결국 마태는 큐복음
에 있는 잔치 초청에 대한 비유를 앞에 있는 포도원 농부의 비유와 동화시
켜서 그 특별한 내용을 추가시켰다. 위와 같은 이유로 누가의 본문이 큐 본
문을 그대로 보유하고 있다고 판단된다.[46]

본 단락에서 예수가 상대하고 있는 대상이 누가복음에는 '그'라는 단수로 되어 있고 마태복음에는 '그들'이라는 복수로 되어 있다. 누가복음의 본 비유는 바리새인의 집에 초청받아 식사를 하는 상황 속에 들어 있다(눅 14:1-24). 그래서 본 비유는 같이 먹는 자들 중에 하나님 나라의 잔치에 관한 말을 한 사람을 향하여 설명한 것으로 설정되어 있다. 이에 비해 마태복음에 기록된 비유는 예루살렘의 장로들 대제사장들 바리새인들 등 무리들을 향한 말씀으로 되어 있기 때문에 큐복음서의 흐름과 일치한다. 그래서 본 단락을 듣는 대상을 '그들'로 바꾸었다.

제 53 장 제자의 조건
Q 14:26-27 (마 10:37-39//눅 14:25-27,17:33)

(만일 누구든지 내게 오는데 그 자신의) 아버지와 어머니와 (부인과 자녀들과 형제들과 자매들과 심지어 자신의 목숨까지도 미워하지 않으면) 나의 (제자가) 될 (수) 없느니라 (누구든지 자신의) 십자가를 (짊어지고) 나의 뒤를 (따르지) 않는 (자는) 나의 (제자가) 될 (수) 없느니라 누구든지 그의 목숨을 유지하기를 구하는 자는 그것을 잃을 것이요 누구든지 잃는 자는 그것을 보전할 것이니라

본문 재구성
본 단락과 연관된 비슷한 구절들은 복음서 내에서 마 10:37-39절, 마 16:24-25절, 막 8:34-35절, 막 10:29-30절, 눅 9:23-24절, 눅 14:25-27, 눅 17:33절 등 여러 곳에서 발견된다. 이 구절들 중에서 마가복음에 영향을 받지 않고 큐 본문에 영향을 받은 구절을 찾아내야 한다.

일반적으로 누가의 본문이 큐 본문을 많이 보유하고 있기 때문에 눅 14:25-27절을 기준으로 비교해보려고 한다. 누가는 예수의 제자가 되는 조건으로 14:26절에서 가족을 미워해야 하며, 14:27절에서 자기 십자가를 지고 예수를 좇아야 한다고 한다. 먼저 눅 14:26절은 제자가 되는 조건으로 가족을 미워해야 한다고 했다. 이에 관련된 마 10:37절은 예수께서 집중적으로 제자도에 관한 말씀을 하신 마태복음 10장에 나오는 말씀으로 가족을 예수보다 더 사랑하는 자는 제자로 합당치 않다고 한다.

비슷한 구절이 막 10:29-30절에도 나오는데 여기서는 예수와 복음을 위해 가족을 버린 제자들에게 상급이 있을 것이라는 말씀이 있다. 마태나 마가나 누가 모두 제자도에 관한 말씀을 기록하고 있지만 더욱 구체적으로 살펴보면 마태나 누가는 제자가 되는 조건에 대한 말씀이고 마가는 제자들에게 주어질 상급에 대한 말씀으로 분명한 차이가 있다. 이런 사실은 마 10:37절과 눅 14:26절은 마가 본문을 자료로 삼은 것이 아니라 큐 본문을 자료로 삼았다는 증거가 된다.

눅 9:23절과 마 16:24절은 모두 "만일 누구든지 나를 따라오려거든 자기를 부인하고 자기 십자가를 지고 나를 좇게 하라"는 막 8:35절의 말씀을 보고 기록했다. 그러나 눅 14:27절이나 마 10:38절은 내용이야 마가와 비슷하다고 하겠지만 문장 안에 사용된 단어나 문장 형식이 마가 본문과는 전혀 다르다. 눅 14:27절과 마 10:38절에는 막 8:35절처럼 가정문으로 되어 있지도 않고, '자기 부인'에 대한 언급도 없고, 또한 3인칭 명령문으로 되어 있지도 않다. 결국 마 10:38절과 눅 14:27절은 마가 본문이 아닌 큐 본문을 자료로 삼았음이 분명하다.

눅 9:24절이나 마 16:25절은 모두 "누구든지 자신의 목숨을 구원코자 하면 그것을 잃을 것이요 그러나 나와 복음을 위하여 자신의 목숨을 잃으면 그것을 구원할 것이라”란 막 8:35절을 자료로 삼았다고 볼 수 있다. 그러나 마 10:39절이나 눅 17:33절은 마가 본문과 다른 문장을 보여준다. 이 두 구절에는 마가 본문에 있는 ‘구원하기를 원하다’란 구절이 없기 때문이다. 이런 사실은 마 10:39절과 눅 17:33절이 마가 본문이 아닌 다른 자료 즉 큐 본문을 자료로 삼았다는 증거가 된다.

위와 같은 사실들을 종합해보면 마 10:37-39절과 눅 14:26-27, 17:33절은 큐 본문에서 왔다고 판단된다. 이제는 마태의 본문과 누가의 본문 중에 어느 것이 큐 본문인가를 결정해야 하며 또한 왜 눅 17:33절은 다른 곳에 가 있는가를 설명해야 한다. 먼저 마 10:37-38절과 눅 14:26-27절을 비교해보면 누가의 표현은 매우 노골적이라고 볼 수 있다. 마태는 가족을 예수보다 더 사랑하면 안 된다고 했는데 누가는 가족을 미워하지 않으면 제자가 못 된다고 했다. 마태는 십자가를 지고 좇지 않는 자는 예수께 합당치 않다고 했는데 누가는 그런 자는 예수의 제자가 될 수 없다고 한다. 이런 표현의 차이는 본래 큐 본문에는 누가 본문처럼 거칠게 되어 있었는데 마태가 표현을 부드럽게 바꾸었다고 설명할 수 있다. 다른 차이는 마태 본문에는 ‘제자’란 언급이 없고 누가 본문에만 ‘제자’란 언급 두 번 나온다. 마태가 ‘제자’를 언급하지 않은 이유는 본문이 속해있는 마태복음 10장 내용이 모두 제자들에게 주는 말씀들이기 때문에 굳이 본 단락에서 ‘제자’라고 명시할 필요를 느끼지 못했기 때문이다. 결과적으로 마태가 사용했던 큐 본문에는 눅 14:26-27절처럼 ‘제자’란 용어가 있었는데 마태가 편집상 이 용어를 마 10장에 맞추어 손질했다고 볼 수 있다.

이런 사실에 의해 누가의 본문이 큐 본문을 그대로 보유하고 있다고 판단된다. 문제는 마 10:39절에 있는 구절이 누가복음에서는 눅 17:33절로 옮겨졌는지 설명해야 한다. 본래 큐 본문에는 눅 17:33절이 눅 14:27절에 다음에 붙어 있었는데 누가가 누가복음을 편집하면서 이 구절이 롯의 처의 죽음을 언급한 눅 17:32절 다음에 어울릴 것 같아서 옮겨 놓은 것으로 판단된다. 왜냐하면 눅 17:22-37절도 큐 본문인데 평행본문인 마 24:23-42절에는 눅 17:32절에 상당하는 평행구절이 없기 때문이다. 결론적으로 눅 17:32절은 Q 17:22-37절에 속한 것이 아니라 Q 14:26-27절에 속한다.[47]

제 54 장 맛 잃은 소금

Q 14:34-35 (마 5:13//눅 14:34-35)

소금은 (좋은 것이다) 그러나 만일 소금이 맛을 잃으면 무엇으로 (맛을 내겠느냐 땅을) 위해서나 (아니면 거름을 위해서도 그것은 쓸모가 없어 그들이 그것을) 밖에 <u>버리느니라</u> (들을 귀를 가진 자는 들을지어다)

본문 재구성

본 단락은 마태복음과 누가복음에만 나오는 이중 전승(Double Tradition) 본문이므로 큐 본문이라고 본다. 마태는 큐 본문을 자료로 삼아 마 5:13절을 기록했고 누가는 14:34-35절을 기록했다. 두 본문들을 비교해보면 내용도 서로 비슷하고 많지는 않지만 그런대로 일치되는 용어들도 나타난다. 마가복음에는 이와 비슷한 말씀이 없기 때문에 마태나 누가가 큐 본문을 보고 본 단락을 기록했다고 볼 수 있다.

문제는 마태와 누가의 본문이 서로 차이가 많기 때문에 큐 본문을 재구성하기 위해서는 둘 중에 큐 본문을 그대로 보유하고 있는 본문을 찾아내야 한다. 먼저 마 5:13절은 마태복음 중에서도 마태가 세심하게 편집한 산상설교(5-7장) 안에 들어 있다. 그런 이유로 마 5:13절에도 마태가 세심하게 편집한 흔적이 엿보인다. 마태는 본 절을 14절부터 시작되는 '빛'에 관한 말씀과 엮어 놓았다. 그러면서 13절은 "너희는 땅위에 소금이다" 14절은 "너희는 세상의 빛이다"란 표현으로 각 절을 시작한다. 마태가 문장 배열에 세심한 주의를 기울였다는 증거이다.

반면에, 누가복음을 보면 눅 14:34-35절은 앞 단락이나 뒤 단락과 특별한 관련 없이 갑자기 튀어 나온 것과 같은 느낌을 준다. 즉 큐 본문을 가져다가 손질을 가하지 않고 그대로 현재 위치에 끼어 두었기 때문에 그런 느낌을 준다. 위와 같은 사실들은 누가가 큐 본문을 그대로 보유하고 있다는 증거이다. 눅 14:35b에 "들을 귀를 가진 자는 들을 지어다"는 본래 큐 본문에 있었던 것으로 마태가 산상설교를 편집하면서 불필요한 구절로 여겨 삭제시킨 것으로 본다.[48]

제 55 장 방황하는 양을 찾아라

Q/마 18:12-13 (마 18:10-14//눅 15:1-7)

(너희는) 어떻게 (생각하느뇨 만일 어떤) 사람에게 양 일백 마리가 있는데 그들 중에 하나가 (방황하면 그 산들 위에) 아흔 아홉을 (남겨두고) 가서 (방황하는 것을 찾지 않겠느냐) 그리고 (만일) 그것을 찾게 (되면 진실로) 너희에게 이르노니 그는 (그것으로) 인하여 (방황하지 아니한) 아흔 아홉을 인한 것보다 (더) 기뻐하리라

본문 재구성

본 단락은 마태복음과 누가복음에만 나오는 이중 전승(Double Tradition) 본문이므로 큐 본문이라고 본다. 마태는 큐 본문을 자료로 삼아 마 18:10-14절을 기록했고 누가는 15:1-7절을 기록했다. 두 본문들을 비교해보면 마 18:10절은 마태복음에만 있는 구절이고 눅 15:1-2절은 누가복음에만 있는 본문으로 본 단락의 도입 역할을 하기 위해서 각 복음서 기자가 첨가한 것이라고 본다.

본 단락에 관한 큐 본문을 재구성하기 위해서 서로 일치하는 부분을 비교하기로 한다. 마태나 누가의 본문 가운데 마 18:12-13절과 눅 15:4-7절은 서로 일치하는 평행구절임에 틀림없다. 그러나 마태에 비해 누가 내용이 많이 부풀려 있는 것을 알 수 있다. 사실 누가복음 15장의 편집 구성을 보면 눅 15:4-7절은 누가가 '잃었다 찾는 것'을 주제로 하는 세 가지 비유들(잃은 양, 잃은 동전, 잃어버린 아들) 가운데 들어 있는 것을 볼 수 있다. 물론 모든 비유들이 이야기체로 잘 엮어져 있다.

반면에, 마태복음을 보면 마 18:12-13절이 들어 있는 마 18:10-14절을 보면 10절에서 소자를 업신여기지 말라고 하면서 갑자기 잃은 양의 비유가 나온다. 사실 소자의 업신여김 당함과 양이 길을 잃어버림과는 연결이 안 된다. 이것은 마태가 큐 본문을 그대로 가져다 놓았기 때문에 생긴 단절이라고 볼 수 있다. 마 18:14절은 10절에서 언급한 '소자'와 12-13절에서 언급한 '길 잃은 양'을 모아서 만든 본 단락의 결론 구절로서 마태의 작품이라고 볼 수 있다. 위와 같은 관찰에 근거해서 마 18:12-13절을 큐 본문이라고 판단한다.[49]

제 56 장 하나님과 맘몬

Q/마 6:24 (마 6:24//눅 16:13)

어떤 사람도 두 주인들을 섬길 수 없도다 그가 하나를 미워하고 다른 하나를 사랑할 것이다 아니면 그가 하나에 헌신하고 다른 하나를 경멸할 것이다 너희는 하나님과 맘몬을 섬길 수 없느니라

본문 재구성

본 단락은 마태복음과 누가복음에만 나오는 이중 전승(Double Tradition) 본문이므로 큐 본문이라고 본다. 마태는 큐 본문을 자료로 삼아 마 6:24절을 기록했고 누가는 16:13절을 기록했다. 두 본문들을 비교해보면 누가 본문에 있는 '하인'이란 단어를 제외하고는 마 6:24절과 눅 16:13절의 문장, 사용된 단어, 문장 안에 단어 배열 등이 완전히 같다. 누가 본문에 '하인'이란 용어는 불의한 청지기에 관한 단락(눅 16:1-13) 안에 본 구절을 삽입시키면서 문맥에 어울리게 누가가 첨가시킨 것으로 판단된다. 만일 큐 본문에 '하인'이란 용어가 있었다면 마태가 굳이 이 용어를 생략할 이유가 없다고 본다. 다시 말하면 '하인'이란 용어가 없는 마태의 본문이 큐 본문이라고 판단된다.[50]

제 57 장 율법과 이혼

Q 16:17-18 (마 11:12,13, 5:18, 5:32//눅 16:16-18)

율법의 한 점이 (떨어지는 것)보다 <u>하늘과 땅이 없어지는 것이</u> (더 쉬우리라) 그의 아내를 버리고 (다른 여인에게 결혼하는) 자는 누구나 <u>간음하는 것이요</u> 그리고 (남편으로부터) 버림받은 여인에게 <u>결혼하는</u> (자는 간음하는 것이니라)

본문 재구성

본 단락의 범위는 마 11:12-13절, 5:18절, 5:32절과 이에 해당하는 누가복음의 평행구절 눅 16:16-18절이다. 눅 16:16절은 앞에 제 18 장에서 이미 다룬 것처럼 큐복음서에서는 본래 눅 16:17절 앞에 있던 것이 아니다. 큐복음서 안에서 이 구절은 마태의 순서처럼 세례 요한에 대한 찬사(마 11:7-11) 다음에 나오는 말씀이었다. 그래서 본 단락에서는 마 11:12-13절과 눅 16:16절을 고려 대상에서 제외시켰다.

마 5:18절과 눅 16:17절은 마가복음에는 없는 평행구절이기 때문에 큐 본문이라는 점에 이견이 없다. 문제는 마 5:32절과 눅 16:18절에 관련된 평행구절이 막 10:11-12절에도 있다는 점이다. 서로 비슷한 것 같지만 자세히 보면 차이가 나는 것을 알 수 있다. 마가는 남자의 간음과 여자의 간음 두 경우를 병렬 시킨 반면 마태나 누가는 남자의 간음에만 초점을 맞추고 있는 것을 볼 수 있다. 결국 마 5:32절과 눅 16:18절은 마가 본문을 따르지 않고 오히려 큐 본문을 따라서 기록되었다.

위의 관찰을 종합해보면 마 5:18, 5:32절과 눅 16:17-18절은 큐 본문을 자료로 삼아 기록된 본문으로 판단된다. 여기서 해결해야 할 문제는 마태가 큐 본문을 서로 다른 위치로 나누어 배치시킨 이유를 찾는 일이다. 본래 큐 본문에는 눅 16:17-18절처럼 서로 연관성이 없어 보이는 두 절이 나란히 있었다. 그런데 마태는 이것을 보고 산상설교(5-7장)를 구성하면서 율법에 관한 말씀 Q 16:17절은 율법에 관한 단락인 마 5:17-20절 안에 옮겨 두었고, 이혼에 관한 말씀 Q 16:18절은 간음에 관한 단락인 마 5:27-32절 안에 옮겨 두었다. 그래서 마태복음 안에서는 Q 16:17-18절이 분산 배열되었다. 물론 마태는 분산시키면서 연관된 문맥에 어울리게 문장을 조금씩 손질했을 것이다. 그런 결과로 마태 본문이 누가 본문과 차이가 나게 되었다. 이와 같은 설명은 누가가 큐 본문을 있는 그대로 보유하고 있다는 증거가 된다. 그래서 여기서는 눅 16:17-18절을 큐 본문으로 판단했다.[51]

제 58 장 죄짓게 하는 자들

Q 17:1b-2 (마 18:6-7//눅 17:1-2)

죄짓게 하는 것들을 들어오지 (못하게 하는 것은 불가능하다) 그러나 그것들이 들어오게 하는 자에게는 화가 있으리로다 저가 이들 작은 자들 중에 하나를 죄짓게 하는 (것보다 연자 맷돌이) 그의 목에 (걸려지고) 바다(로 던저지는 것이) 그에게 (유익하니라)

본문 재구성

본 단락에서 마 18:7절과 눅 17:1b절은 마가에 없는 평행구절이다. 두 절 모두 정확하게 일치하는 용어들이 있고 언급하는 내용도 같다. 그래서 이 구절은 큐 본문이라고 한다.

그러나 마 18:6절과 눅 17:2절은 논란의 여지가 있다. 왜냐하면 평행구절이 막 9:42절에도 있기 때문이다. 세 구절을 서로 비교해보면 특히 마 18:6절과 막 9:42절에서 사용된 용어들이나 문장 내에 단어 배열 등이 매우 흡사하다는 것을 알 수 있다. 반면에, 눅 17:2절은 마 18:6절이나 막 9:42절과 내용은 비슷하지만 다음과 같은 차이를 보여준다. 누가는 비교문장을 사용한 반면 마태와 마가는 조건문장을 사용했다. 마태는 첫 문장 주어가 '누구든지'이지만 누가는 앞 절에서 언급한 '죄 짓게 만드는 자'가 주어이다. 마태와 마가는 연자 맷돌에 연관시켜 정확하게 같은 구절을 사용했지만 누가는 다른 구절을 썼다. 위와 같은 사실은 마태는 마가의 영향을 받아서 마 18:6절을 기록했으며 누가는 마가 본문이 아닌 다른 자료 즉 큐 본문을 따라서 눅 17:2절을 기록했다는 것을 입증한다.

결론적으로 눅 17:1b-2절은 큐 본문이라고 판단된다. 그러면 왜 마태와 누가의 본문에서 절 순서가 뒤바뀌어 있는가? 누가복음의 구조를 보면 눅 17:1-2절은 앞에 있는 단락, 부자와 거지 나사로에 대한 말씀(눅 6:19-31)과 특별한 연관성을 찾아볼 수 없다. 반면에, 마태복음에서 마 18:6-7절은 앞에 있는 단락, 천국에서 큰 자에 관한 말씀(마 18:1-5)과 밀접하게 연관되어 있다. 예수께서 마 18:5절에서 어린아이를 영접하라고 말씀하신 후에 본 단락에 있는 마 18:6절에서 이런 작은 자들을 실족케 하는 자들에 대한 형벌을 말씀하셨다. 결국 마 18:6-7절은 앞 단락(마 18:1-5)에 대한 결론이며 이어지는 단락(마 18:8-10)에 대한 다리 역할을 하는 연결 단락이라고 볼 수 있다. 마가 본문과 큐 본문을 자료로 사용했던 마태는 마태복음 안에 위와 같은 구조를 구성하기 위해 큐 본문(Q 17:1b-2)에 있는 순서를 뒤바꾸었으며 또한 Q 17:2절보다는 막 9:42절의 말씀이 마태 문맥에 어울린다고 여겨서 마가의 본문을 사용했다.[52]

제 59 장 일곱 번 용서

Q 17:3-4 (마 18:15-17, 21-22//눅 17:3-4)

너희는 스스로 주의하라 만일 너의 형제가 죄를 범하면 그를 (책망하라) **그래서 만일** (그가 회개하면 그를 용서하라 그리고 만일) **그가** (하루에) **일곱 번** (너)에게 **죄를 범하고** (그리고) **일곱 번** (너에게 돌아와 말하기를 내가 회개하노라 하면) **너는 그를 용서해야 하느니라**

본문 재구성

본 단락은 마태복음과 누가복음에만 나오는 이중 전승(Double Tradition) 본문이므로 큐 본문이라고 본다. 마태는 큐 본문을 자료로 삼아 마 18:15-17, 21-22절을 기록했고 누가는 17:3-4절을 기록했다. 두 본문들을 비교해보면 절의 뒤바뀜이 없이 일치되는 부분들이 비교적 문장 흐름에 따라 같이 나타나고 있는 것을 알 수 있다. 정확하게 일치되는 용어들은 본문 양에 비해 많지는 않지만 내용은 거의 같다고 볼 수 있다.

문제는 마태와 누가의 본문 가운데 큐 본문을 찾아내는 일이다. 두 본문을 비교해보면 누가 본문은 짧고 마태 본문은 매우 길다. 사실 눅 17:3절에 해당하는 마태의 평행구절은 마 18:15절 뿐이다. 나머지 마 18:16-17절은 누가에는 없는 내용들이다. 또한 눅 17:4절에 해당하는 마태의 평행구절은 마 18:21-22절로 역시 누가복음보다 두 배나 되는 문장들로 되어 있다.

위와 같은 마태와 누가의 차이는 두 방법에 의해서 설명될 수 있다. 본래 마태의 긴 본문이 큐 본문이었는데 누가가 문장을 줄여서 기록했다는 설명이나 아니면 누가의 짧은 본문이 큐 본문이었는데 마태가 부풀렸다는 설명이다. 마 18:15-22절의 구성을 보면 15-17절까지는 죄를 범한 형제에 대해 교회가 치리하는 방법을 설명하고 있고, 18-20절까지는 교회의 권세에 대한 말씀이고, 21-22절은 베드로와 예수의 용서에 관한 대화로 되어 있다. 반면에, 눅 17:3-4절은 단순하게 용서에 관한 예수의 말씀으로 기록되어 있다. 위와 같은 구성들을 비교해 보면 누가가 줄였다기보다는 마태가 부풀렸다고 설명하는 것이 쉽다.

본래 큐 본문은 눅 17:3-4절과 같이 용서를 가리키는 짧은 예수의 말씀(Q 17:3-4)이었다. 그런데 마태는 이 말씀을 둘로 나누어서 Q 17:3절은 죄

를 범한 형제를 교회가 어떻게 치리해야 하는가를 가르치는 단락의 도입문
장으로 사용했다. 이로 인해 Q 17:3절의 본래 의도인 '용서'란 주제가 제거
되었으며 "너희는 스스로 주의하라"란 Q17:3a절이 제거되었다. 또한 마태는
Q 17:4절을 용서할 줄 모르는 종에 대한 비유(마 18:23-35)의 도입절로 사
용하기위해 베드로와 예수의 대화로 각색해서 사용했다. 이와 같은 편집으
로 인해 마태 본문은 큐 본문인 눅 17:3-4절과 차이가 많이 생겼다.[53]

제 60 장 겨자씨만한 믿음

Q 17:6b (마 17:19-20//눅 17:5-6)

**(만일) 너희가 겨자씨만한 믿음을 가지고 이 (뽕나무)에게 (말하기를 너
는 뿌리가 뽑혀) 그리고 (바다에 심겨져라 하면 그것이) 너에게 (순종할 것
이니라)**

본문 재구성

본 단락에서 큐 본문을 찾아내기 위해서 마 17:19-20절과 막 11:22-23절
과 눅 17:5-6절을 비교해야 한다.

먼저 문장구조를 보면 마태와 누가는 모두 "너희가 겨자씨만한 믿음을
가지고 있다면"이란 조건문이 있는데 마가는 이런 표현이 없다. 마태와 마
가는 명령받는 대상이 '산'인데 반해 누가는 '뽕나무'이다. 마태는 산에게 단
순히 '옮겨가라'고 표현한 반면에 마가는 산에게 '바다로 빠져라'로 명령하고
누가는 뽕나무에게 '바다에 심기우라'고 명령한다.

위와 같은 사실에 근거하면 마가복음에는 없고 마태와 누가에만 나타
나는 "만일 너희가 겨자씨만한 믿음을 가지고 있다면"은 큐 본문에서 온 것

이 확실하다. 명령 받는 대상도 누가복음의 '뽕나무'가 본래 큐 본문에 있었던 것이고, 마태는 마가의 본문을 따라서 '산'으로 바꾸었다. 여기까지는 누가의 본문이 큐 본문을 있는 그대로 보유하고 있다고 보아도 별 문제가 없다. 문제는 마태, 마가, 누가 본문의 마지막 부분을 설명하는 일이다. 누가의 본문을 보면 뽕나무를 뿌리 채 뽑아 바다에 심는다고 한다. 사실 뽕나무를 바다에 심는다는 표현은 매우 어색하다. 아마도 큐 본문에도 누가본문과 같이 기록되어 있었을 것이다.

마태는 귀신들린 아이를 고치는 예수의 기적(마 17:14-20)을 기록하면서 결론 부분에서 마가 본문과 큐 본문을 자료로 삼았다. 이미 큐 본문 안에 뽕나무를 바다에 심는다는 어색한 표현을 본 마태는 마가의 본문으로 눈을 돌려 '뽕나무' 대신 '산'이란 표현을 선택했다. 그런데 마태는 산을 바다에 던져 넣는다는 마가의 표현 또한 좀 과격하다고 여겼다. 그래서 표현을 바꾸어서 산을 '옮겨가라'고 기록했다. 이런 편집 과정이 있었기 때문에 마 17:19-20절이 생겨났다.

눅 17:5-6a절은 평행구절이 없는 누가만의 본문이다. 이 구절 역시 원래 큐복음서 안에서 들어 있었던 것이라고 주장할 수도 있지만 누가가 첨가시킨 것이라고 주장할 수도 있다. 여기서는 마태와 누가가 일치하는 것들을 기준으로 큐 본문을 규정하기 때문에 누가만 가지고 있는 이 구절들은 큐 본문 재구성에서 제외시킨다.

위에서 살펴본 바와 같이 마 17:20b절보다는 눅 17:6b절이 큐 본문을 그대로 보유하고 있는 것으로 판단된다. 사실 누가복음에서 큐 본문을 배치시킨 것을 보면 바로 앞 단락(눅 17:3-4)도 큐 본문이고 본 단락도 큐 본문이다. 누가는 큐 본문을 연속적으로 배열시켜 놓았다. 반면에, 마태복음을 보면 마태는 Q 17:3-4절을 마 18:15-22절에서 사용했고 Q 17:6b절을 마 17:19-20절에서 사용하였다. 마태와 누가의 큐 본문 배치를 보면 눅 17:6b절이 큐 본문이었을 가능성이 높다고 판단된다.[54]

제 61 장 인자의 재림

Q/마 24:26-28, 37-41 (마 24:23-42//눅 17:22-37)

(그러므로 만일) 사람들이 너희에게 말하기를 보라 (광야에 그가 있다 하여도) 나가지 말라 보라 (골방에 있다 하여도 믿지 말라) 왜냐하면 번개가 (동쪽에서 와서 서쪽까지 비추는) 것처럼 인자의 (임함도) 그러할 것이니라 (어디나 시체가 있는) 곳에는 거기에 독수리들이 모여들 것이다 (왜냐하면) 노아의 때가 (그랬던 것처럼) 인자의 (임함도) 그러할 것이니라 (왜냐하면 홍수전 날들 동안에) 노아가 방주에 들어갔던 날까지 (사람들이 먹고) 마시고 장가가고 시집가더니 (그들은) 홍수가 나서 (모든 것들을 쓸어갈 때까지) 몰랐었다 인자의 (임함 또한 그러할) 것이다 (그때 밭에) 두 사람이 있을 것인데 하나는 데려감을 당하고 (하나는) 버려둠을 당하리라 두 여인이 (맷돌을) 갈고 (있을 것인데) 하나는 데려감을 당하고 (하나는) 버려둠을 당하리라

본문 재구성

본 단락에서 큐 본문을 재구성하기란 간단한 일이 아니다. 그 이유는 마태복음과 누가복음에 있는 평행구절 범위가 비교적 크며 또한 마태나 누가의 본문 안에 마가복음에 있는 구절과 유사한 본문들이 들어 있기 때문이다.

마태나 누가가 각자의 복음서를 기록할 때 큐복음과 마가복음을 보고 기록했다. 그래서 먼저 마태나 누가의 본문 중에 마가복음과 평행을 이루

는 구절들을 찾아내어 그것들이 마가복음에서 온 것인지를 구별해야 한다. 먼저 누가복음에는 평행구절이 없는 마 24:23-25절은 막 13:21-23절과 사용된 용어들, 문장 안에 단어 배열, 문장 순서 등이 거의 완벽하게 일치한다. 마태가 마가복음을 자료로 삼아 기록한 것으로 판단되는 부분이다. 이 부분을 고려 대상에서 제외시킨 나머지 마 24:26-42절 가운데서 29-36절은 인자의 재림(29-31절)과 무화과나무 비유(32-36절)로 구성되어 있다.

마가복음 안에 13:24-32절이 위와 같은 구성으로 되어 있을 뿐 아니라 사용된 용어나 문장 배열이 마태 본문과 거의 같다. 이것은 마태가 마가 본문을 보고 마 24:26-42절을 기록했다는 증거가 된다. 이 부분도 고려 대상에서 제외시킨다. 마 24:42절 또한 누가복음에는 평행구절이 없지만 마 13:35a절에 평행구절이 있다. 여기서 사용된 용어나 문장 안에 단어 배열이 거의 같다. 이 절 또한 마태가 마가복음을 보고 기록했다. 결국 마태 본문 안에서 마가복음을 보고 기록된 것으로 판단되는 부분들을 제외시키면 고려해야 하는 범위가 마 24:26-28, 37-41절로 줄어든다.

마태복음에는 평행구절이 없는 눅 17:31절은 막 13:15-16절과 사용된 용어나 문장 안에 단어 배열이 상당히 일치하고 있음을 보여준다. 이런 사실은 누가가 마가의 본문을 보고 눅 17:31절을 기록했다고 볼 수 있다. 결국 눅 17:31절은 큐 본문 재구성 논의 대상에서 제외된다. 또한 눅 17:33절은 앞에 큐복음 제 53장에서 논의한 것처럼 Q 14:26-27절에서 옮겨 온 것으로 본 단락에 들어 있던 구절이 아니다. 그래서 여기서는 논의에서 제외시킨다.

이외에도 누가의 본 단락(17:22-37)을 보면 마태복음이나 마가복음에서 평행구절을 찾아 볼 수 없는 누가의 특별 구절들이 있다. 눅 17:22, 25, 28,

29, 32, 37a절 등이다. 만일 이 특별 구절들이 큐 본문 안에 들어 있었다면 마태가 본 단락을 기록하면서 이 구절들만 삭제 시켜야 할 이유가 없다. 오히려 본래 큐 본문 안에 이 구절들이 없었는데 누가가 본 단락의 의미를 부각시키기 위해서 이 구절들을 중간 중간에 삽입시켰을 가능성이 크다. 그래서 이 특별 구절도 큐 본문 재구성을 위한 고려 대상에서 제외시킨다. 결국 위와 같은 관찰 결과에 의해 눅 17:22-37절 안에서 고려해야 할 범위는 눅 17:23-24, 26-27, 30, 34-35, (36절 없음), 37b절이 된다.

마지막으로 해야 할 것은 마태의 본문과 누가의 본문 중에 어느 것이 큐 본문을 있는 그대로 보유하고 있는가를 결정하는 일이다. 마태의 평행본문을 보면 마 24:26-28, 37-41절로 되어 있고 누가의 평행본문은 눅 17:23-24, 26-27, 30, 34-35, (36절 없음), 37b절로 되어 있다. 마태와 누가의 본문 배열을 보면 마태는 마 24:26-28절까지 큐 본문을 따르다가 중간에 막 13:24-32절을 보고 마 24:29-36절을 첨가시켰고 다시 큐 본문의 순서를 따라 마 24:37-41절까지 기록하였다. 반면에, 누가는 큐 본문 순서를 따르면서 중간 중간에 큐 본문 본 단락에 없는 구절들(눅 17:22, 25, 28, 29, 31, 32, 33, 37a절)을 삽입시켰다. 이런 사실들은 마태보다 누가가 큐 본문에 편집 손질을 가해서 누가복음 안에 기록해 놓았다는 증거가 된다. 결국 본 단락에서는 마태의 본문이 큐 본문을 그대로 보유하고 있다고 판단했다.[55]

제 62 장 열 므나 비유

Q 19:12-27 (마 25:14-30//눅 19:11-27)

(그러므로 그가 말씀하셨느니라 어떤 귀족) 남자가 (자신이 왕위를 받아

돌아오기 위하여 먼 나라로 갔다 그러면서 자신의 열) 종들을 불러 (그들에게 열 므나들을) 주었다 (그리고 내가 올 때까지 너희는 장사하라고 그가 그들에게 말하였다 그러나 그의 백성들이 그를 미워하여 그의 뒤로 사자를 보내어 우리는 이 사람이 우리를 다스리는 것을 원치 아니 하나이다라고 말했다 그리고 그가 왕국을 받은 후 돌아왔을 때였다 그는 누가 장사해서 무엇을 벌었는지를 알기 위하여 그가 돈을 주었던 이들) 종들을 (그에게 불러놓고 말하였다 첫째 종이 와서) 말하기를 주여 (당신의 한 므나가 열 므나를 남겼나이다 그래서 그가) 그에게 (말씀하였다 잘하였다) 착한 종아 (왜냐하면 너는 아주 작은 것에) 충성하였기 (때문이니라 열 도시들을 다스리는 권세를 가지어라) 그리고 (둘째 종이) 와서 (말하기를 당신의 한 므나가) 주여 (다섯 므나를 만들었나이다 그래서 그가 또한 이 자에게 말씀하였다 그래 너는 다섯 도시들을 다스리는 권세를 가지어라) 그리고 (다른 종이) 와서 (말하기를) 주여 (보소서 당신의 한 므나 그것을 내가 손수건으로 쌓아 두었었나이다 왜냐하면) 당신은 (정확한) 사람이며 (두지) 않았던 (것을 취하고) 뿌리지 않았던 (것을) 거두기 (때문에) 내가 당신을 무서워했습니다 (그가) 그에게 (말씀하였다 내가 너의 입의 말로 너를 판단할 것이니라) 악한 종아 너는 (내가 두지 않았던 것을 취하고) 심지도 않았던 (것을) 거두는 (정확한 사람으로) 알았더냐 (그러면 왜 너는) 나의 돈을 (은행에 주지 않았느냐) 그러면 내가 와서 이자와 함께 (그것을 수금할 수 있었으리라 그리고 그가 곁에 서있는 자들에게 말씀하였다) 그에게서 그 (한 므나를) 뺏어라 그리고 열 (므나를) 가진 자에게 주어라 (그래서 그들이 그에게 말하였다 주여 그는 열 므나를 가졌나이다 내가 너희에게 말하노니) 가지고 있는 모든 자에게는 주어질 것이요 가지고 있지 않는 자에 대하여는 그가 가지고 있는 것조차 빼앗길 것이니라 (그러

나 내가 그들을 다스리기를 원치 않는 나의 이 원수들을 여기로 끌어내어 그들을 내 앞에서 죽이라고 하였다)

본문 재구성

본 단락은 마태복음과 누가복음에만 나오는 이중 전승(Double Tradition) 본문이므로 큐 본문이라고 본다. 마태는 큐 본문을 자료로 삼아 달란트 비유(마25:14-30)를 기록했고 누가는 므나 비유(눅 19:11-27)를 기록했다.

사실 본 단락을 자세하게 살펴보면 마태와 누가의 비유에는 서로 분명하게 차이가 나는 부분들이 있다. 마태는 주인에 대한 특별한 묘사가 없는 반면 누가는 주인이 귀인이며 왕위를 받기 위해 멀리 떠나게 된다는 것과 마태는 세 명의 종들에게 다섯 달란트, 두 달란트, 한 달란트씩 나누어 준 반면 누가는 열 명의 종들에게 각각 한 므나씩 나누어 준다. 마태는 주인이 충성된 종에게 많은 것으로 맡기고 주인의 즐거움에 참여하는 상을 주는 반면 누가는 남긴 수만큼 고을을 다스리는 권위를 주는 것으로 되어 있다. 이러한 분명한 차이들 때문에 본 단락을 큐 본문으로 고려하는 데에 많은 어려움이 있다.

그럼에도 불구하고 마태와 누가의 두 비유가 일치하는 것들도 있다. 비유의 구조를 보면 마태나 누가의 비유 모두 주인이 멀리 떠나게 되고 떠나기 전에 종들에게 돈을 맡긴다. 종들은 그 돈을 가지고 장사를 한다. 나중에 주인은 돌아와서 세 명의 종들을 회계한다. 이 외에도 주인이 회계할 때 종들과의 대화 속에 마태와 누가가 서로 일치하는 용어들이 상당히 많다. 두 본문들을 비교해보면 정확하게 일치되는 용어들이 본문 양에 비해 적은 편이지만 문장 흐름에 따라 일치되는 용어들이 나타나고 있다. 또한 두 비유의 내용을 보면 주인이 돈을 맡긴 종에게 기대하는 의도가 서로 같다는 것을 알 수 있다. 이런 이유로 본 단락이 큐 본문에서 근거했다고 본다.

그렇다면 마태 본문가 누가 본문이 서로 차이가 나는 이유를 설명해야 한다. 그러기 위해서는 두 본문을 자세히 비교해볼 필요가 있다. 먼저 마태복음 25장의 구성을 보면 1-13절에 열 처녀의 비유가 들어 있고 14-30절에 달란트 비유가 있으며 31-46절에 인자의 재림이 기록되어 있다. 마태는 열 처녀 비유를 통하여 신랑 되신 인자가 언제 올지 모르기 때문에 깨어서 등불 기름을 준비하라는 가르침을 기록했다. 이어 달란트 비유를 통하여 돈을 맡긴 주인 곧 인자가 돌아오면 정산을 할 것이기 때문에 충성되게 일해서 더 많이 남겨야 한다는 가르침을 기록했다. 마태는 25장 마지막 부분에서 더 이상 비유가 아니라 직접 표현으로 인자가 돌아왔을 때 심판하는 모습을 기록하고 있다. 마태 25장의 세 단락은 모두 인자의 재림과 그의 심판에 초점을 맞추어 빈틈없이 세련되게 편집되었다.

반면에, 누가복음 19장의 구성을 보면 1-10절은 여리고 삭개오 이야기, 11-27절에 열 므나 비유, 28-44절에 예루살렘 입성, 45-48절에 성전 정화 순서로 기록되어 있다. 누가의 구조는 마태처럼 의미상 밀접하게 연관된 구조가 아니라 단순하게 지리적으로 예수께서 여리고에서 예루살렘 성전까지 이동하면서 일어났던 사건들을 모아 기록하는 구성으로 되어 있다. 누가는 큐 본문에 있던 귀족이 왕이 되는 비유가 예수께서 왕으로 예루살렘에 입성하는 사건과 같다고 생각했기 때문에 예루살렘 입성(눅 19:28-44) 바로 앞에 큐 본문을 두었다.

마태는 큐 본문의 내용에 중점을 두어 편집한 반면 누가는 사건에 중심을 두어 편집했다. 다시 말하면 마태는 25장의 편집 구성에 어울리게 하기 위해서 큐 본문 안에 있던 내용을 변경했을 가능성이 크다. 반면에, 누가는 큐 본문에 귀족이 왕이 된다는 말씀이 예수의 예루살렘 입성 사건과 비슷하다고 여겨서 19장 안에 삽입시켰기 때문에 큐 본문 내용을 변경시킬 필요를 마태보다 덜 느꼈을 것이다. 눅 19:11절은 큐 본문을 예루살렘 입성과 연결시키기 위한 전환 구절로 누가가 첨가시킨 것으로 판단된다. 대체로 누가는 삭개오 사건과 예루살렘 입성 중간에 큐 본문에 있는 비유를 삽입시키는 거친 구성을 보여준다. 결과적으로 누가의 본문이 마태 본문보다 큐 본문에 가깝다고 판단된다.

누가 본문 안에 귀족이 왕이 되는 말씀과 또한 그 귀족이 종들에게 돈을 맡기는 말씀이 함께 나오는 이유는 본래 큐 본문이 그렇게 되어 있었기 때문이다. 그런데 마태는 귀족이 왕이 된다는 말씀은 마태복음 25장에 어울리지 않다고 여겨 생략해버리고 종에게 돈을 맡기는 말씀만 선택하여 내용을 세련되게 바꾸어 놓았다. 마 25:14-30절에 사용된 화폐 단위도 므나보다는 가치가 훨씬 높은 달란트로 바꾸어 놓음으로서 그리스도께서 맡기신 것의 가치를 높여 놓았다. 또한 마태는 누가복음에 있는 것처럼 큐 본문에도 주인이 열 명의 종들에게 한 므나씩 주었는데 정산할 때는 세 명의 종과 계산한다는 것을 보고는 어색하다고 느꼈다. 그래서 마태는 처음부터 주인이 세 명에 종에게 돈을 주는 것으로 바꾸어 놓았고 그것도 내용을 풍부하게 하기 위해 각 종의 능력을 따라 각기 다른 금액을 나누어 주는 것으로 각색해 놓았다. 그래서 결산할 때는 세 명의 종들과 결산하게 되는 빈틈없는 구성이 되었다. 마태가 큐 본문에 왕이 되는 귀족과 연관된 표현을 삭제시켰기 때문에 마 25:14-30절에는 큐 본문에서 주인이 종에게 상급으로 주는 '도시를 다스리는 권세'란 구체적인 표현이 없다. 이와 같은 설명들은 누가의 본문(눅 19:12-27)이 큐 본문임을 입증하는 근거가 된다.[56]

제 63 장 제자들에게 주어질 권세

Q 22:28-30 (마 19:27-29//눅 22:24-30)

너희는 (나의 시험들에) 나와 (함께 남아있던 자들이라 그래서 나의 아버지께서 나에게 왕국을 맡기신 것처럼 내가 너희에게 맡기노라 너희가 나의 왕국에 나의 식탁에서 먹고 마시며) 이스라엘의 열 두 지파들을 심판하며 보좌 위에 앉게 (하려 하노라)

본문 재구성

본 단락은 마태복음과 누가복음에만 나오는 이중 전승(Double Tradition) 본문이므로 큐 본문이라고 본다. 마태는 큐 본문을 자료로 삼아 마 19:28b절을 기록했고 누가는 22:28-30절을 기록했다. 두 본문들을 비교해 보면 정확하게 일치되는 용어들이 많지는 않지만 내용은 거의 같다고 볼 수 있다.

여기서 마태의 본문과 누가의 본문 중에 어느 것이 큐 본문을 있는 그대로 보유하고 있는지 구별해야 한다. 먼저 마 19:28절은 재물이 많은 사람에 관한 말씀(마 19:16-31) 안에 들어가 있다. 이 단락에서 마태는 재물이 많은 청년이 예수를 찾아온 사건을 16-22절에 기록하고 이어 부자가 천국에 들어가기 어렵다는 예수의 말씀을 23-26절에 기록하고 끝으로 베드로의 고백과 제자들을 위한 상급이 27-30절에 기록되어 있다.

같은 내용이 마가복음에도 있다. 막 10:17-31을 보면 한 부자가 예수를 찾아온 사건이 17-22절에 기록되어 있고 이어 부자가 천국에 들어가기 어렵다는 예수의 말씀이 23-27절에 기록되었고 끝으로 베드로의 고백과 더불어 예수를 따르는 제자들을 위한 상급이 28-31절에 기록되어 있다. 이런 사실은 마태가 마가 본문을 자료로 삼아 마 19:16-31절을 기록했다는 증거가 된다.

여기서 주시해야 할 것은 우리가 논의하고 있는 큐 본문(마 19:28b)이 위에 마가의 자료와 함께 결합되어 있다는 점이다. 마태는 마가의 자료 안에 있는 모든 것을 버리고 주를 좇았다는 베드로의 고백(막 10:28)과 이에 대한 예수의 대답으로 "진실로 너희에게 이르노니"(막 10:29a) 다음에 큐 본문(마 19:28b)을 삽입시켜서 마태 본문으로 삼았다. 아마도 마태는 모든 것을 버리고 예수를 좇는 제자들에게 주어질 상급으로 큐 본문의 말씀(Q 22:28-30)이 적당하다고 여겨서 삽입시킨 것 같다.

누가복음 안에서 눅 22:24-30절은 최후의 만찬(눅 22:7-23)과 베드로의 부인 예고(눅 22:31-34) 가운데 들어 있다. 눅 22:24-30절은 제자들끼리 누가 더 높은가 논쟁하는 단락이다. 이 단락의 전반부 눅 22:24-27절은 마가복음에서 높아지기를 원하는 제자들의 논쟁 사건인 막 10:35-45절에서 온 것이라고 볼 수 있다. 누가가 마가 본문을 보고 섬기는 제자도에 대한 말씀을 편집해서 누가복음에 넣었다. 그리고 이어서 큐 본문 Q22:28-30절을 가져다가 추가시킴으로 예수와 함께 시험에 동참한 제자들에 대한 상급을 제시했다. 섬김의 제자도를 기록한 전반부와 제자들을 위한 상급을 기록한 후반부는 서로 다른 자료들임이 분명하다. 이어 나오는 베드로의 부인 예고(눅 22:31-34) 또한 제자를 향한 말씀이란 점 외에는 앞 단락과 특별한 연관성이 없는 다른 자료이다.

앞에서 살펴본 바와 같이 마태는 제자들을 위한 상급을 언급한 단락 안에 큐 본문을 적절하게 삽입시킨 반면에 누가는 큐 본문에 있는 자료를 편집 손질을 가하지 않고 그대로 가져다 놓은 것 같은 인상을 준다. 본래 본 단락에 연관된 큐 본문 안에는 예수와 시험을 함께하는 제자들로 표현 (Q 22:28)되어 있었는데 마태가 마가 자료를 사용하면서 베드로의 고백 속에 '좇았다'란 표현(막 10:28)이 있는 것을 보고 마태 본문에는 주를 좇는 제자들로 변경시켜서 마 19:28절에 기록해 놓았다. 위와 같은 설명들은 마 19:28b절보다는 눅 22:28-30절이 큐 본문에 가깝다는 것을 지지해준다.[57]

주 석

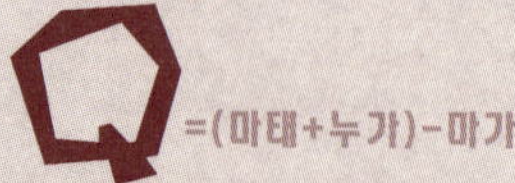
=(마태+누가)-마가

주 석

I. 시작하는 글

1) Kelly Monroe Kullberg, <u>Finding God at Harvard</u>, (Downers Grove: InterVarsity Press, 2007).

2) 1909년도 하버드 졸업생으로 시인이며 극작가이며 문학평론가이다. 1948년도에 그의 시 「황무지」 (The Waste Land)로 노벨문학상을 받았다.

3) Zeitgeist(자이트가이스트)란 독일어로 '시대' 란 의미의 Zeit와 '정신' 이란 의미의 geist가 결합된 것으로 한 시대를 주도하는 문화적, 지식적, 도덕적, 종교적, 또는 정치적 분위기를 가리킨다.

4) 학문적 배경만큼이나 당시 교수들의 교파도 다양했었다. 루터교 Helmut Koester, 오순절 Allen Callahan, 가톨릭 Elisabeth Schüssler Fiorenza, 침례교 Pat Tiller, 장로교 François Bovon.

III. 큐복음 서론

1) 고대 그리스 철학의 한 부류이다. 이 학파에 속했던 철학자들은 오직 덕만이 최고의 선이고 덕의 본질은 자기 절제라는 이론을 주창했다. 이들은 돈, 권력, 명성 등에 연관된 행복을 거부하고 오직 덕을 통한 행복만을 가르쳤다. 그래서 이들은 재물을 무시하고, 사회 관습이나 가족 관계를 거부하며 마치 개처럼 살았다. 그래서 당시 사람들은 이들을 κυνισμός(쿠니스모스)라고 불렀는데 이 명칭은 '개' 란 의미를 가진 κύων(쿠온)에서 파생되었다. 한글로도 '개 같은 선비' 란 의미로 '견유학자' (犬儒學者)자고 부른다.

2) James M. Robinson, <u>Jesus: According to the Earliest Witness</u>, 138.

3) Ibid., 233.

4) Kloppenborg, Formation, 190.

5) Helmut Koester, "Eschatology, the Sayings of Q and Their Image of Jesus," Paper submitted to the NT Graduate Seminar 1995/1996 (Cambridge, MA) January 31, 1996

6) 바울이 직접 기록한 서신: 데살로니가전서, 갈라디아서, 고린도전후서, 빌립보서, 빌레몬서, 로마서

7) 바울의 제자나 추종자가 바울을 대표해서 바울 이름으로 기록한 서신들: 데살로니가후서, 골로새서, 에베소서

8) 교회에 대한 목회자적인 관심을 반영하고 있는 서신으로 바울이 썼다고는 하지만 실제로 바울보다 한 세대 이상 지난 후에 기록된 서신들: 디모데전후서, 디도서

9) John S. Kloppenborg, <u>Q Parallels: Synopsis Critical Notes & Concordance</u>, (Sonoma: Polebridge Press, 1988)

IV. 큐복음 주해

10) 구약 칠십인 역본(LXX)에서는 15절에 본문이 기록되어 있다.

VI. 큐 본문 재구성에 관한 해설

1) 본 단락을 큐로 인정하는 학자들: Crossan, Easton, Harnack, Hoffmann, Jacobson, Polag, Schürmann. 본 단락을 큐로 받아들이지 않는 학자들: Bussmann, Edwards, Fitzmyer, Hawkins, Hunter, Kloppenborg, Knox, Manson, Müller, Schenk, Schulz, Wernle. 큐 본문으로 인정하지 않는 이유는 다음과 같다. 마가 본문과는 달리 마태 본문과 누가 본문만 일치하는 부분들이 아주 빈약하다. 마태와 누가가 일치하는 부분 역시 큐복음서의 특징(Q Vorlage)에 관계없이 설명될 수가 있다. 이 단락이 신학적이지도 않지만 마가의 많은 자료(막 1:2-6)들이 이 부분을 보여주고 있으며 마찬가지로 1-2절에 있는 누가의 편집도 본 단락을 큐 본문에 넣는 것이 현명하지 않다는 것을 말해준다. (참조, Kloppenborg, <u>Q Parallels</u>, 6.)

2) 마 3:7, 16:1, 16:6, 16:11, 16:12

3) 대부분의 학자들은 눅 3:10-14절이 큐 본문이 아니라고 한다. 그러나 다음과 같은 학자들은 눅 3:10-14절을 큐 본문이라고 주장한다: Marshall, Plummer, Schürmann, Streeter, Sato. 특히 Marshall은 이 단락 안에 사용된 어휘들에서 누가적인 특징이 나타나지 않으며 또한 이 단락은 실제 요한에 관한 어떤 전승도 포함하고 있지 않기 때문에 큐 본문일 가능성이 크다고 한다. Schürmann은 마태가 큐복음서 Q 7:29-30절에서 세리들에 관한 예수의 가르침이 있는 것을 알고 있었기 때문에 이 예수의 가르침을 보존할 목적으로 세리에 관한 세례 요한의 가르침인 눅 3:10-14절을 생략했다고 주장한다. (참조, Kloppenborg, <u>Q Parallels</u>, 10).

4) 눅 3:15-16a절을 큐 본문으로 인정하는 학자들: Schürmann은 눅 3:15-16a절을 큐에 포함시키는 다섯 가지 이유들을 다음과 같이 들었다. 첫째, 본 단락은 비 누가적인 어법들(non-Lukan locutions)이 들어 있다. 둘째 (Schürmann은 Q 3:10-14절 인정하기 때문에) 만일 Q 3:10-14절이 큐복음에서 왔다면 3:10-14절과 3:16-17절 사이를 연결시키는 부분이 필요했을 것이다. 셋째, 눅 3:15-16a절은 3:16절이 함축하고 있는 세례 요한에 대한 높은 평가에 대한 거절을 소개하는 데에 적절하게 쓰인다. 넷째, 만일 Q 3:7-9절과 Q 3:16-17절이 본래 독립적인 말씀들이라면 3:16-17절은 소개 형식을 필요로 했을 것이다. 다섯, 마태는 요한의 지위에 대한 문제가 그에게 그렇게 예민하지 않았기 때문에 Q 3:15-16a절을 제거할 수 있었다. 그러나 Jeremias나 대부분 다른 학자들은 이 부분을 누가적인 것으로 취급하고 큐 본문으로 인정하지 않는다. Q 3:16절을 대부분 학자들은 큐 본문으로 인정한다. Q 3:16절을 큐 본문으로 보지 않는 학자들: Bussmann(3:17절도 제외시킨다). Haupt는 마태와 누가가 마가보다 일치하고 있는 이유는 큐에서 왔다기보다는 마가의 초기 전승에서 왔기 때문이라고 한다. (참조, Kloppenborg, <u>Q Parallels</u>, 12).

5) Schmithals나 Schürmann이나 Marshall 같은 학자들이 예수의 시험 사건이 예수의 하나님 아들됨을 보여주는 본 단락과 같은 내용을 전제로 한다고 주장한다. 이 외에도 본 단락을 큐 본문으로 인정

하는 근거들은 다음과 같다. 첫째, 마가는 '세례받다' 를 직설법 동사로 사용한 반면에 마태와 누가는 분사형으로 기록하고 있다. 둘째, 마가는 하늘이 '갈라지다' 라고 표현한 반면 마태나 누가는 '열리다' 라고 표현하였다. 셋째, 마가는 '(성령이) 자기에게 $\epsilon i\varsigma$ $a\mathring{v}\tau\acute{o}\nu$ (내려오심)' 이라고 기록한 반면 마태와 누가는 '(성령이) 그 위에 $\epsilon\pi$' $a\mathring{v}\tau\acute{o}\nu$ (임하심)' 이라고 기록하였다. 넷째, 또한 Schürmann이나 Jacobson이 주장하는 것처럼 $\mathring{\omega}\varsigma(\epsilon i)$ $\pi\epsilon\rho\iota\sigma\tau\epsilon\rho\acute{a}\nu$앞에 $\kappa a\tau a\beta a\acute{\iota}\nu\omega$가 놓여 있다. 본 단락을 큐로 인정하는 학자들: Crossan, Grundmann, Harnack, Hoffmann, Hunter, Jacobson, Luz, Marshall, Polag, Schmithals, Schürmann, Streeter, Vassiliadis, Weiss, Zeller. 본 단락을 큐 본문으로 인정하지 않는 학자들: Bussmann, Easton, Edwards, Fitzmyer, Hawkins, Kloppenborg, Knox, Lührmann, Manson, Müller, Schulz, Schenk, Vassiliadis, Wernle. (참조, Kloppenborg, Q Parallels, 16).

6) 대부분 학자들은 Q 4:1-13절을 큐로 인정한다. 그 이유는 마태 본문과 누가 본문에서 일치하는 부분들이 큐의 특성(Q Vorlage)을 강하게 암시하며 그 밖에도 큐 본문처럼 칠십인 역본(LXX)을 인용하고 있기 때문이다. 그러나 다음과 같이 Q 4:1-13절을 큐로 인정하지 않는 학자들도 있다: Argyle(LXX를 사용한 것은 아람어적인 특성과 관련이 없음), Lührmann. Q 4:9-12, 5-8절에 대한 다음과 같은 학자들은 마태 순서가 큐복음을 잘 반영하고 있다고 보았다: Dibelius, Easton, Fitzmyer, Harnack, Marshall, Polag, Schenk, Schulz, Weiss, Vassiliadis, Zeller. 마태 순서가 큐 본문이라고 주장하는 여러 설명들이 있다. 첫째, 유사한 구조로 광야와 성전 사건을 병렬시킨 마태의 순서가 지형적인 도식에 따라 설정된 누가보다 더 본래적이다(Weiss, Dibelius). 둘째, 통치권을 제시하며 절정으로 이르도록 하는 마태의 순서가 더 논리적이다(Dibelius, Schulz). 셋째, 누가의 재배열은 누가의 주기도문의 세 간구를 역으로 한 순서가 된다(Rengstorf). 넷째, 누가는 자신의 관심인 지형적 도식에 따라 순서를 바꾸었다(Dibelius, Schulz, Fitzmyer). 다섯째, 누가는 장면의 어설픈 변화를 제거시킬 목적으로 그 둘을 교체시켰다(Marshall). 여섯째, 누가는 끝에 두 신명기 인용문을 경전 순서를 따르도록 순서를 바꾸었다(Marshall). 그러나 누가 순서를 선호하는 다음과 같은 학자들도 있다: Grundmann, Schürmann. Bussmann은 막 1:13b절의 영향아래 마태가 예수의 거절을 예수를 섬기는 천사들의 숭배에 대조시킬 목적으로 두 시험의 순서를 바꾸어 놓았다고 본다. Manson은 마태의 순서가 누가 순서보다 훨씬 세련되어 있다. 그런 점에서 누가가 변경했을 가능성이 없다고 본다. Schmid는 누가의 변경은 다른 곳에서 관찰되는 그의 편집 과정과 일관성이 없다. (참조, Kloppenborg, Q Parallels, 21).

7) 눅 6:20a절에 관해서는 학자들 간에 의견이 분분하다. Bussmann은 '그의 눈들을 들어' 란 누가의 표현이 '그의 입을 열어' 란 마태의 표현보다 큐를 더 반영하고 있다고 주장한다. Easton은 서문이 막 3:7절을 닮았고 주장하며 그것이 열두제자 단락에 삽입된 것이라고 추정한다. Fitzmyer는 제자들에 대한 언급은 의심할 것도 없이 큐 본문 안에 설교에 대한 서문으로 포함되었다고 한다. Harnack은 '...$\mathring{o}$ $\chi\lambda o\iota...\acute{\epsilon}\delta\acute{\iota}\delta a\xi\epsilon\nu$ $\tau o\mathring{v}\varsigma$ $\mu a\theta\eta\tau\grave{a}\varsigma$ $\lambda\acute{\epsilon}\gamma\omega\nu$' (... 무리들 ... 그가 그의 제자들을 가르치며 가라사대)로 재구성했다. Hunter와 Kilpatrick과 Schenk는 눅 6:20절과 닮은 서문을 제시한다. Polag은 Q 6:20a절이 분명히 큐에 있었다고 확신하면서 재구성할 때 마 5:1-2절을 따른다. $\kappa a\grave{\iota}$ $\mathring{o}$ $\mathring{I}\eta\sigma o\mathring{v}\varsigma$ $\mathring{a}\nu\acute{\epsilon}\beta\eta$ $\epsilon i\varsigma$ $\tau\grave{o}$ $\mathring{o}\rho o\varsigma,$ $\kappa a\grave{\iota}$ $\mathring{\iota}\delta\grave{\omega}\nu$ $\tau o\grave{v}\varsigma$ $\mathring{o}\chi\lambda o\upsilon\varsigma$ $\kappa a\grave{\iota}$ $\tau o\grave{v}\varsigma$ $\mu a\theta\eta\tau\grave{a}\varsigma$ $a\mathring{v}\tau o\mathring{v}$ $\mathring{\epsilon}\lambda\epsilon\gamma\epsilon\nu.$ Weiss는 누가의 본문은 누가 특수 자료로부터 온 설교의 다른 번역본이며 마태의 본문은 본 도입 부분을 포함하여 큐 본문을 보여주는 것이라고 한다. Zeller는 본 설교가 본래 제자들을 향한 것이었는데 마태와 누가가 '무리들' 을 언급하면서 청중들을 확대시킨 것이라고 주장한다. (참조 Kloppenborg, Q Parallels, 22).

8) 그러나 Easton은 6:20b-21절이 누가 특수 자료에서 온 것이라고 주장한다. Hawkins는 이 절들을 큐 본문에 속하는 것으로 여기지만 완전히 확신하지는 않는다. Weiss는 눅 6:20-38, 46-49절이 누가 특수 자료에서 온 것이며 오히려 마태가 큐 본문을 보유하고 있다고 주장한다. 축복문의 순서도 논쟁이 된다. 누가의 순서를 지지하는 학자들: Crossan, Hunter, Lambrecht, Polag, Schenk, Schulz, Schürmann, Worden, Zeller. Schürmann에 따르면 마태는 두 번째와 세 번째 축복문(5:3-4)을 사 61:1-2절과 일치시킬 목적으로 순서를 바꾸었다고 한다. Schulz는 누가가 중간에 끼어 넣지 않고 축복문들을 제시한 반면에 마태는 축복문들을 인간의 필요에 관한 것들(5:3,4)과 기독교인의 덕들에 관한 것들(5:5-10)로 나누면서 축복문들을 확대해서 체계화 시켰다고 주장한다. 반면에, Dupont는 누가가 편집할 때 6:24-25a절에서 부자를 배부름에 연관시킨 것처럼 가난을 배고픔에 연관시켰다고 하면

서 결국 마태의 순서가 원본이라고 주장한다. Harnack이나 Michaelis도 같은 입장이다. (참조, Kloppenborg, Q Parallels, 26).

9) 이 저주문(눅 6:24-26)을 큐 본문으로 인정하는 학자들: Bussmann, Crossan, Frankemölle, Hawkins, Hunter, Kilpatrick, Knox, Manson, Marshall, Schmithals. Schümann, Streeter. 저주문을 큐 본문으로 인정하지 않는 학자들: Grundmann, Lührmann, Luz, Müller, Steck, Easton, Dupont, Fitzmyer, Lambrecht. (참조, Kloppenborg, Q Parallels, 26).

10) 대부분 학자들은 Q 6:27-33, 35c절을 큐 본문으로 인정한다. Percy는 마 5:38-39a절과 5:43절도 큐 본문 안에 있었다고 추정한다. 그러나 이 절들은 마태적인 것들로 여겨진다. Müller는 마 5:21-24, 27-29, 30, 33-37을 큐 본문에 포함시킨 반면 대부분 학자들은 이 절들을 제외시켰다. Easton은 눅 6:27-35절이 누가 특수 자료에서 온 것임을 주장한다. Q 6:27-35c절의 누가 순서를 큐 본문으로 받아들이는 학자: Catchpole, Crossan, Grundmann, Guelich, Hunter, Jacobson, Kloppenborg, Lührmann, Manson, Müller, Polag, Schürmann, Streeter, Worden. Q 6:27-35c절의 마태 순서를 큐 본문으로 받아들이는 학자: Bultmann, Dupont, Harnack, Hoffmann, Lambrecht, Schmid, Schulz, Zeller, 마 5:41절을 큐 본문으로 인정하는 학자: Crossan, Harnack, Hoffmann, Luz, Marshall, Piper, Polag, Schweizer, 마 5:41절을 큐 본문으로 인정하지 않는 학자: Bussmann, Lührmann, Kilpatrick, Manson, Schenk, Schmithals, Schulz, Strecker, Worden, Zeller. 눅 6:34-35b절을 큐 본문으로 인정하는 학자: Catchpole, Marshall, Guelich, Hunter, Luz, Manson, Schürmann. 눅 6:34-35b절을 큐 본문으로 인정하지 않는 학자: Bultmann, Lührmann, Hoffmann, Müller, Polag, Schulz, Stecker, Weiss. (참조, Kloppenborg, Q Parallels, 30).

11) Easton은 Q 6:36-37a, 38c절이 큐 본문이 아니라고 한다. Q/마 7:2a절을 큐 본문으로 인정하는 학자: Harnack, Schulz, Weiss, Worden, Klostermann, Luz, Sato. Q/마 7:2a절을 큐 본문으로 인정하지 않는 학자: Crossan, Schenk, Schümann, Zeller. Q 6:37b절을 큐 본문으로 인정하는 학자: Catchpole, Crossan, Hunter, Manson, Schümann, Manson, Polag, Worden, Harnack. Luz. Q 6:37b절을 큐 본문으로 인정하지 않는 학자: Müler, Schenk, Schulz, Weiss. Q 6:37c-38b절을 큐 본문으로 인정하는 학자: Catchpole, Crossan, Hunter, Manson, Marshall, Polag, Schümann, Q 6:37c-38b절을 큐 본문으로 인정하지 않는 학자: Bultmann, Dupont, Fitzmyer, Müler, Schenk, Schmid, Schmithals, Schulz, Weiss. (참조, Kloppenborg, Q Parallels, 34).

12) 마 15:13절은 거의 모든 학자들이 큐 본문이 아니라고 인정한다. 그러나 Hawkins는 큐 본문으로 인정하면서 오히려 누가가 반 바리새적 논쟁(anti-Pharisaic polemic)을 삭제시켰다고 주장한다. 눅 6:39a절을 큐로 인정하는 학자: Bussmann, Knox, Marshall, Schümann. 눅 6:39a절을 큐 본문으로 인정하지 않는 학자: 대부분 학자들. Jeremias는 δὲ καὶ사용이 누가적인(Lukan) 용법이라고 하며 εἶπεν παραβολήν은 5:36; 20:9, 19; 21:29 등에서도 볼 수 있는 누가의 편집 특징이며 4:23; 6:39; 12:16; 13:6; 14:7; 15:3; 18:1, 9; 19:11 등의 비마가적인(non-Markan) 자료에서도 나타난다고 주장한다. Q 6:39bc-40절을 큐 본문으로 인정하는 학자: Crossan, Easton, Edwards, Fitzmyer, Harnack, Hawkins, Hunter, Jacobson, Kilpatrick, Kloppenborg, Lürmann, Manson, Müler, Polag, Schenk, Schulz, Steinhauser, Weiss, Worden, Q 6:39bc-40절을 큐 본문으로 인정하지 않는 학자: Luz, Vassiliadis, Zeller. (참조, Kloppenborg, Q Parallels, 38).

13) 대부분 학자들은 본 단락을 큐 본문으로 인정한다. Harnack은 Q 6:45절을 언급하지 않는다. 누가의 본문이 큐 본문임을 주장하는 근거들은 다음과 같다. 마태는 Q 3:7,9절을 다시 고쳐서 마 7:19절과 12:34절에서 사용하였다. Q 6:43절이 Q 6:44절과 원래 연결되어 있었다는 것을 마태가 알고 있었다는 사실이 마 7:16, 20절에서 '그들의 열매로 그들을 알지니'란 구절을 두 번이나 사용한 것에서 알 수 있다. 대부분 학자들은 마 7:15절이 마태 특수 자료에서 왔거나 마태의 편집이라고 보는 반면 다음과 같은 학자들은 큐 본문이라고 한다: Dupont, Moffatt, Weiss, Wellhausen. 마 7:16a, 20절은 마태적 편집으로 보는 학자: Barth, Bultmann, Grundmann, Knox, Lambrecht, Minear, Müller, Schulz, Schümann, Schweizer. 마 7:17절을 마태적인 편집으로 보는 학자들: Barth, Lambrecht,

Schmid, Schulz, Schümann, Steinhauser. 마 12:33ab절을 마태의 편집으로 보는 학자: Bultmann, Harnack, Grundmann, Polag, Schenk, Schulz, Schümann, Steinhauser. (참조, Kloppenborg, Q Parallels, 44).

14) 대부분 학자들은 마태가 마 7:22-23절을 재배치시킨 것으로 보는 반면 Strecker는 만일 2Clem. 4:5절이 마태의 본문에 영향을 받지 않은 것이라면 그것은 마 7:21절과 7:22-23절의 전 마태 배열 (pre-Matthean juxtaposition)을 반영하고 있는 것이라고 주장한다. (참조, Kloppenborg, Q Parallels, 46).

15) Q 7:1a절을 큐 본문으로 보는 학자: Bussmann, Easton, Harnack, Polag, Schenk, Schmithals, Strecker, Streeter, Wegner, 대부분의 학자들은 Q 7:1-2, 6-10절을 큐 본문으로 보지만 Manson이나 Schweizer는 6b-9절에 있는 대화부분과 '아이' 와 '가버나움에서 온 백부장' 이란 용어만 큐 본문이라고 하며 마태와 누가는 이것을 가지고 이야기로 만들어 낸 것이라고 주장한다. Q 7:3-5절을 큐 본문으로 보는 학자: Grundmann, Hawkins, Hunter, Marshall, Schmid, Schümann. Q 7:3-5절을 큐 본문으로 인정하지 않는 학자: Busse, Creed, Fitzmyer, Harnack, Meyer, Polag, Schmithals, Schulz, Schweizer, Wernle, Wilson. (참조, Kloppenborg, Q Parallels, 50).

16) 대부분의 학자들이 Q 7:18-19, 22-23을 큐 본문으로 인정한다. 특히 Weiss는 누가 본문은 누가 특수 자료에서 온 것이고 마태 본문이 원래 큐 본문이라고 본다. "오실 그이가 당신이오니이까?" 라고 두 번 반복해서 기록한 것도 누가적 표현법이다. 마 11:2b절은 마가적인 어휘가 없는 반면에 눅 7:18-20절은 누가적인 표현법과 어휘들을 보여준다. 누가는 21절에 있는 예수의 치유 장면에 요한의 두 제자를 목격자로 세워 예수의 사역을 부각시키고 있다. 보고 듣는 것에 대한 강조는 분명 누가적인 특징이다. 눅 7:21절은 누가의 편집으로 보는 입장이 상대적으로 지배적인 반면 눅 7:20절은 다음과 같은 학자들이 큐 본문으로 인정하기도 한다: Easton, Lürmann, Manson, Marshall, Schmid, Schümann, Vassiliadis. 이렇게 보는 이유는 마태는 이야기 자료를 편집할 때 축소시키는 경향이 있다고 보기 때문이다. 눅 7:20-21절을 누가의 편집으로 보는 학자들: Bultmann, Dibelius, Fitznmyer, Harnack, Hawkins, Hoffman, Jacobson, Müller, Polag, Schenk, Schmithals, Schönle, Schulz, Streeter, Vögtle, Wink. (참조, Kloppenborg, Q Parallels, 52).

17) 대부분의 학자들은 Q 16:16절이 누가에서 왔다는 점에 동의한다. 그러나 마태와 누가의 순서가 바뀌어 있기 때문에 학자들 간에 이견이 분분하다. 마태의 본문을 큐 본문으로 인정하는 학자들: Edwards, Harnack, Bultmann, Fitzmyer, Jacobson, Lührmann, Müller, Polag, Schenk, Schönle, Weiss. 누가의 본문을 큐 본문으로 인정하는 학자들: Bussmann, Chilton, Crossan, Dupont, Hunter, Knox, Manson, Schlosser, Schmid, Schümann, Streeter, Trilling, Wilson, Zeller. 다음과 같은 학자들은 마태나 누가를 큐 본문으로 보지 않거나 큐 본문이라 할지라도 복구가 불가능하다고 본다: Easton, Hoffmann, Kloppenborg, Kümmel, Marshall, Schmithals, Schulz, Wink. (참조, Kloppenborg, Q Parallels, 56).

18) 마 21:28-31a에 관하여 Hawkins와 Müller는 마태가 큐 본문을 보유하고 있고 누가는 바리새인들을 반박하는 논쟁을 삭제시켰거나 Q/마 21:28-32절을 축소시켜서 눅 7:29-30절을 만들어 냈다고 본다. 그러나 대부분 학자들은 마 21:28-31a절이 큐에서 온 것이 아니라고 한다. 눅 7:29-30절을 큐 본문으로 인정하는 학자: Bussmann, Easton, Edwards, Grundmann, Haupt, Hawkins, Hunter, Lührmann, Marshall, Schenk, Schmithals, Schneider, Schönle, Schümann, Trilling, Strecker, Weiss. 눅 7:29-30절을 큐 본문으로 인정하지 않는 학자: Beare, Crossan, Fitzmyer, Harnack, Hoffmann, Manson, Polag, Schulz, Zeller, (참조, Kloppenborg, Q Parallels, 58).

19) Q 9:57-60절이 큐 본문이라는 점에는 이견이 없다. 문제는 Q 9:61-62절로 이 부분을 큐 본문으로 인정하는 학자들은 다음과 같다: Crossan, Edwards, Hahn, Hawkins, Hengel, Hunter, Kloppenborg, Knox, Marshall, Polag, Schümann, Streeter. Vassiliadis, Wernle. 이 부분은 본 단락과 다음 단락 (Q 10:12-12) 사이에 있기 때문에 큐에서 왔을 가능성이 모든 누가의 존더굿(Sondergut)들 중에서 가

장 크다. 뿐만 아니라 앞에 있는 말씀들과도 조화를 잘 이루고 있으며 다른 큐 말씀들이 보여주는 것
과 마찬가지로 전형적인 제자도 신학을 표명하고 있다고 본다. Q 9:61-62절을 큐로 인정 안하는 학
자: Bussmann, Dibelius, Fitzmyer, Harnack, Hoffmann, Jacobson, Lührmann, Manson, Mül-
ler, Schenk, Schmithals, Schulz, Weiss, Zeller. Q 9:61-62절에 대해 결정을 못한 학자: Easton,
Schmid, Streeter, (참조, Kloppenborg, Q Parallels, 64).

20) 본 단락에 관한 마태와 마가와 누가의 평행 구절들은 다음과 같다. 마9:37,38//눅10:2, 마10:16//눅
10:3, 마10:9,10a//막6:8,9//눅9:3//눅10:4, 마10:11,12//막6:10//눅9:4//눅10:8, 마10:13//눅10:5,6, 마
10:10b,11//눅10:7,8, 마10:7//눅9:2//눅10:9, 마10:14//막3:11//눅9:5//눅10:10,11, 마10:7,15//눅10:3//
눅10:11b,12.

21) 누가 본문은 두 개의 파송 설교를 가지고 있다고 한다. 첫 번 설교(눅9:3-6)는 대부분 막 6:8-13절에
서 왔고 약간 큐 자료에 영향을 받았다. 예를 들면 마가(6:8)는 지팡이를 가지고 다니는 것을 허락하
는 반면 마태(10:10)와 누가(9:3)는 지팡이를 금지하는 것과 거절당함에 관한 지침(눅 9:5//10:10-11//
마10:14//막 6:11)등의 다른 본문을 보여주고 있는 것은 큐 본문을 자료로 썼다는 증거이다. 둘째 설교
(눅 10:2-16)는 큐 자료에서 온 것으로 여겨진다. 마태는 대조적으로 막 6:8-13절을 큐 본문과 융합시
켰다. 파송 설교를 재구성하는 데에는 학자들마다 이견들이 많지만 최소한 마태와 누가가 일치하고 마
가에는 나타나지 않는 절들(눅 10:2, 3, 6, 7b, 8a, 9, 12)만큼은 큐에 속한다고 보는 것이 타당하다. 이
절들은 마태와 누가가 마가 자료(눅 10:4, 5, 7a, 10-11)와는 다른 자료를 사용하고 있다는 것을 보여주
기 때문이다. 비교적 누가가 큐 본문의 순서를 따르고 있다고 여겨진다. 마태가 9:35-10:32절까지의 본
문을 만들기 위해서 마가 본문과 큐 본문을 재배치 시켰음이 분명하기 때문이다. 누가의 순서를 큐 본
문으로 인정하는 학자: Bultmann, Bussmann, Hahn, Hoffmann, Jacobson, Kloppenborg, Polag,
Schenk, Schmid, Schulz, Schümann. (참조, Kloppenborg, Q Parallels, 72).

22) Manson이나 Marshall같은 학자들은 마 11:20절을 큐 본문이라고 주장하지만 대부분의 학자들은
인정하지 않는다. Q/마 11:23b-24절을 큐 본문으로 인정하는 학자: Bultmann, Edwards, Fitzrnyer,
Manson, Müller. Q/마 11:23b-24절을 큐 본문으로 인정하지 않는 학자: Harnack, Hoffmann, Lüh-
rmann, Schenk, Schmid, Schönle, Schulz, Weiss, Zeller. 결정 못하는 학자: Grundmann, Mar-
shall, Strecker. (참조, Kloppenborg, Q Parallels, 74).

23) 대부분의 학자들은 Q 10:16을 큐 본문으로 인정하지만 Harnack은 마태와 누가가 보여주는 현저한
차이로 인해 Q 10:16을 받아들이기를 주저한다. 반면에, Kilpatrick은 마 10:40절이 막 9:37절과 크게
다르지 않음을 지적하면서 마태가 다른 자료를 사용했다고 한다. Müller는 누가의 본문이 누가의 특
별 자료에서 왔음을 주장한다. 눅 10:18-20절을 큐로 인정하는 학자: Easton, Marshall, Schmithals,
Schümann, Streeter, Vassiliadis, Weiss. 눅 10:18-20절을 큐로 인정하지 않는 학자: Bussmann,
Fitzmyer, Harnack, Hoffmann, Jacobson, Lührmann, Manson, Müller, Schenk, Zeller 등 (참조,
Kloppenborg, Q Parallels, 76).

24) 눅 10:23a절을 큐 본문으로 인정하는 학자: Hunter, Manson, Polag, Schmithals, Schümann. 눅
10:23a절을 큐 본문으로 인정하지 않는 학자: Bultmann, Bussmann, Grundmann, Harnack, Hoff-
mann, Kloppenborg, Müller, Schenk, Marshall, Schulz. (참조, Kloppenborg, Q Parallels, 80).

25) 눅 11:1절을 큐 본문으로 보는 학자: Bussmann, Easton, Marshall. 눅 10:1절을 큐 본문으로 인정
하지 않는 학자: Creed(누가의 특징을 보여주는 구조이다), Dibelius, Fitzmyer, Jeremias, Schmith-
als, Schulz(1절과 2a절에서 두 개의 도입 절을 있을 뿐 아니라 1절에는 누가가 쓰는 어휘가 포함되
어 있다), Wernle. Q 11:2-4절을 큐 본문으로 인정하는 학자: Bussmann, Creed, Crossan, Easton,
Edwards, Fitzmyer, Hawkins, Hoffmann, Kilpatrick, Kloppenborg, Lambrecht, Marshall, Müller,
Polag, Schenk, Schmid, Schulz, Vassiliadis, Zeller. Q 11:2-4절을 큐 본문으로 인정하지 않는 학자:
Hunter, Manson, Streeter. (참조, Kloppenborg, Q Parallels, 84).

26) 대부분의 학자들은 눅 11:5-8절을 큐 본문에서 제외시킨다. 그러나 다음과 같이 눅 11:5-8절을 큐 본

문으로 인정하는 학자들도 있다: Catchpole(9절이 5-8절의 결론이며, 5-8절과 9-13절의 연결이 부드럽고 둘 다 하나님의 공급하심에 대한 같은 관점을 갖고 있음), Easton(5-8절이 큐 본문에 있었던 비유였는데 마태가 9-13절을 산상수훈으로 옮겨놓았기 때문에 그 비유를 사용할 수 없었음), Knox, Marshall, Polag, Schmid, Schümannm. (참조, Kloppenborg, Q Parallels, 88).

27) 대부분의 학자들은 Q 11:14-15,17-20,23을 큐 본문으로 인정한다. Harnack은 눅 11:15절과 18절을 제외시키고 주로 마태 본문(12:22b, 23a, 25b, 27-28)을 의존해서 큐 본문을 재구성한다. Hawkins는 눅 11:15절, 17-18절이 마가와 겹치기 때문에 눅 11:14,19-20절만 인정한다. 눅 11:18b절을 큐 본문으로 인정하는 학자: Easton(누가적인 본문이라고 보기에는 너무 어렵다), Marshall. 눅 11:18b절을 큐 본문으로 인정하지 않는 학자: Bultmann, Creed, Fitzmyer, Laufen, Lührmann, Meyer, Müller, Polag, Schenk, Schmithals, Schulz. Q 11:21-22를 큐 본문으로 인정하는 학자: Bultmann, Creed, Easton, Edwards, Fitzmyer, Hunter, Laufen, Käsemann, Kloppenborg, Manson, Marshall, Müller, Polag, Schmid, Schmithals, Schweizer, Steinhauser, Vassiliadis, Weiss, Zeller. Q 11:21-22를 큐 본문으로 인정하지 않는 학자: Crossan, Jacobson, Legasse, Lührmann, Meyer, Schenk, Schulz(마태와 누가의 일치가 큐 본문으로 인정하기에는 너무 약하다. 마태는 마가에 의존하고 있고 누가는 마가를 개작했다). (참조, Kloppenborg, Q Parallels, 92).

28) 대부분 학자들은 Q 11:24-26절이 Q 11:23절에 이어지는 것이라고 여긴다. 즉 누가의 순서를 따른다. 이렇게 주장하는 학자는 다음과 같다: Bussmann, Creed, Harnack, Hoffmann, Hunter, Kloppenborg, Lührmann, Manson, Marshall, Müller, Polag, Schenk, Schmid, Schmithals, Schulz, Strecker, Streeter, Taylor, Vassiliadis, Zeller. 누가의 순서가 큐복음의 순서라고 하는 이유는 마태가 이 말씀을 논쟁 섹션 끝으로 옮겨서 그 논쟁의 요약으로 썼다고 여기기 때문이다. 마태가 큐복음의 순서를 보유하고 있다고 주장하면서 본 단락(Q 11:24-26)은 본래 Q 11:29-32절에 있었던 것이라고 주장하는 다음과 같은 학자들도 있다: Crossan, Easton(큐복음 안에서도 이 단락이 논쟁 섹션의 요약으로 역할을 하고 있음), Jacobson, Wernle(Q 11:24-26절은 예수를 모독하는 것과 관련이 없고 오히려 회개치 않음과 관련이 있기에 마태의 순서가 큐 순서임). 결정 못한 학자: Fitzmyer. 마 12:45c를 큐 본문으로 보는 학자: Bultmann, Jacobson. 마 12:45c를 큐 본문으로 인정하지 않는 학자: Creed, Hoffmann, Manson, Müller, Polag, Schenk, Schmid, Schulz, Strecker. 결정 못한 학자: Fitzmyer. (참조, Kloppenborg, Q Parallels, 94)

29) Q 11:31-32절에서 누가의 순서가 큐 본문 순서라고 인정하는 학자: Bultmann, Crossan, Easton, Hunter, Manson, Marshall, Meyer, Polag, Schenk, Schmid, Schulz, Vassiliadis, Vögtle, Zeller. Q 11:31-32절에서 마태의 순서가 큐 본문 순서라고 인정하는 학자: Bussmann, Harnack, Lührmann, Plummer, Rengstorf. 결정하지 못한 학자: Fitzmyer. (참조, Kloppenborg, Q Parallels, 100).

30) Q 11:33절을 인정하지 않는 학자: Hawkins, Vassiliadis, Edwards. 대부분 학자들이 Q 11:34-35절을 큐 본문으로 받아들이지만 36절에 대해서는 분명치가 않다. 어떤 학자들(Harnack, Müller, Schulz, Schenk, Zeller)은 마태와 분명하게 일치하는 부분들이 부족하기 때문에 제외시킨다. 그럼에도 불구하고 일치하는 부분들이 있으며 또한 만일 그 절이 큐 본문 안에 있었던 것이 아니라면 누가가 그런 애매한 구절을 첨가시킨 이유를 설명할 길이 없다. Q 11:34-36절을 큐 본문으로 인정하지 않는 학자: Vassiliadis, Sato. Q 11:33절과 Q 11:34-36절의 원위치에 대해서는 분명치 않다. 많은 학자들은 이 둘이 함께 있었던 것이라고 여기며 이들을 Q 11:14-32절과 Q 11:39-52절 사이에 둔다. 이런 학자들로는 다음과 같다: Crossan, Easton, Jacobson, Kloppenborg, Manson, Polag, Schenk, Schümann, Taylor, Wanke. Müller는 누가의 순서를 받아들이지만 Q 14:34-35(//마 5:13)절을 11:33절 앞에 둔다. Harnack은 마태의 순서가 본래 큐복음서 순서라고 한다. Marshall은 확신이 없다. Schulz, Hoffmann은 둘 다 편집된 것이라고 생각하는 것 같다. Zeller는 11:33-36절이 본래 Q 12:2-7절에 붙어 있었다고 본다. (참조, Kloppenborg, Q Parallels, 104).

31) 마태와 누가 사이에 상당한 불일치가 있지만 최근 학계에서는 마 23장과 눅 11:39-52절이 큐 본문을 기초로 했다고 보는 경향이 있다. 다음과 같은 학자들이 이런 입장을 취한다: Bultmann, Bussmann,

Streeter와 Wernle은 최소한 11:39, 41-44, 46-52절들이 큐에 포함시켰다. Harnack과 Hawkins는 11:43절을 마가의 영향으로 보고 제외시켰다. Manson은 눅 11:42-44, 46-52절만을 큐에 포함시킨다. Schmid는 누가가 마 23:2-3절을 유대인 크리스천의 분위기 때문에 생략했고 마 23:5,15,16-21절도 누가의 청중에게 관심이 없는 문제였기 때문에 누가가 생략했다고 주장한다. Müller는 마 23:15-22절과 23:23절이 큐에서 온 것임을 주장하면서 앞에 것은 누가의 이방인 청중들 때문에 생략했고 뒤에 것은 Q 3:7절의 반복이기 때문에 생략했다고 주장한다. Weiss는 누가가 자신의 특수 자료를 따라 이 저주문을 기록했고 마태는 큐 본문을 따라 기록했다고 생각한다. 다음의 학자들은 눅 11:37-39a가 큐 본문에서 왔다고 주장한다: Hunter, Marshall, Streeter, Schümann. 그러나 대부분 학자들은 눅 11:37-39a절들이 막 7:1-2절을 모델로 삼았다고 주장한다. 39a절은 누가적인 도입절이다(Jeremias). 재구성에서 난제는 이 저주문의 본래 순서에 대한 것이다. Garland, Kloppenborg, Schümann, Zeller는 누가가 11:39b-41절을 편집 도입 구절(11:37-39a)과 붙여놓기 위해서 처음 두 저주문들의 순서를 바꾸어 놓았고 그 나머지는 누가의 순서가 큐 본문의 순서를 따르고 있다고 본다. Jacobson의 재구성 순서는 눅 11:46, 42, 39-41, 44, 47-48, 49-51절이다. Schenk의 재구성 순서는 눅 11:39, 42-44, 46, 52, 47-48, 49-51, 13:34-35절이다. Schmid와 Schulz는 누가의 순서가 원래 큐 본문의 순서였다고 주장했다. Q 11:42d절을 큐 본문으로 인정하는 학자: Bultmann, Hoffmann, Polag, Schulz, Zeller. Q 11:42d절을 큐 본문으로 인정하지 않는 학자: Easton, Harnack, Klostermann, Wellhausen, Manson. 대부분의 학자들은 눅 11:45절을 큐 본문으로 인정하지 않지만 다음과 같은 학자들은 인정하고 있다: Bussmann, Hunter, Marshall, Polag, Schmid, Schümann. 대부분의 학자들은 눅 11:53-54절을 큐 본문으로 인정하지 않지만 다음과 같은 학자들은 인정하고 있다: Haupt, Knox, Marshall. (참조, Kloppenborg, Q Parallels, 112).

32) 대부분 학자들은 눅 12:1절을 큐 본문이 아니라고 하지만 다음과 같은 학자들은 큐 본문으로 인정한다: Bussmann(두 개의 큐 단락 사이에 있음), Knox, Marshall, Polag, Schneider, Schümann, Streeter. (참조, Kloppenborg, Q Parallels, 118).

33) 대부분 학자들이 Q 12:11-12절을 큐 본문으로 인정하지만 Harnack이나 Hawkins는 이 단락을 논의에서 제외시켰다. Müller는 눅 12:11-12절이 마가에서 온 것이라고 주장한다. 대부분의 학자들은 마 10:23절을 큐 본문으로 인정하지 않지만 아래와 같은 학자들은 여러 가지 이유를 들어 큐 본문으로 인정하고 있다: Coppens, Crossan, Easton, Haupt, Hawkins, Polag, Sato, Schnackenburg, Schümann, Tödt. 마 10:23절을 큐 본문이라고 주장하는 근거는 다음과 같다. 첫째, 이 절이 마태가 편집 작업한 절이라고 설명하기가 어렵고(Easton), 둘째, 23절에 '그들이 너희를 핍박할 때' 란 구절은 앞 19절에 '그들이 너희를 넘겨줄 때' 와 바로 연결된 것으로 보이기 때문이며(Haupt, Schümann), 셋째, 마 10:23절과 눅 12:11절의 발음에 따른 문장 배열이 일치하고 Q 12:8-9,10절에 있는 '인자' 란 중심 용어가 들어 있기 때문이며(Schümann). 넷째, 마 10:23절은 초기 팔레스타인 전승에서 온 것으로 자료나 전승 역사에서 다른 큐 말씀들과 유사하기 때문이며(Tödt), 다섯째, 누가의 독자들이 싫어했기 때문에 누가가 생략했다고 설명할 수 있기 때문이다(Hawkins, Easton, Haupt). (참조, Kloppenborg, Q Parallels, 126).

34) 대부분의 학자들은 Q 12:22-31절이 큐 본문임을 인정한다. 마 6:34절을 큐 본문으로 인정하는 학자: Harnack, Luz, Sato. 마 6:34절을 큐 본문으로 인정하지 않는 학자: Dupont, Easton, Grundmann, Hawkins, Hoffmann, Knox, Lambrecht, Müller, Polag, Schenk, Schulz, Strecker, Weiss, Zeller. 눅12:32절을 큐 본문으로 인정하는 학자: Bussmann, Chilton, Crossan, Hunter, Manson, Polag, Schmid, Schümann, Sato, Vassiliadis, Weiss. 눅12:32절을 큐 본문으로 인정하지 않는 학자: Easton, Fitzmyer, Grundmann, Harnack, Hawkins, Hoffmann, Müller, Schenk, Schlosser, Schmithals, Schweizer, Schulz, Zeller. Q 12:22-31절은 명령을 할 때 2인칭 복수형을 썼다. 그런데 갑자기 32절에서 2인칭 단수로 된 명령형을 쓴다는 것과 바로 앞 절 31절에서 하나님 나라는 인간이 열심히 구하는 대상으로 제시했는데 32절에서 하나님 나라가 하나님의 선물이라 제시한 것은 32절이 2차로 추가된 자료라는 것을 말한다. (참조, Kloppenborg, Q Parallels, 132).

35) 대부분 학자들은 Q 12:33-34절을 큐 본문으로 인정한다. Bussmann과 Manson은 누가는 12:33-34

절을 큐 본문을 보고 기록했고 반면에 마태는 마태만 가지고 있던 특수 자료를 보고 사용했으며 두 본
문 모두 하나의 잠언(마 6:21 = 눅 12:34)으로 끝을 맺었다고 주장한다. Grundmann과 Weiss는 누가
본문이 누가가 가지고 있었던 특수 자료에서 온 것이고 마가의 본문이 큐 본문에서 온 것이라고 주장한
다. Q 12:33-34절을 큐 본문으로 인정하지 않는 학자: Easton, Vassiliadis(33절만 큐로 인정). (참조,
Kloppenborg, Q Parallels, 134).

36) Q 12:42b-46절에 대해서는 이견이 없다. 그러나 이 단락 앞뒤에 붙은 절들에 대해서는 여러 주장들
이 있다. 눅 12:41-42a절을 큐 본문으로 인정하는 학자: Hunter, Manson, Polag, Marshall(마태는 41
절을 난해한 것으로 여겨 삭제시켰다. 또한 41절이 없이는 Q12:42절에 있는 '그때' 란 표현이 쓸모가
없어진다), Schmid(41절의 질문과 42-46절의 대답은 둘 다 12:39-40절을 반영하고 있는 것이 아니라
12:35-38절을 반영하고 있다. 그러므로 12:39-40절은 12:35-38,41,42-46절로 구성되었던 원문에 끼
어들어 간 것이 틀림없다. 마태는 Q 12:39-40,42-46절들만 사용했기 때문에 41절의 질문이 더 이상 쓸
모가 없어서 삭제했다). 눅 12:41-42a절을 큐 본문으로 인정하지 않는 학자: Bultmann, Easton(누가의
편집 작업), Fitzmyer, Grundmann, Kloppenborg, März, Schmithals, Schulz, Schweizer, Weiser,
Zeller. 눅 12:47-48절을 큐 본문이라고 인정하는 학자: Beare, Crossan, Hunter, Manson, Polag,
Schmid, Wernle, Weiss. 눅 12:47-48절을 큐 본문이라고 인정하지 않는 학자: Easton, Fitzmyer,
Grundmann, Marshall, März, Müller, Schmithals, Schweizer, Weiser. (참조, Kloppenborg, Q
Parallels, 140).

37) 눅 12:49절을 큐 본문으로 보는 학자: Arens, Creed, Crossan, Edwards, Grundmann, Hawkins,
Hunter, Kloppenborg, Manson, Marshall, März, Polag, Sato, Schmid, Schümann, Schweizer,
Vassiliadis, Wernle. 49절을 큐 본문에 포함시켜야 한다는 근거는 다음과 같다. 첫째, '땅위에 ... 가
지고 왔다' 라는 구절이 있는 마 10:34절(Q 12:51)과 눅 12:49절의 형식적 문자적 유사성이 49절이 큐
에 속했다는 것을 말한다. 둘째, 마태는 49절이 마10장의 내용과 주제 상으로 맞지 않았기 때문에, 아
니면 교리문답적 목적(Hawkins)에 부합하지 않았기 때문에 생략했을 것이다. 셋째, 49절의 어휘를 보
면 어느 것도 누가적 특징이 없는 것들이고 이 절 또한 주제 상으로 큐복음서의 다른 부분들과 일치하
고 있다. 눅 12:49절을 큐 본문으로 보지 않는 학자: Bussmann, Easton, Fitzmyer, Harnack, Haupt,
Müller, Schenk, Schmithals, Schulz, Zeller. 눅 12:50절을 큐로 인정하는 학자: Crossan, Edwards,
Hunter, Manson, Polag, Sato. 눅 12:50절을 큐로 인정하지 않는 학자: Arens, Bussmann, Fitzmyer,
Harnack, Haupt, Kloppenborg, März, Müller, Schenk, Schmithals, Schulz, Weiss, Zeller. 50절
이 누가적인 특성들을 보여주는 것은 막 10:38절에 근거한 누가의 편집 작업 때문이라고 할 수 있다. 대
부분의 학자들은 Q 12:51-53절을 큐 본문으로 받아들인다. 그러나 Fitzmyer와 Harnack과 Schmith-
als는 52절을 큐 본문에서 제외시킨다. Q 12:51-53절을 큐 본문으로 인정하지 않는 학자: Easton(
마 10:34-35는 큐 자료에서 온 것이 확실하지만 누가의 자료는 불분명하다). (참조, Kloppenborg, Q
Parallels, 142).

38) Q 12:54-56절을 큐 본문으로 인정하는 학자: Bussmann, Carlston, Crossan, Edwards, Haupt,
Hunter, Knox, Manson, März, Meyer, Polag(54-55절은 큐 본문으로 추측, 56절은 큐 본문), Schü-
mann(마 16:3절의 '분별하다' 란 단어가 다음 큐 단락의 Q12:57절에 '판단하다' 란 단어를 연상시
킬 뿐 아니라 두 말씀들 간에 특정어 연관성을 근거로 제시함), Schmithals, Schneider, Steinhauser,
Taylor, Vassiliadis, Weiss. Q 12:54-56절을 큐 본문으로 인정하지 않는 학자: Easton(자료의 근거가
불확실), Fitzmyer(누가 이전 자료), Harnack, Hawkins, Hoffmann, Klein, Müller, Schenk, Schulz,
Wernle, Zeller. 인정하지 않는 공통적인 근거는 마 16:2-3절의 본문비평적인 불확실성과 마태와 누가
의 문자적인 일치가 상대적으로 매우 약하다는 데 있다. (참조, Kloppenborg, Q Parallels, 144).

39) 대부분의 학자들은 눅 12:57-59절을 큐 본문으로 인정한다. 그러나 Harnack과 Schenk는 57절을 제
외시켰다. (참조, Kloppenborg, Q Parallels, 146).

40) Q 13:23절을 큐 본문에 두는 학자: Crossan, Dupont(구원받을 사람의 숫자에 대한 질문은 분명히 누
가의 관심사항이 아니다), Hawkins(22절도 포함시킴), Hunter, Manson, Mussner, Polag, Schmid,

Vassiliadis. Q 13:23절을 큐 본문에서 제외시키는 학자: Bultmann, Bussmann, Creed, Dibelius, Easton(누가가 24절에 근거해서 이 질문을 만들었다), Fitzmyer, Harnack, Hoffmann, Kilpatrick, Kloppenborg, Klostermann, Müller, Schenk, Schmithals, Schulz, Steinhauser, Weiss. 대부분의 학자들은 Q 13:24절을 큐 본문에 둔다. Easton은 큐 안에서 이 말씀이 아마도 Q 12:59절을 따랐을 것이라고 주장한다. Kilpatrick과 Manson과 Streeter는 눅 13:24절을 큐 본문이라고 하고 마태 본문은 마태 특수 자료에서 온 것이라고 한다. Q 13:25절을 큐 본문에 두는 학자: Bussmann, Crossan, Dupont, Easton, Fitzmyer, Hunter, Kilpatrick, Knox, Lührmann, Manson, Marshall, Müller, Neirynck과 Van Segbroeck, Polag, Schenk, Schmithals, Soiron, Streeter, Vassiliadis, Weiss. 눅 13:25절을 큐 본문에 두는 이유들은 다음과 같다. 첫째, 누가는 마태가 가지고 있는 열 처녀 비유(마 25:1-13절)를 줄이려고 하지 않았을 것이고 그 비유에 대한 짧은 자료를 가지고 있었음에 틀림없다(Dupont, Easton). 둘째, 24절과 25절 사이를 연결시키는 본래 중심 용어는 여전히 '문'이란 단어 안에서 볼 수 있으며 이 용어는 누가의 것이라고 할 수 없다(Dupont, Soiron). 셋째, 마태는 열 처녀 비유란 더욱 인상적인 자료를 가지고 있었기 때문에 Q 13:25절을 생략했거나(Kilpatrick) 아니면 산상설교 안에 인접한 두 말씀들을 사용하는 과정에서 단순히 생략했을 것이다(Marshall). 그러나 Weiss는 누가가 원래 열 처녀 비유를 큐 자료로부터 알고 있었지만 Q 13:26절을 위한 도입절을 만들기 위해서 그 일부를 삽입시키고 나머지는 생략했다고 주장한다. Q 13:25절을 큐 본문에서 제외시키는 학자: Bultmann, Harnack, Hoffmann, Kloppenborg, Klostermann, Mussner, Schulz. 25 절이 누가의 편집 작업이라고 의심하는 이유들은 이 절의 서투름과 표현 논리(Bildlogik)에서 갑작스런 전환(Bultmann, Kloppenborg), 눅 12:37, 14:15, 22:30절 등이 보여주는 것처럼 누가가 좋아하는 표현인 식사 배경(Hoffmann, Kloppenborg, Mussner), 몇 가지 누가적인 어휘들이 들어있다(Hoffmann, Mussner, Schulz)는 것들을 들 수 있다. 대부분의 학자들은 Q 13:26-27절을 큐 본문으로 인정하지만 다음과 같은 학자들은 인정하지 않는다: Harnack(마 7:22-23절과 눅 13:26-27절은 비록 둘 다 하나의 공통 자료에서 왔지만 서로 독립적인 것들이다. 그럼에도 마 7:22-23절은 큐에서 왔을 가능성을 고려한다), Manson(마태본문은 마태만 가지고 있었던 특수 자료에서 왔고 누가 본문이 큐에 속한다). (참조, Kloppenborg, Q Parallels, 154).

41) 참고, Kloppenborg, Q Parallels, 50.

42) 대부분 학자들은 Q 13:28-29절을 큐 본문으로 인정한다. 문제는 두 절의 순서에 있다. Schenk와 Schlosser와 Schmid와 Strecker와 Trilling은 누가의 순서가 큐 본문의 순서이며 28a절은 독립된 말씀을 위한 도입절로 기능할 수 없다고 한다. 반면에, 누가가 두 절의 순서를 바꾸어 28a절을 27절과 28b-29절 사이를 연결시키는 데에 사용했다고 주장하는 다음과 같은 학자들도 있다: Dupont, Hahn, Harnack, Hoffmann, Kloppenborg, Meyer, Polag, Schulz, Zeller. Vassiliadis는 눅13:28a(마 8:12b)절은 구전으로 내려온 격언에 근거했을 가능성이 있다고 보아 큐 본문에서 제외시킨다. Q 13:30절을 큐 본문으로 보는 학자: Bussmann, Crossan, Easton, Edwards, Hunter, Kloppenborg, Knox(마태가 Q 13:28-29절을 기적 자료 안에 새 배경으로 옮길 때 30절을 생략했다), Marshall, Müller, Polag, Schenk, Schmithals, Streeter. Q 13:30절을 큐 본문에서 제외시키는 학자: Fitzmyer, Harnack, Hoffmann, Schulz, Vassiliadis(구전 전승으로 간주), Weiss, Zeller. (참조, Kloppenborg, Q Parallels, 156)

43) 대부분 학자들은 Q 13:34-35절을 큐 본문으로 인정한다. 중요한 문제는 이 단락의 위치에 관한 점이다. 마태의 순서를 선호해서 본 단락을 Q 11:49-51절 다음에 두어야 한다는 학자: Bultmann, Easton, Fitzmyer, Grundmann, Harnack, Lührmann, Marshall, März, Meyer, Müller, Schenk, Schmithals, Schneider. 마태의 순서를 따라야 한다고 주장하는 이유는 다음과 같다. 첫째, Q 13:34-35절이 하나님의 지혜에 의해 선포된 것으로 보이기 때문에 본 단락은 지혜 신탁이 있는 Q 11:49-51절의 한 부분이었을 것이다(Bultmann, Harnack). 둘째, Q 13:34-35절의 내용과 특징이 누가 현재 문맥보다는 눅11:49-51절과 자연스럽게 잘 어울린다(Easton, Lührmann). 셋째, 13:34절의 '돌로 치는 것'과 눅 11:50절에 '스가랴의 죽음'(대하 24:21)에 대한 언급 사이에 연결이 분명하게 이루어진다(Marshall). 다음과 같은 학자들은 본 단락을 눅13:30절 뒤에 둔 현 순서를 따라야 한다고 주장한다: Bussman,

Crossan, Hunter, Sato, Taylor. 이외에 다른 학자들은 위에 언급된 위치는 모두 원래의 것이 아니라
고 한다: Hoffmann, Jacobson, Knox, Polag(Q 13:34-35절이 Q 12:54-59절 뒤에 위치함), Schmid,
Schulz, Steck. 마태 순서를 의심하는 이유는 다음과 같다. 첫째, 이 말씀에 대한 마태의 배경이 상당히
뛰어나기 때문에(Hoffmann, Knox) 또한 마태의 체계화시키는 경향들 때문에(Bussmann, Schmid,
Soiron) 이차적인 것이다. 둘째, 만일 마태 순서로 큐 본문 안에 있었다면 누가가 굳이 이 말씀을 옮겼
을 이유가 없다(Kümmel, Schmid). 셋째 Q 11:49-51절과 13:34-35절이 지혜가 연속적으로 선포하
는 말씀이라고 보기 어렵다는 점이다(Haenchen, Steck). 누가의 순서를 의심하는 이유는 다음과 같
다. 첫째, Q 13:34-35절을 현재 위치에서 삭제해도 Q 13:28-29절과 Q 14:16-24절에 있는 잔치에 관
한 주제의 연결에 문제가 없다(Meyer). 둘째, 누가는 눅 13:31-33절에 있는 새 단락에 ‘예루살렘’
외침에 관한 이 신탁을 연결시킨 것으로 보인다(Bultmann, Schmid, Steck). (참조, Kloppenborg, Q
Parallels, 158).

44) 눅 14:5절을 큐 본문으로 인정하는 학자: Bussmann(마태나 누가 모두 이 말씀을 큐에서 가져왔으며
그것을 적절한 이야기 범주에 넣었다), Haupt(눅 14:1-5절은 큐로부터 온 것임), Hawkins, Kilpatrick,
Marshall(눅 14:1-5절은 큐로부터 왔을 것임), Polag(이 말씀을 잃은 양 비유인 Q 15:3-7절 앞에 두는
데 그 이유는 두 단락 모두 ‘양’ 이란 중심 용어로 연관이 되어 있으며 또한 이 말씀이 그 비유에 의해
설명되기 때문임), Schenk, Schneider, Schümann(눅 14:1-6절은 큐 자료에서 왔으며 마태는 그것
을 막 3:1-6절과 병합시켰음). 눅 14:5절을 큐 본문에서 제외시키는 학자: Crossan, Easton, Edwards,
Fitzmyer, Harnack, Hoffmann, Hunter, Manson, Müller, Schmithals, Schulz, Vassiliadis(격언 말
씀들은 아마 구전 전승의 영향 때문임), Weiss, Zeller. 마 12: 11절은 마가 이야기에 덧붙여 편집되었다.
그러나 눅 14:5절은 눅 14:1-6절에서 빼놓을 수 없으며 이 이야기를 완전히 해체하지 않고는 그 이야기
에서 분리시킬 수 없다. 그래서 첫째로, 14:1-6절은 어떤 증명도 할 수 없기 때문에 큐 본문에 속했거나
아니면 둘째로, 14:5절만이라도 큐에 속했을 것이며 누가는 그 말씀을 중심으로 이야기를 만들어 냈을
것이다. 14:5절 자체가 다른 말씀과 연관되지 않았다는 분명한 점이 발견되지 않기 때문에 두 번째 주
장은 가능성이 없다. Polag은 눅 15:3-7절이 배경이라고 제안하지만 역시 추측하는 것이며 또한 15:3-7
절은 자체가 완성된 형태를 가지고 있다. (참조, Kloppenborg, Q Parallels, 160).

45) Q 14:11,18:14b절을 큐 본문 안에 포함시키는 학자: Easton, Fitzmyer, Harnack, Haupt, Hawkins,
Hunter, Müller, Polag, Schenk, Schmithals, Schulz, Streeter, Weiss(마 23:12절은 큐 자료에서 왔
고 눅 14:11절은 누가 특수 자료에서 왔다). Q 14:11,18:14b절을 큐 본문에서 제외시키는 학자: Cros-
san, Edwards, Hoffmann, Manson, Vassiliadis(격언과 같은 본 말씀은 아마도 구전 전승으로 인한
것임), Zeller. (참조, Kloppenborg, Q Parallels, 162).

46) Q 14:16-24절을 큐 본문에 포함시키는 학자: Bussmann, Crossan, Edwards, Fitzmyer, Hahn,
Hoffmann, Kilpatrick, Kloppenborg, Lührmann, Manson, Marshall, Meyer, Polag, Schenk,
Schmithals, Schulz, Weiss(누가 본문은 누가 특수 자료에서 온 것이고 마태 본문이 큐에서 온 것임),
Wernle, Zeller. Q 14:16-24절을 큐 본문에서 제외시키는 학자: Easion, Grundmann, Harnack(마태
나 누가의 비유 중 하나는 큐 자료에 속하지 않았거나 아니면 마태가 다른 큐 본문을 알고 있었을 것임),
Hawkins, Müller, Streeter, Weiser, Vassiliadis. 본 단락이 큐 본문이 아니라는 근거는 마태나 누가
사이에 일치하는 부분들이 매우 적다는 점이다. 그럼에도 불구하고 큐 본문에 포함시켜야 한다고 주장
하는 사람들은 구성을 보면 기본적으로 일치하고 있으며, 몇 가지 문자적인 일치도 보여주고 있으며,
차이가 나는 것들은 비유를 편집할 때 누가와 특히 마태의 성향에 의한 것들로 설명할 수 있음을 근거
로 제시한다. (참조, Kloppenborg, Q Parallels, 166).

47) 대부분의 학자들은 Q 14:26-27절을 큐 본문으로 인정한다. Easton은 27절만 큐 본문에 속하고 26
절은 누가만 가지고 있었던 특수 자료에서 온 것이라고 주장한다. 대부분 학자들은 Q 17:33절을 큐
본문으로 인정한다. 비록 눅 17:33절이 막 8:35절에 동화되었지만 일반적으로 이중 표현들(doublets)
을 피하려는 누가의 경향과(Schümann) 마태와 누가가 큐 본문들이 있는 범위 내에서 Q 17:33절을
사용하는 데에 일치를 보이고 있다는 사실(Marshall) 등은 마가 본문과 큐 본문이 중복된 한 예를 보
여주고 있는 것이다. Q 17:33절의 본래 위치에 관한 논쟁이 있다. 다음과 같은 학자들은 누가의 배열

은 이차적인 것이고 Q 17:26-27 뒤에 둔 마태가 큐 본문의 모습을 간직하고 있다고 한다: Fitzmyer, Haupt, Kloppenborg, Lambrecht, Laufen, Lührmann, Marshall, Müller, Schenk, Schulz, Schü-mann, Wanke. 만일 Q 17:33절이 현 누가복음에 있는 배열대로 Q 17:30절에 바로 이어지는 것이라면 Q 17:28-30절과의 관계가 우스워진다. 누가가 편집적인 손질을 가해서 눅 17:31-32절을 집어넣었을 때 비로소 Q 17:33절이 눅 17장 안에서 이용될 수 있다. 다음과 같은 학자들은 누가의 배열이 본래 큐 본문의 배열이라고 주장한다; Bussmann, Hunter, Manson, Polag, Schnackenburg(Q 17:33절은 ἀπόλλυμι란 중심 용어에 의해 17:29절과 연관을 이룬다). 다음과 같은 학자들은 더 이상 큐 원문을 회복할 수 없다고 주장한다: Crossan, Hoffmann. Q 17:33절이 큐 본문이 아니라고 주장하는 학자: Grundmann, Meyer(Q 17:33절은 구전 전승으로 인한 것임), Neirynck, Schmid, Zmijewski(눅 17:33절은 막 8:35절을 누가가 편집한 것이거나 아니면 눅 9:24절의 반복임). (참조, Kloppenborg, Q Parallels, 170).

48) 대부분의 학자들은 Q 14:34-35절을 큐 본문으로 인정한다. Müller는 Q 14:34-35절의 본래 위치는 마 5:13, 14-16절 범위 내에 있는 것처럼 Q 11: 16, 29-32절과 Q 11:33절 사이에 있었다고 주장한다. (참조, Kloppenborg, Q Parallels, 172).

49) Q 15:4-7절을 큐 본문으로 인정하는 학자: Bussmann, Creed, Crossan, Easton, Edwards, Fitzmyer, Grundmann, Harnack, Hoffmann, Kilpatrick, Lührmann, Müller, Polag, Schenk, Schmid, Schmithals, Schneider, Schulz, Weiss, Zeller. Streeter는 마태 본문과 누가 본문의 차이는 그것들이 단독 자료에서 온 것이 아님을 말해주며 마태는 마태가 가지고 있었던 특수 자료와 큐 본문을 중복해서 만들었다고 주장한다. Q 15:4-7절을 큐 본문으로 인정하지 않는 학자: Beare, Hunter와 Manson은 마 18:12-14절과 눅 15:4-7절 사이에 평행구절들은 마태 특수 자료와 누가 특수 자료가 중복되었기 때문이라고 주장한다. Marshall은 마태와 누가 사이에 어긋나는 것들은 마태나 누가가 공통된 자료를 사용한 것 같지 않다고 주장한다. (참조, Kloppenborg, Q Parallels, 174).

50) 대부분의 학자들은 Q 16:13절을 큐 본문으로 인정한다. Müller는 마태복음에 근거해서 본래 이 말씀은 걱정에 관한 말씀들(Q 12:22-31//마 6:25-33)과 연관되어 있었다고 주장하면서 Q 12:10절과 Q 12:22-31절 사이에 둔다. Vassiliadis는 짧은 격언 말씀들은 구전 전승과 연관이 있다고 주장하면서 Q 16:13절은 큐 본문이 아니라고 한다. (참조, Kloppenborg, Q Parallels, 178).

51) 대부분 학자들은 Q 16:16절이 큐 본문임을 인정한다. 이 본문의 위치에 관한 논의는 제18장을 참고하라. 대부분의 학자들은 Q 16:17-18절을 큐 본문으로 인정한다. Müller는 마태의 배열에 영향을 받아 이 단락을 Q 6:20-23절과 Q 6:27-30절 사이에 둔다. (참조, Kloppenborg, Q Parallels, 180).

52) 대부분 학자들은 Q 17:2절을 포함해서 Q 17:lb절을 큐 본문 안에 둔다. Q 17:1b절을 큐 본문으로 인정하지 않는 학자: Schulz, Vassiliadis(문장 일치가 불충분함). Q 17:2절을 큐 본문으로 인정하는 학자: Bussmann, Creed, Easton, Fitzmyer, Hunter, Knox, Manson, Marshall, Polag, Schmid, Schmithals, Schneider, Streeter, Taylor, Weiss, Wernle. 누가가 막 9:42절의 영향을 받았다가 초기에 삭제하고 마가와는 문장이 역순으로 되어 있는 큐 본문에 의존한 것으로 보인다. Q 17:2절을 큐 본문으로 인정하지 않는 학자: Crossan, Edwards(마태와 누가 둘 다 마가와 큐를 융합시켰다), Harnack, Hawkins, Hoffmann, Müller, Neirynck(눅 17:1-2절은 Q 17:1절과 막9:42절이 조합된 것이다), Schenk, Schulz, Vassiliadis, Zeller. (참조, Kloppenborg, Q Parallels, 182).

53) Q 17:3b-4절을 큐 본문으로 인정하는 학자: Bussmann, Crossan, Catchpole(마 18:16-17절 또한 큐 본문에서 온 것임), Easton, Edwards, Fitzmyer, Grundmann, Harnack, Hawkins, Hoffmann, Hunter, Kilpatrick, Lührmann, Manson, Marshall, Müller, Polag, Schenk, Schmid, Schmithals, Schulz, Streeter, Taylor, Wernle, Zeller. Manson과 Marshall과 Streeter와 Taylor는 마태는 마태가 가지고 있었던 특수 자료를 보고 본문을 만든 반면에 누가는 큐 본문을 그대로 간직하고 있다고 주장한다. Q 17:3b-4절을 큐 본문으로 인정하지 않는 학자: Vassiliadis, Weiss. (참조, Kloppenborg, Q Parallels, 184).

54) Q 17:6b절을 큐 본문으로 인정하는 학자: Bussmann(5절 또한 큐 본문에서 온 것임), Crossan, Easton, Edwards, Fitzmyer, Harnack, Hawkins, Hoffmann, Hunter, Manson(마 17:20절은 마가가 가지고 있었던 특수 자료에서 온 것이고 눅 17:5-6절은 큐 본문에서 온 것임), Marshall, Müller, Polag, Schenk, Schmithals, Schulz, Taylor, Wernle. Q 17:6b절을 큐 본문으로 인정하지 않는 학자: Vassiliadis, Weiss. (참조, Kloppenborg, Q Parallels, 186).

55) 대부분 학자들은 Q 17:23-24, 26-27, 30, 34-35, 37b절들이 큐 본문임을 인정한다. Hawkins와 Lührmann은 마가의 평행구절은 눅 17:23절이 비 마가(non-Markan) 자료라는 것에 의심이 가게 한다고 주장한다. Harnack은 17:30절을 제외시킨다. 눅 17:22절을 큐 본문으로 인정하는 학자: Crossan, Easton, Hunter, Kümmel, Marshall, Polag, Schnackenburg, Schümann. Easton은 22절이 마태복음 24장에 있는 문맥에 맞지 않기 때문에 생략했다고 한다. Polag과 Schnackenburg는 22절이 편집된 것이긴 하지만 큐 본문이라고 단정한다. Polag은 22절에 "그가 제자들에게 말씀하셨다." 는 본래 큐 본문에 있던 도입문장이라고 추정한다. Schnackenburg는 22절에 "날들이 올 것이다." 란 구절은 구약 본문(암 4:2, 8:11, 9:13, 렘 7:32, 9:24, 16:14 등)에 근거한 것으로 큐 본문 안에서 Q 17:20b-21절과 Q 17:23절을 연결시켰던 전환 구절이었다고 주장한다. 눅 17:22절을 큐 본문으로 인정하지 않는 학자: Bultmann, Creed, Fitzmyer, Grundmann, Hoffmann, Kloppenborg, Klostermann, Laufen, Lührmann, Müller, Schenk, Schulz, Schümann, Zmijewski. 눅 17:25절을 큐 본문으로 인정하는 학자: Bussmann(마태는 마 24장에 마가 자료를 첨가시키고 큐 본문을 재정리 하는 과정에서 이 말씀을 생략했음), Hunter, Manson, Schmid, Weiss. 대부분의 학자들은 눅 17:25절을 누가의 편집으로 보고 큐 본문으로 인정하지 않는다. 눅 17:28-29절을 큐 본문에 두는 학자: Crossan, Easton, Grundmann, Hunter, Kloppenborg, Klostermann, Manson, Marshall, Polag, Rigaux, Schenk, Schmid, Schmithals, Schnackenburg, Schneider, Schürmann, Weiss, Zeller. 눅 17:28-29절을 큐 본문으로 인정해야 한다는 근거는 다음과 같다. 첫째, 문장을 그렇게 확장시키는 것은 누가의 편집방식이 아니며 또한 누가가 첨가시켰다기보다는 마태가 생략했다고 설명하는 것이 쉽다(Weiss, Easton, Rigaux). 둘째, 큐복음서는 다른 곳에서도 예화들을 반복해서 사용했다(Easton, Schnackenburg). 셋째, 누가는 본문의 '시적 형식' (poetic form)을 보유하고 있다(Manson). 넷째, 누가의 편집 관심은 28-29절에 있는 것이 아니라 31-32절에 있다. 누가가 그의 자료에 창 19장을 참고한 것은 31-32절을 삽입시키도록 만들었다(Kloppenborg). 다섯째, 마태가 생략한 이유는 마태의 초점이 마지막 때의 예상치 못함에서 마지막 때에 대한 사람의 무지함으로 변환시켰기 때문이라고 설명할 수 있거나(Weiss, Schmid) 아니면 마태가 24장을 다시 배열한 결과로 인한 것이라고 설명할 수 있거나(Schnackenburg, Schneider) 아니면 마태가 간략하게 만들려 했기 때문이라고 설명할 수 있다(Manson). 눅 17:28-29절은 큐복음서와 누가복음 형성 중간기 자료(QLk)에 있었던 것이라고 주장하는 학자들: Bultmann, Geiger, Lührmann, Sato, Schulz, Steinhauser. 눅 17:28-29절을 큐 본문으로 인정하지 않는 학자: Creed, Fitzmyer(28-32절은 누가가 가지고 있었던 특수 자료에서 온 것임), Harnack, Hawkins, Hoffmann, Meyer, Müller, Schulz, Zeller, Zmijewski. 눅 17:31-32절을 큐 본문으로 인정하는 학자: Crossan, Grundmann, Hunter, Lambrecht, Manson, Marshall, Polag. Manson과 Marshall은 이 절들의 부자연스러움을 지적하며 누가가 그런 부적절한 자료를 첨가시킬 리가 없다고 주장한다. Lambrecht는 마가와는 다른 작은 일치점들을 지적한다. 눅 17:31-32절을 큐 본문으로 인정하지 않는 학자: Bultmann, Easton, Fitzmyer, Harnack, Kloppenborg, Klosterman, Lührmann, Meyer, Müller, Schenk, Schmid, Schmithals, Schnackenburg, Schulz, Weiss, Zeller, Zmijewski. 31-32절을 제외시키는 학자들은 이 절들이 막 13:15-16절에 근거한 것이라고 주장한다. 누가는 교훈적 목적을 위해 이 절들을 첨가 시켰고 또한 28-29절들 때문에(Easton) 아니면 '그 날들에' 란 핵심 용어 때문에(Fitzmyer) 그 위치에 둔 것이다. 눅 17:36절에 대해 Manson은 이 절이 문맥에 부적절하다고 여긴 어떤 필경사가 36절을 생략한 것이라 주장한다. 그러나 대부분 학자들은 본문 비평적 문제 때문에 이 절을 누가 본문(물론 큐 본문도)에서 제외시킨다. 눅 17:37a절을 큐 본문으로 인정하는 학자: Hunter, Manson, Polag, Schmid. Manson과 Schmid는 Q 17:37b절의 누가의 위치가 큐 본문의 위치라고 주장하며 마태가 그 위치를 바꿀 때에 그 도입 문장을 빼놓았다고 주장한다. 눅 17:37a절을 큐 본문으로 인정하지 않는 학자: Bultmann, Bussmann, Easton, Fitzmyer, Grundmann, Lührmann,

Kloppenborg, Marshall, Meyer, Müller, Schenk, Schmithals, Schulz, Steinhauser. Q 17:37b절에 연관된 문제는 그 절의 위치이다. Q 17:37b절의 마태의 위치를 선호하는 학자: Easton, Fitzmyer, Geiger, Harnack, Hoffmann, Laufen, Lührmann, Marshall, Meyer, Polag, Schenk, Schmithals, Schulz, Tödt, Zeller, Zmijewski. 마태의 순서를 주장하는 근거는 첫째, 눅 17:24절과 17:37b절 둘 다 보이는 하늘의 징조에 관심을 갖고 있으며 결국 둘 다 이중 말씀(double-saying)에 속한다(Geiger, Lührmann, Schulz). 둘째, 누가는 눅 17:25절을 첨가시켰을 때 그 절을 바꾸어 놓았거나(Easton, Tödt) 아니면 그 절이 문단의 절정 역할을 하도록 옮겨 놓았거나(Easton, Fitzmyer) 아니면 인자와 독수리 말씀의 부적절한 연관을 제거시키기 위해서 옮겨 놓았을 것이다(Schulz; Tödt). Q 17:37b절의 누가 순서를 선호하는 학자: Bussmann, Manson, Sato, Schmid, Schnackenburg, Schümann, Steinhauser, Taylor, Weiss. Schmid는 마태의 위치가 더 난해하기 때문에 이차적인 것이라고 주장하는 한편 Taylor는 마태의 순서가 더 매끄럽기 때문에 난해한 형태를 가지고 있는 누가에 비하면 이차적인 것이라고 생각한다. Steinhauser는 누가가 자주 17:37a처럼 도입 질문으로 그의 설명에 활력을 불어넣기는 하지만 큐복음의 본래 순서를 무시하면서까지 그렇게 하지는 않는다고 주장한다.(참조, Kloppenborg, Q Parallels, 193,194).

56) Q 19:12-13,15b-25절에 관한 마태 본문과 누가 본문의 실제적 차이들과 이야기들 간에 상당히 차이가 나는 묘사들은 본 자료에 대한 진지한 논쟁들을 야기시켰다. 본 비유가 큐 본문에 있었던 것인데 마태나 누가가 아니면 둘 다 그것을 편집했다는 것이 오히려 실제적일 수 있다. 눅 19:12, 14-15a, 24a, 27절 등이 이차적인 편집 단계를 보여주고 있는데 그 이유는 누가가 그 절들을 알레고리적으로 구성했기 때문이거나 아니면 왕위를 받는 자와 관련된 두 번째 비유를 삽입시켰기 때문이라는 것이 일반적인 주장이다. Schmid는 마태가 이 자료를 알고 있었다면 그것을 생략할 이유가 없을 것이라고 지적한다. 추가된 이 자료들은 누가 이전 전승 자료(pre-Lukan tradition)에서 온 것일 수 있고 (Easton, Harnack, Marshall) 아니면 누가가 직접 만든 것일 수 있다(Bultmann, Creed, Fitzmyer, Klostermann, Lührmann, Manson, Schenk, Schmithals, Schulz). Q 19:12-13,15b-25절을 큐 본문으로 인정하는 학자: Bussmann, Crossan, Easton, Edwards, Fitzmyer, Hawkins, Hoffmann, Kilpatrick, Klostermann, Lührmann, Marshall(마태와 누가는 큐의 다른 두 전승에 의존했다고 주장함), Meyer, Müller, Polag, Schenk, Schmithals, Schulz, Schümann, Streeter(마태의 본문은 큐 본문과 마태가 가지고 있었던 특수 자료를 융합시킨 것이며 반면에 누가는 큐 본문을 그대로 기록했음), Weiss(누가 본문은 누가 특수 자료에서 온 것이고 마태 본문은 큐 본문에서 온 것임), Wernle, Zeller. Q 19:12-13,15b-25절을 큐 본문으로 인정하지 않는 학자: Grundmann, Harnack, Hunter, Klostermann, Knox, Manson, Schmid, Vassiliadis, Weiser. 문장의 일치가 상대적으로 적은 것이 큐 범주에서 제외시켜야 하는 이유가 된다. Harnack은 막 13:34절에 영향을 받았을 가능성을 언급한다. 반면 Weiser는 마태 본문과 누가 본문이 다른 전승에 속했다고 보기 때문에 마태나 누가의 편집 관점에서 차이를 설명하려는 것을 거부한다. Q 19:26절을 큐 본문으로 인정하는 학자: Crossan, Easton, Fitzmyer, Harnack, Hawkins, Hoffmann, Kilpatrick, Marshall, Meyer, Müller, Polag, Schenk, Schulz, Weiss, Zeller. Q 19:26절을 큐 본문으로 인정하지 않는 학자: Vassiliadis(격언 말씀은 구전 전승에서 기인한 것임). 눅 19:27절//마 25:30절을 큐 본문에서 제외시키는 학자: Bultmann, Easton, Kilpatrick, Meyer, Müller, Polag, Schenk, Schulz, 대부분 학자들. (참조, Kloppenborg, Q Parallels, 200).

57) Q 22:28-30절은 큐 본문으로 인정하는 학자: Bammel, Crossan, Edwards, Fitzmyer, Harnack, Hawkins, Hoffmann, Kloppenborg, Lührmann, Marshall, Meyer, Polag, Schenk, Schmid, Schmithals, Schulz, Schümann, Streeter, Weiss, Zeller. 어떤 학자들은 마태의 "내가 진실로 너희에게 이르노니" 란 구절을 첨가시키기도 한다(Fitzmyer, Marshall, Schenk, Schulz). 그러나 다른 학자들은 그 구절이 편집된 것이거나 아니면 막 10:29절에서 온 것이라고 간주한다(Dupont, Harnack, Meyer, Polag, Schmithals). Q 22:28-30절을 큐 본문으로 인정하지 않는 학자: Bussmann(단어 배열이 큐 본문으로 두기에는 너무 벗어났음), Easton(문장의 불일치가 이 말씀이 큐에서 왔다고 보기에는 어렵게 만듦), Hunter, Manson, Müller, Streeter(하나는 마태의 특수자료 다른 하나는 누가의 특수 자료로부터 온 두 개의 다른 본문을 보여주는 예), Tödt(마 19:28절은 큐 본문에서 온 것이 아니지만 큐 본문처럼 초기 팔레스타인 기독교로부터 온 것임), Vassiliadis, Wernle. (참조, Kloppenborg, Q Parallels, 202).